CLAUDIEN

POÈMES POLITIQUES (395-398)

COLLECTION DES UNIVERSITÉS DE FRANCE
publiée sous le patronage de l'ASSOCIATION GUILLAUME BUDÉ

CLAUDIEN

ŒUVRES

TOME II, 2

POÈMES POLITIQUES (395-398)

TEXTE ÉTABLI ET TRADUIT

PAR

Jean-Louis CHARLET

Professeur à l'Université de Provence

PARIS

LES BELLES LETTRES

2000

Conformément aux statuts de l'Association Guillaume Budé, ce volume a été soumis à l'approbation de la commission technique, qui a chargé Jean-Michel Poinsotte d'en faire la révision et d'en surveiller la correction, en collaboration avec J.-L. Charlet.

2000. Société d'édition Les Belles Lettres, 95, bd Raspail 75006 Paris.

ISBN : 2-251-01416-0
ISSN : 0184-7155

PANÉGYRIQUE POUR

LE QUATRIÈME CONSULAT

DE L'EMPEREUR HONORIUS

(carm. 8)

ANALYSE
(sur l'analyse rhétorique de Lévy 1946, voir introduction)

Comme dans le *Panégyrique pour le troisième consulat d'Honorius*, Claudien suit d'assez près les préceptes du *basilikos logos* tels notamment que les rapporte Aphthonius (Spengel 2,36), mais sans *synkrisis* indépendante (néanmoins comparaison mythologique aux v. 62-69). Voir Struthers 1919, p. 86 ; Fargues 1933, p. 214 ; Lehner 1984, p. 14-17.

La description du *processus consularis* tient lieu, comme dans le *Panégyrique pour le troisième consulat,* de *prooemium* (v. 1-17). Puis Claudien chante longuement la famille de l'empereur (*genos*, v. 18-121), en louant son aïeul Théodose l'Ancien (v. 24-40) et son père l'empereur Théodose (v. 41-121). Il passe ensuite aux faits remarquables qui ont accompagné sa naissance (*genesis*, v. 121-53) : naissance de porphyrogénète (v. 121-41), accompagnée de présages qui annoncent son destin (v. 141-53).

Le *topos* de l'éducation est particulièrement développé (*anatrophe*, v. 153-202). Fier de ses deux fils (v. 203-11), Théodose apprend à Honorius l'art d'être empereur (v. 212-352) ; Honorius répond avec tant de fougue (v. 352-69) que Théodose doit modérer son ardeur en lui conseillant de s'appliquer aux Muses avant de suivre Mars au combat (v. 369-427).

Quant aux exploits d'Honorius (*praxeis*, v. 428-618), ils suivent d'assez près le plan d'Aphthonius : vertus à l'armée (v. 428-87) ou dans l'administration civile (v. 488-517) ; qualités physiques (v. 518-64) : beauté (v. 518-9) ; vigueur dans les exercices militaires comme fantassin (v. 520-6), archer (v. 527-38) ou cavalier (v. 539-64). Il faut sans doute inclure aussi dans les *praxeis* (du consul) le faste du cortège d'Honorius (v. 565-83) et la richesse de son trône et de sa parure (v. 584-610), qui l'assimilent à un dieu, ainsi que le respect de la coutume d'inaugurer le consulat par un affranchissement (v. 611-8).

En conclusion (*epilogos*, v. 619-56), la bonne fortune attachée aux consulats précédents d'Honorius (v. 619-37) étant garante du futur, le poète demande à Honorius de multiplier ses consulats (v. 638-42) et espère, ou plutôt annonce, son prochain mariage (v. 642-51). Un nouveau consulat des deux empereurs frères étendra la domination romaine au monde entier (v. 652-6).

[Panégyrique pour le quatrième consulat d'Honorius]

[Panégyrique pour le quatrième consulat d'Honorius]

Une nouvelle fois l'année se revêt des auspices
Royaux, et avec plus d'orgueil jouit d'une cour bien
  [connue ;
Les faisceaux ne supportent plus de s'attarder
  [autour de seuils privés,
Ils trépignent de revenir pour le consulat
  [d'un Auguste[1].
5 Vois-tu comment et les grands de l'armée et
  [les maîtres des lois
Prennent[a] les habits patriciens, comment, à la mode
  [gabienne,
D'un autre ton s'avance la légion qui, pour un temps,
  [a déposé
L'enseigne de la guerre et suit les étendards de
  [Quirinus[2] ?
L'aigle cède au licteur[b] ; en toge, le soldat[c]
10 Sourit et au milieu du camp resplendit la curie.
Même Bellone, enserrée par le mur du sénat palatin[d],

a. Sur l'indicatif dans une interrogation indirecte (archaïsme poétique), voir *Rapt.* 1,25-31 et n. compl. 3, t. 1, p. 91-92.

b. Claudien fait écho au fameux *cedant arma togae* (Cic. *Carm. frg.* 16 Morel), cité par Cicéron lui-même (*Off.* 1,77 ; *Phil.* 2,20) et commenté par Quintilien (*inst.* 11,1,24) ; cf. aussi *Laus. Pis.* 36 (en référence à Cicéron) : *cesserunt arma togatis.* Sa *retractatio* peut s'inspirer de Lucain 5,388-9 (à propos de César) : *Ausonias uoluit gladiis miscere secures. / Addidit et fasces aquilis.*

c. Alliance de mots analogue dans la *Laus Pis.* 27-28 : « licet exercere *togatae* / munia [munera *uar.*] *militiae* ».

d. Le *Palatinus senatus* désigne les chefs de l'administration centrale qui entoure l'empereur, le *comitatus* dont les membres s'appelaient *palatini* : Jones, *Later Roman Empire*, t. 1, p. 366 sqq.

[PANEGYRICVS DE QVARTO CONSVLATV HONORII AVGVSTI

Auspiciis iterum sese regalibus annus
induit et nota fruitur iactantior aula ;
limina nec passi circum priuata morari
exultant reduces Augusto consule fasces.
Cernis ut armorum proceres legumque potentes   5
patricios sumunt habitus et more Gabino
discolor incedit legio positisque parumper
bellorum signis sequitur uexilla Quirini ?
Lictori cedunt aquilae ridetque togatus
miles et in mediis effulget curia castris.   10
Ipsa Palatino circumuallata senatu

quartus honorii consulatus *Jmg.* de quarto consulatu honorii *K*
incipit panagericus de quarto consulatu honorii quartus liber claudiani *F₃mg.* liber duodecimus De quarto consulatu honorii *F₂ m.r.*
incipit in eundem in [?] quarti consulatus dictus *P* Cl. Clau. panegyricus de quarto consulatu Honorii Aug. *Exc. Fl.*
1 regalibus : regentibus *N* ‖ annus (*F₃mg.*) : -is *F₃p.c.* aruis *F₅a.c.* ‖
3 limina : lu- *P₂ Ja.c.* ‖ passi : -im *P₂ u.l.* ga.c. *P₆a.c. Pa.c. Ise mg.* -is
Pp.c. -us *gp.c.* ‖ morari : -ti *P₂u.l.* maiori *P₆a.c.* ‖ **4** exultent *P₆a.c.* ? ‖
augusto *P₆a.c.* ‖ **5** armorum : am- *F₅ a.c.* ‖ legum- : regum- *Vic* ‖
6 sumunt (*F₂*) : -ant *N F₂* ? *s.l.* ‖ **7** incedit : -at *K* incendit *F₂* ‖
positis- : dep- *Ja.c.* ‖ **8** uexillo *P₆a.c.* ‖ **9** litori *K* ‖ credunt *P₆a.c.* ‖
rogatus *P₆a.c.* ‖ **10** catris *Pa.c.* ‖ **11** ipsum *P₆a.c.* ‖ palatino : pales-
tino *K* palentino *F₃a.c.* ‖ senatu (*Exc. Fl.*) : tumultu *Vic*

Désormais porte la trabée[a] ; elle a retiré parme et
                                      [casque
Pour porter sur l'épaule la curule sacrée.
N'aie pas honte à brandir, Gradivus, d'une main de
                                      [paix,
15   Les haches chargées de lauriers, à échanger l'éclat
                                      [de la cuirasse
Contre la toge du Latium[b], tandis qu'est attaché
                                      [ton char de fer,
Que ton attelage s'ébat parmi les prés de l'Éridan[c].
D'honneurs n'est point indigne la descendance
                                      [d'Ulpius
Que Mars ne connaît pas d'hier : cette maison ibère
                                      [a parsemé
20   De diadèmes l'univers[d]. Un vil flot n'a pas mérité
Une telle lignée : l'Océan réchauffa
Leur berceau ; aux maîtres futurs et de la terre[e] et
                                      [de la mer
Il convenait de naître du vaste principe des êtres[f].
De là provint l'aïeul à qui, vibrant encor des trompettes
                                      [arctiques,
25   L'Afrique attacha les lauriers gagnés sur les Massyles,

a. Voir n. compl. 1 à *3 cons.* 6. La trabée d'Honorius, sertie de pierres précieuses, est décrite aux v. 585-610.

b. L'expression *Latia toga* se lit chez Martial (7,5,2).

c. Cette allusion au Pô situe géographiquement la scène. À la différence d'Ausone, Claudien n'emploie jamais le nom de *Mediolanum* (Charlet 1994, p. 114-6).

d. Le Ps. Vict. *Epit.* 48,1 prétend lui aussi que Théodose descendait de Trajan, M. Ulpius Traianus (Themist. *Or.* 16, 205A ; 17,215A ; 19,229C ; 34,7-8). Pacat. (*Pan.* 2[12],4) ne met en avant que l'origine espagnole de sa famille : cf. ici v. 19-20 ; *3 cons.* 176-7 [note c] ; *Fesc.* 2,17-20 = 21-25 ; *Ser.* 55 et 63.

e. Expression analogue chez Hor. *Carm.* 1,1,6 et Ou. *Pont.* 1,9,36 : *terrarum domnos.*

f. Selon Hom. *Il.* 14,245-6, suivi par Verg. *Georg.* 4,382 *Oceanumque patrem rerum,* l'Océan est le père de tous les êtres ; même application à la dynastie théodosienne en *Fesc.* 2,37 = 33.

iam trabeam Bellona gerit parmamque remouit
et galeam, sacras humeris uectura curules.
Nec te laurigeras pudeat, Gradiue, secures
pacata gestare manu Latiaque micantem   15
loricam mutare toga, dum ferreus haeret
currus et Eridani ludunt per prata iugales.
          Haud indigna coli nec nuper cognita Marti
Vlpia progenies et quae diademata mundo
sparsit Hibera domus. Nec tantam uilior unda   20
promeruit seriem gentis : cunabula fouit
Oc[c]eanus ; terrae dominos pelagique futuros
inmenso decuit rerum de principe nasci.
Hinc processit auus, cui post Arctoa frementi
classica Massylas adnexuit Africa lauros,   25

12 trabeam : -as P_6 galeam *Ka.c.* ‖ gerit : petit *K* ‖ palmam- *K* ‖
13 sacras (P_2 *a.c.*) : -a *Na.c.* -is P_2 *p.c. K* ‖ nectura P_6*a.c.* ‖ **14-16** *L in*
ras. ‖ **14** *Nq L Vic Ise, in mg.* $KP_6 F_3 F_3 J$: *om.* P_2 *(sed* uersus deficit
m.a.) P (sed + in mg. m.a.) cett. ‖ Laurigeras nec te *L* ‖ puduit *L*
pigeat *K* ‖ **15** paccata P_6*p.c.* ‖ **16** togam *Na.c.* ‖ ferret F_2*a.c.* ‖
18 haud[-t] : aut *Ja.c.* ‖ cognita : condita *Pa.c.* ‖ **20** sparsit : supersit
N ‖ nec : non *L* ‖ tantam : -te F_3 -dem F_2*Pa.c.* ‖ unda : aula *Ise mg.*
‖ **21** gentis seriem $P_2 F_3 F_2$ ‖ **22** occeanus *codd.* ‖ **24** auis *Pa.c.* ‖ cui
(*exc. Fl.*) : quo *Vic* ‖ **25** massylas *exc. Gyr.* : -il(l)as P_6*p.c.*F_3*JN* F_2*p.c. exc.*
Fl. Ise -lias P_2*u.l.*KP_6*a.c.*F_5*p.c. L* F_2*a.c.P* -lios P_2 maxilias *Vic* ‖ ad[-n-
]nexuit : aduexit F_3 ‖ lauros : -us P_2*u.l.p.c. exc. Fl.* mauros F_2

Lui qui plaça son camp dans les frimas calédoniens,
Qui sous son casque supporta en plein les feux de
                                        [la Libye,
Terrible pour le Maure et vainqueur des rives
                                        [bretonnes,
Dévastateur aussi et de Borée et de l'Auster[a].
30   Que sert l'éternelle rigueur, que sert le froid du ciel,
Un détroit inconnu ? Les Saxons renversés[b]
Trempèrent les Orcades et Thulé s'échauffa du sang
                                        [des Pictes ;
La glace d'Hibernie[1] pleura les monceaux de ses Scots.
Quelle chaleur s'oppose à son courage ? Il parcourut
                                        [les étendues
35   D'Éthiopie, cerna l'Atlas de manipules inconnus ;
Il but au Triton de la Vierge[c] ; il vit la couche aspergée
                                        [des venins
De la Gorgone[d] et rit des verts rameaux des Hespérides,
Sans prix, bien qu'enrichis par la légende[e].
Le château de Juba fut embrasé, la rage du Maure
                                        [écartée

a. Les exploits militaires de Théodose l'Ancien ont déjà été évoqués d'une manière analogue en *3 cons.* 52-60 (n. compl. 2). *Medios
aestus* : cf. *Rapt.* 2,106 ; *Gild.* 317 ; *Pall.* 47.

b. *Nupt.* 219 : *auus senior Mauro uel Saxone uictis* ; Pacat. *Pan.*
2[12],5,2 : *Saxo consumptus bellis naualibus offeretur.*

c. Triton est le nom de la rivière ou du lac sur les bords duquel
serait née la déesse vierge Athéna. Il est généralement placé en
Afrique : Eschyle *Eum.* 292 ; Hérodote 4,180 et 188 ; Apollonios
4,1310-1 ; Diodore 3,69 et 70,3-4 ; Apollodore 1,3,6 ; Lucain 9,350-4...

d. Selon Hésiode (*theog.* 274-5), les Gorgones habitent à l'extrémité occidentale du monde, « au delà de l'illustre Océan, à la frontière de la nuit, au pays des Hespérides sonores » (trad. P. Mazon,
C.U.F., Paris 1928).

e. Depuis Hésiode (*theog.* 215-6), la légende confie aux Hespérides la garde de « belles pommes d'or ». Mais, après le vol d'Hercule, leur jardin spolié ne conserve plus qu'une verdure commune
et sans valeur (Lucan. 9,358 : *Hesperidum pauper spoliatis frondibus
hortus*). Claudien traite avec humour cette fable mythologique.

ille Caledoniis posuit qui castra pruinis,
qui medios Libyae sub casside pertulit aestus,
terribilis Mauro debellatorque Britanni
litoris ac pariter Boreae uastator et Austri.
Quid rigor aeternus, caeli quid frigora prosunt   30
ignotumque fretum ? Maduerunt Saxone fuso
Orcades ; incaluit Pictorum sanguine Thyle ;
Scottorum cumulos fleuit glacialis Hiberne.
Quis calor obsistit forti ? Per uasta cucurrit
Aethiopum cinxitque nouis Atlanta maniplis ;   35
uirgineum Tritona bibit sparsosque uenenis
Gorgoneos uidit thalamos et uile uirentes
Hesperidum risit, quos ditat fabula ramos.
Arx incensa Iubae, rabies Maurusia ferro

26 cale[-i-]doniis : -nis $F_5a.c.$ calcedoniis N || pruinis $P_2p.c.P_6p.c.$ ||
27 medio *Iunt Ise* || lybie *gp.c.*KF_5 F_2 libice $P_6a.c.$ *Pa.c.* libie *cett.* ||
classide L || **28** Terribiles mauros N || **29** ac : et P_2F_3 || boree pariter
F_3F_5 || **30** frigora ($F_5s.l.$ *exc. Fl.*) : littora F_2 sidera N *Vic* || prosunt
($P_2u.l.$) : possunt $P_2Ka.c.P_6u.l.F_3$ || **31** que *om. N* || saxone : sanguine
$P_2u.l.P_6u.l.N$ || fusco $P_2a.c.$ || **32** pictonum *Vic* || t(h)y[-i-]le (*exc.
Fl.*) : thide *Vic* || **33** cumulos ($P_2u.l.$) : tu- $P_2P_6a.c.$ || flexit F_5 || **34**
Qui $P_2a.c.$ Quid P *exc. Fl.* || obsistit : -i $P_6a.c.$ obstitit *Na.c.* obstituit
Np.c. || **35** nouis : iouis N totis *Pp.c.* uotus *Pa.c.* || at(h)lant(h)a :
athalanta N althalanta $F_3a.c.$ || **36** bibit : subit J || que *om. $P_2a.c.$* || **37**
Gorgoneis $P_6a.c.$ || uidi $P_2a.c.$ || uirentem $P_6a.c.$ || **38** Hesperium L
Pa.c. || ditat quos risit $F_5a.c.$ r. d. q. $F_5p.c.$ || dictat $P_2a.c.P_6a.c.$ $F_2Pa.c.$
|| **39** arx (*Pa.c.*) : ars $Ka.c.F_3a.c.$ $F_2Pp.c.$ || incensa ($P_2p.c.$) : extructa
Ps.l. intacta F_2

40   Par son fer, et détruit l'ancien refuge de Bocchus[a].
       Mais, dépassant de loin la gloire de l'aïeul, le père
       Soumit l'Océan à son sceptre et seul le bord du ciel
       Enferma sa puissance, étalée du Tigre à Gadès,
       Sur tout ce qui s'étend du Nil au Tanaïs.
45   Ces pays, par lui-même il les obtint avec d'innombrables
                                                    [trophées,
       Sans les gagner par la naissance ou par l'ambition :
       Sa valeur fut digne d'être choisie. D'elle-même
                                       [la pourpre en suppliante
       S'offrit et seul il mérita qu'on le suppliât de régner[1].
       Alors que se précipitait une profonde agitation barbare
50   Sur le Rhodope en pleurs[2], que l'Ourse, déserte à
                                                    [présent,
       En tourbillons confus déversait sur nous ses peuplades,
       Que le Danube vomissait, tout au long de ses bords,
                                                    [la guerre,
       Que l'immense Mésie était pressée par les chariots
                                                    [gètes,
       Que de blonds escadrons couvraient les champs
                                                    [de Bistonie[b],
55   Tous étaient accablés et, sous le coup, ou chancelaient
       Ou allaient s'effondrer : un seul devant tant de carnages
       Se dressa, éteignit les feux[c], rendit les colons à
                                                    [leurs terres[d]
       Et de la gueule du trépas arracha nos cités.
       Du nom romain, il ne serait resté pas même
                                                    [une ombre[e]

   a. Juba II (25 av.-23 ap. J.C.) et Bocchus (première moitié du
Ier s. av. J.C.) furent rois de Maurétanie. Le Maure est Firmus : voir
3 cons. 53-58 et n. compl. 2.
   b. Par métonymie, la Bistonie désigne la Thrace dont elle était
une région : *pr. Rapt.* 2,8 ; *3 cons.* 111 ; *Eutr.* 2,565 ; *6 cons.* 441.
   c. L'expression *extinguere faces* est banale : Cic. *Pis.* 5 ; Tib. 2,6,16 ;
Sen. *Herc. O.* 339 ; *Octauia* 264 et 822 ; Curt. 10,9,5…
   d. Expression analogue en *Gild.* 200 : *errantesque solo iam reddere*
ciues.
   e. La clausule *nominis umbra* est empruntée à Lucain 1,135, à
propos de Pompée vieillissant.

cessit et antiqui penetralia diruta Bocchi.   40
    Sed laudes genitor longe transgressus auitas
subdidit Oc[c]eanum sceptris et margine caeli
clausit opes, quantum distant a Tigride Gades,
inter se Tanais quantum Nilusque relinquunt.
Haec tamen, innumeris per se quaesita trophaeis,   45
non generis dono, non ambitione potitus :
digna legi uirtus. Vltro se purpura supplex
obtulit et solus meruit regnare rogatus.
Nam, cum barbaries penitus commota gementem
inrueret Rhodopen et mixto turbine gentes   50
iam deserta suas in nos transfunderet Arctos,
Danubii totae uomerent cum proelia ripae,
cum Geticis ingens premeretur Mysia plaustris
flauaque Bistonios operirent agmina campos,
omnibus afflictis et uel labentibus ictu   55
uel prope casuris, unus tot funera contra
restitit extinxitque faces agrisque colonos
reddidit et leti rapuit de faucibus urbes.
Nulla relicta foret Romani nominis umbra,

40 bo(c)c(h)i : bachi P_6a.c. ‖ **41** longe… laudes F_5 ‖ **42** occeanum *codd.* ‖ (s)ceptris : regnis F_5 ‖ 43-44 quantum — tanais *om.* P_6a.c. *Pa.c.* ‖ **43** distent K ‖ **44** quantum tanais F_3 ‖ relinq(u)unt : -quit P_2Ka.c.F_5N ‖ **45** tamen : tantum J ? N sunt *exc. Gyr.* ‖ innumeris P_6p.c. ‖ **46** potitus P_2gK : -ur P_6p.c. ? *cett. exc. Fl.* petitus *Vic* ‖ **48** rogatus : to- Ka.c.F_5a.c. ‖ **49** gementem : rogatus P_6a.c. ‖ **50** irruet P_6a.c. ‖ rhodopen *gp.c.* : rodopen P_2ga.c. P_6p.c.F_5J L Vic Ise -em *cett.* ‖ gentes : -is P_2p.c.P_6a.c. F_2a.c.Pa.c. *exc. Fl.* ‖ **51** deserta (*exc. Fl.*) : referta *Vic* ‖ suas (F_3p.c.) : suos F_5N suis L ‖ in nos : hinnos Np.c. ? ‖ tran(s)funderet : -rat P_2 ‖ **52** uomerent (P_2p.c. L in ras.*) : uomue-rent P_2a.c. mouerent P quaterent *Pu.l.* moueant F_3 F_2 ‖ **53** mysia *Vic Ise* : mis(s)ia *cett.* mesia *g* massia F_2a.c. ‖ **54** Vlauaque *Pa.c.* ‖ bis-tonicos J ‖ reperirent *Ise* ‖ **56** casuri F_3a.c. ‖ unus : imus P_6a.c. ‖ **57** restitit : con- F_5 ‖ faces (*Pa.c.*) : fares *Pu.l.* phares P_6a.c. F_2a.c. fasces F_3a.c. feros Pp.c. ‖ agris- (*exc. Fl.*) : agros- F_3N F_2 *Vic Ise* agri-*exc. Gyr.* ‖ colonos (*exc. Fl. exc. Gyr.*) : -is F_3N F_2 *Vic Ise* ‖ **58** Reddidit Pp.c. ‖ læti *Vic* ‖ facibus P_6a.c.

60 Si ton illustre père n'avait supporté ce fardeau prêt
                                [à tomber[a],
    Ce vaisseau ballotté[b], s'il n'avait écarté
    D'une main sûre un naufrage commun. Ainsi, l'ordre
                                [rompu,
    Son quadrige en folie emportait Phaéthon trop loin[1],
    Le jour se déchaînait et les rayons trop près vidaient
65 La terre et ses étangs : avec son grondement habituel,
    Le Soleil menaçant[c] courut vers ses chevaux ;
                                [ils reconnurent
    Le bruit du maître ; avec un meilleur guide, à
                                [l'harmonie revint
    L'assemblage du ciel et le char retrouva une direction,
    Les flammes la mesure. Ainsi on lui remet
70 L'Orient : il le sauve[2]. On ne lui remit pourtant pas
                                [l'autre partie
    Du monde : il la prit deux fois par son bras, deux fois
                                [la conquit en péril.
    Par des crimes divers surgirent deux tyrans
    En Occident : avec férocité, la Bretagne déversa l'un ;
    Et l'autre, un Germain exilé se l'était pris pour
                                [serviteur.
75 Tous les deux d'une audace impie, tous deux arrosés
                                [par la gorge
    De leur maître innocent. L'inédit poussait à l'audace

a. Thème analogue en *Ruf.* 1,273-4 à propos de Stilicon : *qui paene ruenti / lapsuroque tuos umeros obieceris orbi* ; cf. 2,88-89 et *Stil.* 1,142-3.

b. Même *iunctura* en *Get.* 272 (*turbatae... rati*), dans un contexte analogue, à propos de l'intervention de Stilicon dans une situation désespérée : la figure de Stilicon, homme providentiel, et celle des Théodose tendent à se confondre dans l'imaginaire politique de Claudien.

c. Avec Hall, je préfère *toruus*, nettement mieux attesté et *difficilior* : cette épithète est relativement banale pour un cheval (*Rapt.* 1,279 *toruos iugales*).

ni pater ille tuus iamiam ruitura subisset   60
pondera turbatamque ratem certaque leuasset
naufragium commune manu. Velut ordine rupto
cum procul insanae traherent Phaet<h>onta quadrigae
saeuiretque dies terramque et stagna propinqui
haurirent radii, solito cum murmure toruus   65
Sol occurrit equis ; qui postquam rursus eriles
agnouere sonos, rediit meliore magistro
machina concentusque poli, currusque recepit
imperium flammaeque modum ; sic traditur illi
seruaturque Oriens. At non pars altera rerum   70
tradita : bis possessa manu, bis parta periclis.
Per uarium gemini scelus erupere tyranni
tractibus occiduis : hunc saeua Britannia fudit,
hunc sibi Germanus famulum delegerat exul.
Ausus uterque nefas, domini respersus uterque   75
insontis iugulo. Nouitas audere priori

60 ruitura : peri- *K* ‖ **62** Naufrigium *P* ‖ uelut[-d] : uult $F_2a.c.$ ‖ rupto $P_2p.c.$ ‖ **63** insanie $F_2a.c.$ ‖ phetonta *Pp.c. codd.* (-tunta P_6 *Pa.c.*) ‖ **64** seuirent- $P_6a.c.$ ‖ terramque et : -asque et P_2 -amque in $F_2a.c.Pa.c.$ -am et $P_6a.c.$ -as et F_5 ‖ **65** toruus : -os *L* -is *ga.c. exc. Fl.* taruus *Vic* ‖ **66** rursus : currus *exc. Fl. a.c.* ‖ (h)eriles (*exc. Fl.*) : eri- lis $P_6a.c.$ ‖ **67** magistros *Pa.c.* ‖ **68** concentus- ($P_2u.l.$) : contentus- $F_2a.c.Pp.c.$ contemptus- P_2 *Pa.c.* ‖ currus $gP_6u.l.p.c.$ F_5 *exc. Fl. exc. Gyr. Ise mg.* : cursus- $P_6u.l.a.c.$ *Pa.c.* rursus- *Pp.c. cett. Vic Ise* rursum F_3 ‖ **69** Imperiumque *P* ‖ traditur : -us *g exc. Fl. exc. Gyr.* trahitur *N* ‖ illis $F_2Pa.c.$ ‖ **70** seruatur- : -us- *gN Pa.c. exc. Fl. exc. Gyr.* ‖ non (*Pa.c.*) : nunc *Pp.c.* ‖ altera (P_2 *in ras.*) : ultima $P_6u.l.$ ‖ **71** periclis (*exc. Fl.*) : -culis *Vic* ‖ **72** gemini uarium $F_5a.c.$ ‖ celus $P_2a.c.$ ‖ erumpere *Pa.c.* ? ‖ **73** tractibus : Thracibus *Vic* ‖ fundit $P_6a.c.$ ‖ **74** *om. add. mg. g* ‖ famulus $P_6a.c.$ ‖ delegerat : -it *Pp.c.* delegant *Pa.c.* ‖ **75** nef[- ph-]as : scelus F_5 ‖ **76** Insontis : Insompnis *Ka.c.*

Le premier ; l'exemple rendait[a] le second circonspect.
L'un se précipitait dans de nouveaux projets ; l'autre
                              [prudent cherchait
La sûreté[b] ; l'un dissipait ses forces, l'autre les
                              [rassemblait ;
80 L'un courait çà et là ; l'autre se retirait pour s'enfermer ;
Distincts, mais égaux dans la mort : aucun des deux
                              [ne put
Éviter l'infamie en tombant au milieu des traits.
Tous deux, perdu leur lustre, arrachés leurs insignes,
Reprirent leur visage[c] et, les mains enchaînées[d],
85 Ils s'offrent en spectacle et soumettent leur cou[e]
                              [au glaive préparé.
Sans vergogne[f] ils implorent la vie et le pardon[g] !
Eux dont un geste naguère ébranlait des bataillons
                              [si drus,
Entre qui balançait le monde pour lors incertain,
Tombent, non ennemis sous un vainqueur, plutôt
                              [coupables sous un juge
90 Dont la voix condamne les accusés[1], les tyrans
                              [atteints grâce à Mars.

a. Emploi familier de *do* pour *facio* ; cf. v. 263 et 354.

b. Écho possible chez Coripp. *Ioh.* 3,197 : *tutas... quaerere terras.*

c. Comparer Ovide *Fast.* 1,112 : *in faciem redii.*

d. Expression virgilienne (*Aen.* 2,57 *manus... post terga reuinctum*) souvent reprise en poésie tardive : Iuuenc. 4,588 ; Sidon. *Carm.* 22,44 *manus... reuinxit* : Paul. Petr. *Mart.* 1,204 *manibus post terga reuinctis* ; Ven. Fort. *Mart.* 1,79 *uinctis post tergum manibus.*

e. Même expression chez Iuuenc. 2,42 à propos de la tempête apaisée : *submittant colla procellae.*

f. Comparer Lucain 4,231-2 (discours de Pétreius) : *Pro dira pudoris / funera !* Claudien a repris en *Gild.* 188 la clausule *damna pudoris*, qu'Ovide avait employée dans une autre position métrique en un contexte érotique, à propos des dangers du théâtre (*Ars* 1,100) ; cf. aussi Paul. Pell. *Euch.* 581 ; Drac.[?] *Orestes* 177 ; Ven. Fort. 6,1,54.

g. Même alliance chez Velleius Paterculus 2,85 à propos de la clémence d'Octave envers ses adversaires à Actium : « citiusque *uitam ueniamque* Caesar promisit ».

suadebat cautumque dabant exempla sequentem.
Hic noua moliri praeceps, hic quaerere tuta
prouidus ; hic fusis, collectis uiribus ille ;
hic uagus excurrens, hic inter claustra reductus ;   80
dissimiles, sed morte pares : euadere neutri
dedecus aut mixtis licuit procumbere telis.
Amissa specie, raptis insignibus ambo
in uultus rediere suos manibusque reuinctis
oblati gladiis submittunt colla paratis   85
et uitam ueniamque rogant. Pro damna pudoris !
Qui modo tam densas nutu mouere cohortes,
in quos iam dubius sese librauerat orbis,
non hostes uictore cadunt, sed iudice sontes.
Damnat uoce reos, petiit quos Marte tyrannos.   90

---

77 suadebat (*exc. Fl.*) : -ant *Vic* ‖ cautum- *g ? a.c.* ? $P_6u.l.J$ *exc. Fl.* : cautai- F_5 *? a.c.* tantum- *gp.c.* ? $F_5p.c.$ *cett.* ‖ dabant : -at *N Pp.c.* -unt $P_6a.c.$ *Pa.c.* ‖ sequentem (*exc. Fl. exc. Gyr.*) : -i *N Vic Ise* ‖ **78** tuta (*exc. Fl.*) : uita *Vic* ‖ **79** uiribus $P_6p.c.$ ‖ **80** excursens $P_6a.c.$ ‖ inter : intra *g exc. Fl.* ‖ clastra *P* ‖ **82** dedecus : deditur *Pp.c.* deditus *Pa.c.* ‖ licui $F_5a.c.$ ‖ **83** admissa speciem $P_6a.c.$ ‖ *ante* raptis *del.* regn *K* ‖ raptis ($P_6u.l.$ *exc. Fl.*) : raptisque *Vic Ise* ruptis P_6 ‖ **84** rediere : -rit $P_6a.c.$ redire $F_3a.c.$ *L* ‖ que *om. Pa.c.* ‖ reuictis F_3 ‖ **86** uitam ($P_6p.c.$) : uittam *K* ‖ **87** Qui : tibi $P_6u.l.$ ‖ **88** sese : se iam P_2 ‖ librauerat ($P_6a.c.$) : -it $P_6p.c.N$ uibrauerat $P_2F_3 F_2a.c.$ ‖ orbis ($P_6u.l.$) : ensis P_6 ‖ **90** marte : arte *Ise mg.*

Leurs généraux à tous deux ont péri : l'un se jeta
                              [spontanément
D'un vaisseau dans les flots ; l'autre fut emporté par
                              [son épée[1].
Les Alpes tiennent l'un et la mer l'autre. En vengeur
                              [il apporte
Ces consolations à la mort des deux frères :
                              [les promoteurs du meurtre
95   Tombent tous deux. Une victime égale apaise
                              [l'ombre des Augustes.
À leur tombe il offrit ce sacrifice[a] et par ce sang dû
                              [il calma[b]
Les Mânes empourprés[c] de ces deux jeunes gens.
Ces triomphes ont confirmé l'existence de la justice[2]
Et démontré la présence des dieux. Que par là
                              [les siècles apprennent
100   Qu'il n'est rien d'indomptable au juste et rien de sûr
                              [pour le coupable.
S'annonçant par lui-même[d], il prévint les rumeurs et fit
Un long chemin sans se faire connaître ; à l'improviste
                              [il culbuta
Les deux tyrans ; il franchit les verrous des monts
                              [comme des plaines[3].
Amoncelez d'immenses blocs, dressez des tours,

a. Ovide *Fast.* 5,422, à propos des *Lemuria* : *tumulo... inferias dede-rat.*

b. Même expression chez Virgile à propos d'Iphigénie (*Aen.* 2,116) : « *sanguine placastis* uentos ». Voir Christiansen 1969, p. 38.

c. *Purpureos = augustos* : la pourpre est la couleur impériale.

d. Ce thème du général qui arrive avant d'être annoncé (*Gild.* 13 *rumoremque sui praeuenit*) est un *topos* chez les historiens et les panégyristes : Liu. 8,30 *praeuenire famam aduentus sui* ; Suet. *Caes.* 59 ; Mamertin *Pan.* 11[3],8,3 (Maximien) *ipsos... nuntios reliquistis, ipsam... famam praeuertistis* ; et 9,3 *Alpes quasi relictas aestu arenas... transcurristis* ; Ausone *Grat. act.* 18,572-3 *ut illam ipsam quae auras praecedere solet famam facias tardiorem.* Zos. 4,58,1 attribue la même célérité à Théodose.

Amborum periere duces : hic sponte carina
decidit in fluctus, illum suus abstulit ensis.
Hunc Alpes, hunc pontus habet. Solacia caesis
fratribus haec ultor tribuit : necis auctor uterque
labitur. Augustas par uictima mitigat umbras.   95
Has dedit inferias tumulis, iuuenumque duorum
purpureos merito placauit sanguine Manes.
Illi iustitiam confirmauere triumphi,
praesentes docuere deos. Hinc saecula discant
indomitum nihil esse pio tutumue nocenti.   100
Nuntius ipse sui longas incognitus egit
praeuento rumore uias, inopinus utrumque
perculit et clausos montes, ut plana, reliquit.
Extruite inmanes scopulos, attollite turres,

91 periere : pereere $P_2a.c.$ pergere *Pa.c.* ‖ carinas *Pa.c.* ‖ **94** h(a)ec : hic $P_2u.l.$ F_2 ‖ au(c)tor : actor P_6 ‖ utrique *Pp.c.* utraque *Pa.c.* ‖ **95** augustas $(P_6p.c.$?) : an- $P_2u.l.N$ P ‖ par (*exc. Fl.*) : per *Vic* pars $P_6a.c.$ ‖ mitigat umbras P_2 *in ras.* ‖ **96** tumulis : -us $F_2a.c.P$ ‖ duorum $(P_2p.c.)$: deorum N ‖ **97** purpureos $(P_2a.c.)$: -us $F_2a.c.$ -as N -o $P_2p.c.F_3a.c.$ ‖ merito : -os P_2 ‖ **98** triumphi : -o *Ise* ‖ **99** pr(a)esentes : -is $P_2a.c.P_6a.c.$ *Pa.c.* Preæsentis *Vic* ‖ hinc : hoc N ‖ sedula $F_2a.c.$ ‖ **100** indomitum $P_6p.c.$ ‖ ni(c)hil (g ? *a.c.*) : nil *gp.c.* ‖ ue *om. La.c.* ‖ **101** sui (*Pp.c.*) : suis *Ise* sibi *Cam mg. Ise mg.* ‖ **102** peruento $P_2a.c.$ ‖ utrum[-n-]que (*exc. Fl.*) : uterque P_2 ‖ **103** clausit P_2 ‖ ut : ubi N ‖ reliquid P_2 *Pa.c.* ‖ **104** in[-m-]manis $F_3a.c.$ *Pa.c.* ‖ turris $P_6a.c.$

105   Entourez-vous de flots, opposez de vastes forêts,
       Associez le Garganus et l'Apennin neigeux
       En les mêlant aux jougs des Alpes ; aux roches
                                         [du Caucase
       Joignez l'Hémus et sur l'Ossa roulez le Pélion[a] :
       Vous ne donnerez pas de mur au crime. Qui doit
                                         [venger avancera.
110   Tout fléchira pour que la bonne cause[b] passe.
       Sans oublier les droits des citoyens, il ne sévit pas
                                         [avec cruauté
       Contre le parti en déroute : il préférait ne pas fouler
       Un homme à terre. Aux prières clément, plein
                                         [de bonté,
       Il épargnait les châtiments. Dans la paix il n'inclut pas
                                         [de colère :
115   Après la guerre, il remisa la haine avec les armes[1].
       Quel avantage à être pris par ce vainqueur[c] :
                                         [les chaînes qui devaient
       Apporter des tourments[d] ont profité à de nombreux
                                         [vaincus !
       Dispensateur de larges biens, dispensateur d'honneurs[e],

----

a. Claudien rivalise ici avec Sil. 3,494-5 (à propos des Alpes) : *Mixtus Athos Tauro Rhodopeque adiuncta Mimanti,/ Ossaque cum Pelio cumque Haemo cesserit Othrys*, en reprenant une clausule d'Ou. *Met.* 1,155 *Pelion Ossae*. Le Garganus est un mont d'Apulie : Hor. *Carm.* 2,9,7.

b. Cf. Lucain 7,349 « *causa* iubet *melior* superos sperare secundos ».

c. Peut-être souvenir d'Ovide *Epist.* 3,54 (propos que Briséis prête à Achille) : *utile dicebas ipse fuisse capi*. Rut. Nam. 1,64 s'est souvenu de Claudien quand il dit à Rome : « *Profuit* iniustis te dominante capi ».

d. Il n'y a pas lieu, comme le fait Hall après Gesner, d'adopter la leçon banalisante *prospera* (Lehner 1984, p. 40-41).

e. Ambroise (*Obit. Theod.* 39) présente aussi Théodose comme *largus*. Salluste (*Iug.* 95,3) avait qualifié Sulla de *pecuniae largitor.* La formulation de Claudien a été reprise par Prudence, à propos de la fonction impériale créée par Auguste (*c. Symm.* 2,434) *largitor honorum* (Théodulphe *Carm.* 25,31 « tu*tor opum* es… *largitor honorum*) et par Coripp. *Iust.* 4,134 : *largitor opum, largitor honorum.*

cingite uos fluuiis, uastas opponite siluas,   105
Garganum Alpinis Appenninumque niualem
permixtis sociate iugis et rupibus Haemum
addite Caucaseis, inuoluite Pelion Ossae :
non dabitis murum sceleri. Qui uindicet, ibit.
Omnia subsident meliori peruia causae.   110
Nec tamen oblitus ciuem cedentibus atrox
partibus infremuit : non insultare iacenti
malebat. Mitis precibus, pietatis abundans,
poenae parcus erat. Paci non intulit iram :
post acies odiis idem qui terminus armis.   115
Profuit hoc uincente capi multosque subactos
aspera laturae commendauere catenae.
Magnarum largitor opum, largitor honorum

105 uastas (*exc. Fl.*) : uastasque *Vic* || componite *N* || **106** niualem *Pp.c.* || **107** permixtis : permites P_6*a.c.* pernices P_2*u.l.* permitto *exc. Fl.* || sociasse P_6*a.c.* || h(a)emum : Vemum P_6 || **108** addite : edite P_6*a.c.* || caucaseis (P_6*p.c.*) : -iis *K* || aduoluite *L* || **109** non : nec P_6*u.l.J* || ui[-e-]ndicet *gp.c.F₃p.c.N L exc. Fl.* : -at F_3*a.c. cett.* || **110** su(b)sident : -unt *KF₅a.c.* || peruia (*gu.l.*) : subdita *g* peruea *Na.c.* || **111** nec : non *N L* || oblatus *Na.c.* || ciuem (*Pu.l.*) : cause *Pu.l.* cinere *P* || **112** insultate *N* || **113** mallebat P_6*a.c.* || mitis (F_3*u.l.*) : mixtis F_3 || **114** paci : pati *Pa.c.* spatii *Pp.c.* || **115** odii *L* || qui : quem P_6*a.c.* || terminis *Pp.c.* || **116** hoc *P in ras.* || **117** aspera (*exc. Fl.†*) : prospera F_5 F_2*u.l. Vic* || c(h)at(h)en(a)e (P_2 *in ras.*) : cateruae *Ise mg.* || **118** Magnorum P_2*a.c. in ras.*

Il lui plaisait de se laisser aller à bonifier le destin.
120 De là l'amour ; de là, dans le dévouement du soldat,
　　　　　　　　　　　　　　[sa grande force ;
Et de là la fidélité qui devait rester à ses fils[a]. Noble
　　　　　　　　　　　　　　[par cette extrace,
Tu nais en même temps que tu reçois ta majesté,
Sans être aucunement souillé[b] par le sort du simple
　　　　　　　　　　　　　　[sujet.
Tous ont été reçus ; toi seul, le palais de lui-même
125 T'a produit et tu as le bonheur de grandir parmi
　　　　　　　　　　　　　　[la pourpre de ton père.
Un vêtement profane n'a jamais souillé tes membres
Posés dans des linges sacrés[1]. L'Espagne aux fleuves
　　　　　　　　　　　　　　[aurifères
A fait naître ton père ; le Bosphore se réjouit
De te nourrir[c]. Ton origine vient du seuil de l'Hespérie,
130 Mais ta nourrice c'est l'Aurore ; on se bat pour un tel
Enfant, les deux extrémités[d] comme concitoyen
　　　　　　　　　　　　　　[te revendiquent.
La gloire d'Hercule et de Bromius est le soutien
　　　　　　　　　　　　　　[de Thèbes[2] ;
La Délos de Latone à la naissance d'Apollon s'est
　　　　　　　　　　　　　　[arrêtée ;
Et d'avoir vu ramper le jeune maître du tonnerre,
　　　　　　　　　　　　　　[la Crète est fière ;

a. Ambr. *Obit. Theod.* 2 : *non sunt destituti quibus... Theodosius acquisiuit... et exercitus fidem.*

b. Écho de Lucain 6,741 *contagia passam.*

c. Sur l'origine espagnole de Théodose, v. 18 sqq. et note d ; Honorius est né à Constantinople.

d. *Axis,* axe du monde, pôle (Lucan. 7,422 « te *geminum* Titan procedere uidit in *axem* ») ou région du ciel, désigne ici, comme parfois chez Claudien (v. 395 ; *Ruf.* 2,152), les deux parties du monde romain symbolisé par ses extrémités occidentales et orientales. Réclamé par les deux parties du monde, Honorius a des droits sur toutes deux ; en fait, sa proclamation comme auguste pour l'occident en 393 ne fut pas reconnue.

pronus et in melius gaudens conuertere fata.
Hinc amor, hinc ualidum deuoto milite robur,   120
hinc natis mansura fides. Hoc nobilis ortu
nasceris aequaeua cum maiestate creatus
nullaque priuatae passus contagia sortis.
Omnibus acceptis ultro te regia solum
protulit et patrio felix adolescis in ostro,   125
menbraque uestitu nunquam uiolata profano
in sacros cecidere sinus. Hispania patrem
auriferis eduxit aquis, te gaudet alumno
Bosphorus. Hesperio de limine surgit origo,
sed nutrix Aurora tibi ; pro pignore tanto   130
certatur, geminus ciuem te uindicat axis.
Herculis et Bromii sustentat gloria Thebas,
haesit Apollineo Delos Latonia partu
Cretaque se iactat tenero reptata Tonanti ;

119 pronus : comis *Pu.l.* ǁ **120** ualidum (*exc. Fl.*) : odium *Vic* ǁ **121** hoc : hic *N* ǁ **122** Naceris $P_2a.c.$ ǁ **123** priuata $P_2a.c.$ ǁ **124** acceptis (*Ju.l.*) : ex- *J Ald* ǁ solum *Pp.c.* ǁ **125** protulit : per- *N* edidit F_3 ǁ **126** uiolata P_2F_3 *L* F_2P *Ise mg.* : temerata gKP_6F_3JN *Vic Ise* ǁ prof[-ph-]ano : sacerdos $P_6a.c.$ ǁ **128** Auriferis (*exc. Gyr.*) : -os $P_2a.c.$ ǁ eduxit ($P_2u.l.$) : pro- $P_2Ka.c.$ *L* ǁ equis $F_3a.c.$ ǁ **129** limine : lu- $P_6a.c.F_3Ja.c.$ *L P* limite *Jp.c.* ǁ surgit de limine F_5 ǁ **131** geminis $P_2a.c.$ ǁ te ciuem F_5 ciuem sic *Ald* ǁ uindicat $gP_6a.c.$ *L* : uen- *cett.* ǁ auxis $P_6a.c.$ *P* ǁ **132** bromi *N* ǁ subtentat *P* ǁ **133** apollinee *L* ǁ dolos *Pa.c.* **134** Creta- (*exc. Fl.*) : Crerta- *Na.c.* Certa- *Vic* ǁ se *om.* $P_6a.c.$ ǁ iactat P_2 *in ras.* ǁ raptata $P_6a.c.F_5a.c.$ ǁ tonanti : parenti P_6

135   Mais il est meilleur que Délos, plus renommé que
                                    [les bords du Dicté,
        Le lieu qui a donné cette divinité. Des rivages étroits
        N'auraient pas pu suffire à notre dieu, et les rocs
                                    [inhospitaliers
        Du Cynthe, avec leur dure couche, n'ont pas blessé
                                    [tes membres :
        Appuyée sur de l'or, bordée de pierreries, ta mère[a]
140   T'a mis bas sur un lit de Tyr. La cour a retenti des cris[b]
        Du vénérable accouchement. Alors, quelles instructions
                                    [pour l'avenir !
        Et quels cris des oiseaux ! Et quels vols à travers le vide ![1]
        Et parmi les devins, quelle agitation ! Pour toi,
                                    [Ammon avec sa corne[c]
        Et Delphes, dès longtemps muets, rompirent
                                    [leur silence.
145   Les mages perses t'ont chanté, l'augure étrusque
        Te devina et le Babylonien frémit en observant
                                    [les astres ;
        Les vieillards de Chaldée furent pris de stupeur et
                                    [la roche de Cumes,
        Temple de la Sibylle en rage[d], a recommencé à tonner.

---

a. Aelia Flacilla (*Ser.* 69), morte en 386. Reprise en crescendo du thème du porphyrogénète (*Tyrios toros*).

b. Pour Koenig (*ad loc.*), Claudien ferait allusion à des chants célébrant la naissance d'Honorius ; avec Gesner, Fargues et Barr, je pense qu'il parle des cris de la mère en travail (Stat. *Theb.* 3,158 *nulloque ululata dolore… Lucina* ; Callimaque *Hymn. Ap.* 119).

c. La clausule *corniger Hammon* se lit chez Ou. *Ars* 3,789 ; *Met.* 5,17 ; 15,309 et Lucan. 3,292.

d. De même Virgile parle de l'*os rabidum* de la Sibylle de Cumes quand elle prophétise (*Aen.* 6,80).

sed melior Delo, Dictaeis clarior oris   135
quae dedit hoc numen regio. Non litora nostro
sufficerent angusta deo, nec inhospita Cynthi
saxa tuos artus duro laesere cubili :
adclinis genetrix auro, circumflua gemmis
in Tyrios enixa t[h]oros ; ululata uerendis   140
aula puerperiis. Quae tunc documenta futuri !
Quae uoces auium ! Quanti per inane uolatus !
Quis uatum discursus erat ! Tibi corniger Hammon
et dudum taciti rupere silentia Delphi.
Te Persae cecinere magi, te sensit Etruscus   145
augur et inspectis Babylonius horruit astris,
Chaldaei stupuere senes Cumanaque rursus
intonuit rupes, rabidae delubra Sibyllae.

---

137 su(f)ficerent : sus- P_6 || angusta ($P_2u.l.$) : au- P_2K *Pa.c.* ||
138 sauxa P_6 || arcus $F_2Pa.c.$ || lesere : lesesere $P_2a.c.$ fudere *Pp.c.*
fodere *Pu.l.* serere *Pa.c.* pressere $F_2u.l.$ || cubili P_2 *in ras.* || **139** Ad
[-c-]clinis ($P_2a.c.$ *exc. Fl.*) : Ac(c)liuis $P_2p.c.F_3$ *Vic* || genetrix *exc. Fl.* :
genitrix *codd.* Vic Ise || **140** tyrios... toros (*exc. Fl.* thoros *codd.*) : -iis...
toris *Vic Vgol Iunt* || **141** futuri : uerendis $P_6a.c.$ || **142** anium *Pa.c.* ||
143 quis : qui P_6 *exc. Fl. g ?* || natum P_2 || tibi : uel *N om.* $P_2a.c.$ ||
(h)am(m)on : hamos *Pa.c.* || **144** dudum (*exc. Fl.*) : dubium *Vic* ||
tacti *Ja.c.* || delph[-f-]i : superni $P_6a.c.$ || rupere ($F_2s.l.$) : rapuere F_2
|| **145** sentit F_2 || **146** babilonius *codd.* || stupuit Babylonius *Ald* ||
astris : austris $P_6a.c.$ || **148** rupes : -is L $F_2a.c.$ -us *Pa.c.* || rabid(a)e
$KP_6p.c.$? $F_3F_5s.l.JP$: rapi- *cett.* || sibil(l)(a)e *codd.* diane $P_6a.c.$

Autour de toi, le corybante de Cybèle à ta naissance

150 N'a pas fait résonner l'airain[1] : l'armée avec tous
                           [ses éclairs
Y assista. Plus auguste, l'enfant est entouré d'enseignes[a] ;
Il sent les casques l'adorer ; d'un fier vagissement
Il répond aux clairons[2]. Le même jour t'a apporté
La vie et le pouvoir[3]. Dans ton berceau[b], tu es promu

155 Consul. À peine un nom t'est-il donné, tu en marques
                           [les fastes[c] :
On te donne l'année qui t'avait mis au jour.
Ta mère te vêtit, bébé, de l'habit quirinal[d]
Et t'apprit à ramper vers ton premier siège curule.
Au sein sacré, dans le giron immortel des déesses[4],

160 Tu grandis adoré[e] : souvent Diane à tes épaules
A suspendu l'arc du Ménale[f] et son carquois de chasse,
Honneur pour un enfant[g]. Souvent tu as joué
De la rondache de Minerve[h] ; impunément
                           [tu parcourais
Sa fauve égide et tu touchais sans peur ses serpents
                           [devenus câlins ;

165 Souvent aussi la reine, au grand plaisir de son mari,
Te voila les cheveux, tant ses vœux la pressaient[5],

a. Même thème en *3 cons.* 16-17.

b. L'allitération renforce l'antithèse des deux mots réunis en fin de vers *cunabula consul.*

c. Ce vers est modelé sur Lucan. 2,645 : « qui Latio(s) *signatis nomine fastos* » (paroles de Pompée aux sénateurs qui le soutiennent).

d. La trabée consulaire (*Eutr.* 1,28 *Quirinales... cinctus*) : Verg. *Aen.* 7,612 *Quirinali trabea.*

e. Peut-être réminiscence de Stace (*Theb.* 4,355, à propos d'enfants qui grandissent dans les bras de leurs mères) : « *gremio* miseros *crescere* natos ».

f. Montagne d'Arcadie où Diane aimait à chasser (Stat. *Theb.* 12,125 *Maenaliae... Dianae*).

g. L'expression *puerile decus* se lit sur de nombreux manuscrits d'Auson. *epig.* 77,5.

h. *3 cons.* 22-23, à propos du même Honorius : « *reptasti per scuta* puer... ».

Nec te progenitum Cybeleius aere sonoro
lustrauit Corybas : exercitus undique fulgens   150
astitit. Ambitur signis augustior infans ;
sensit adorantes galeas, redditque ferocem
uagitum lituis. Vitam tibi contulit idem
imperiumque dies. Inter cunabula consul
proueheris, signans posito modo nomine fastos,   155
donaturque tibi, qui te produxerat, annus.
Ipsa Quirinali paruum te cinxit amictu
mater et ad primas docuit reptare curules.
Vberibus sanctis inmortalique dearum
crescis adoratus gremio : tibi saepe Diana   160
Maenalios arcus uenatricesque pharetras
suspendit, puerile decus ; tu saepe Mineruae
lusisti clipeo fuluamque inpune pererrans
aegida tractasti blandos interritus angues ;
saepe tuas etiam iam tunc gaudente marito   165
uelauit regina comas festinaque uoti

149 nec (*exc. Fl.*) : non *N L Vic* ‖ *post* cybeleius *del.* edidit P_6 ‖ (a)ere ($F_2s.l.$) : ore $P_2P_6a.c.$ F_2 ‖ sonoro ($F_2s.l.$) : sororo $F_5a.c.$ soronoro *Pa.c.* sereno F_2 ‖ **150** c(h)or(r)ibas *codd.* ‖ **151** ambitur : ambitus F_3 ? ambigitur $P_2a.c.$ ‖ augustior (*exc. Fl.*) : an- $P_6a.c.$ *Vic* ‖ **152** sentit *exc. Fl.* ‖ reddit- *Np.c.* ‖ ferocem $P_2p.c.$ ‖ **153** lituis : -ui $F_3a.c.$ -uus *exc. Gyr.* ‖ contudit $P_6a.c.$ ‖ **155** proueheris (*exc. Fl.*) : per- *Vic Vgol* proutheris $P_2a.c.$ ‖ signas *N exc. Fl.* ‖ fastus *exc. Fl.*† ‖ **156** Donatus- *Pa.c.* ‖ produxerit $F_5a.c.$ ‖ **157** paruum $F_2p.c.$ ‖ **159** sanctis : sacris *L* ‖ dearum $P_6p.c.F_3p.c.JNu.l.$ *exc. Fl.* : -orum $P_6a.c.F_3a.c.$ *cett. Vic Ise* ‖ **160** cres(s)cis $gKP_6F_3p.c.F_5JN L F_2s.l.P$ *Vic Ise* : -it $P_2F_3a.c.$ $F_2Pa.c.$ ‖ adoratus : o- *g* ? *a.c. exc. Fl.* ‖ **161** uenatrices- ($F_3u.l.$) : uenenatrices- *J* bellatrices- F_3 ‖ **163** flauam- *L* ‖ inpu(g)ne : pugne $F_2a.c.$ ‖ **164** interritus (*exc. Fl.*) : per- $P_2a.c.P_6a.c.$ $F_2a.c.Pa.c.$ ‖ anguis $P_6a.c.$ ‖ **165** etiam *om. Pa.c.* ‖ tunc gaudente : tum *g. exc. Fl. Ise* nunc *g. Vic* cong. *g*

En te donnant un diadème anticipé ; alors, dans
                                    [ses doux bras,
Elle te prit et te tendit aux baisers d'un père si grand[a].
L'honneur ne tarda pas : le César devint prince[1],
170 Et aussitôt tu égales ton frère. Jamais les dieux
                                    [d'en-haut
N'ont donné de plus clairs avis ni l'éther ne fut plus
                                    [propice
Par nul présage[2]. Une tempête avait enveloppé le jour
D'une noire nuée, le Notus avait assemblé[b] de gros
                                    [orages.
Mais bientôt, quand par le cri coutumier les soldats
                                    [t'élevèrent[c],
175 Phébus dissipa la ténèbre[d] et en même temps
                                    [on donnait
À toi le sceptre, au monde la clarté : libéré de la brume,
Le Bosphore, en face de lui, laisse entrevoir
                                    [la Chalcédoine.
Le voisinage n'est pas seul à s'éclairer : toute la Thrace
Perd ses nuages refoulés ; le Pangée resplendit ;
180 Le Palus Méotide darde des rayons insolites[e].
Ce n'est pas Borée qui chassa les pluies, ni l'ardeur
                                    [du soleil :
Ce fut la clarté de l'Empire. Un éclat, bon augure,
Recouvrait tout ; la Nature sourit de ta sérénité[3].
Même en plein jour[f], une étoile apparut, audacieuse,

a. Sidoine se souviendra de ce passage à propos de l'enfance d'Anthemius (*Carm.* 2,137) : « laxatis intrabat *ad oscula* cristis ».

b. Emploi analogue de *colligere* chez Virgile (*Ecl.* 9,63) : « si nox *pluuiam* ne *colligat* ante ueremur ».

c. Les soldats acclament Honorius empereur et l'élèvent (sur un bouclier) à la dignité impériale (cf. Zos. 3,92 à propos de Julien).

d. Dans les panégyriques, les dieux se mettent au service des empereurs !

e. Du Bosphore, Claudien passe à la Thrace, dont le Pangée est une montagne, puis à la Mer d'Azov.

f. Une étoile (comète ? voir Lehner 1984, p. 52-54) en plein jour est un présage favorable qui annonce un règne glorieux : Lampr. *Alex. Seu.* 13.

praesumptum diadema dedit ; tum lenibus ulnis
sustulit et magno porrexit ad oscula patri.
Nec dilatus honos : mutatus principe Caesar,
protinus aequaris fratri. Non certius unquam   170
hortati superi, nullis praesentior aether
affuit ominibus. Tenebris inuoluerat atris
lumen hiems densosque Notus collegerat imbres.
Sed mox, cum solita miles te uoce leuasset,
nubila dissoluit Phoebus pariterque dabantur   175
sceptra tibi mundoque dies : caligine liber
Bosphorus aduersam patitur Calchedona cerni.
Nec tantum uicina nitent, sed tota repulsis
nubibus exuitur T<h>race, Pangaea renident
insuetosque palus radios Maeotica uibrat.   180
Nec Boreas nimbos aut sol ardentior egit :
imperii lux illa fuit. Praesagus obibat
cuncta nitor risitque tuo Natura sereno.
Visa etiam medio populis mirantibus audax

---

167 Praesentum *N* || tum : cum *F₃* tunc *gKN* || lenibus : leu- *gP₆p.c.*
N læu- *Ise* || **168** magno : paruum *gu.l.J* || porrexerat *L* || ad *om.*
Na.c. L || **169** nec : non *F₂* || honor *L F₂* || mutatus *F₃F₅N L F₂ Vic*
Ise : -ur *P₂gKP₆F₅s.l.J exc. Fl.* mittatur *Pa.c.* imitatur *Pp.c.* mutato *Pmg.*
|| **170** fratri : facti *P₆a.c.* patri *Ka.c.* || non (*exc. Fl.*) : nec *KF₃JN L Vic*
Ise || **171** hortari *P₆a.c. P* || nullus *P₂F₃* || **172** hominibus *P₂a.c.Ja.c.N*
Vic || atris *P₆p.c.Ju.l.N L F₂ Vic Ise* : -a *F₅ exc. Fl. exc. Gyr.* astri
P₂p.c.KF₃J F₂u.l. astra *g ? P₆a.c. P* || **173** lumen : prorsus *g* || que *om.*
N F₂a.c. || imbris *P₆a.c.* || **174** cum subita *Kp.c. ?* || lauasset *P* || **176**
mundi- *N* || **177** auersam *L* || c(h)alc(h)edona : calcedonia *N* ||
cerni : pati *F₃a.c.* || **178** notent *F₃a.c.* || repulsas *Pa.c.* || **179** *om.*
nubibus *F₃a.c.* || exuitur : eruitur *P₂a.c.* exstruitur *K* || trac(h)e *F₂s.l.*
codd. clare *F₂* || renident : retundunt *N* || **180** m(a)eot(h)ica *KF₃JN*
L F₂p.c. Ise : -ia *exc. Fl.* -ida *P₂P₆F₅ F₂a.c.P Vic* || **181** nec : non *F₅* ||
nimbos : tumbos *P* membros *Ja.c.* || aut : nec *KJ* || **182** lux : uix
Pa.c. uis *Pp.c.* || illa : ipsa *P₆* || obibat *P₂p.c.* || **183** tuo *om. F₅a.c.* ||
184 uisa etiam : uisa est *Na.c.* et u. est *Np.c.* || mediis *P₂* || mitanti-
bus *Pa.c.*

185 À l'admiration des gens ; nul doute : ses cheveux[a]
                              [n'étaient ni ternes
Ni émoussés, mais aussi nombreux[b] que, la nuit,
                              [ceux du Bouvier.
Hôte du ciel, à un moment qui n'était pas le sien,
                              [son feu
Brilla : on put le reconnaître alors que se cachait
                              [la lune,
Que ce fût ton auguste mère[c], ou que renvoyât
                              [sa lumière
190 Ton grand-père divin, ou que le soleil ait admis
                              [de partager le ciel[d]
Avec les astres clairs qui se dépêchaient pour te voir.
Ils apportaient un message évident. Son pouvoir
                              [à venir
Pour Ascagne brilla lorsqu'une aigrette inoffensive
Brûla d'une lueur subite et que la splendeur du destin
195 Entoura sa tête phrygienne et couronna ses tempes[e].
Mais pour toi les flammes du ciel font luire les présages.
Tel Jupiter enfant, sorti des grottes de l'Ida,
Prit possession de la citadelle du ciel et accueillit en
                              [serviteurs

a. *Crinis* pour une étoile ou une comète : Verg. *Aen.* 5,528 ; Ou. *Met.* 15,849 ; Val. Fl. 2,42.

b. Pour *numeratur*, voir Axelson 1944, p. 13-15 et Fargues 1936 *ad loc.*

c. Flacille, morte en 386 (cf. v. 131).

d. Le titre de *diuus* est donné à *Theodosius comes* en CIL VI, 1730 (cf. *Gild.* 215 ; voir Cameron 1970, p. 57). J'ai conservé le texte le mieux attesté : la leçon des *exc. Fl.* et *Gyr.* me semble être une réfection motivée par la lacune d'un mot dans une partie de la tradition manuscrite. Sur l'inutilité de la conjecture de Koch *Arctis* pour *astris*, Lehner 1984, p. 51-52.

e. Verg. *Aen.* 2,682-4. Silius (16,119-120) avait imité ce passage pour mettre en valeur Massinissa et Sidoine (*Carm.* 2,115-6) s'y réfèrera encore à propos des prodiges qui accompagnent la naissance d'Anthemius. D'après Tite-Live (1,39,1) et Denys d'Halicarnasse (4,2), un prodige analogue avait annoncé l'avènement de Servius Tullius.

stella die, dubitanda nihil nec crine retuso   185
languida, sed quantus numeratur nocte Bootes,
emicuitque plagis alieni temporis hospes
ignis et agnosci potuit, cum luna lateret :
siue parens Augusta fuit, seu forte reluxit
diuus auus, seu te claris properantibus astris   190
cernere sol patiens caelum commune remisit.
Apparet quid signa ferant. Ventura potestas
claruit Ascanio, subita cum luce comarum
innocuus flagraret apex Phrygioque uolutus
uertice fatalis redimiret tempora candor.   195
At tua caelestes illustrant omina flammae.
Talis ab Idaeis primaeuus Iuppiter antris
possessi stetit arce poli famulosque recepit

185 retuso (*P₆u.l. exc. Fl.*) : recuso *P₆a.c. Pa.c.* recisso *F₅a.c.* reciso *P₆p.c.* resuso *Vic* refuso *Col* retenso *N g* ? ‖ **186** numeratur (*Lu.l.*) : -us *L* mineratur *Pa.c.* ‖ nocte (*Ju.l.*) : luce *F₃a.c.J* ‖ bootes (*exc. Fl.*) : boetes *P₂N L Vic* ‖ **187** emicuitque : enit-*F₅* om. que *N* ‖ aliena *Pa.c.* ‖ **188** lateret : luceret *Ise mg.* ‖ **189** angusta *P₆ L* ‖ forte : sponte *N* ‖ **190** Diuus auus seu te : Diuinus a. s. te *P₆a.c.* Diui sidus aui seu te *exc. Fl. exc. Gyr.* ‖ claris *KF₃p.c.JN F₂u.l. Vic Ise* : -us *F₅* cunctis *L* celo *P₆p.c. F₂* iam tunc *g* om. *P₂P₆a.c.F₃a.c. P exc. Fl. exc. Gyr.* ‖ astris : austris *F₅a.c.* ‖ **191** Sol cernere *F₃a.c.* ‖ **192** qui *P₂* ‖ **193** cubita *P₆a.c.* ‖ **194** ph[f-]rigio- *codd.* fluido- *N* ‖ **195** redimiret (*Lp.c.*) : -meret *Pa.c. Vic* -mibat *P₆a.c.* ‖ tempera *J* ‖ **196** omina (*exc. Fl. exc. Gyr. Iunt Col*) : omnia *P₂P₆a.c. L Pa.c. Vic Ald Ise* ‖ **197** antris : austris *P₆a.c.* ‖ **198** stetit : tenet *P₆a.c.* ‖ arte *Ja.c.* ‖ poli f. r. om. *P₂a.c.*

Les dieux que lui remettait la Nature : point encor
                                                    [sur ses joues
200   De duvet printanier[a] et sur son cou ne flottait pas
                                                    [encore
La chevelure qui devait mouvoir les sphères[b] ;
                                            [il apprenait alors
À fendre les nuées[c] et à brandir son foudre d'un bras
                                            [débutant[1].
Comblé par cet augure et fier de ses fils désormais
                                            [égaux
S'en revenait le père, appuyé sur ses deux collègues[2] ;
205   Il resplendissait sur son char sacré et embrassait
                                            [ses chers enfants.
C'est ainsi qu'avec le Père suprême siègent
                                            [les jumeaux laconiens,
Progéniture de Léda ; sur tous les deux brillent
                                            [les traits du frère,
Et de la sœur sur tous les deux ; leur chlamyde ruisselle
                                            [d'or, identique,
Et leurs cheveux sont également constellés ; même
                                            [ce doute charme
210   Le maître du tonnerre, et leur mère incertaine aime
                                            [son ignorance ;
L'Eurotas ne sait distinguer ses propres nourrissons[3].
Quand le palais à leur retour les accueillit, là
                                            [ton père, dit-on,
Parla ainsi pour la stabilité de l'empire du monde[4] :
« Si, cher enfant, la Fortune t'avait donné le trône
                                            [parthe[d],

a. Souvenir de Martial 2,61,1 « cum tibi *uernarent* dubia *lanugine*
malae ».

b. L'idée remonte à Hom. *Il.* 1,529-30 ; cf. Ou. *Met.* 1,179-80.

c. Verg. *Aen.* 1,587 *scindit se nubes* ; 4,208 *fulmina torques*.

d. L'empire parthe arsacide était tombé aux mains des Perses en
226. Mais les Latins confondent souvent ces deux peuples : Hor.
Carm. 1,2,22 ; 2,2,17 ; Claud. *Eutr.* 1,414 sqq. Sur la tiare, Xénophon
Anab. 2,5,23.

Natura tradente deos ; lanugine nondum
uernabant uultus nec adhuc per colla fluebant   200
moturae conuexa comae ; tum scindere nubes
discebat fulmenque rudi torquere lacerto.
     Laetior augurio genitor natisque superbus
iam paribus duplici fultus consorte redibat
splendebatque pio complexus pignora curru.   205
Haud aliter summo gemini cum patre Lacones,
progenies Ledaea, sedent : in utroque relucet
frater, utroque soror ; similis c<h>lam*ys* effluit auro ;
stellati pariter crines. Iuuat ipse Tonantem
error et ambiguae placet ignorantia matri ;   210
Eurotas proprios discernere nescit alumnos.
     Vt domus excepit reduces, ibi talia tecum
pro rerum stabili fertur dicione locutus :
« Si tibi Parthorum solium Fortuna dedisset,

199 tradente : tribuente N ‖ nondum ($F_3 p.c.$ *exc. Fl.*) : nun- KF_5 *Pa.c. Vic* mun- $P_2 a.c.$ ‖ **200** uernabat F_3 ‖ **201** Moture connexa $F_2 p.c.$ Ma- conn- $F_2 a.c.P$ ‖ tum : cum K tunc $gF_3 F_5 N$ ‖ **202** flumen- $P_2 P_6 a.c.$ ‖ rudi $P_6 p.c. et u.l.$ ‖ **203** l(a)et[-c-]ior : leccius $P_6 a.c.$ ‖ uatis- P_2 ‖ **204** fultus duplici L ‖ duplici $P_2 p.c.$ ‖ subfultus $P_6 a.c.$ ‖ redibant *Pa.c.* ‖ **207** in utroque : neutroque L ‖ relucet : -ent L ? *a.c.* $F_2 a.c.Pa.c.$ ‖ **208** simili $P_2 g$ *exc. Fl.* ‖ chlamys *exc. Gyr.* : clamis *codd.* ‖ effluit (*Pa.c. exc. Fl.*) : af- F_5 *Vic* efflat in *Pp.c.* ‖ **209** stellata $P_2 a.c.$ ‖ **210** error *om.* $F_2 a.c.$ ‖ **211** et proprios $F_2 P$ ‖ nescit : cernit $P_2 u.l.P_6 a.c.$ P ‖ **212** Vt : Et J ‖ eccepit L accepit J ‖ secum L P *Ise mg.* ‖ **213** dic[-t-]ione : stacione F_5 ‖ **214** solum $P_6 a.c.$ ‖ fortuna : natura K ‖ dedisset : tulisset *Ise mg.*

215 Si, vénérée là-bas, dans les contrées orientales,
     Se dressait sur ta tête d'Arsacide une tiare barbare,
     Ton haut lignage suffirait et ta noblesse seule
     Pourrait te protéger ; tu flotterais dans le luxe
                                        [et l'oisiveté[a].
     Mais le sort est tout autre à qui dirige
220 La cour de Rome. Il sied de s'appuyer sur la vertu,
                                        [non sur le sang[b].
     Plus grande et profitable alors qu'elle se joint à
                                        [un puissant destin,
     Cachée, la vertu perd toute valeur (en quoi, submergée
                                        [de ténèbres,
     Serait-elle utile à un homme obscur ?)[c], telle
                                        [une poupe sans rameur
     Ou une lyre qui se taît ou un arc qui n'est pas tendu[d].
225 Pourtant, nul ne la trouvera s'il ne se connaît pas
                                        [d'abord
     Lui-même[e] et s'il n'a apaisé la houle incertaine
                                        [de l'âme[f].
     On n'y parvient que par de longs détours[g].
     Du monde apprends ce que chacun apprend pour soi.
                                        [Lorsqu'il créait

---

a. L'expression *luxu fluitare* se lit chez Rufin (*Hist.* 8,4,11 ; *Orig. in exod.* 2,1) et Paulin de Nole (*Carm.* 31,250).

b. Lieu commun : *Laus Pis.* 5-11 ; *Iuu.* 8,1-76.

c. Autre lieu commun : c'est la vertu des princes, non celle des hommes obscurs, qui compte : Hor. *Carm.* 4,9,30 ; Quint. *Inst.* 3,7,14 ; Pacat. *Pan.* 2[12],17,5 ; Symm. *Epist.* 9,86 ; Synes. *De regno* 4 ; Boeth. *Cons.* 1,5,34-35.

d. Ou. *Pont.* 4,8,75 *Vtque nec ad citharam nec ad arcum segnis Apollo est* (cf. *Epist.* 4,91-92 *arcus... / si numquam cesses tendere, mollis erit*).

e. Dion Chrysostome avait déjà repris le fameux précepte delphique et socratique dans son quatrième discours *Sur la royauté* (4,57).

f. Même image chez Lucain. 8,165-6 « Saepe labor.../ proiecit fessos *incerti pectoris aestus* » et Val. Fl. 5,303 *incerta per aestus mens rapit*.

g. Lucr. 6,919 *longis ambagibus est adeundum* (cf. 1081).

care puer, terrisque procul uenerandus Eois   215
barbarus Arsacio consurgeret ore tiaras,
sufficeret sublime genus luxuque fluentem
deside nobilitas posset te sola tueri.
Altera Romanae longe rectoribus aulae
condicio. Virtute decet, non sanguine niti.   220
Maior et utilior fato coniuncta potenti,
uile latens uirtus (quid enim submersa tenebris
proderit obscuro ?), ueluti sine remige puppis
uel lyra quae reticet uel qui non tenditur arcus.
Hanc tamen haud quisquam, qui non agnouerit ante   225
semet et incertos animi placauerit aestus,
inueniet ; longis illuc ambagibus itur.
Disce orbis quod quisque sibi. Cum conderet artus

216 barbarius *Ja.c.* || arsac[-t-]io : assirio *N* || cum surgeret *L* || ore
(*Ka.c.*) : orbe *Kp.c. Nu.l.* || **217** Sufficere *Pa.c.* || Sublime sufficeret
F_3*a.c.* || **218** Desidie *Na.c.* || possit P_2 || *post 220 posuerunt 225-7 exc.*
*Fl. exc. Gyr. (*in antiquo hi uersus hoc ordine habentur*)* || **221** uti-
lior : ulterior *Ise mg.* || fato (F_2*u.l. Ise mg.*) : facto F_2 *Vic Vgol Ald Ise* ||
222 submersa (*Pa.c.*) : -uersa P_6*p.c.* -missa P_6*u.l.* subl.gine P_6*a.c.* lux
mersa *Pp.c.* || tenebris : latebris F_2 || **223** Proderit ? obscuro *sic dis-*
tinx. Vic Ise || obscuro (P_2*p.c.*P_6*a.c.*) : -os P_2*a.c.* -is *KP*$_6$*p.c.* || ueluti :
quantum *flor. Gall.* || sine : sub F_2*a.c.* || **224** lita *Pa.c.* || reticet (*Pp.c.*
exc. Fl.) : recitet *Vic* || **225** haut tamen hanc F_3 huc t. haut F_5*a.c.*
hanc t. aut *Ja.c. Pa.c.* || quaquam *N* || agnouerit : -at F_2 cognouerit
F_5 || **226** incertos : incestos *KJa.c. L* F_2*a.c. Ise mg.* || pacauerit *flor.*
Gall. || **227** longisque F_2*a.c.* || illuc (F_5*s.l.*) : illic F_5 || **228** orbi F_5*u.l.*
|| quod quisque (F_2*u.l.*) : q. quosque F_2*Pa.c.* q. quis et *N* quos-
cumque *L* || sibi *om.* P_6*a.c.* || cum : dum F_2

Nos corps en mélangeant le terrestre à l'éther,
              [Prométhée a volé
230 Au Père l'âme sans mélange, arrachée à l'Olympe[1] ;
Il l'a maintenue enfermée et enchaînée, malgré
              [son indignation.
Et comme les êtres mortels ne pouvaient être
              [autrement façonnés,
Il en ajouta deux. Celles-ci en tombant avec le corps
              [périssent ;
L'autre seule demeure et survit au bûcher
235 Pour s'envoler. Il l'établit en haut, dans l'acropole
              [de la tête[a],
Mandatrice[b] des actions, pour observer notre travail ;
Dessous le cou il plaça les deux autres, en un lieu
              [digne d'elles,
Pour subir les commandements de leur maîtresse
              [supérieure.
De fait le Créateur, de peur de confondre le saint et
              [le profane[c],
240 Distribua les parts de l'âme en écartant leurs sièges.
La région du cœur sanguin au fond de la poitrine
Protège la colère[d], imbue de flammes, désireuse
              [de nuire
Et qui se précipite. Enflammée de rage elle gonfle

a. Image platonicienne (*Tim.* 70A ; *Rep.* 8 560B ; Albinus-Alcinoos 23 ; Apul. *Plat.* 1,13 ; Calcidius *comm. Tim.* p. 247,9 W.) souvent
reprise : Aristote *Part. anim.* 3,7 670A ; Cic. *Tusc.* 1,20 ; *Nat. deor.*
2,140 ; Ps. Longin *Subl.* 32,5 ; Philon *Somn.* 1,32 ; *Leg. alleg.* 2,91... ;
Galien *De plac. Hipp. et Plat.* p. 120 L. ; Plin. *Nat.* 11,134 ; Apul. *Apol.*
50,4 ; Alc. Auit. *Carm.* 1,82...

b. *Mandatricem* semble être une création de Claudien.

c. Platon *Tim.* 69C ; Hor. *Epist.* 1,16,54 *miscebis sacra profanis* (qui
a influencé certains mss.).

d. Outre les textes cités n. compl. 1, Sen. *Ira* 2,19,3 *iram in pectore
moueri.*

nostros, aethereis miscens terrena, Prometheus,
sinceram patri mentem furatus Olympo   230
continuit claustris indignantemque reuinxit
et, cum non aliter possent mortalia fingi,
adiunxit geminas. Illae cum corpore lapsae
intereunt, haec sola manet bustoque superstes
euolat. Hanc alta capitis fundauit in arce   235
mandatricem operum prospecturamque labori ;
illas inferius collo praeceptaque summae
passuras dominae digna statione locauit.
Quippe opifex ueritus confundere sancta profanis
distribuit partes animae sedesque remouit.   240
Iram sanguinei regio sub pectore cordis
protegit inbutam flammis auidamque nocendi
praecipitemque sui. Rabie succensa tumescit,

229 Nostros : Sinceram *Pa.c.* ‖ aetheriis *exc. Fl.* ‖ misces *N* miseros
$P_6a.c.$ ‖ **230** patri $(F_5a.c.)$: -is *L* -o $F_5p.c.$ *Ise mg.* ‖ olimpo *codd.*
apollo $P_6a.c.$ ‖ **231** -que *om. Pa.c.* ‖ reuinxit (*exc. Fl.*) : reiunxit *Vic* ‖
232 fingi : fungi *K* flecti *Ise mg.* ‖ **233** gemmas $F_5a.c.$ ‖ cum : e *N* ‖
234 interemit *Pa.c.* interimunt *Pp.c.* ‖ bustos- *Pa.c.* ‖ **236** prospectu-
ram- (*Ka.c.*) : prospectricem- $Kp.c.F_3J$ ‖ labori (*ga.c.*) : -rum $gp.c.F_3J$
‖ **238** passiuas $P_6a.c.$ ‖ digne P_2 ‖ **239** sancta : sacra KF_3F_5 ‖ **240** partem $P_6a.c.$ ‖ remouit : remisit *Na.c.* ‖ **241** sanguinei (*Pa.c.*) : -eis
Pp.c. ‖ cordis (*Pmg.*) : choros *P* torrens *Ps.l.* ‖ **242** inbutam $P_6p.c.$ ‖
auidam- $P_6p.c.$ ‖ **243** que *om.* $F_5a.c.$

Et se contracte attiédie par la peur[a]. Comme elle
                                        [entraînait tout
245   Avec elle et que folle, elle refusait le repos
                                        [aux membres,
      Il trouva l'aide du poumon[b] et fournit de l'humide
      À sa fureur, afin que les fibres gonflées s'amollissent
                                        [bien vite.
      Mais le désir qui cherche tout pour lui sans rien vouloir
                                        [donner
      S'est retiré, chassé, à l'intérieur dans le foie[c] ;
250   Comme quand une bête ouvre sa gueule immense,
      Il ne veut être ni comblé ni rassasié : tantôt de
                                        [son fouet il cingle
      Les tourments d'avarice, tantôt, époint d'amour[d],
                                        [il brûle ;
      Tantôt il s'éjouit, tantôt se plaint, dolent ; rassasié,
      Il se redresse et, tel l'hydre coupée, il revient plus
                                        [puissant.
255   Si donc quelqu'un peut calmer ces désordres,
      Il donnera à l'âme pure un sanctuaire inébranlable[e].
      Tu auras beau étendre ta domination jusqu'à
                                        [l'extrémité des Indes,
      Etre adoré du Mède ou de l'Arabe efféminé ou bien
                                        [des Sères,
      Si tu éprouves crainte ou bien mauvais désirs,
                                        [si le courroux te mène,

---

a. Lucain 4,284 *mentesque tepescunt* ; Lucr. 5,1218-9 … *animus formidine diuom / contrahitur.*

b. Platon *Tim.* 70C ; Apul. *Plat.* 1,15.

c. Le foie est le siège des passions : Platon *Tim.* 71A ; Theocr.
11,16 ; 13,71 ; Pers. 5,129…

d. Verg. *Georg.* 3,210 *stimulos… amoris* ; Ou. *Fast.* 2,779 *stimulis
agitatur amoris.* La même image revient fréquemment chez Nonnos.

e. *Mens* ou *Mens bona* avait un sanctuaire sur le Capitole : Prop.
3,24,19 *Mens bona, si qua dea es, tua me in sacraria dono.*

contrahitur tepefacta metu. Cumque omnia secum
duceret et requiem membris uesana negaret,   245
inuenit pulmonis opem madidumque furenti
praebuit, ut tumidae ruerent in mollia fibrae.
At sibi cuncta petens, nil conlatura cupido
in iecur et tractus imos conpulsa recessit,
quae, uelut inmanes reserat dum belua rictus,   250
expleri pascique uelit : nunc uerbere curas
torquet auaritiae, stimulis nunc flagrat amorum,
nunc gaudet, nunc maesta dolet satiataque rursus
exoritur caesaque redit pollentius <h>ydra.
Hos igitur potuit si quis sedare tumultus,   255
inconcussa dabit purae sacraria menti.
Tu licet extremos late dominere per Indos,
te Medus, te mollis Arabs, te Seres adorent,
si metuis, si praua cupis, si duceris ira,

244 tepefacta (*K* ? *p.c. exc. Fl.*) : stup- P_2*u.l.Ka.c.F$_3$ L Vic Ise mg.*
trem- F_5*a.c.* tab- P_2 ‖ meatu P_2*a.c.* ‖ cum- P_2 ? ‖ **245** requiem P_6*p.c.*
‖ **246** furenti (*exc. Fl. exc. Gyr. Ise mg.*) : fluenti *Vic Ise* ‖ **247** timide
P_6*a.c.* ‖ ruerent : -unt F_3*a.c.* reuerent *Ja.c.* ‖ **248** nil conlatura P_2*a.c.*
exc. Fl. : nil coll- *codd.* in c. P_6*a.c.* nil celatura *Vic* secum latura *Ald* ‖
249 co(n)pulsa (*F$_5$s.l. et u.l.*) : -pressa F_5 ‖ **250** uelut[-d] (*Pu.l.*) :
ualde *Pp.c.* uelde *Pa.c.* ‖ i(n)manes (*P$_6$p.c.*) : -is P_2*gP$_6$a.c.* F_2*a.c. exc.*
Fl. ‖ reserat : -et P_6*a.c.F$_3$J* F_2*a.c.P* ‖ ritus F_3*a.c.* ‖ **251** pascique : pas-
cis- *Pa.c.* paci- P_2 pasci P_6*a.c.* ‖ uelit (*K* ? *p.c.* ?) : nequit *K* ? *a.c.* ?
F_5*s.l.N Vic Ise* ‖ *post* uelit *del.* & P_6 ‖ nunc (*om. F$_3$a.c.*) : non *Pa.c.* ‖
uerbere : -a P_6*a.c.* umbere P_2*a.c.* ‖ **252** nunc (*om. F$_5$a.c.*) : tunc P_6 ‖
amoris *K* ‖ **253** dolet (*F$_3$u.l.*) : sedet F_3 silet *Ise mg.* ‖ **254** pollentius
(*Pa.c.*) : -ior F_3 pallentius F_5 pau- P_2 uiol- *Pp.c.* ‖ y[i-]dra *codd.* ‖ **255**
igitur : ergo F_3 ‖ si quis potuit *J* poterit si q. *K* si q. poterit *flor. Gall.*
‖ **257** licet P_6*p.c.* ‖ dominare P_6*a.c.N P* ‖ **258** *ras. post* Medus *in P* ‖
seret *Pa.c.* ‖ adorant P_6*a.c.* ‖ **259** praua (*exc. Fl. Ise mg.*) : parua *Vic*
Ise ‖ cupis : uelis F_5

260 Tu subiras le joug de l'esclavage et porteras en toi
    Des lois iniques[a]. Mais tu tiendras tout sous ta loi
    Quand tu pourras régner sur toi. La pratique du mal
    Entraîne au pire et la licence pousse à la débauche.
    Sans frein, elle incite à séduire. Vivre chastement
                                              [est plus dur
265 Quand Vénus s'offre et nous avons plus de mal à brider[b]
    Notre courroux quand nous pouvons punir.
                            [Comprime tes passions ;
    Ne songe pas à ce qui t'est permis, mais à ce
                            [qu'il convient de faire[c] ;
    Que la pensée du bien dompte ton âme.
    De plus - et je te le dirai et t'en avertirai souvent[d] -
270 Sache que ta vie est au centre du cercle de la terre
                                              [entière,
    Que tes actes sont accomplis aux yeux de tous
                                              [les peuples,
    Qu'on ne peut jamais imposer le secret aux vices
                                              [d'un roi[e].
    Car l'éclat d'un si haut destin ne laisse rien caché ;
    La renommée pénètre en toutes les retraites
275 Et elle explore les recoins les plus fermés.

a. Selon les stoïciens, seul le sage est roi : Hor. *Carm.* 2,2,9-24 ;
Sen. *Ira* 1,10,2 ; 3,4,4 ; *Benef.*3,28,4 ; *Epist.* 37,4 ; 47,8 ; 80,4 ; 85,11 ;
94,66. Conseils analogues dans les discours sur la royauté de Dion
Chrys. 4,64 et Synes. 10-11. Mais il n'est pas indifférent qu'en jan-
vier 398 Claudien fasse évoquer par Théodose (qui s'adresse à
Honorius, auguste en occident) des conquêtes orientales (*mollis
Arabs* : Catull. 11,5 et Manil. 4,754 ; *Seres* : les Chinois). Il souligne
ainsi l'unité de l'Empire au moment où elle est la plus menacée.

b. Pour *consulere* au sens de 'restreindre', Plin. *Epist.* 2,6,5 *sumpti-
bus consulere.*

c. *Octauia* 454 *id facere laus est quod decet, non quod licet.*

d. Verg. *Aen.* 3,436 *repetens iterumque iterumque monebo.*

e. Lieu commun des moralistes et des panégyristes (cf. v. 299-
302 ; *Stil.* 1,168) : Sen. *Clem.* 1,8,1 ; Plin. *Pan.* 83,1 ; Pacat. *Pan.*
2[12],14 ; Synes. *De regno* 31.

seruitii patiere iugum ; tolerabis iniquas   260
interius leges. Tunc omnia iure tenebis,
cum poteris rex esse tui. Procliuior usus
in peiora datur suadetque licentia luxum
illecebrisque effrena fauet. Tum uiuere caste
asperius, cum prompta Venus ; tum durius irae   265
consulimus, cum poena patet. Sed comprime motus
nec tibi quid liceat, sed quid fecisse decebit
occurrat, mentemque domet respectus honesti.
Hoc te praeterea crebro sermone monebo,
ut te totius medio telluris in orbe   270
uiuere cognoscas, cunctis tua gentibus esse
facta palam nec posse dari regalibus unquam
secretum uitiis ; nam lux altissima fati
occultum nil esse sinit, latebrasque per omnes
intrat et obstrusos explorat fama recessus.   275

260 iniquos P_6*a.c.* innquas P_2*a.c.* ‖ **261** Interius (*exc. Fl.*) : Vlterius *Vic* et certas P_6*a.c.* ‖ **262** esse rex *Na.c.* ‖ **263** datum F_5*a.c.* ‖ lucentia F_2*a.c.* ‖ **264** illecebras- *Ka.c.* ‖ -que *om.* P_6*a.c.Ja.c.* F_2 ‖ effrena *om.* P_6*a.c.* ‖ tum (*exc. Fl.*) : tunc *KPJ L Vic Ise* est nil quam *N* ‖ caste : -æ *Vic* coste *Pa.c.* ‖ **265** uenus : manus F_5*a.c.* ‖ tunc P_6N *L Ise* ‖ **266** consulimus KP_6*p.c.N L* F_2*a.c.P Ise* : -uimus *Vic* -imur F_5 F_2*a.c.* -itur P_2*a.c.gJ* F_2*p.c. Ise mg.* -tur F_3 -uitur *exc. Fl.* -tum P_2*p.c.* -tus P_6*a.c.* ‖ patent F_5*a.c.* ? ‖ sed : tu F_5*a.c.* ‖ supprime F_5 ‖ **267** nec : ne P_6*a.c.*F_3*a.c.*F_5 F_2*P* ‖ sed quod F_5 ‖ **268** obscurat P_6*a.c.* ‖ domat P_2P_6*a.c.*F_3*a.c.* donet *Pa.c.* ‖ **269** h(a)ec P_6 *L* ‖ monebo : docebo *Ka.c.* ‖ **270** te (*om. Ka.c.*) : tute *Ja.c.* ‖ tociens *Ja.c.* ‖ orbe : orbie *Pa.c.* ore P_2*a.c. exc. Fl.* ‖ **272** fata F_3*a.c.* ‖ usquam P_2g *Vic Ise* ‖ **274** ni(c)hil *g* ? *a.c.*F_3F_5J F_2 *Ise* ‖ omnis P_2 *exc. Fl.* ‖ **275** obstrusos gF_5*p.c.J L P* : obtr- P_2KP_6*p.c.N* F_2 *Vic Ise* obtusos P_6*a.c.* obscuros F_3*p.c.* abstrusos *exc. Fl. Ise mg.* ‖ explorat P_2gKJ *exc. Fl. exc. Gyr.* : im- $P_6F_3F_5N$ *L* F_2P *Vic Ise*

En premier lieu, sois bon[a]. Alors que nous sommes
[vaincus
En toute autre fonction, la clémence seule aux dieux
[nous égale[b].
Ne sois pas hésitant ni soupçonneux, ni faux pour
[tes amis[c]
Ou de rumeurs avide : qui se soucie de telles choses
280   Aura peur de vains bruits[d], dans l'angoisse à
[toute heure.
Ni gardes ni hastes dressées autour de nous[e]
Ne protègent comme l'amour. Tu n'extorqueras pas
[l'amour,
Car c'est le don d'une foi mutuelle, d'une simple
[faveur.
Ne vois-tu pas que la plus belle des œuvres, le monde,
285   Se lie d'amour, ni que ses éléments s'accordent pour
[les siècles
Sans être contraints par la force[f] ? Que Phébus
[est content
De sa route moyenne et que de son rivage
[est contente la mer ?
Que l'air, qui sans cesse et entoure et transporte
[les terres,

---

a. *Pius* est une épithète impériale. Ven. Fort. *Carm.* 6,1,93-94 *prima est in principe uirtus / esse pium* ; Alcuin *Carm.* 15,9 *Sis pius.*

b. Sen. *Clem.* 1,5,7 *ei* [principi] *idem contigit posse quod diis* ; Synes. *Epist.* 31.

c. *Suspectus* a un sens actif. Cf. Synes. *De regno* 11.

d. Sen. *Clem.* 1,5,7 ; cf. *Stil.* 2,47.

e. Autre lieu commun (*Stil.* 3,221-2) : Isocr. *Or.* 2,21 ; Cic. *Off.* 2,7 ; Sen. *Clem.* 1,19,6 ; Plin. *Pan.* 49,3 ; Pacat. *Pan.* 2[12],47,3 ; Symm. *Rel.* 3,2 ; Synes. *De regno* 13... Stat. *Theb.* 1,147-9 *Non impacatis regum aduigilantia somnis / pila nec... / excubiae.*

f. Le gouvernement du prince, comme l'harmonie du monde, repose sur l'amour : Ael. Aristid. p. 794 Dindorf ; Boeth. *Cons.* 2 *Carm.* 8,13.

Sis pius in primis. Nam, cum uincamur in omni
munere, sola deos aequat clementia nobis.
Neu dubie suspectus agas, neu falsus amicis
rumorumue auidus : qui talia curat, inanes
horrebit strepitus nulla non anxius hora.   280
Non sic excubiae, non circumstantia pila
quam tutatur amor. Non extorquebis amari ;
hoc alterna fides, hoc simplex gratia donat.
Nonne uides, operum quod se pulcherrimus ipse
mundus amore liget, nec ui conexa per aeuum   285
conspirent elementa sibi ? Quod limite Phoebus
contentus medio, contentus litore pontus
et, qui perpetuo terras ambitque uehitque,

276 Sic *N* Si $F_5a.c.$ || primis : fatis $F_5a.c.$ || omni *Pp.c.* ? || **278** Neu
(*exc. Fl.*) : ne $F_3a.c.$ nec $F_3p.c.$ non *K* Heu *Vic* || neu : ne $F_3a.c.$ nec
$F_3p.c.$ || amicis (*Pa.c.*) : -us *Pp.c.* || **279** humorum- *Ja.c.* || -ue : ne *N*
L P || currit *Vic* || *ante* inanes *del.* hc F_5 || inanis $P_6a.c.$ || **280** non
ulla non F_3 || **281** non² : nec P_2gP_6N *Vic Ise* || pila : spila $P_6a.c.$ tela
$P_2u.l.$ || **282** extorqueris $P_2a.c.$ || **283** hoc¹ : h(a)ec *L* || hoc² : *Lp.c.* ||
284 quod (*exc. Fl. Ise mg.*) : qui *J* ? *N Vic Ise* || ipse : ille *N* ||
285 amore : -or *Ja.c.* amare *P* || ligat F_2 *Vic Ise* || con(n)exa : -uexa *N*
|| **286** conspirent (*Np.c. exc. Fl.*) : -ant *Vic Ise* || quod (*exc. Fl.*) : qui
N Vic || **287** contemptus (*bis*) $P_2a.c.KP_6F_3$ *Pa.c.* || pontos *Na.c.* ||
288 terras ambit- : transambit- *Pa.c.*

Ne les écrase pas en s'appuyant et n'a pas cédé à
                                        [leur poids[a] ?
290 Qui terrifie craint plus lui-même[b] et ce sort convient
                                        [aux tyrans.
     Qu'ils jalousent les gens illustres et massacrent
                                        [les courageux ;
     Qu'ils vivent protégés d'épées, entourés de poisons ;
     Qu'ils doutent de leur citadelle et qu'ils tremblent
                                        [en menaçant :
     Comporte-toi, toi, en père[c] et en citoyen ; occupe-toi
                                        [de tous
295 Et non de toi ; sois ému par les vœux du peuple,
                                        [non par les tiens.
     Si tu publies un décret général, si tu veux
                                        [qu'on l'observe,
     Soumets-t'y le premier : le peuple observe mieux
                                        [le droit[d]
     Et le supporte sans refus quand il a vu que celui qui
                                        [en est l'auteur
     Lui obéit lui-même[e]. Car le monde se règle
300 Sur l'exemple du roi, dont les édits ont moins
                                        [de force à infléchir[f]

a. Même vision de l'ordre universel en *Ruf.* 1,4-11. Sur la route 'moyenne' du soleil (*Ruf.* 2,210-1), Ou. *Met.* 2,136 ; cf. Semple 1939, p. 1 sqq.

b. La formulation de ce lieu commun (Lucan. 5,257 ; Sen. *Clem.* 1,19,5-6 ; *Ira* 2,11,3 ; *Oed.* 706) sera imitée par Boèce (*Cons.* 3,5,22 *qui quos terret ipse plus metuit*) et l'*Expeditio Asiat. Friderici Barbarossae* (éd. C., p. 513) : *qui terret plus ipse timet trepidusque minatur* [v. 290 + 293].

c. Cf. Sen. *Clem.* 1,14,1.

d. Verg. *Aen.* 2,427 (Rhipeus) *seruantissimus aequi.*

e. Isocr. *Or.* 2,31 ; Iust. 3,2 ; Pacat. *Pan.* 2[12],14 et 20 ; Synes. *De regno* 6 et 31 ; Sidon. *Carm.* 5,550-2 : *exemploque leuas primusque labores / aggrederis, quoscumque iubes ; tum cetera paret / turba libens, seruit propriis quia legibus auctor.*

f. Verg. *Aen.* 4,22 (Didon à propos d'Énée) *inflexit sensus.*

nec premat incumbens oneri nec cesserit aer ?
Qui terret, plus ipse timet ; sors ista tyrannis   290
conuenit ; inuideant claris fortesque trucident,
muniti gladiis uiuant saeptique uenenis,
ancipites habeant arces trepidique minentur :
tu ciuem patremque geras, tu consule cunctis,
non tibi, nec tua te moueant, sed publica uota.   295
In commune iubes si quid censesque tenendum,
primus iussa subi : tunc obseruantior aequi
fit populus nec ferre negat, cum uiderit ipsum
auctorem parere sibi. Componitur orbis
regis ad exemplum, nec sic inflectere sensus   300

289 nec : ne P_6*a.c.* non F_2 || honeri *Jp.c.* || nec : ne P_6*a.c.* || aer (P_6*mg.*) : eccer P_6*a.c.* ether P_6*p.c.* || **290** ipse : iste *Vic* || tyrannus *Vic* || **291** trucidant F_5*a.c.* || **292** gladiis uiuant (*exc. Fl.*) : u. g. *J* g. iuuant *Vic* gladiisque uiuent P_6*a.c.* || s(ca)epti- (F_2*u.l.*) : spreti- *P* freti- F_2 || **293** arces (P_6*a.c. exc. Fl.*) : artes P_6*p.c.*F_5 *Vic* aures *Ka.c.* || trepide- *L* || **294** ciuem *Pp.c.* || geras : -es F_3 feras F_5 || **295** Non (*exc. Fl.*) : Nec P_2F_3 *Vic* || tibi nec : t. non F_5 F_2 *om.* F_3 || te *om.* P_6*a.c.* || publica uota (F_5*u.l.*) : plurima facta F_5 || **296** censesque : -ue P_2P_6*s.l.J* cessesque *Pa.c.* censesque si q. i. t. *N* || **297** subi : sibi *Pa.c.* tibi P_6*a.c. Pp.c.* sequi P_2*u.l.* || obseruantior *Jp.c.* || **298** negat (*Lp.c. exc. Fl. exc. Gyr. Ise mg.*) : uetat F_3F_5N F_2P *Vic Ise* || cum F_5*p.c.* || **299** au(c)torem (*exc. Fl.*) : actorem KP_6 *P Vic* || parere *Pp.c.* || cum ponitur *Pa.c.*

Les sentiments humains que la vie de celui qui règne.
Le vulgaire inconstant change toujours avec le prince.
Pourtant, ces devoirs accomplis, ne dédaigne pas
                                        [tes inférieurs[a],
Ne cherche pas à transgresser les bornes prescrites
                                        [à l'homme.
305   Quand il s'adjoint, l'orgueil souille de belles mœurs.
Je ne t'ai pas transmis des Sabéens[b] dociles à servir,
Je ne t'ai établi maître du pays d'Arménie,
Je ne t'ai pas donné le peuple d'Assyrie qu'une femme
                                        [a régi.
Tu dois gouverner des Romains qui dès longtemps
                                        [gouvernent tout,
310   Qui n'ont pas supporté la morgue des Tarquins[c]
Ni les lois de César. Les annales te disent les crimes
                                        [des anciens :
La tache en restera fixée. Qui ne condamne d'âge
                                        [en âge
Les monstruosités de la famille des Césars ? À qui
                                        [échapperont
Les cruels meurtres de Néron, l'horrible roche
                                        [de Caprée
315   Qu'un vieillard impur possédait ? La gloire de Trajan
Vivra non tant parce qu'après la défaite du Tigre

    a. V. 303-319 : cf. Synes. *De regno* 19-20.
    b. Peuple de l'*Arabia Felix* (cf. v. 258). Opposition classique entre
la servilité des Orientaux (v. 308 : Sémiramis, fondatrice de Babylone, dont le second mari Ninus était roi d'Assyrie) et le sens de la
liberté du peuple romain dont le destin est de gouverner le monde
(v. 309 : Verg. *Aen.* 6,851).
    c. L'allusion à Tarquin le Superbe, puis aux excès de César et de
certains membres de la dynastie julio-claudienne (v. 312-5 : Néron
et Tibère dans l'île de Caprée de 26 à 37 [Iuu. 10,93 *Caprearum in
rupe* ; Auson. *Caes. tetr.* 3,15 *Caprearum clausus in antro* ; cf. *Eutr.*
2,61]) prépare par contraste l'image positive de Trajan (v. 315-9),
ancêtre de la dynastie théodosienne (v. 19) et *patriae mitis* : c'est
l'*optimus princeps* de Pline et Dion Chrysostome (Hadot, *RAC* 8,
1972, 609).

humanos edicta ualent quam uita regentis.
Mobile mutatur semper cum principe uulgus.
His tamen effectis nec fastidire minores
neu pete praescriptos homini transcendere fines.
Inquinat egregios adiuncta superbia mores.   305
Non tibi tradidimus dociles seruire Sabaeos,
Armeniae dominum non te praefecimus orae,
nec damus Assyriam, tenuit quam femina, gentem.
Romani, qui cuncta diu rexere, regendi,
qui nec Tarquinii fastus nec iura tulere   310
Caesaris. Annales ueterum delicta loquuntur :
haerebunt maculae. Quis non per saecula damnat
Caesareae portenta domus ? Quem dira Neronis
funera, quem rupes Caprearum taetra latebit
incesto possessa seni ? Victura feretur   315
gloria Traiani, non tam quod Tigride uicto

301 quam : ut *J flor. Gall.* || uita (*exc. Fl.*) : dicta *Vic* || regentis *P₆p.c.*
|| **302** *post* Mobile *ras. in P, del.* muble (o *s.* u) *F₅* || **303** Hiis *J L* ||
nec (*P₆p.c.*) : ne *gF₅* neu *J exc. Fl.* non *L* || **304** neu : ne *F₅ L* nec
KP₆N || perscriptos *F₂Pa.c.* trans- *P₆a.c.* || transcendere fines : trans-
sire mores *F₅a.c.* || **305** adiuncta : admota *F₂* || **306** Non : Nec *J* ||
tradimus *Ja.c.* || docilis *P₆a.c.* || **307** dominum (*P₆mg.*) : -i *P₆* || non
(*exc. Fl.*) : nec *JN Vic Ise* || perfecimus *F₅* || **308** non *P₆ L* || demus
P₂a.c. || fema *Ja.c.* || **309** qui : que *P₆a.c.* || **310** Qui *P₆p.c.* || nec *Jp.c.*
|| *post* tulere *ras. in P, del.* cesi *F₅* || locuntur *P₂P₆p.c.F₃N* loquentur *J*
uocantur *P₆a.c.* || **312** h(a)erebunt (*P₂u.l.*) : hor- *P₂* || macule *P₆p.c.*
|| dam(p)nat : -et *Ps.l.* || **313** portenta : pott- *Pa.c.* portenda *N* ||
quem (*exc. Fl.*) : quam *Vic* || dura *P* || **314** t(a)etra (*P₆p.c.*) : tecta *N*
|| latebat *L* -bunt *N* || **315** *N L Vic Ise om. add. KP₆F₃F₅J om. P₂g F₂P* ||
incesto (*Ju.l.*) : iniusto *J* || feretur : per euum *L* || **316** traiani
(*Pu.l.*) : troiani *P* tyranni *P₆a.c. post* tr. *ras. in F₃* || quod (*F₅u.l. exc.
Fl.*) : qui *Na.c. Vic* quam *F₅ P* || uicta *F₅*

Les Parthes vaincus ont formé l'une de nos provinces[a],
Parce qu'il est monté en haut du Capitole après avoir
                                        [brisé les Daces[b],
Que pour sa douceur envers la patrie. Ne laisse pas
                                        [de suivre
320   Mon fils, de tels exemples. Si l'on sonne[c] la guerre,
                                        [soumets tes troupes
D'abord à de durs exercices, prépare-les à la férocité
                                        [de Mars.
Que les repos d'hiver ou la torpeur dans
                                        [les baraquements
N'énervent ni n'engourdissent les bras[l]. Il faut mettre
                                        [le camp
En un lieu salubre[d] et placer sur le rempart
                                        [une garde éveillée.
325   Apprends quand il faudra que le coin soit serré et
                                        [quand il vaudra mieux
Étendre ou replier les ailes ; quelle troupe convient
                                        [à la montagne,
Quelle autre en terrain plat, quelle vallée se prête
                                        [aux embuscades[e]
Et quelle route est difficile. Si l'ennemi est confiant
                                        [en ses murailles,
Alors, pour enfoncer les murs, fais tirer tes machines[f],

a. Sur les campagnes de Trajan en Orient (113-7), Dion Cass.
68,17-32. Emploi analogue de *triumphare* au passif en *3 cons.* 25.

b. Sur les deux campagnes contre Décébale, roi des Daces, en
101-2 et 105-6, Dion Cass. 68,6 sqq. ; Plin. *Epist.* 8,4,1.

c. On peut hésiter entre les leçons *canant* et *tonant* (cf. *3 cons.*
64 ; Sil. 12,300 *bellum tonat*). J'ai opté pour la *lectio difficilior.*

d. Eutrope fera le contraire (*Eutr.* 2,417-21) : *non commoda castris
eligitur regio ; uicibus custodia nullis / aduigilat uallo ; non explorantur
eundae / uitandaeque uiae ; nullo se cornua flectunt / ordine…*

e. Verg. *Aen.* 11,522 *ualles accommoda fraudi* (cf. Stat. *Theb.* 6,614
et 10,192).

f. La *machina* est la *ballista* : Verg. *Aen.* 12,921-2 *murali concita
numquam / tormento sic saxa fremunt* ; Sil. 6,269 *murali… ictu* ; Stat.
Theb. 10,969 *saxa rotat* (cf. Sen. *Thy.* 387 *machinis longe saxa
rotantibus* ; *Rapt.* 1,171).

nostra triumphati fuerint prouincia Parthi,
alta quod inuectus fractis Capitolia Dacis,
quam patriae quod mitis erat. Ne desine tales,
nate, sequi. Si bella canant, prius agmina duris   320
exerce studiis et saeuo praestrue Marti.
Non brumae requies, non hibernacula segnes
eneruent torpore manus. Ponenda salubri
castra loco ; praebenda uigil custodia uallo.
Disce ubi densus erit cuneus, ubi cornua tendi   325
aequius aut iterum flecti ; quae montibus aptae,
quae campis acies, quae fraudi commoda uallis,
quae uia difficilis. Fidit si moenibus hostis,
tum tibi murali libretur machina pulsu ;

317 triumphanti *Pa.c.* ‖ fuerint (*P₆a.c. exc. Gyr.*) : -ant *P₆p.c.F₃ La.c.* -at *Lp.c. F₂ Ise* ‖ **318** fractis : stratis *Iunt Ise* ‖ **319** mittis *P₆ P* ‖ ne (*exc. Fl.*) : nec *P₂JN F₂ Vic Ise* nunc *L* ‖ talis *P₆a.c.* ‖ **320** si bella : qui b. *F₂a.c.* sibilla *P₆a.c.* ‖ canant (*exc. Fl.*) : -unt *F₃* tonant *F₃Js.l.N L Vic Ise* ‖ duris (*Pmg.*) : diuis *P* ‖ **321** perstrue *N* ‖ **322** requies *P₆p.c.* ‖ segnis *P₂P₆a.c. Pa.c.* -i *flor. Gall.* segens *N* ‖ **323** eneruent : emouent *F₅ ? a.c.* ‖ torpee *F₅a.c.* ‖ **324** uigil : iugis *P₂u.l. ante* uigil *del.* nichil *F₃* ‖ **325** densus erit : sensus e. *Ja.c.* densus *K* demserit *Pa.c.* denseri *exc. Fl.* densari *gp.c. flor. Gall. Vic Ise* ‖ cuneos *flor. Gall. exc. Fl.* ‖ tendi : -et *P₆a.c.* ‖ **326** (a)equius : de- *F₅a.c.* equibus *P₆a.c.* ‖ **327** qu(a)e fraudi (*Pa.c. exc. Fl.*) : f. q. *Vic Ise* q. dandis *Pp.c.* ‖ accom(m)oda *Vic Ise* ‖ **328** qu(a)e (*F₃a.c.*) : qua *F₃p.c.N* ‖ fidis si *Vic* si clausus *g* ‖ **329** tunc *F₃N* ‖ libretur murali *J*

330 Fais tournoyer des rocs. Que le bélier fonceur et
                                    [la tortue blindée[a]
     Frappent les portes. Que pour surgir les plus jeunes
                                    [soldats
     Se ruent par des mines cachées. Si le siège traîne
                                    [en longueur,
     Garde-toi bien, trop sûr, de relâcher tes vœux
     Ou de croire bloqué ton ennemi. La joie en a perdu
                                    [plus d'un ;
335 On se disperse, on s'assoupit, et l'on périt ;
     Bien souvent la victoire a nui à une troupe qui n'était
                                    [pas en garde.
     Que ton pavillon ne regorge pas de délices royales[b].
     Qu'un luxe en arme ne traîne pas derrière
                                    [des enseignes[c]
     Une suite inapte à la guerre. Aux souffles de l'Auster
                                    [ne cède pas,
340 Ni aux pluies ; qu'une ombrelle d'or pour te défendre
     De la chaleur n'écarte pas les soleils dévorants[d].
     Consomme les mets que tu trouves[e]. Tu réconforteras
                                    [tes partisans
     Si tu partages leur sueur[f] : si la colline est escarpée,
     Gravis-la le premier[g]. Si le besoin pousse à couper
                                    [une forêt,

----

a. La tortue était blindée (*protecta*) : Veg. 4,14.

b. Verg. *Aen.* 6,605 (à propos d'un banquet) : *regifico luxu* (cf. Val. Fl. 2,652).

c. Othon avait donné un exemple de *luxuries armata* : Suet. *Oth.* 12 ; Iuu. 2,99-107.

d. La référence à l'ombrelle d'Omphale (Ou. *Fast.* 2,311 *aurea pellebant tepidos umbracula soles*) a entraîné parfois la correction *tepidos* pour *rapidos*.

e. Synes. *De regno* 18 ; Spart. *Hadr.* 10 *cibis... castrensibus... libenter utens.*

f. Plin. *Pan.* 13 *cum militaribus turmis imperatorium puluerem sudoremque misceres.*

g. Pacat. *Pan.* 2[12],10 ... *in proelium primus ire...*

saxa rota ; praeceps aries protectaque portas　　　　　　330
testudo feriat ; ruat emersura iuuentus
effossi per operta soli. Si longa moretur
obsidio, tum uota caue secura remittas
inclusumue putes ; multis damnosa fuere
gaudia ; dispersi pereunt somnoue soluti ;　　　　　　335
saepius incautae nocuit uictoria turbae.
Neu tibi regificis tentoria larga redundent
deliciis, neue inbelles ad signa ministros
luxuries armata trahat. Neu flantibus Austris
neu pluuiis cedas, neu defensura calorem　　　　　　340
aurea submoueant rapidos umbracula soles.
Inuentis utere cibis. Solabere partes
aequali sudore tuas : si collis iniquus,
primus ini ; siluam si caedere prouocat usus,

330 rota : cota $P_6a.c.$ -et $P_6p.c.F_3J$ *Vic Ise* -at P_2 *in ras. L* ? *g* ‖ protecta-
(*exc. Fl.*) : proi- $P_2u.l.P_6a.c. L Cam mg. Ise mg.* pr(a)et- $F_2s.l. Vic Ise*
portenta- F_2 ‖ **331** emersura (*exc. Fl.*) : emens- *Vic* emes- *Pa.c.* ‖
332 perorta $F_3a.c.$ per aperta *N* ‖ soli (*Pmg.*) : p- $F_5a.c.$ c- *Pp.c.* celi
Pa.c. ‖ **333** tunc F_3 ‖ uota *Kp.c.* ‖ calue *Ja.c.* cane $P_6a.c.$ ‖ remittis
Pa.c. ‖ **334** Inclusumue (*exc. Fl.*) : -ne $F_3u.l.$ -que *Vic* -amue $P_6a.c.$ ‖
fuerunt P_6 ‖ **335** somnoue (*exc. Fl.*) : -que *Vic Ise* ‖ soluti $P_2p.c.$ ‖
336 incapte $P_6a.c.$ ‖ uictorie *Pa.c.* ‖ **337** Neu tibi : nec t. F_3 ne t. *flor.
Gall.* nu(n)quam P_6 ‖ larga (*exc. Fl.*) : longa *Vic* ‖ **338** neue (*exc.
Fl.*) : non *Vic* ‖ i(n)bellis $P_2P_6a.c. Pa.c.$ ‖ **339** Luxies $P_6a.c.$ ‖ ne *L* ‖
flantibus (*P_6p.c.*) : flat- *exc. Fl.* ‖ austris : -i *exc. Fl.* astris $P_6a.c.$ ‖
340 nec F_3 ‖ pluriis P_2 ‖ neu (*exc. Fl.*) : ne $P_2N P Vic$ nec $P_6F_3 F_2$ ‖
colorem *Pa.c.* ‖ **341** rapidos : te- F_3 *flor. Gall.* ‖ **342** utere (*P_6a.c.*) :
utare $P_6p.c. F_2a.c. Ise$ ‖ cibis *bis Pa.c.* ‖ partis $F_2a.c.$ parthis P_2 parchis
Pa.c. pathis $P_6a.c.$ paucis $P_2u.l.$ ‖ **343** tuas (*Pu.l.*) : -os F_2P ruas $P_2p.c.$
uias $P_2a.c.$ ‖ tollis *Pa.c.* ‖ iniqus $P_6p.c.$ ‖ **344** siluas *L* ‖ cede *N* ‖
usus : estus *L* $F_2a.c.P$

345   N'aie pas honte à saisir une bipenne et à abattre
                                    [un chêne[a].
       Si l'on marche dans un marais stagnant, que
                                    [ton coursier d'abord
       Sonde sa profondeur. Écrase de ton char[b]
       Les fleuves hérissés de glace ; s'ils coulent, fends-les
                                    [à la nage.
       Tantôt insère-toi en cavalier parmi les escadrons
                                    [des cavaliers
350   Tantôt, en fantassin, place-toi près des fantassins.
                                    [Avec toi ils iront
       Alors plus vite, alors devant toi ils feront un travail
                                    [agréable
       Et remarqué. » Son père allait en dire plus, il lui prit
                                    [la parole[c] :
       « Pourvu que la divinité favorise mes entreprises[d],
       J'exécuterai ce programme : aux yeux du peuple et
                                    [des royaumes
355   Que tu m'as confiés, je ne serai pas différent de
                                    [mon frère et de toi.
       Pourquoi plutôt ne mets-je pas en œuvre ton discours[e] ?

a. De même César chez Lucain 3,433-4 « *primus raptam* librare *bipennem* / ausus et aeriam ferro proscindere *quercum* ».

b. Verg. *Aen.* 12,329-30 (Turnus) *agmina curru / proterit.*

c. Claudien présente Honorius comme l'égal de son père, puisqu'il n'hésite pas à lui couper la parole ; aux v. 354-5 Théodose et ses *deux* fils sont mis sur le même plan, ce qui n'est pas sans signification politique en janvier 398.

d. Les v. 353-69 relèvent plus des *epitedeumata* que de l'*anatrophe* au sens où l'entend Ménandre (Spengel 3,368 sqq.). En insérant des *epitedeumata* dans l'*anatrophe*, Claudien se rapproche d'Aphthonius (Spengel 2,36 sqq.).

e. Les v. 356 sqq. sont à mettre en parallèle avec *3 cons.* 73-84.

sumpta ne pudeat quercum strauisse bipenni.   345
Calcatur si pigra palus, tuus ante profundum
praetemptet sonipes. Fluuios tu protere curru
horrentes glacie, liquidos tu scinde natatu.
Nunc eques in medias equitum te consere turmas ;
nunc pedes adsistas pediti. Tunc promptius ibunt   350
te socio, tum conspicuus gratusque geretur
sub te teste labor. » Dicturum plura parentem
uoce subit : « Equidem, faueant modo numina coeptis,
haec effecta dabo, nec me fratrique tibique
dissimilem populi commissaque regna uidebunt.   355
Sed cur non potius, uerbis quae disseris, usu

345 ne pudeat sumpta *Vic Ise* ǁ **346** palus : -dus F_3 *?a.c.* ǁ profundos *Pu.l.* ǁ **347** pr(a)etemp[-n-]tet : per- *N exc. Fl.* temptet equus $F_5a.c.$ ǁ fluuios (*exc. Fl.*) : -o $P_2a.c.$ primus *Vic* ǁ **348** horrentes $P_2u.l.F_3$ *L* F_2P: h(a)er- $P_2gKP_6F_5JN$ *Vic Ise* ǁ glaties *Pp.c.* ǁ liquidos (*exc. Fl.*) : -o *ga.c.* $F_2a.c.P$ *Vic* -um *Ps.l.* ǁ tu scinde P_2 *in ras.* ǁ natanti *Pp.c.* natam *Pa.c.* ǁ **349** *om. add. m.a.* F_3 ǁ eques in ($P_6u.l.$) : equos in *Pa.c.* inter P_6 ǁ equirum *Pa.c.* ǁ **350** pediti : equiti *N* ǁ tum P_2P_6J *P Vic Ise* ǁ promptius ($F_5s.l.$) : pronius *g* protinus F_5 ǁ ibit F_5 ǁ **351** tunc KF_5N *L* F_2 ǁ quantus- $F_2a.c.$ ǁ feretur $P_6a.c.$ *L* F_2 *Ise* ǁ **352** dicturus $P_6a.c.$ ǁ **353** *om. add. m.a. (del.) et m.r. J* ǁ subit *gp.c.Jm.r. L* F_2P *Ise* : -is *cett. Vic exc. Gyr.* ǁ faueant equidem *Jm.r.* ǁ modo f. *N* f. tua *Ka.c.* ǁ c(o)eptis (*Pp.c.*) : uo- F_3 dic- *gm.a.* ǁ **354** nec : non P_2 ne $P_6a.c.$ ǁ **355** difficilem $P_6u.l.$ ǁ dimissa- F_5 ǁ sacra *Ka.c.* ǁ **356** uerbis pocius F_5 ǁ qu(a)e : ne $P_6a.c.$ ǁ disseris (*Ls.l.*) : -it *Ka.c.* -xeris F_3 *L* $F_2s.l.$ -ceris $F_5a.c.$

Aujourd'hui en tout cas, tu tends vers les glaces
                                        [des Alpes[a].
Conduis-moi avec toi ; permets que mes flèches
                                        [transpercent
Le tyran, permets que devant mon arc pâlisse
                                        [le barbare.
360   Supporterai-je l'Italie soumise aux fureurs
                                        [d'un brigand
Cruel ? Supporterai-je Rome esclave d'un client[b] ?
Jusques à quand serai-je enfant[c] ? La souillure faite
                                        [au pouvoir,
Le devoir de venger le sang de mon parent[d]
                                        [ne me toucheront pas ?
J'aimerais galoper au milieu du carnage. Donne-moi
                                        [vite une arme.
365   Pourquoi objectes-tu mon âge ? Pourquoi me juger
                                        [inapte au combat ?
Pyrrhus avait mon âge alors que seul il renversait
                                        [Pergame
Et se montrait le digne fils d'Achille[e].
Enfin, si je ne puis comme chef me fixer au camp,
Je viendrai en simple soldat. » Théodose effleure[f]
                                        [son fils
370   De doux baisers et lui répond, admiratif : « Ta requête
                                        [est louable,

a. Lucain 1,183 et 2,535 *gelidas… Alpes*.

b. Cf. v. 74 et *3 cons.* 66-7 : le tyran et client est Eugène ; le barbare et brigand, Arbogaste.

c. Cet hémistiche combine une attaque de vers virgilienne (*Aen.* 12,646) reprise par Stace (*Silu.* 3,2,67), *usque adeone*, avec la remarque de Parthénopée (Stat. *Theb.* 9,791) : *quisnam adeo puer…*

d. En 387, Théodose avait épousé en secondes noces Galla, sœur de Valentinien II. V. 364 : cf. *3 cons.* 73-76.

e. Verg. *Aen.* 2,549 *degeneremque Neoptolemum*. La présence de Pyrrhus était nécessaire pour que Troie fût prise : Soph. *Philoct.* 114 sqq.

f. Verg. *Aen.* 1,256 (Juppiter) *oscula libauit natae* ; 12,434 (Énée) *delibans oscula*.

experior ? Gelidas certe nunc tendis in Alpes.
Duc tecum comitem ; figant, sine, nostra tyrannum
spicula ; pallescat nostro, sine, barbarus arcu.
Italiamne feram furiis praedonis acerbi   360
subiectam ? Patiar Romam seruire clienti ?
Vsque adeone puer ? Nec me polluta potestas
nec pia cognati tanget uindicta cruoris ?
Per strages equitare libet. Da protinus arma.
Cur annos obicis ? Pugnae cur arguor impar ?   365
Aequalis mihi Pyrr<h>us erat, cum Pergama solus
uerteret et patri non degeneraret Achilli.
Denique si princeps castris haerere nequibo,
uel miles ueniam. » Delibat dulcia nati
oscula miratusque refert : « Laudanda petisti ;   370

357 experiar $P_2a.c.g$ ‖ certe n. t. (*exc. Fl.*) : nunc c. t. F_5 c. mitten-
dus N certes nec t. *Vic* ‖ ad L ‖ **358** Duc $F_3p.c.$ $Pp.c.$ ‖ comitem
tecum F_5 ‖ fingant $F_5a.c.$ ‖ **359** nostro : ? F_3 ‖ barbaris $P_2p.c.$? ‖
arcu : ictu K ‖ **360** furtis P ‖ acerbi : -ui $P_2u.l.$ iniqui F_5 ‖ **362** pol-
lita $Pa.c.$ ‖ **363** tanget : -it $P_2gKP_6a.c.J$ ‖ **364** strages $P_2p.c.$ ‖ licet N ‖
365 pugne $P_6p.c.$ ‖ **366** equeuus $P_6u.l.$ ‖ py[-i-]rrus *codd.* purus
$F_3Ja.c.$ ‖ pergama : menia K ‖ **367** Verteret : Steret $Pa.c.$ Sterneret
$Pp.c.$ ‖ degenerare $P_6a.c.$ ‖ **368** si $F_3p.c.$? ‖ castris princeps P_2KP_6 ‖
h(a)erere (F_3 ?$p.c.$) : heres $F_3a.c.$ ‖ **369** miles : uulpes $Ja.c.$ ‖ deliba
$F_5a.c.$ ‖ **370** que *om. Ja.c.*

Mais ton désir hâtif. Viendra un âge plus robuste[a],
Ne te hâte pas : sans avoir encor parcouru
                              [dix moissons[1],
Tu entreprends ce qu'un homme redouterait.
                              [Je reconnais les traces
D'une grande âme. Alexandre[2], dit-on, qui écrasa Porus
375   L'oriental, à force d'entendre parler des succès
                              [de Philippe,
Pleura parmi ses compagnons joyeux :
La valeur de son père ne lui laissait plus rien à vaincre.
Je vois ces mouvements. Qu'il soit permis à ton père
                              [de le promettre[b] :
Tu seras aussi grand. Tu ne dois pas à ma faveur
                              [le règne
380   Que Nature déjà t'avait donné[3]. Ainsi dans les douces
                              [prairies
Le roi qui va mener les essaims bourdonnants
À sa naissance est vénéré par les abeilles qui requièrent
                              [pour lui
La juridiction du miel en livrant les rayons ; ainsi
                              [le jeune veau
Revendique le pâturage et, avant d'avoir affermi
                              [ses cornes,
385   Audacieux, dirige déjà le troupeau. Mais remets
                              [les combats[c]
À ta maturité et garde patiemment ma place avec
                              [ton frère[d]

---

a. Ou. *Epist.* 1,107 (Pénélope à Ulysse) : *Telemacho ueniet… fortior aetas. Amor* désigne ici le désir de gloire (Koenig, Platnauer, Lehner 1984, p. 68).

b. Lucain 9,983 *fas est promittere…* Mais *promittere* a ici le sens augural d'"annoncer, prédire" : Cic. *Fam.* 6,1,5 ; Val. Fl. 6,730 ; Flor. 4,7,9.

c. Sidoine imitera cette fin de vers dans le discours où l'Afrique demande à Rome une intervention militaire de Majorien contre les Vandales (*Carm.* 5,98) : *quid proelia differs ?*

d. Noter l'insistance sur l'union des deux frères !

sed festinus amor. Veniet robustior aetas ;
ne propera. Necdum decimas emensus aristas
aggrederis metuenda uiris : uestigia magnae
indolis agnosco. Fertur Pellaeus, Eoum
qui domuit Porum, cum prospera saepe Philippi   375
audiret, laetos inter fleuisse sodales
nil sibi uincendum patris uirtute relinqui.
Hos uideo motus. Fas sit promittere patri :
tantus eris. Nostro nec debes regna fauori,
quae tibi iam Natura dedit. Sic mollibus olim   380
stridula ducturum pratis examina regem
nascentem uenerantur apes et publica mellis
iura petunt traduntque fauos ; sic pascua paruus
uindicat et necdum firmatis cornibus audax
iam regit armentum uitulus. Sed proelia differ   385
in iuuenem patiensque meum cum fratre tuere

371 festinus : fatinus *Pa.c.* ‖ amor (*exc. Fl.*) : honor *N Vic* ‖ ueniet :
-at *F₅a.c.* uenit et *P₆a.c. F₂P* ueniet et *N* ‖ robustior : modo forcior
F₅a.c. ‖ **372** ne : nec *P₆ L* non *F₃* ‖ necdum (*F₃a.c.*) : ne- g non-
F₃p.c. ‖ emersus *P₂a.c.* ‖ **373** uiris *P₂p.c.* ‖ **374** eoum : eorum *Pa.c.* ‖
375 por(r)um : portum *P₂a.c. F₂a.c.* pyrr(h)um *L Vic* ‖ cum *om.
Ja.c.* ‖ phil(l)ip(p)i (*P₆s.l.*) : triunphi *P₆* ‖ **376** leto *Ka.c.* ‖ **377** reliqui *Fp.c.* -it *Fa.c.* ‖ **379** quod (?) tu tantus eris h(a)ec debes regna
fouere *g* ‖ eris *om. F₃* ‖ nec (*P₆a.c.*) : non *P₆p.c.* h(a)ec *g* ‖ fauori
(*P₂u.l.*) : foueri *P₂P₆p.c.* fouere *gP₆a.c.* ‖ **380** molibus *P₂* ‖ **381** pratis
d. *F₃p.c.* pr. dicturum *F₃a.c.* dicturum pr. *F₃a.c.* uicturum pr. *K* ‖
pratis (*P₂ ? p.c.*) : patris *P₂a.c.* ? pratris *P* ‖ **382** uernantur *N* ‖ apes :
apex *Pa.c.* ‖ **383** petunt : -ant *N ? ?g* ‖ fanos *Pa.c.* ‖ paruus *P₂p.c.* ‖
384 uindicat *P₂P₆a.c. exc. Fl.* : uen- *cett.* ‖ necdum : ne- *P₂* non- *K*
nun- *F₅ ?g* ‖ **385** Iam *Pp.c.* ‖ regit (*F₃ ? exc. Fl.*) : tegit *Vic* ‖ differ
gP₆p.c.F₃p.c.F₅u.l.J F₂u.l. exc. Fl. : -ert *P₂KP₆a.c.F₃a.c.F₅N L F₂P Vic Ise* ‖
386 iuuenem (*F₂u.l. exc. Fl.*) : uenerem *P₂s.l.K L F₂P exc. Gyr. Vic Ise
mg.* ‖ meum : metum *F₃a.c. om. P₂a.c.*

Tandis que je guerroie. Vous, soyez craints de l'Araxe
[non pacifié
Et du rapide Euphrate ; que tout le Nil soit vôtre
Avec tout ce que baigne le soleil à son lever[a].
390   Et si les Alpes s'ouvrent, si la plus juste cause a
[une heureuse issue[b],
Tu seras là et tu prendras en charge les contrées
[reprises[1] :
La Gaule impétueuse ainsi va entendre tes lois
Et, juste, tu gouverneras nos chers Ibères.
Alors, assuré du destin[c] et content de mon œuvre[d],
395   Je partirai et vous gouvernerez les deux moitiés
[du monde.
Cependant que ton cœur est tendre, applique-le
[aux Muses,
Lis ce que tu auras à imiter ; que jamais l'antiquité
[grecque
Ou romaine avec toi ne cesse de dialoguer[2].
Parcours les faits des anciens généraux, aux campagnes
[futures
400   Habitue-toi ; reporte-toi au passé du Latium.
Tu trouves bon de rechercher la liberté ? Tu pourras
[admirer Brutus[e].
Tu condamnes la perfidie ? Le châtiment de Mettius
[te comblera[f].

a. Présentation traditionnelle des frontières romaines à l'est et au sud-est. Pour l'Araxe, *Ol.* 160 et *Ruf.* 1,376 ; pour l'Euphrate, *3 cons.* 70 ; pour le Nil, v. 44 ; *Ol.* 38 et 169 ; *3 cons.* 207 ; *Ruf.* 1,185 et 2,244.

b. Cf. v. 100-110 : ... *clausos montes* (v. 103 ; cf. *Get.* 471 *post Alpes... apertas*)... *meliori... causae* (v. 110).

c. Sil. 15,673 (Nabis) *securus... fati.* Sur son destin, Théodose avait consulté le moine Jean (Aug. *ciu.* 5,26).

d. Fin de vers analogue chez Verg. *Aen.* 11,73 à propos de Didon : *laeta laborum.*

e. Liu. 1,56-60...

f. Mettius Fufetius (cf. *Gild.* 254-5), dictateur d'Albe : Liu. 1,28 ; Dion. Hal. 3,41.

me bellante locum. Vos inpacatus Araxes,
uos celer Eu*ph*rates timeat, sit Nilus ubique
uester et emisso quidquid sol inbuit ortu.
Si pateant Alpes, habeat si causa secundos　　　　　390
iustior euentus, aderis partesque receptas
suscipies, animosa tuas ut Gallia leges
audiat et nostros aequus modereris Hiberos.
Tunc ego securus fati laetusque laborum
discedam, uobis utrumque regentibus axem.　　　　395
Interea Musis animus, dum mollior, instet
et quae mox imitere legat ; nec desinat unquam
tecum Graia loqui, tecum Romana uetustas.
Antiquos euolue duces, adsuesce futurae
militiae, Latium retro te confer in aeuum.　　　　400
Libertas quaesita placet ? Mirabere Brutum.
Perfidiam damnas ? Met*ñ* satiabere poenis.

387 Me (*exc. Fl.*) : Te *KP₆a.c. P Vic* ‖ bellante me *F₅a.c.* ‖ *ante* locum *del.* meum *F₅* ‖ i(n)paccatis *P₆a.c.* ‖ **388** sceler *F₅* ‖ euphrates *Vic Ise* eufr- *codd.* ‖ nilus : nullus *P₆a.c.* ‖ **390** secundos : sacerdos *P₆a.c.* ‖ **391** iustiori *F₂a.c.* ‖ partis- *exc. Fl.* ‖ receptas *P₂p.c.* ‖ **392** suscipiens *F₂a.c.* ‖ tuas *P₆ ?* ‖ ut : et *F₃* ‖ **393** Audiat : -ant *Pa.c.* -et *P₆a.c.* ‖ equos *L* ‖ **394** labori *L* ‖ **395** auxem *P₆* ‖ **396** animis *Pa.c.* ‖ molior *N* ‖ instet : -at *F₅ L* ‖ **397** qu(a)e *P₂p.c.* ‖ imitere : -ttere *P* imitanda *N* ‖ legat (*exc. Fl.*) : -as *F₅ L flor. Gall. Vic Ise* ‖ nec : ne *g* ‖ **398** Graia loqui tecum *P₆* ‖ uetustas : iuuentus *P₆a.c.* ‖ **400** latum *L* ‖ **401** mirabile *F₂a.c.P* ‖ brutum (*Pa.c.*) : -i *Pp.c.* ‖ **402** dam(p)nas : -ans *P₂a.c.* -es *K ? p.c. ?* ‖ met(h)i *F₅N F₂ Cuia.* met(h)ii *KP₆p.c.F₂J L exc. Fl.† Vic Ise* mestis *P₆a.c.* mitis *P₂* nec tu *P*

Une rigueur trop grande est un chagrin ? Honnis
      [les mœurs de Torquatus[a].
Offrir sa mort te semble un bien ? Aie respect pour
      [le saut des Décius[b].
405 Ce que peut faire même seul un homme courageux,
      [te l'apprendront
Coclès qui a fait front, le pont rompu, ou Mucius
      [avec la flamme[c] ;
Et Fabius, ce que le retard peut briser[d] ; ce que dans
      [la détresse[e]
Peut faire un général, le montrera Camille avec
      [la jonchée des Gaulois.
Là, on apprend qu'aucun malheur ne s'oppose
      [au mérite :
410 La cruauté punique à l'infini prolonge ton renom,
O Régulus[f] ; les revers de Caton dépassent les succès[g].
Là, on apprend tout ce que peut une frugale pauvreté[h] :
Curius était pauvre alors qu'en arme il triomphait
      [des rois ;
Et pauvre aussi Fabricius alors qu'il méprisait l'or
      [de Pyrrhus.
415 Serranus, dictateur, dirigea une araire sale :
Des licteurs entouraient une chaumine, on fixait
      [des faisceaux
Aux jambages de saule et un consul récoltait
      [les moissons ;

a. Liu. 8,7 ; Dion. Hal. 8,91 ; cf. Sen. *Contr.* 9,2,19 ; Drac. *laud.* 3,352.

b. Liu. 8,9,1 et 10,28,12 ; Cic. *Off.* 3,16.

c. Liu. 2,10 (Coclès) et 12 (Scévola).

d. Fabius Cunctator : Enn. *ap.* Cic. *Cato* 10 et *al.* ; Verg. *Aen.* 6,845-6 ; Liu. 30,26,9 ; Flor. 2,6 *Hannibal quia frangi uirtute non poterat, mora comminueretur.*

e. Même fin de vers en *Eutr.* 2,354. Voir Liu. 5,49.

f. Cic. *Off.* 3,99... ; Sen. *Prou.* 4,5.

g. Caton d'Utique : Lucain 9,596-600.

h. V. 412-8 : éloge traditionnel de la vie simple : cf. *Ruf.* 1,200-5 avec les mêmes exemples (voir n. compl. 6).

Triste rigor nimius ? Torquati despice mores.
Mors inpensa bonum ? Decios uenerare ruentes.
Vel solus quid fortis agat, te ponte soluto   405
oppositus Cocles, Muci[i] te flamma docebit ;
quid mora perfringat, Fabius ; quid rebus in artis
dux gerat, ostendet Gallorum strage Camillus.
Discitur hinc nullos meritis obsistere casus :
prorogat aeternam feritas tibi Punica famam,   410
Regule ; successus superant aduersa Catonis.
Discitur hinc quantum paupertas sobria possit :
pauper erat Curius, reges cum uinceret armis,
pauper Fabricius, Pyrr<h>i cum sperneret aurum.
Sordida Serranus flexit dictator aratra :   415
lustratae lictore casae fascesque salignis
postibus affixi ; collectae consule messes

403 nimius $P_2p.c.$ ǁ despice $P_2u.l.P_6u.l.F_3JN$ L Ise mg. : despue $P_2gKP_6F_5$ F_2P Vic Ise ǁ **404** bonum : -orum Pu.l. ǁ decies $P_6a.c.$ ǁ reuentes Ja.c. ǁ **405** Vel : uir Cam mg. Ise mg. ǁ ras. ante quid in N ǁ te : pro Pu.l. ǁ sponte P ǁ **406** Muci Jeep : muti L muc[-t-]ii codd. ǁ docebit $P_6p.c.$ ǁ **407** perfringat (Ise mg.) : perstringat KF_5N profingat P proficiat $F_5s.l.$ F_2 perficiat exc. Laeti Iunt Ise ǁ **408** ostendet N L : -at cett. ǁ strage : clade L cede F_5 ǁ camillus $P_6p.c.$ ǁ **409** Discitur $(P_6u.l.)$: dicitur P_6 ǁ hinc (Pmg.) : huic N Pp.c. ǁ meritis : mentis P_2 stimulis F_3 ǁ **410** eternam bis L ǁ **411** superans $P_2u.l.$ ǁ auersa L ǁ **412** Dicitur $P_6a.c.$ ǁ hinc P_2gJ Ise mg. : in cett. ǁ sobrie Pa.c. ǁ poscit F_2 ǁ **413** regem cum F_3 cum reges F_5 ǁ **414** pyrrhi Vic : pirri codd. purri P ǁ **415** Sordida $P_2p.c.$ ǁ dictator f. serranus P_2g exc. Fl. s. uertit d. K ǁ aratrum $P_2a.c.$ ǁ **416** fasces- (exc. Fl.) : om. que $P_6a.c.$ faces- Vic ǁ **417** affixi : afflixi $F_3a.c.$ affixit exc. Gyr. ǁ meses Ka.c. Pa.c.

Longtemps un paysan laboura ses champs en trabée. »
Ton père donnait ces conseils, tel ce pilote de navire[a]
420   Chargé d'années qu'a souvent éprouvé par diverses
                                              [tempêtes
La mauvaise saison : déjà las et de l'âge et de la mer,
Il confie à son fils les rênes de l'aune qui vogue[b]
Et lui apprend dangers et savoir-faire : à quel astre
                                              [guider
Son bras, comment le gouvernail permet d'échapper
                                              [à la vague,
425   Quel est le signe de l'orage et quelle perfidie cache
                                              [le ciel serein[c],
Ce que révèle un soleil au coucher, de quel souffle
                                              [blessée
Cynthie pâlit et lève un visage irrité[d].
Regarde aujourd'hui, père immense, où que tu brilles,
Que l'hémisphère austral ou les Trions glacés t'aient
                                              [mérité[e],
430   Regarde ton vœu accompli. Ton fils déjà par ses mérites
T'égale et, au delà de tout souhait, il te surpasse[f].
[En t'appuyant sur ton cher Stilicon qu'aux deux frères
                                              [toi-même][1]

a. Claudien aime les comparaisons avec l'art de la navigation :
Theod. 42 ; *Stil.* 1,286 ; *Get.* 209 ; *6 cons.* 132.

b. Le bateau est souvent présenté comme un char des mers :
Catull. 64,9 *uolitantem flamine currum* ; Verg. *Aen.* 6,1 *classique inmittit
habenas* ; Ou. *Fast.* 3,593. Et l'aune est avec le pin un bois de
construction navale : Verg. *Georg.* 1,136 *alnos... cauatas.*

c. Verg. *Aen.* 5,851 *et caeli totiens deceptus fraude sereni* ; *Georg.* 1,426
insidiis noctis capiere serenae.

d. Verg. *Georg.* 1,430-1 *at si uirgineum suffuderit ore ruborem, / uen-
tus erit ; uento semper rubet aurea Phoebe* ; Lucan. 5,549-50 *uentorumque
nota rubuit : tum lurida pallens / ora tulit...*

e. Sur l'apothéose de Théodose, *3 cons.* 163-84 ; *Nupt.* 300-1.
Triones : les deux Ourses.

f. *Topos* panégyrique : *Pan.* 9[12],25,1 (à propos de Constance et
Constantin) *gaudet e caelo et iam pridem uocatus ad sidera adhuc crescit in
filio* ; Libanios *Prosph. Iul.* 1, p. 406,17 R. ; Sidon. *Epist.* 8,7,4 (à
Audax) : *ut te filii consequantur aut, quod te plus decet uelle, transcendant.*

et sulcata diu trabeato rura colono. »

    Haec genitor praecepta dabat, uelut ille carinae
longaeuus rector, uariis quem saepe procellis   420
explorauit hiems, ponto iam fessus et annis
aequoreas alni nato commendat habenas
et casus artesque docet : quo dextra regatur
sidere, quo fluctus possit moderamine falli,
quae nota nimborum ; quae fraus infida sereni,   425
quid sol occiduus prodat, quo saucia uento
decolor iratos attollat Cynthia uultus.
Aspice nunc, quacumque micas, seu circulus Austri,
magne parens, gelidi seu te meruere Triones,
aspice : completur uotum. Iam natus adaequat   430
te meritis et, quod magis est optabile, uincit.
[Subnixus Stilichone tuo, quem fratribus ipse]

419 ille *om. Pa.c.* ‖ **421** iam fessus (*Ju.l.*) : cum f. $P_2u.l.$ confessus *J*
‖ annis (*exc. Fl.*) : armis *Vic* ‖ **422** alni ($F_2s.l.$) : olim *K* F_2P ‖
423 doces *L* ‖ **424** fluctus possint F_2 possint fl. *J* ‖ **425** nota : *om. P
add.* sit *m.a.* ‖ sereni (*exc. Fl.*) : -is *Vic* ‖ **426** occiduus (*exc. Fl.*) :
-dus *Vic* ‖ **427** decolor (*Ks.l.*) : dis- *KN* ‖ tollat $F_2a.c.$ ‖ **428** nunc :
nam $P_6a.c.$ ‖ ceu $F_5a.c.$ ‖ austris *Pa.c.* ‖ **429** seu te gelidi *g* ‖ trionos
P_6 tritones F_2 ‖ **430** completur : -entur *N* -pletum F_3 ‖ natus : uatus
Pa.c. ‖ **431** magis : maius *N* ‖ **432** *est in Ise, at deest in omnibus codd.
et Vic* ; *spurius mihi uidetur*

À ton départ tu as donné un [en] bouclier et défenseur.
Pour nous il n'y a rien qu'il se refuse à supporter,
                                    [aucun danger
435 Qu'il ne prenne sur lui, ni les difficultés des routes,
Ni l'incertitude des mers. Il osera franchir à pied
Les sables de l'âpre Libye et au coucher de l'humide
                                    [Pléiade[a]
Il pénétrera par les Syrtes dans les ondes Gétules[1].
Tu lui ordonnes cependant de calmer d'abord
                                    [des peuples féroces
440 Et de pacifier le Rhin[2]. Il y vole à bride abattue,
Sans escadron[b] pour protéger son flanc ;
Il va tout droit où la rude Rhétie étend les Alpes
                                    [chargées de nuages
Et (si grande est sa confiance) aborde sans escorte
Les rives ennemies. On eût pu voir des rois, la tête basse
445 Et frappés de stupeur, se hâter tout le long du fleuve.
Par devant notre chef les Sicambres[c] versèrent
Leur blonde chevelure ; au sol se couchèrent les Francs
                                    [en marmottant
Leur craintive prière ; en son absence on prête serment
                                    [à Honorius ;
L'Alamannie, suppliante, implore ton nom.
450 Les sauvages Bastarnes[d] vinrent ; vient le Bructère[e]
                                    [qui habite

a. Lucain 8,852 *imbrifera... sub Pleiade.* Le coucher de cette constellation marquait le début de la mauvaise saison et la suspension de la navigation.

b. Même fin de vers *stipante caterua* chez Verg. *Aen.* 1,497.

c. Le catalogue des peuples germaniques (F. Strunz-M.G. Claius 1717) est traditionnel : les Sicambres, Cimbres (du Jutland) et Chérusques avaient fait place depuis longtemps aux Francs (alors entre le Rhin et l'Elbe) et aux Burgondes : Loyen 1933, p. 203-9. Les Alamans (v. 449) étaient à l'est de Strasbourg.

d. En réalité, les Bastarnes se trouvaient alors en Dacie : Simpson 1976, p. 221 sqq.

e. Les Bructères se situaient à l'est du Rhin, sur l'Ems et la Lippe.

Discedens clipeum defensoremque dedisti.
Pro nobis nihil ille pati nullumque recusat
discrimen temptare sui, non dura uiarum,   435
non incerta maris : Libyae squalentis harenas
audebit superare pedes madidaque cadente
Pleiade Gaetulas intrabit Syrtibus undas.
    Hunc tamen in primis populos lenire feroces
et Rhenum pacare iubes. Volat ille citatis   440
uectus equis nullaque latus stipante caterua,
aspera nubiferas qua Raetia porrigit Alpes,
pergit et hostiles (tanta est fiducia !) ripas
incomitatus adit. Totum properare per amnem
attonitos reges humili ceruice uideres.   445
Ante ducem nostrum flauam sparsere Sygambri
caesariem pauidoque orantes murmure Franci
procubuere solo ; iuratur Honorius absens
inploratque tuum supplex Al*a*mannia nomen.
Bastarnae uenere truces, uenit accola siluae   450

434 ni(c)hil ille pati (*g ? a.c. Fs.l.*) : nil i. p. *gp.c.* ? nichil ipse p. *J* temptare nichil *F₅* ‖ **436** incerta (*Pm.g.*) : iuncta *P* ‖ **437** candentes *Pa.c.* ‖ **438** sy[-i-]rti[-y-]bus undas (*Ja.c.*) : syrtidos undas *g* nauita sy[-i-]rtes *P₂P₆u.l.Jp.c. Ise mg.* ‖ **439** lenite *P₆a.c.* ‖ feroces : furore *P₆a.c.* ‖ **440** r(h)en(h)um : regnum *P₂a.c.* ‖ pac(c)are (*exc. Fl.*) : pl-*F₅J* peccare *Pa.c.* ‖ citatus *L* ‖ **441** equis : a- *Pa.c.* ‖ caterua : corona *P₆* ‖ **442** nubiceras *Pa.c.* ‖ qua (*F₅p.c.*) : quas *F₂a.c.* ‖ r(ha)et(h)ia : reptia *F₃a.c.* grecia *L* ‖ **443** fiduciat *F₅a.c.* ‖ ripes *Pa.c.* ‖ **444** addit *Na.c.* ‖ annes *Pa.c.* ? ‖ **445** humili reges *F₅* ‖ **446** flauam (*N in ras.*) : -i *F₅* clauam *Pa.c.* ‖ fudere *K* ‖ sygambri *exc. Fl.* : syc- *P₂ L* sig- *F₅* sic-*cett.* britanni *K* ‖ **447** cesariam *P₂a.c.* ‖ pauide- *P₆a.c.* ‖ -que *om. P₂a.c.* ‖ errantes *F₅* ‖ franci : fracti *P₆u.l.* ‖ **448** iuratur (*F₃p.c.*) : miratur *Ise mg.* ‖ honorii *Pa.c.* ‖ **449** suum *JN* ‖ alamannia *exc. Fl.* : ale[-i-]man(n)ia *codd.* ‖ **450** truces (*exc. Fl.*) : duces *Vic* ‖ accola : in- *N in ras.*

La forêt hercynienne ; le Cimbre sort de ses vastes
                                    [marais
Et l'immense Chérusque abandonne son Elbe[a].
Il écoute leurs vœux divers, prend son temps pour
                                    [agréer leurs requêtes
Et leur offre la paix comme un présent de prix[1].
455   Des traités avec les Germains anoblissent les vieux
                                    [Drusus[b] ;
Pourtant un combat incertain, bien des revers
                                    [les achetèrent.
Qui se souvient qu'on ait vaincu le Rhin seulement
                                    [par la crainte ?
Ce que d'autres n'ont pu gagner que par de longues
                                    [guerres,
Le voyage de Stilicon te l'offre[c]. Après la paix sur
                                    [le limes
460   Gaulois, tu l'engages à soutenir[d] la Grèce qui
                                    [s'effondre[e].
La mer Ionienne est couverte de voiles et les vents
                                    [peinent[f]
À gonfler tant leurs plis ; Neptune accompagne la flotte
Qui va sauver Corinthe en lui rendant la mer facile.
Le jeune Palémon, dès longtemps exilé du rivage
                                    [de l'Isthme,
465   Rentre au port en sécurité avec sa mère[2].

a. Les Chérusques étaient en fait sur le cours moyen de la Weser. Claudien est poète et non géographe ! « Il n'a aucune idée de la distance qui sépare les deux fleuves » (Loyen 1933, p. 209).

b. Nero Claudius Drusus, frère de Tibère, qui mena campagne contre les Germains de 12 à 9 av. J.C., et son fils Germanicus.

c. Thème panégyrique du héros qui remporte la victoire sans combattre : Plin. *Pan.* 16.

d. Fin de vers empruntée à Lucain (8,528 à propos de Pompée : *Magni fulcire ruinam*) et reprise par Paul. Pell. *Euch.* 580 *et ueteres lapsi census fulcire ruinas* ; Maximien *Eleg.* 1,171 *fulcire ruinam*.

e. Sur la campagne de 397 (Zos. 5,4-7 ; cf. plus loin *Get.* 516-7) voir intr., Contexte historique.

f. Flor. 4,11 *labore uentorum ferebantur.*

Bructerus Hercyniae latisque paludibus exit
Cimber et ingentes Albin liquere Cherusc[h]i.
Accipit ille preces uarias tardeque rogatus
annuit et pacem magno pro munere donat.
Nobilitant ueteres Germanica foedera Drusos,   455
Marte sed ancipiti, sed multis cladibus empta.
Quis uictum meminit sola formidine Rhenum ?
Quod longis alii bellis potuere mereri,
hoc tibi dat Stilichonis iter. Post otia Galli
limitis hortaris Graias fulcire ruinas.   460
Ionium tegitur uelis uentique laborant
tot curuare sinus seruaturasque Corinthum
prosequitur facili Neptunus gurgite classes,
et puer, Is<th>miaci iam pridem litoris exul,
secura repetit portus cum matre Palaemon.   465

451 (h)erci[-e-]nie *codd.* hyrcine *L* arthenie F_3 ? *K* ‖ **452** Cimber *exc. Fl.* : Cymber P_2 Ci[-y-]m[-n-]brus P_6*mg. cett.* cynpus P_6 ‖ albin P_2 *L* : -im *cett.* alfem *N* ‖ loquere *Ja.c.* ‖ cherusci *Ise* : c(h)eru[-o-]c(h)i P_6*mg. codd.* cherunti F_2cherubi F_5 cherulli P_6 ‖ **453** tarde- : tandem- P_2*u.l.* ‖ **454** magno pacem P_2gKP_6*JN* ‖ **456** sed[1] : sub *L* ‖ cladibus : casibus P_2*u.l.* ‖ **457** Quid P_2*a.c.* ‖ uictum *N in ras.* ‖ **458** mederi P_6*a.c.* ‖ **460** Limitis : Militis *Ise mg.* ‖ furcire *Pa.c.* ‖ ruinas : columpnas P_6*a.c.* ‖ **461** uelitis F_3*a.c.* ‖ **462** curuare : seruare P_6*a.c.*F_3*a.c.* ‖ seruaturasque : *om.* que *Ja.c. Pa.c.* -us- P_2*u.l.* uastaturas- *g* ‖ **463** neptunis *Na.c.* ‖ classis P_6*a.c.* casses F_3*a.c.* ‖ **464** *ante* puer *ras. in* F_3 ‖ (h)i[-y-]smiaci *Kp.c. codd.* ‖ **465** securaque petit *N* ‖ patre F_5*a.c.*

La jeunesse vêtue de peaux est fauchée[a] et son camp
[dans le sang nage.
Les uns meurent de maladie, les autres par l'épée.
[Point ne suffisent
Les fourrés du Lycée ni l'ombrage abondant
[de l'Érymanthe[b]
Brûlés par des bûchers sans nombre ; et le Ménale
[dénudé
470   Par le fer est joyeux que ses forêts se consument ainsi.
Qu'Éphyre secoue donc ses cendres[c]. Que le Spartiate
[et l'Arcadien
Foulent aux pieds, rassurés, ces monceaux exsangues.
Que la Grèce épuisée respire : ils ont payé leurs crimes[d].
Le peuple le plus vaste habitant sous les Ourses
[scythes
475   Pour qui l'Athos était petit et la Thrace exiguë
Quand il les traversait, est brisé grâce à toi et à
[la force de tes chefs ;
Ses quelques survivants[e] désormais pleurent sur
[eux-mêmes :
La foule à qui le monde fournissait à peine assez
[d'espace

a. Image traditionnelle : Hom. *Il.* 11,67 ; Verg. *Aen.* 10,513 ; Sil.
4,462...

b. Thème épique de la forêt abattue : Hom. *Il.* 23,114 sqq. ; Enn.
ann. 187 sqq. ; Verg. *Aen.* 6,176-82 (cf. Sen. *Tro.* 74).

c. Sur l'incendie de Corinthe (*Ephyre*) par les Goths, *Ruf.* 2,190 ;
Get. 612. Claudien pense au mythe du Phénix (*c. min.* 27 ; cf. *Stil.*
1,186-7).

d. En dépit des hyperboles de Claudien, Alaric a réussi à
s'échapper avec une bonne partie de ses troupes et constitue
encore une menace (voir intr., Contexte historique ; Cameron
1970, p. 169-80 ; Döpp 1980, p. 104-9 ; Lehner 1984, p. 92-93). Avec
Lehner (1984, p. 93), contre Birt (*ad loc.*) et Koch (1893, p. 35), je
pense inutile de déplacer les v. 471-3 après 483.

e. Drac.[?] *Orest.* 908 « *sibi* sit de morte *superstes* ».

Castra cruore natant ; metitur pellita iuuentus.
Pars morbo, pars ense perit. Non lustra Lycaei,
non Erymantheae iam copia sufficit umbrae
innumeris exusta rogis, nudataque ferro
sic flagrasse suas laetantur Maenala siluas.   470
Excutiat cineres Ephyre, Spartanus et Arcas
tutior exangues pedibus proculcet aceruos
fessaque pensatis respiret Graecia poenis.
Gens, qua non Scythicos diffusior ulla Triones
incoluit, cui paruus Athos angustaque T<h>race,   475
cum transiret, erat, per te uiresque tuorum
fracta ducum lugetque sibi iam rara superstes,
et, quorum turbae spatium uix praebuit orbis,

466 castra : plaustra *exc. Gyr.* || natant *F₅p.c.* || metitur (*F₅u.l. exc. Fl.*) : moritur *F₅ L F₂Ps.l. exc. Gyr. Vic Ise* metuit *K ? a.c.P₆u.l.* || **467** morbo : telo *L* || lustra : castra *F₂a.c.* || lic[-t-]ei *codd.* || **468** Erymanthaeae *exc. Gyr.* (h)erimant(h)ee *codd.* emanthee *P₆a.c. Pa.c.* || sufficit : -ficto *Pa.c.* || umbre *N in ras.* || **469** exusta (*exc. Fl.*) : exuta *KF₃F₅Ja.c. L P Vic Ise* || rogis : -i *exc. Fl.* || nudataque (*exc. Fl.*) : exutaque *Vic Ise mg.* || **470** letatur *N* || mena *Ja.c.* || **471** spart(h)anus : parthanus *K L F₂P Vic* parthenius *N* || arc(h)as : athlas *K* || **472** ex(s)angues (*F₂s.l.*) : -is *P₂P₆a.c. F₂Pa.c.* || proculcet (*bis P₂*) : con- *K* || acerbos *F₃a.c.* || **473** respire *P₂* || **474** non : nunc *F₂* || schyticos *L* s(c)it(h)ic(h)os *cett.* || illa *F₅a.c.* || tritones *F₂* || **475** paruos *Na.c.* || augusta- *Pa.c.* || trac(h)e *codd.* || **476** per te : parthe *P₆a.c.* || **477** ducis *P₆a.c.* || iam : gens *Pu.l.* || supertis *P₆* || **478** pr(a)ebuit : contulit *J*

Se cache sur un seul coteau[a]. Et assoiffée, bloquée
                                [dans son escarpe,
480 Elle a cherché l'eau qu'on lui avait prise : auparavant
     À portée de ses ennemis, Stilicon l'avait déviée
                                [par une courbe ;
     En détournant son cours, il avait fait se déplacer
                                [le fleuve
     Qui s'étonnait de vallons neufs[b] sur les voies non
                                [frayées de l'inconnu.
     Quoi d'étonnant aux obstacles vaincus, quand
                                [le barbare de lui-même
485 Désire dès lors te servir ? Le Sarmate ami des discordes
     Veut te prêter serment ; le Gélon rejette sa ruse
     Et sert dans ton armée ; tu es passé, Alain, aux mœurs
                                [latines[1].
     Ainsi que pour Mars tu choisis des hommes courageux
                                [et décidés[c],
     Tu en choisis de justes dans la paix et tu gardes
                                [longtemps
490 Ceux que tu as élus, sans les presser d'incessants
                                [successeurs[d].
     Nous sommes dirigés par des juges connus et
                                [jouissons des biens
     De la paix comme de la guerre : on se croit gouverné
                                [par Quirinus
     Le belliqueux ou le pacifique Numa[2]. L'épée ne nous
                                [menace pas[e] ;

        a. Contrefort du mont Pholoé. Les v. 474-9 ont peut-être été imi-
tés par Oros. 7,37 : *agminaque quibus dudum angusta uidebatur Italia
latendi spe in unum ac paruum uerticem trudit.*
        b. Le premier hémistiche rappelle Verg. *Georg.* 2,82 : l'arbre
greffé *miraturque nouas frondes.*
        c. Verg. *Aen.* 2,799 *animis opibusque parati* ; cf. Sall. *Cat.* 58,8.
        d. Après les exploits militaires, les *praxeis* en temps de paix
(v. 489-519 ; cf. Ménandre, Spengel 3, p. 375). La classe sénatoriale
appréciait de longs mandats de gouverneur (Cameron 1968, p. 19-
20).
        e. Cf. Plin. *Pan.* 27.

uno colle latent. Sitiens inclusaque uallo
ereptas quaesiuit aquas, quas hostibus ante   480
contiguas alio Stilicho deflexerat arcu
mirantemque nouas ignota per auia ualles
iusserat aduerso fluuium migrare meatu.
    Obuia quid mirum uinci, cum barbarus ultro
iam cupiat seruire tibi ? Tua Sarmata discors   485
sacramenta petit, proiecta fraude Gelonus
militat, in Latios ritus transistis Alani.
Vt fortes in Marte uiros animisque paratos,
sic iustos in pace legis longumque tueris
electos, crebris nec succedentibus urges.   490
Iudicibus notis regimur, fruimurque quietis
militiaeque bonis, ceu bellatore Quirino,
ceu placido moderante Numa. Non inminet ensis,

479 latent ($P_6a.c.$) : -ens $P_6p.c.$ iacent N ‖ uallo : colle F_3 ‖ **480** ereptas : -a $F_5a.c.$ erectas *Pa.c.* ‖ qu(a)esiuit : q. siuit $P_2a.c.$ q. sumit
$P_6a.c.$ exquirit g ‖ ante : apte $P_6a.c.$ ‖ **481** conriguas N ? ‖ arcu
(*Ja.c.*) : actu P_2g*Jp.c. exc. Fl. exc. Gyr.* astu *gu.l.m.r.* ‖ **482** nonas *Pa.c.*
‖ auia : inania $F_2a.c.$ ‖ uallis $P_6a.c.$ ‖ **483** aduerso ($F_5a.c.Ja.c.$) :
auerso $P_2a.c.F_5p.c.Jp.c.$ *Ise* ‖ migrare : transire K ‖ meatu N *in ras.* ‖
484 obuia *om.* $F_5a.c.$ ‖ uinci $P_6p.c.$ ‖ ante ultro *del.* offu F_5 ‖ **486** *om.*
g ‖ petunt F_5 ‖ fraude proiecta *Ka.c.* ‖ fraude ($P_6u.l.$ $F_2mg.$) :
tibique $P_6p.c.$ L $F_2Pa.c.$ *om.* $P_6a.c.$ pelle *exc. Fl. exc. Gyr. Ise mg.* ‖ gelonis *Pa.c.* ‖ **487** rictus $P_6a.c.$ ‖ trans(s)itis P_6F_5 ‖ alani : alumpni
$P_6a.c.$ ‖ **488** forte $P_6a.c.$ *Pa.c.* ‖ animis- (g ? $P_6u.l.$) : armis- P_6 ‖ para-
tus $F_5a.c.$ ‖ **489** Si *Pa.c.* ‖ regis $P_2a.c.$ ‖ **490** crebis N ‖
succedentibus : susce- $P_6a.c.$ succen- *Pa.c.* sua- N ‖ urgens $P_6a.c.$ ‖
491 regimur notis $P_2a.c.N$ ‖ **493** placido (*exc. Gyr.*) : placito $P_2a.c.$

Pour la noblesse, aucun massacre[a] ; et aucune accusation
[publique
495   N'est tramée[b] ; l'exilé n'est plus chassé en pleurs de
[sa patrie.
L'injuste augmentation continue des impôts s'arrête[c].
Finies les listes de malheur[d] ; plus de vente à l'encan
[de biens
Soustraits pour gens avides ; aucune voix n'excite
[l'acheteur[1]
Et ton trésor ne s'accroît plus des pertes
[des particuliers[e].
500   Généreux en honneurs[f], tu ne gaspilles pas ton or.
Achetée, la fidélité ne dure pas ; le salaire n'attache pas
Les cœurs[g]. Pour son enfant chéri, l'armée travaille
[d'elle-même ;
Comme son nourrisson, le soldat t'aime. Enfin,
[quelle est pour Rome
Ton attention ! Quel respect constant et ferme pour
[les Pères !
505   Le droit ancien est confirmé[h] ; les lois retrouvent
Leur archaïque canitie ; celles qui ont vieilli sont
[réformées ;
De nouvelles sont ajoutées[i]. Tel fut Solon pour la cité

a. Allusion à la politique antisénatoriale de Valentinien Ier ?
Claudien insiste au contraire (cf. v. 488-9 et 503-4) sur le respect
d'Honorius pour le Sénat (Cameron 1970, p. 388 ; *Stil.* 1,325-32).

b. Pline (*Pan.* 34-35) avait loué Trajan d'avoir mis fin aux délations.

c. *Topos* préconisé par Ménandre (Spengel 3, p. 375), mais bien
en situation si l'on songe à la pression fiscale du Bas-Empire.

d. Les tables où étaient inscrites les listes de proscrits.

e. Plin. *Pan.* 36 *aerarium… non spoliarium ciuium… receptaculum.*

f. Pour la leçon *laudis* (la mieux attestée), voir Fargues *ad loc.*,
p. 68.

g. Cf. v. 120-1. V. 503 : cf. v. 150-3.

h. Sur l'attachement des Romains à leurs anciennes lois, Gell.
2,24 et 20,1.

i. Cf. Ménandre, Spengel 3, p. 375.

nullae nobilium caedes ; non crimina uulgo
texuntur ; patria maestus non truditur exul ;   495
impia continui cessant augmenta tributi ;
non infelices tabulae ; non hasta refixas
uendit opes auidis ; emptor non uoce citatur,
nec tua priuatis crescunt aeraria damnis.
Munificus laudis, sed non et prodigus auri.   500
Perdurat non empta fides nec pectora merces
alligat ; ipsa suo pro pignore castra laborant ;
te miles nutritor amat. Quae denique Romae
cura tibi ! Quam fixa manet reuerentia patrum !
Firmatur senium iuris priscamque resumunt   505
canitiem leges emendanturque uetustae
acceduntque nouae. Talem sensere Solonem

494 *om.* $P_6a.c.$ || **496** tributi : triumphi $P_6a.c.$ || **497** tabule — refixas
P in ras. || hastas $F_5a.c.$ || refixas : -a *K L* $F_2u.l.$ || **498** auidis ($F_2u.l.$) :
-as P_2gK F_2P *Ise* -a *flor. Gall. exc. Fl. exc. Gyr. Cuia.* || emptor non :
empte non $P_6a.c.$ non e. *flor. Gall.* sector non *exc. Fl. Cuia.* scitor
non *exc. Gyr.* || 500-499 P_6 || **499** (a)eraria : errancia $P_6a.c.$ || **500**
laudis ($P_2u.l.Ja.c.$) : -as $P_6a.c.$ largis *Ise mg.* largi $P_2Jp.c.$ || et (*exc. Fl.*) :
es *Vic Ise* || **501** epta *P* || merces (*Kp.c.*) : -is $P_6a.c.$ || **503** nutritor
($P_6u.l.$) : munitor P_6 || **504** quam : que P_2 || **505** uuris *Na.c.* || pis-
cam- *Ja.c.* || resumunt $P_6p.c.$ || **507** sensere : sentire $P_6a.c.$ || salonem
P_6F_3 $F_2Pp.c.$

De Pandion[a] ; ainsi Lacédémone fut puissante par
[les armes.
[Fortifiée par la dureté de Lycurgue, elle méprisa
[ses murailles][1]
510 Sous ton pouvoir, quelle petite cause ou quelle erreur
[d'un juge
Est négligée ? Qui donc met fin aux procès difficiles
Avec plus de justice et fait sortir le vrai du fond de
[sa cachette ?
Quelle bonté et quelle fermeté[b], quelle force tranquille
En ce grand cœur nullement prompt à s'émouvoir
[de quelque peur
515 Ni prêt à s'étonner de quelque nouveauté !
[Quelle aisance à savoir
En ton esprit, quelle mesure en ton langage !
[Et les ambassadeurs
Révèrent tes réponses : ton caractère sérieux masque
[ton âge.
Comme ton père brille en ton visage[c] !
[Quelle grâce farouche
Est sur ton front, quel charme dans la majesté de
[ta pudeur auguste !
520 Et déjà tu remplis les casques de ton père, déjà
[tu t'essaies à brandir
Le cornouiller de tes ancêtres[d]. Ton apprentissage
[promet

a. Athènes, dont Pandion, fils d'Érechthée, fut le roi.

b. Le bon prince allie la clémence à la justice. Le panégyrique semble avoir ici peu de rapports avec la personnalité réelle (très fade) d'Honorius.

c. L'éloge des qualités physiques d'Honorius (v. 518-64 ; cf. Synes. *De regno* 13) commence par sa ressemblance avec son père (cf. *Pan.* 6[7],3,3-4 : Constantin a la beauté de son père Constance) ; mais son charme, comme il sied à un empereur, est empreint d'une majesté qui en impose (oxymores des v. 518-9).

d. Honorius fantassin (v. 520-6). Claudien associe peut-être deux souvenirs de Stace : *Theb.* 8,293 (*patris*)... *nec adhuc implere tiaran* (cf. *Rapt.* 3,219-20 *galeam... / inplet*) et *Ach.* 1,41 *patria iam se metitur in hasta.*

res Pandioniae ; sic armipotens Lacedaemon
[despexit muros rigido munita Lycurgo].
Quae sub te uel causa breuis uel iudicis error   510
neclegitur ? Dubiis quis litibus addere finem
iustior et mersum latebris educere uerum ?
Quae pietas quantusque rigor tranquillaque magni
uis animi nulloque leuis terrore moueri
nec noua mirari facilis ! Quae docta facultas   515
ingenii linguaeque modus ! Responsa uerentur
legati grauibusque latet sub moribus aetas.
          Quantus in ore pater radiat ! Quam torua
                                        [uoluptas
frontis et augusti maiestas grata pudoris !
Iam patrias inples galeas ; iam cornus auita   520
temptatur uibranda tibi ; promittitur ingens

508 pandioni(a)e (*exc. Fl.*) : -ne(a)e *N Vic* -ne $P_2a.c.$ || **509** *sic in Ise,*
Respexit m. r. mutata ligurgo $F_5mg.$, *deest in cett. codd. et Vic ; spurius*
mihi uidetur. || **510** breuis ($P_6a.c.Js.l.$) : grauis $P_2s.l.Ka.c.P_4p.c.F_5J$ *Ise* ||
511 nec legitur *gKJN Vic Ise* neglegitur *exc. Fl.* negligitur P_2 non l.
cett. || quis ($P_2a.c.$ *exc. Fl.*) : qui $P_2p.c.F_3F_5a.c.$ || adere *N* || fidem *Ka.c.*
|| **512** mersum : -is *Pa.c.* || latebris : tene- $F_3p.c.$ dene- $F_3a.c.$ || dedu-
cere F_3 || uerum $P_6p.c.$ || **513** quantusue *P* || rigor : uigor
$P_3gKu.l.P_6a.c.$ || **515** qu(a)e : quam $P_2a.c.$ *gJ exc. Fl.* || **516** -que *om.*
$P_2a.c.P_6a.c.$ || **517** -que *om.* $F_3a.c.$ || (a)etas : error $P_6a.c.$ || **518** *ras.*
ante radiat *in* P_2 || torua ($F_2u.l.Pmg.$) : parua $F_5s.l.$ F_2P *Ise mg.* ||
uoluptas ($F_5u.l.$) : uoluntas F_5 || **519** Erontis *Pa.c.* || augusti (*exc.*
Fl.) : an- $P_6a.c.$ *Vic* || **520** tornus *Pa.c.* || **521** uibranda (*exc. Fl.*) :
uibrata F_3F_5N *Vic* || tibi : *om.* $P_6a.c.$ manu *L*

Un bras puissant qui retarde les vœux de Rome[1].
Quel éclat lorsque tu t'avances avec ton bouclier
Et bardé d'or, rouge de ton panache[a] et grandi par
                                        [ton casque !
525 Ainsi, alors qu'il commençait à s'exercer à la lance
                                        [de Thrace,
     Les fleuves du Rhodope ont lavé Mars enfant.
     Quelle force en son javelot ! Quand tu tends les traits
                                        [de Gortyne,
     Quelle réussite a ton arc[b], lui qui touche à coup sûr
     Et ne saurait manquer la cible désignée !
530 Tu sais la façon dont le Cydonien, l'art avec lequel
                                        [l'Arménien
     Guident leurs traits, quelle confiance accorder à
                                        [la fuite du Parthe[2].
     Ainsi le bel Alcide, après avoir sué dans la palestre
                                        [d'Amphion
     Avait coutume d'essayer son carquois sur
                                        [les bêtes fauves,
     Et les traits de Dircé qui devaient un jour dompter
                                        [les Géants
535 Et apporter la paix au ciel ; il s'avançait toujours
     Sanglant et rapportait sa proie à Alcmène qui exultait[3].
     Tel Apollon terrassa le sombre Python[c]
     Qui à l'agonie étreignait de ses replis les forêts
                                        [fracassées.

a. Sil. 17,393 *crista rubens*.

b. Honorius archer (v. 527-38). Imitation métrique de Stat. *Theb.*
5,361-2 : « quantum *Gortynia* currunt / *spicula* ». Mais la *iunctura* est
virgilienne (*Aen.* 11,773 *spicula... Gortynia*) et les flèches crétoises,
proverbiales : Hor. *Carm.* 1,15,17 ; Verg. *Aen.* 5,306-7 ; Lucan. 6,214 ;
Prud. *Cath.* 5,52.

c. Comparaison mythologique analogue en *Ecl. Einsied.* 1,32-36 ;
cf. Sidon. *Carm.* 2,152-5 (comparaison Anthémius-Apollon). *Caeruleus* pour désigner la couleur d'un serpent : Verg. *Georg.* 4,482.

dextra rudimentis Romanaque uota moratur.
Quis decor, incedis quotiens clipeatus et auro
squameus et rutilus cristis et casside maior !
Sic, cum T<h>reicia primum sudaret in hasta,   525
flumina lauerunt puerum R<h>odopeia Martem.
Quae uires iaculis uel, cum Gortynia tendis
spicula, quam felix arcus certique petitor
uulneris et iussum mentiri nescius ictum !
Scis quo more Cydon, qua dirigat arte sagittas   530
Armenius, refugo quae sit fiducia Partho.
Sic Amphioniae pulcher sudore palestrae
Alcides pharetras Dircaeaque tela solebat
praetemptare feris olim domitura Gigantes
et pacem latura polo, semperque cruentus   535
ibat et Alcmenae praedam referebat ouanti.
Caeruleus tali prostratus Apolline P[h]ython
inplicuit fractis moritura uolumina siluis.

522 rudimentas P_2 ‖ moratur ($P_6u.l.$) : -us $P_2a.c.gP_6$ $F_2u.l.$ ‖ **523** cli-
petus $P_2a.c.$ ‖ **524** cristis ($Kp.c.$) : crissis $P_2a.c.$ ‖ maior ($P_6s.l.$) :
toruus P_6 ‖ **525** treicia *codd.* ‖ **526** puerum (*exc. Fl.*) : purum *Vic* ‖
rodopeia *codd.* ‖ **527** Gortynia *Ise* : gortinia *Pp.c.* cort(h)inia $P_6p.c.$
codd. gortina *Pa.c.* cortynia *Vic* ‖ **528** felix *om.* $F_3a.c.$ ‖ **529** iussum :
uisum $P_2p.c.ga.c.KP_6$ $F_2a.c.P$ usum $P_2a.c.$ ‖ ictum : artum *Ka.c.* ‖
530 Scis (*exc. Fl.*) : Sis *Vic* ‖ derigat F_5 ‖ sagittas *om.* $P_2a.c.$ ‖
531 fiduda P_2 ‖ **532** Sic satus amphione *N* ‖ **533** dirc(a)ea- : dirtea-
F_3 dircera- *Pa.c.* dictea- P_2J ‖ tela (*Ps.l.*) : regna *P* ‖ **534** feris
(*Pa.c.*) : -os *Pp.c.* ‖ gigantas $gP_6a.c.$ ‖ **535** Et : Vt *Pa.c.* ‖ cruentus
Pp.c. ‖ **536** referebat predam $F_3a.c.$ ‖ ouanti ($P_6u.l.$) : amanti P_6 ‖
537 prostratus (*exc. Fl.*) : pres- *Vic* ‖ Python *Cam Ise* : fython *L*
pyton *exc. Fl.* phiton *codd. Vic* ‖ **538** i(n)plicuit ($P_6a.c.Ja.c.$ $F_2u.l.$) :
-pleuit *L* F_2P explicuit $P_6p.c.Jp.c.$ ‖ uolumina : molimina *P*

Quand tu montes sur ton cheval et joues à
[un semblant de guerre[a],
540   Qui est plus vif à infléchir sa fuite avec souplesse,
[à diriger
Sa pique, ou qui sait mieux revenir soudain sur
[ses pas ?
Non, ni le Massagète[b] ni le peuple de Thessalie qui
[a la plaine
Pour s'exercer, ni même l'être à double forme[c]
[ne pourront t'égaler.
Les cavaliers de ton escorte et les escadrons qui
[s'envolent[d]
545   Te suivent à peine et derrière toi se gonflent
[les bouillants dragons[e].
Dès que tes éperons enflamment ton coursier,
Ses larges naseaux prennent feu[f], son sabot ne sent plus
Le sable et sa crinière secouée sur ses épaules
[se répand.
Ses phalères se mêlent ; sous l'écume des dents l'or
[fume[g]
550   Et avec des vapeurs les gemmes exsudent le sang[h].
L'effort même et cette poussière, avec les cheveux
[mêlés en bougeant,

a. Lucr. 2,41 *belli simulacra* ; Verg. *Aen.* 5,674 (Ascagne) *qua* [galea] *ludo indutus belli simulacra ciebat* ; Manil. 4,227 *Sunt quibus et simulacra placent et ludus in armis.*

b. Tribu scythe : voir *Ruf.* 1,310-1.

c. Le centaure : Verg. *Aen.* 8,293 ; Ou. *Met.* 12,240…

d. Hyberbole analogue chez Verg. *Aen.* 7,810 ; Stat. *Silu.* 2,3,13.

e. Voir *3 cons.* 138-9 et note b.

f. V. 547-8 : contamination de Verg. *Georg.* 1,376 (à propos de la génisse) *patulis… naribus* ; 3,85-86 (le poulain de bonne race) *uoluit sub naribus ignem. Densa iuba et dextro iactata recumbit in armo* ; Stat. *Theb.* 6,638 *uix campus euntem sentit.*

g. Peut-être souvenir de Stat. *Theb.* 6,397-8 à propos de chevaux pleins d'ardeur : *ora sonant morsu spumisque et sanguine ferrum / uritur.*

h. Les gemmes du mors (cf. *c. min.* 48,3). Sénèque, à propos du sol (*Ag.* 222) : *sanguine exundans.*

Cum uectaris equo simulacraque Martia ludis,
quis molles sinuare fugas, qui tendere contum   540
acrior aut subitos melior flexisse recursus ?
Non te Massagetae, non gens exercita campo
Thessala, non ipsi poterunt aequare bimembres ;
uix comites alae, uix te suspensa sequuntur
agmina feruentesque tument post terga dracones.   545
Vtque tuis primum sonipes calcaribus arsit,
ignescunt patulae nares, non sentit harenas
ungula discussaeque iubae sparguntur in armos.
Turbantur phalerae, spumosis morsibus aurum
fumat, an<h>elantes exundant sanguine gemmae.   550
Ipse labor puluisque decet confusaque motu

539 martia : mollia $P_2u.l.$ ‖ **540** molles : -is $P_2P_6a.c.$ $Pa.c.$ -e $F_3a.c.$
melior L ‖ sinuare : seruare F_3 simulare *Ise mg.* ‖ quis K L ‖
con(p)tum ($P_6p.c.$) : contra *Ju.l.* ‖ **541** acrior ($P_6p.c.$) : doctior *Js.l.*
‖ subitos ($P_6u.l.F_3p.c.$?) : -o F_3 ?$a.c.$ P strictos P_6 ‖ flexisse : fin- F_5 L
P fi- K ‖ **542** nec gens F_5 ‖ **543** biformes N ‖ **544** sequentur N ‖
545 feruentes- (*exc. Fl.*) : fruentes- *Vic* ‖ timent $P_6a.c.$ ‖ terga : bella
$F_5a.c.$ ‖ **546** primus $F_3a.c.$ ‖ **547** habenas K ‖ **548** -que P_2 *in ras. om.*
Na.c. *Pa.c.* ‖ iub(a)e : gene $P_6a.c.$ ‖ sparguntur (*exc. Fl.*) : sper- P_2
Vic spargantur N ‖ 550-549 $P_6a.c.$ ‖ **549** turpantur *exc. Gyr.* ‖ spui-
mosis $P_2a.c.$ ‖ **550** (h)anelantes *codd.* ‖ ex(s)udant KF_3 P ‖ **551**
decent J ‖ *ras. post* motu *in* P

Te siéent ; ton vêtement au pourprin rayonnant
                              [absorbe[a]
Le soleil et sa pourpre ondule au vent qui
                              [s'y engouffre.
Si les chevaux choisissaient leur maître[1], Arion nourri
555   Dans l'écurie des Néréides réclamerait de lui-même
                              [tes coups ;
Faisant fi de Castor, Cyllare servirait tes freins
Et Xanthus aurait méprisé le blond Achille.
Et même Pégase offrirait son aile à ton service ;
Il te porterait volontiers et, pour souffrir plus noble
                              [charge,
560   Dédaignerait les rênes de Bellérophon.
Bien plus, le messager véloce de l'Aurore, Æthon,
Qui en hennissant fait fuir les étoiles et que maîtrise
Le rose Lucifer[b], chaque fois qu'il te voit, depuis
                              [les astres,
À cheval, te jalouse et préfère écumer sur ton mors
                              [acéré.
565   Pour l'heure aussi, quelles tenues, quelles merveilles
                              [dans ta pompe
Nous avons vues[c], quand, déjà ceint du manteau
                              [ausonien[d],
Tu t'avançais parmi les gens de Ligurie, plus en vue
                              [qu'à l'accoutumée,
Et qu'on te portait haut parmi les cohortes de neige[e] :

---

a. Pour la métaphore, Stat. *Theb.* 10,675 (un cyprès frappé par la foudre) *combibit... flammas* ; Mart. 10,12,7 *combibe soles* ; Iuu. 11,203 *bibat... cuticula solem.*

b. Stat. *Theb.* 2,137 *roseo... Lucifero.*

c. Retour à la description du *processus consularis* (v. 565-618), interrompue au v. 17. Mais peut-être faut-il voir derrière le cortège de 398 l'*aduentus* d'Honorius à Milan après la bataille du Frigidus (cf. *3 cons.* 126-141) : voir Döpp 1980, p. 117-8 ; Barr *ad loc.*, p. 89.

d. Cf. v. 157 *Quirinali amictu* et note d ; Eutr. 2,62 *Romuleo... amictu.*

e. Cf. v. 7 *discolor... legio* ; v. 9-10 *togatus / miles.*

caesaries ; uestis radiato murice solem
conbibit, ingesto crispatur purpura uento.
Si dominus legeretur equis, tua posceret ultro
uerbera Nereidum stabulis nutritus Arion   555
seruiretque tuis contempto Castore frenis
Cyllarus et flauum Xant<h>us spreuisset Achillem.
Ipse tibi famulas praeberet Pegasus alas
portaretque libens, melioraque pondera passus
Bellærophonteas indignaretur habenas.   560
Quin etiam uelox Aurorae nuntius Aethon,
qui fugat hinnitu stellas roseoque domatur
Lucifero, quotiens equitem te cernit ab astris,
inuidet inque tuis mauult spumare lupatis.
          Nunc quoque quos habitus, quantae miracula
                                   [pompae   565
uidimus, Ausonio cum iam succinctus amictu
per Ligurum populos solito conspectior ires
atque inter niueas alte ueherere cohortes,

553 ingesto (P_6 *mg.*) : iniecto P_6*p.c.* intexto P_6*a.c.* ǀǀ **554** aequis *Pa.c.*
ǀǀ **555** nutritor *Ka.c.* ǀǀ ari[-y-]on : aron *Pa.c.* axion *Ka.c.* orion
F_5*a.c.N* amori P_6*a.c.* ǀǀ **556** frenis F_3*p.c.* ? ǀǀ **557** flauum (F_5*u.l.*) : -us
Pp.c. fuluum *exc. Fl.* flauit *Pa.c.* clarum F_5 ǀǀ Xan(c)tus *codd.* sanctus
P_6 ǀǀ **558** famulas (*N in ras.*) : -ans P_2 -us F_5*a.c.* ǀǀ Pegasus pr. famulus
F_5*a.c.* ǀǀ **560** belloroph[-f-]onteas *codd.* ǀǀ **561** Qui neue lox *Pa.c.* ǀǀ
(a)ethon (P_2*u.l.*) : athon P_2*KP*$_6$*a.c.F*$_3$*a.c.J* F_2*P exc. Fl.* ǀǀ **563** equidem
F_2 ǀǀ astris : austris P_2 ǀǀ **564** inque : atque *L* ǀǀ mauult (F_3*a.c.*) : mallet *KF*$_3$*p.c.* ǀǀ **565** Nunc quoque : Tunc q. *N* N (?)quos *L* ǀǀ
quant(a)e : -i *N* ǀǀ po(m)p(a)e : forme P_2*u.l.* ponti *N* ǀǀ **566** ausos-
nio *Pa.c.* ǀǀ **567** conspectio P_2 spectantior *L* ǀǀ iret P_6*a.c.* ǀǀ **568** *om.* g
a.c. ǀǀ alto P_6*a.c.*

En même temps, par l'effort de leurs bras, des jeunes
[gens choisis[a]
570   Portaient ton poids divin ! Ainsi Memphis a coutume
[de promener
Ses divinités en public[1]. Du sanctuaire sort
Une image certes petite ; mais au dessous, de nombreux
[prêtres
Vêtus de lin[b] soufflent sous le brancard dont
[on les charge :
Leur sueur atteste le dieu[c]. La rive du Nil retentit
[de sistres
575   Et la flûte égyptienne joue les rythmes de Pharos[d] ;
Apis répond par un mugissement[e] et abaisse ses cornes.
Toute la noblesse et tous les enfants du Tibre et
[du Latium
Célèbrent en foule ta fête ; en un s'assemble[f]
Tout ce qu'il y avait de grands au monde, à qui
[ton père ou toi
580   Aviez donné des honneurs[g]. Consul, tu es entouré
[de nombreux
Consuls et tu te réjouis d'admettre à tes côtés
[les sénateurs.

a. Passage imité par Corippe dans son évocation des jeunes gens
qui portent le siège 'divin' de Justin II (*Iust.* 4,227-30) : *diualis
sella… / electi iuuenes.*

b. Les prêtres égyptiens d'Isis portaient du lin : Ou. *Met.*1,747 ;
Iuu. 6,533. De nombreux mss. ont banalisé *liniger* en *laniger.*

c. Le poids, sans rapport avec la petitesse de la statue, atteste la
divinité ; cf. pour Honorius *sidereum onus* au v. 570 et *grauior* au
v. 585.

d. Le sistre et la flûte servaient au culte d'Isis : Tib. 1,3,23-24 ;
Apul. *Met.* 11,9.

e. Apis, taureau sacré de Memphis, était l'image de l'âme d'Osi-
ris : Plutarque *Is. et Osir.* 20,29 et 43. *Admugire* (cf. *Rapt.* 3,433) est
un verbe créé par Ovide (*Ars* 1,279) et repris par Aur. Vict. *Orig.* 7,3
et Orient. 1,178.

f. Insistance significative sur l'unité des grands, et en particulier
du Sénat (v. 581 et 583) autour d'Honorius (et de Stilicon) : voir
intr. *Contexte historique.*

g. La clausule *auctor honoris* est empruntée à Ou. *Met.* 10,214.

obnixisque simul pubes electa lacertis
sidereum gestaret onus ! Sic numina Memphis   570
in uulgus proferre solet ; penetralibus exit
effigies, breuis illa quidem ; sed plurimus infra
liniger inposito suspirat uecte sacerdos
testatus sudore deum ; Nilotica sistris
ripa sonat Phariosque modos Aegyptia ducit   575
tibia ; submissis admugit cornibus Apis.
Omnis nobilitas, omnis tua sacra frequentat
T<h>ybridis et Latii *sub*oles ; conuenit in unum
quidquid in orbe fuit procerum, quibus auctor honoris
uel tu uel genitor. Numeroso consule consul   580
cingeris et socios gaudes admittere patres.

569 Obnexis- *Lp.c.* ǁ **570** gesterat *P₂a.c.* ǁ memph[-f-]is (*F₃p.c. exc. Fl. Ise mg.*) : nymphis *Vic Ise* ǁ **571** proferre (*P₆mg.*) : pr(a)estare *P₆* ǁ gestare *K* ǁ **572** effugies *F₅a.c.* ǁ quidem : qu(a)e *P₆a.c.* ǁ intra *F₅* ǁ **573** liniger *P₂a.c.* g ? *a.c.KP₆a.c.F₅u.l. Pa.c. Ise* : lan- *cett. Vic* ǁ inposito *gP₂* : -a *KP₆F₃F₅a.c.J L F₂P Ise* et posita *F₅p.c.N Vic* ǁ suspirat (*P₂a.c.*) : -ans *P₂p.c.JN Vic Ise* ǁ uecte *gP₂a.c.* : ueste *P₂p.c.Ku.l.P₆F₃F₅p.c.JN L F₂P Vic Ise* uoce *KF₅a.c.* ǁ sacerdas *F₅a.c.* ǁ **574** testatus *P₂a.c.gF₃p.c.F₅ L* : -ur *F₃a.c. cett. Vic Ise* ǁ deum (*P₆a.c. Lp.c.*) : -am *P₆p.c.* ǁ nilitica *F₅a.c.Na.c.* ǁ sistris (*exc. Fl.*) : ripis *Vic* ǁ **575** pharios- : uarios- *Vic Ise* ǁ ducit *P₂p.c.* ǁ **576** adiungit *P₂* ǁ alpis *P₂a.c.P₆a.c. Pa.c.* ǁ **577** omnis tua : tuaque omnia *N* ǁ sacra : castra *P₆* ǁ frequentant *P₂p.c.F₅N* ǁ **578** Tybridis *KF₃ L F₂* ti- *cett.* tigridis *F₂u.l.* ǁ soboles *codd. Vic exc. Fl.†Ise* ǁ **579** in ore *F₅a.c.* ǁ auctor (*exc. Fl.*) : actor *gKP₆a.c.F₅ P* ǁ **580** *ante* numeroso *del.* in *F₂* ǁ **581** gaudet *P₆a.c.*

T'ont escorté le Tage à l'illustre postérité, la Gaule[1]
Avec ses doctes citoyens et Rome avec tout son Sénat.
De jeunes hommes sur leur cou portent ton siège d'or[2]
585   Et une nouvelle parure alourdit ta divinité.
                          [Des pierreries indiennes
Hérissent ton habit ; par les émeraudes verdoie
Le tissu de fils précieux[3] ; on y voit l'améthyste[a]
                          [et l'éclat ibérique
Nuance de ses feux secrets le violet de l'hyacinthe.
En une telle étoffe une grâce trop brute[b] était
                          [insuffisante ;
590   L'aiguille augmente sa valeur et, brodé de métaux[4],
L'ouvrage vit ; son portrait est orné de nombreux
                          [jaspes ;
Sous des aspects divers, la baie de Nérée y respire[c].
Quelle ambitieuse quenouille a pu assouplir sous
                          [les doigts
Pareille dureté ? Ou par l'adresse de quel peigne[d]
595   De robustes métiers[e] ont tissé ces fils de joyaux ?
Qui a fouillé les nappes sans accès du gouffre chaud
Et pénétré dans le sein de Téthys ? Qui, parmi
                          [les sables brûlants,
A cherché le germe produit par l'algue riche[f] ?

a. Prisc. *Perieg.* 1022 a repris le groupe *amethystus inest* en même position métrique.

b. La grâce de la matière première non travaillée.

c. Périphrase pour désigner les perles de la mer Rouge (cf. v. 597-8 et 600). *Spirat* (e.g. Verg. *Aen.* 6,847 *spirantia… aera*) : *enargeia*.

d. *Rapt.* 3,156 *pectinis artes* (fin de vers).

e. Comme Barr, je donne à *tela* le sens de 'métier à tisser'. Fargues (*ad loc.*, p. 78) comprend : "des tissus ont reçu en eux des fils formés de pierres précieuses".

f. Auson. *Mos.* 69-70 *cum uirides algas… et albentes concharum germina bacas* ; cf. *Ruf.* 1,387 et *c. min.* 29,15.

Illustri te prole Tagus, te Gallia doctis
ciuibus et toto stipauit Roma senatu.
Portatur iuuenum ceruicibus aurea sedes
ornatuque nouo grauior deus. Asperat Indus   585
uelamenta lapis pretiosaque fila smaragdis
ducta uirent ; amethystus inest et fulgor Hiberus
temperat arcanis <h>yacint<h>i caerula flammis.
Nec rudis in tali suffecit gratia textu ;
auget acus meritum picturatumque metallis   590
uiuit opus ; multaque ornatur iaspide uultus
et uariis spirat Nereia baca figuris.
Quae tantum potuit digitis mollire rigorem
ambitiosa colus ? Vel cuius pectinis arte
traxerunt solidae gemmarum stamina telae ?   595
Inuia quis calidi scrutatus stagna profundi
Tethyos inuasit gremium ? Quis diuitis algae
germina flagrantes inter quaesiuit harenas ?

582 Illustris *L* ‖ te : tunc *L* ‖ **585** Ornatu- (*exc. Fl.*) : Ornatus- *Vic* ‖
nouo : tuo *Ka.c.* ‖ deus grauior $F_5a.c.$ ‖ deus ($P_6p.c.$) : dens *N exc.
Fl.* ‖ assparat $F_5a.c.$ ‖ **586** preciosis P_6 ‖ smaragdis (*exc. Fl.*†) :
maragdis *P* ‖ **587** Ducta : structa *Pu.l.* ‖ nitent F_5 ‖ amet(h)i(s)tus
codd. ‖ inest *om.* *K* ‖ fulgur $P_2p.c.$? F_5 ‖ hiberus *om.* $P_2a.c.$ ‖ **588**
iacin(c)ti *codd.* ‖ **589** talis in rudi $F_3a.c.$ ‖ sulfecit $P_6a.c.$ sufficecit
$F_5a.c.$ ‖ texu P_2 ‖ **590** Augit *Pa.c.* ‖ picturarum- *N L* ‖ **591** *om.* *P*
add. mg. ‖ multaque ornatur KP_6F_5 $F_2p.c.$: m. ornantur $P_2p.c.$
$gp.c.F_3J$ $F_2a.c.$ *Vic Ise* m. orantur $P_2a.c.$ m. ortatur *N* m. (h)oneratur
L Pmg. multa remorantur *exc. Fl.* ‖ cultus *Lp.c.* ‖ **592** nereida $P_6a.c.$
Vic ‖ bac(ch)a : bacta *Pa.c.* bracta *Pp.c.* ‖ **594** ambitiosa : ingeniosa
$P_2s.l.$ ‖ cuius (*exc. Fl.*) : quoius *Vic* ‖ pectinis $P_2p.c.$ ‖ **595** traxerunt
($P_2p.c.$ *Lp.c.*) : tex- KF_5 ‖ stamina ($F_2a.c.$) : fla- $P_6mg.F_5u.l.$ $F_2p.c.P$ ‖
tede F_5 ‖ **596** inuida F_5 ‖ callidi *Ja.c.* ‖ sta(n)gna : regna *K* ‖ **597**
t(h)et(h)ios *codd.* ‖ inuasit *om.* $F_3a.c.$ inuassi *Pa.c.* ‖ **598** germina
($P_6u.l.$) : gra- P_6F_3 *L* $F_2a.c.$ ‖ flagrantis $P_6a.c.$ fraglantes F_5
fla(glantes) $F_5u.l.$ ‖ harenis $P_2a.c.$

Qui a uni les pierres à la pourpre[a] ? Qui mélangea
[les feux

600   De la mer Rouge et de Sidon ? Les Phéniciens
[ont apporté
Leur couleur, les Sères leurs fils et l'Hydaspe son poids.
Si tu marchais dans cet habit par les villes de Méonie[b],
À toi la Lydie offrirait le thyrse avec ses pampres[1],
À toi, Nysa[c] ses chœurs ; les orgies de Bacchus[d]
[ne sauraient plus

605   Pour qui être en furie[e] ; et les tigres câlins passeraient
[sous les chaînes.
Tel, recouvert de la nébride aux gemmes d'Érythrée[f],
Liber conduit son char et courbe sous son joug d'ivoire
Les cous de la Caspienne[g]. Autour, Satyres et Ménades,
La chevelure libre, attachent les Indiens avec le lierre
[victorieux ;

610   Et le Gange enivré est voilé de sarments hostiles[h].
    Vois[i] : bientôt, sous les cris, le tribunal a retenti de joie
Quand tu ouvrais tes quatrièmes fastes[2]. La Liberté
[se joue

a. La trabée consulaire était teinte de pourpre : Sidon. *Epist.* 8,6.
Mêmes effets de couleurs chez Tib. 3,3,17-18 et 2,4,27-28. Sur la
soie des Sères, voir *Ol.* 179-180 et *3 cons.* 211 et n. compl. correspon-
dantes. L'Hydaspe désigne par métonymie l'Inde d'où viennent les
lourdes gemmes (*Ol.* 80 ; *3 cons.* 4 et note a).

b. La Méonie est l'ancien nom de la Lydie (Plin. *Nat.* 5,30).

c. Lieu légendaire, diversement situé, où Bacchus avait été élevé
par les nymphes (e.g. Verg. *Aen.* 6,805).

d. Même clausule *orgia Bacchi* chez Avien. *Orb. terr.* 752.

e. De façon analogue, Capanée avait dit à Eunée, prêtre de Bacchus (Stat. *Theb.* 7,679) : *Cui furis.*

f. Passage imité par Sidoine, à propos d'une Bassaride *maculis
Erythraeae nebridos horrens* (*Carm.* 5,497). La nébride (peau de faon)
est associée au culte de Bacchus : Euripide *Bacch.* 24.

g. C'est-à-dire "les cous des tigres de Caspienne" (ou d'Hyrca-
nie) : *Rapt.* 3,105 *Caspia tigris.*

h. Représentation analogue du Gange captif dans le triomphe
de Bacchus chez Sidon. *Carm.* 22,41 sqq.

i. Cf. v. 428 et 430, rapprochement qui confirme la leçon la
mieux attestée.

Quis iunxit lapides ostro ? Quis miscuit ignes
Sidonii Rubrique maris ? Tribuere colorem   600
Phoenices, Seres subtegmina, pondus Hydaspes.
Hoc si Maeonias cinctu graderere per urbes,
in te pampineos proferret Lydia thyrsos,
in te Nysa choros ; dubitarent orgia Bacchi,
cui furerent ; irent blandae sub uincula tigres.   605
Talis Erythraeis intextus nebrida gemmis
Liber agit currus et Caspia flectit eburnis
colla iugis ; Satyri circum crinemque solutae
Maenades adstringunt hederis uictricibus Indos ;
ebrius hostili uelatur palmite Ganges.   610
          Aspice : mox laetum sonuit clamore tribunal
te fastos ineunte quater. Sollemnia ludit

599 Qui *Pa.c.* || iunxit (*P₂p.c.P₆mg.*) : uincxit *P₆* || **600** colorem *om.*
P₂a.c. || **601** subtemina seres *P₆a.c.* || pondus : -tus *P₂* pondera *Na.c.*
|| **602** H(a)ec *P₆a.c.* || meonidas *F₂P* || cinctu *F₅N L Vic Ise*: cum tu
P uultu *cett. exc. Fl.* || graderere (*P₆mg. exc. Fl.*) : -dere *P₆ Vic* ||
603 proferret : prae- *Vgol* trans- *F₅ F₂ exc. Fl. exc. Gyr. Ise mg.* trans-
ferre *P₂* || 604-5 *om. P₆a.c.* || **604** *in ras. P₂* || in te nysa *gp.c. exc. Fl.
exc. Gyr. Ise* : in te nisa *codd.* in te uisa *Vic* intensa *F₂a.c.* || choros : -r
F₅a.c. cohors *P₆a.c.* || dubitassent *gKP₆ F₂P exc. Fl.* || **605** irent *om.
Pa.c.* || **606** eri(c)t(hr)eis *codd.* cum uitreis *N* enim uariis *g* aristeis
F₅a.c. || intexitus *P₂a.c.* || **607** caspida *F₅a.c.* || **608** Cola *P₂* || saturi
P₂a.c. satira *Pa.c.* || crinem circum *P₆a.c.* || solut(a)e : uolupte *P₆* ||
609 abstringunt *P₂* || uictricibus : -toribus *g* nutricibus *Pa.c.* uirenti-
bus *P₆mg.* || **610** pamine *F₃a.c.* || **611** aspice (*Ka.c.*) : aus- *Kp.c. exc.
Fl.* || **612** fastos : fasces *L*

Du rituel augure et notre loi célèbre une coutume
Qui remonte à Vindex : libéré du joug de son maître,
615 Un esclave est conduit et repart rassuré par un coup
[agréable.
Son front touché, sa triste condition s'en va
Et ses joues ont rougi pour faire un citoyen ; promis
[par vœu,
L'heureux outrage a écarté les verges de son dos.

L'État de Romulus peut espérer des temps heureux
620 Qui viendront pour ton nom. Les exemples passés
Sont garantie pour l'avenir : chaque fois qu'il t'a mis
En tête de l'année, ton père a reçu des lauriers[1].
Les Gruthunges naguère, osant traverser le Danube,
Ont abattu un bois pour faire des canots[a]. Trois mille
[barques d'aulne
625 Pleines d'escadrons monstrueux s'élançaient à travers
[le fleuve.
Leur chef était Odothéus. Les efforts d'une telle flotte,
Le début de ta vie et ta première année les ont brisés :
Submergés, les radeaux sombrèrent ; jamais plus
[largement
Des cadavres flottants n'ont repu les poissons arctiques
630 Et Peucé[b] se charge de corps. Bien qu'elle coule
[par cinq bouches,
L'onde aura eu du mal à pousser le sang des barbares[c].
Ton père reconnut qu'il te devait les dépouilles opimes

a. Début de vers inspiré par Lucan. 1,306 : *in classem cadit omne nemus.* Zos. 4,38,5 ne mentionne pas le chiffre de 3000.

b. Ile à l'embouchure du Danube, patrie d'Alaric (*6 cons.* 105-6). Hérodote (4,47) attribue cinq bouches au Danube ; Pline (*Nat.* 4,12), six.

c. Ménandre conseille aux panégyristes de telles hyperboles (Spengel 3,374) ; mais Zos. 4,39,3 brosse un tableau analogue.

omina Libertas ; deductum Vindice morem
lex celebrat, famulusque iugo laxatus [h]erili
ducitur et grato remeat securior ictu.   615
Tristis condicio pulsata fronte recedit.
In ciuem rubuere genae, tergoque remouit
uerbera promissi felix iniuria uoti.
       Prospera Romuleis sperantur tempora rebus
in nomen uentura tuum. Praemissa futuris   620
dant exempla fidem : quotiens te cursibus aeui
praefecit, totiens accessit laurea patri.
Ausi Danubium quondam tranare Gruthungi
in lintres fregere nemus ; ter mille ruebant
per fluuium plenae cuneis inmanibus alni.   625
Dux Odotheus erat. Tantae conamina classis
incipiens aetas et primus contudit annus :
submersae cecidere rates ; fluitantia numquam
largius Arctoos pauere cadauera pisces ;
corporibus premitur Peuce ; per quinque recurrens   630
[h]ostia barbaricos uix egerit unda cruores,
confessusque parens Odothei regis opima

613 omina (*P₆u.l. exc. Fl.*) : omnia *P₂P₆F₅a.c. L Vic Ise* || uindice : pol-
lice *Ka.c.* || **614** famulusque : seruusque *F₅* famulus *Na.c.* || laxatus
P₂a.c.gF₃J L F₂a.c.P Vic Ise : -r *N F₃p.c.* lassatus *P₃p.c.KF₃* lapsatus *P₆* ||
erili *exc. Fl.* : h- *cett.* || **616** fonte *Pa.c.* || **617** Inque uicem *g* || gen(a)e
om. N || **618** Verbera *P₂p.c.* || permissi *P₂gKJu.l. exc. Fl.* || **619** spernan-
tur *F₃a.c.* || tempora : secula *K* || **621** fides *P₆a.c.* || **622** accessit
(*F₅u.l.*) : successit *F₅* || **623** tranare (*exc. Fl.*) : transnare *KP₆N L Pp.c.
Vic Ise* transnate *Pa.c.* || gruthungi *g exc. Gyr.* : -tungi *L Pp.c. exc. Fl.*
-thongi *K* -tunghui *exc. Fl.* -tunni *F₃ Vic Ise mg.* grot(h)un[-mp-]ni
P₂F₅ F₂ grotongi *Pp.c.J* grotonni *N* Gothunni *Ise* || **624** lintres : ly- *exc.
Fl.* lintris *P₂a.c.P₆a.c. P* limites *N* || nemus : naues *N* || ter (*exc. Fl. Ise
mg.*) : tibi *F₃N F₂P Vic Ise* cum *K* || ruebant : rube- *exc. Fl.* rude- *P₂* ||
625 cuneis *P₆p.c.* || **626** edotheus *P₆p.c.F₃J* otho- *L* || tant(a)e : nam te
Pa.c. || conamina *P₆p.c. Pp.c.* || classis (*Pa.c.*) : -i *Pp.c.* || **627** contudit :
-lit *P₂KP₆a.c.F₅a.c.Ju.l. F₂a.c.P* concutit *Ise* || annis *Pa.c.* || **628** Sub-
mers(sa)e (*F₃u.l.*) : Summ. *exc. Fl.* Sumerse *P* Submense *P₂a.c.* Sub-
strate *F₃p.c.* substracte *F₃a.c.* || cecidere *P₆u.l.F₃F₅ L F₂p.c.P* : sedere
P₂gKP₂JN F₂a.c. Vic Ise || **629** largius (*Ju.l.*) : longius *J* || piscis *P₂* ||
630 peucen *L* petice *Pa.c.* || **631** hostia *codd. Vic* || **632** ante parens
del. premens *F₅* || edothei *F₅J Lp.c.* || opina *P₂a.c.*

Et le butin du roi Odothéus. Une seconde fois sous
[tes auspices[a],
Tu finis la guerre civile. Que le monde te doive
635   Et le sort fatal aux Gruthunges et la défaite d'un tyran :
Sous ton consulat, l'Hister a poussé des montagnes
[[flots] de sang
[Sous ton consulat, ton père a forcé les montagnes
[des Alpes][b].
Mais si jadis tu as été l'auteur des succès de
[ton père,
À cette heure c'est toi qui le seras pour toi[c].
[Les triomphes sans cesse
640   Sont venus avec la trabée : la Victoire suit les faisceaux.
Sois, je t'en prie, toujours consul et dépasse le nombre
De Marius et d'Auguste à la longue vie[d]. Quelles joies
[pour le monde[e]
Quand un duvet commencera à serpenter sur
[ton visage,

a. L'expression *secundis auspiciis* signifie d'ordinaire 'des auspices favorables' (Cic. *Diu.* 1,27) ; mais Claudien joue ici sur le sens
de *secundis*, puisqu'il évoque le *second* consulat d'Honorius en 394.
b. L'intégration de l'*Ise* peut s'expliquer par un saut du même au
même, mais aussi par le souci rhétorique [d'un lecteur de Claudien !]
de reprendre en conclusion les deux victoires remportées sous les
auspices d'Honorius. Heinsius (1650, *ad loc.*) avait déjà athétisé cette
intégration pour sa faiblesse poétique : elle escamote l'image *sanguineos montes*. Claudien insiste sur la victoire du Danube parce qu'il a
abondamment parlé de celle du Frigidus en *3 cons.* 87 sqq.
c. Discrète suggestion d'une victoire à venir sur Gildon… mais
silence significatif sur le troisième consulat d'Honorius en 396 !
d. Marius a été sept fois consul, Auguste treize fois (on ne parle
pas des 17 consulats de Domitien !). Thème analogue chez Auson.
Grat. act. 25 à partir de Tac. *Ann.* 1,9,2 : *desidero ut… septem C. Marii
et cognominis tui Augusti tredecim consulatus unus aequiperes.*
e. Prud. *Cath.* 11,57 dira à propos de la naissance du Christ : *O
quanta rerum gaudia.*

rettulit exuuiasque tibi. Ciuile secundis
conficis auspiciis bellum. Tibi debeat orbis
fata Gruthungorum debellatumque tyrannum :   635
Hister sanguineos egit te consule [fluctus ;
Alpinos genitor rupit te consule] montes.
     Sed patriis olim fueras successibus auctor,
nunc eris ipse tuis. Semper uenere triumphi
cum trabeis sequiturque tuos Victoria fasces.   640
Sis, precor, assiduus consul Mariique relinquas
et senis Augusti numerum. Quae gaudia mundi,
per tua lanugo cum serpere coeperit ora,

---

633 rettulit $P_2 p.c.g$? $p.c.J$ $F_2 Pp.c.$ *Vic Ise*: retulit *cett.* || -que *om.* $F_3 a.c.$
|| c. secundis : quod debeat orbis *N* || **634** tibi debeat : deliberat *N*
|| **635** fata (*exc. Fl.*) : facta *Vic* || grutungorum *L exc. Fl.* -tong- *K P*
-(n)tunn- F_3 *Vic Ise mg.* grothung- F_2 grotong- *PJ* grotun[-mp-]n-
$P_2 F_5$ grotonn- *N* Gothunn- *Ise* || debellatam- *Pa.c.* || **636-7** fluctus -
consule *add. Ise om. cett.* || **638** patriis $P_4 p.c.$ *Pp.c.* ? || fuerat *P* ||
actor $P_2 g a.c.P_6$ || **639** Nunc (*exc. Fl.*) : Non *Vic* || eris ($F_2 u.l.$ *exc. Fl.*) :
-it $g a.c.P_6 a.c.$ *L* $F_2 P$ *Vic* || ille *L* || tuus $P_2 u.l.P_6 a.c.$ *P* || **640** sequi-
turque : sequuntur $P_6 a.c.$ || uictorias $F_5 a.c.$ || **641** assiduus (*exc. Fl.*) :
-e *Vic Ise* || relinques $P_2 a.c.P_6$ -ens *g* ? *a.c.* *P* || **642** gaudia : candida
$P_6 a.c.$ || mundo *N exc. Fl.* || **643** lanigo *Ka.c.* || serpere : crescere F_3

Quand la Nuit pour toi paranymphe[a] offrira
                    [les torches de fête[b] !
645   Qui est vouée à une telle couche, quelle reine éclatante
Dans la pourpre se donnera aux étreintes d'un tel mari ?
Qui deviendra la bru de tant de dieux, pour recevoir
                    [en dot
La mer entière avec toutes les terres ? Quel hyménée
                    [sera porté
En même temps jusqu'aux limites du Zéphyre
                    [et celles de l'Eurus ?
650   Ah ! s'il m'était permis de chanter le chant nuptial
Devant ta chambre et de te dire déjà père[c] !
Un temps viendra où toi, victorieux au delà
                    [des bouches du Rhin[d],
Et Arcadius, chargé de butin par la prise de Babylone[e],
Marquerez ensemble l'année par une plus grande
                    [trabée ;
655   Et le Suève chevelu suera sous tes faisceaux,
Alors que Bactres l'ultime[f] aura peur des haches
                    [de ton frère[g].

a. Expression analogue en grec chez Musée 283.

b. Annonce du mariage d'Honorius, que Stilicon venait de décider pour affermir sa position (voir intr., Contexte historique) et que Claudien chantera (*Nupt.* et *Fesc.*). Mais c'est à dessein que le nom *Maria* n'est pas encore prononcé (faut-il, avec Birt p. XXXII n. 4, supposer que la répétition des syllabes *mari* aux v. 641, 646 et 648 suggère ce nom ?) : il ne faut pas laisser penser que Stilicon, pressé, a tout arrangé.

c. Claudien ne pouvait prévoir qu'Honorius n'aurait jamais d'enfant (Zos. 5,28).

d. Ou. *Met.* 9,774 *septem digestum in cornua Nilum* (cf. *Nupt.* 51).

e. Verg. *Aen.* 1,289 à propos d'Auguste : *spoliis Orientis onustum.*

f. Verg. *Aen.* 8,687-8 *ultima... Bactra* (cf. Stat. *Silu.* 4,1,40-41). Bactres est présentée comme la ville la plus lointaine.

g. *Versus aureus* conclusif. Comme à la fin de *3 cons.* (v. 201-11), mais dans un contexte politique plus tendu, Claudien souhaite le succès des deux frères sous les auspices d'un consulat partagé (*toga*, v. 654 = *trabea* = *consulatus* ; *fasce*, v. 655 ; *secures*, v. 656), chacun au delà de ses frontières. Mais il ne parle pas des consulats communs de 394 et 396. Sidoine termine le panégyrique de Majorien (*Carm.* 5,603) par *exarmata tuum circumstent Bactra tribunal.*

cum tibi prodiderit festas Nox pronuba taedas !
quae tali deuota t[h]oro, quae murice fulgens   645
ibit in amplexus tanti regina mariti ?
Quaenam tot diuis ueniet nurus, omnibus aruis
et toto dotanda mari ? Quantusque feretur
idem per Zephyri metas hymenaeus et Euri !
O mihi si liceat thalamis intendere carmen   650
conubiale tuis, si te iam dicere patrem !
Tempus erit, cum tu trans Rheni cornua uictor,
Arcadius captae spoliis Babylonis onustus
communem maiore toga signabitis annum :
crinitusque tuo sudabit fasce Sueuus,   655
ultima fraternas horrebunt Bactra secures.

644 prodiderit : protulerit $gP_6u.l.$ *exc. Fl. exc. Gyr. Ise mg.* ‖ uox F_3 ?
mox $F_2a.c.$ ‖ pronuba : improba $F_5a.c.$ ‖ **645** deuota (*exc. Fl.*) : -o
Pa.c. donata *Vic Ise* ‖ thoro *codd.* ‖ **647** diuis : diuius $P_2a.c.$ diues
$F_5a.c.$ ‖ nurus *Jp.c.* ‖ **648** toto : tanto N ‖ dotanda ($Ku.l.F_5u.l. Ps.l.$) :
donanda $P_2KP_6F_5$ P *exc. Fl.* dotata N ‖ amari $Ka.c.$ ‖ quantusue K
‖ **649** Idee N ‖ **650** licea $F_5a.c.$ ‖ intendere : inducere g ‖ **652** trans
$P_6p.c.$ ‖ **653** capt(a)e spoliis : capite s. *Ja.c.* uicte populis F_5 ‖
baby[-i-]lonis ($F_5s.l.$) : -os F_5 *Pa.c.* bibilonos F_2 ? *a.c.* -nidos $P_6a.c.$ ‖
654 maiore : meliore $F_5s.l.$ *Ise mg.* ‖ signabitis $F_5p.c.$ ‖ **655** sudabit :
signabit $P_2u.l.$ ‖ sueuus *exc. Fl.*† *exc. Gyr.* : lieus $P_2u.l.KN$ L $F_2a.c.Pp.c.$
libeus $P_6p.c.J$ $F_2p.c.$ lybeus P_2 liebus $P_2s.l.P_6a.c.F_3F_5$ *Pa.c.* ‖ **656** fraternas *Jp.c.* ‖ bracta N
explicit Panegyricus de quarto consulatu .DN. Honorio A. *exc. Fl.*

ÉPITHALAME POUR LES NOCES

DE L'EMPEREUR HONORIUS

(carm. 9-10)

ANALYSE

Selon son habitude (cf. *3 cons.*, analyse), Claudien introduit l'épithalame par une préface en distiques élégiaques, qui répond aux préceptes des rhéteurs, puisque, selon Ménandre (Spengel 3, 400), le *prooemium* d'un épithalame peut commencer ainsi : quand Dionysos épousa Ariane, Apollon était là et joua de la lyre ; ou bien, au mariage de Pélée, les dieux étaient présents avec les Muses ; chacun donna un présent, l'un un cadeau, l'autre joua de la lyre, l'une des Muses joua de la flûte, une autre chanta et Hermès annonça le mariage ; je vois ici la même situation : quelques uns sautent, d'autres crient de joie, et moi, je chante le mariage. C'est précisément cette topique que développe ici Claudien. Comme le lien entre cette préface et le mariage est évident, il ne juge pas utile, comme dans d'autres préfaces, de faire suivre la partie narrative d'une partie explicative. Au lecteur d'interpréter lui-même un récit mythologique qui se développe en deux temps : les noces de Thétis et Pélée et l'intervention de Terpsichore (v. 1-14) ; le chant d'Apollon (v. 15-22).

L'épithalame, hexamétrique dans la tradition de Stace (*silu.* 1,2), comprend sept tableaux. En guise de *prooemium*, Claudien décrit la maladie d'amour d'Honorius (v. 1-48) : peinture de sa passion amou-

reuse comme une maladie (v. 1-19) ; sa plainte inté-
rieure (v. 20-46) et une transition vers le second
tableau (v. 46-48).

L'*ekphrasis* de la demeure de Vénus à Chypre
constitue ce deuxième tableau : son domaine, *locus
amoenus*, avec les deux sources où Cupidon trempe
ses flèches, les Amours et les divinités liées à la passion amoureuse (v. 49-85) ; le palais construit par
son mari Vulcain, avec son jardin intérieur (v. 85-
96).

Cupidon s'y rend pour informer sa mère Vénus
qu'Honorius est tombé sous la puissance d'Amour
et il la prie de venir le marier avec celle qu'il aime,
Marie ; Vénus demande qu'on fasse venir Triton
pour la transporter (v. 97-134 : première scène de
Vénus).

Triton retrouvé, le cortège marin de Vénus
s'ébranle : la déesse se blottit sur le dos arqué de
Triton ; la suivent les chœurs des Amours, les dieux
marins et toutes les Néréides, montées sur divers
monstres aquatiques, qui se chargent des richesses
de la mer ; Vénus les incite à les porter à Marie en
signe d'allégeance (v. 135-79).

Cinquième tableau, l'arrivée de Vénus à Milan
(v. 180-228) : par son *aduentus*, elle apporte sérénité
et liesse, et elle invite ses compagnons à remplacer
la cruauté de la guerre par l'allégresse de la fête.

Vénus arrive au milieu d'un docte entretien entre
Marie et sa mère Sérène qui lui enseigne les littéra-
tures latine et grecque ; elle admire la beauté de la
jeune promise (v. 229-50) et l'incite à épouser
Honorius en reprenant le diadème dont elle est
digne (v. 251-81) ; puis elle ajuste sa parure nuptiale, tandis que le prince s'impatiente (v. 282-94).

La conclusion revient aux soldats, qui font le
panégyrique du beau-père Stilicon, comme général
et comme homme d'état, en formant des vœux

pour son fils Eucherius, son autre fille Thermantie et pour le petit-fils (Honoriades) dont on espère la venue (v. 295-341).

L'épithalame de Claudien sera imité dans l'antiquité tardive, en particulier par Sidoine Apollinaire (épithalame de Ruricius et Ibérie, *carm.* 9-10) et Venance Fortunat (épithalame de Sigisbert et Brunehilde en 566, *carm.* 6,1) : voir Frings 1975, p. 12-15. Les v. 21-22 de la *Praefatio* ont pu influencer l'*Epithalamium* de Spenser : voir W. Clemen, *Spensers Epithalamium*, Bayer. Akad. d. Wiss. phil.-hist. Kl. 1964, cahier 8, p. 33 et note 2.

BIBLIOGRAPHIE SOMMAIRE
SUR L'ÉPITHALAME DANS L'ANTIQUITÉ

C. Morelli, « L'epitalamio nella tarda poesia latina », *SIFC* 18, 1910, p. 319-432.

E.A. Mangelsdorff, *Das lyrische Hochzeitsgedicht bei den Griechen und Römern*, Diss. Giessen, Hamburg 1913.

A.L. Wheeler, « Tradition in the Epithalamium », *AJPh* 51,3, 1930, p. 205-223.

E.F. Wilson, « Pastoral and Epithalamium in Latin Literature », *Speculum* 23, 1948, p. 35-57.

R. Muth, « Hymenaios und Epithalamion », *WS* 67, 1954, p. 5-45.

R. Keydell, « Epithalamium », *RAC* 5, 1962, p. 927-943.

Z. Pavlovskis, « Statius and the Late Latin Epithalamia », *CPh* 60, 1965, p. 164-177.

M.A. Babin, *Epithalamia. Classical Traditions and Changing Responses*, diss. Univ. of California, Berkeley 1978.

Comme le Pélion[a] se dressait pour la noce et
                [formait une voûte[1]
Sans que sa terre à tant[b] de dieux pût donner
                [l'hospitalité[c],
Que le beau-père, dieu marin[d], et toute la troupe
                [des Sœurs
Prolongeaient à l'envi le jour par des festins,
5   Qu'à Jupiter Chiron présentait la coupe commune[2],
Mollement renversé de biais sur sa part chevaline,
Que Pénée[e] changeait en nectar la fraîcheur
                [de ses sources,
Que des vins écumeux coulaient des sommets
                [de l'Œta[f],

a. *Pelion* (forme ovidienne : *Met.* 12,513) : mont de Thessalie voisin de l'Ossa et de l'Olympe ; le paysage s'anime (*surgeret*) pour favoriser l'action. *Topos* littéraire de la description des noces : Gualandri 1968, p. 21. Comparer à cette préface Sidon. *Carm.* 10, préface de l'épithalame de Ruricius et Hiberia qui développe la même thématique.

b. Pour *tantos* au sens de *tot* (emploi fréquent chez Claudien comme en latin impérial) : Leumann, Hofmann, Szantyr II, 206.

c. L'expression *hospita terra* se lit, en ordre inverse, chez Verg. *Aen.* 3,539 à propos de l'Italie qui accueille Anchise et les Troyens.

d. Nérée, cf. Val. Fl. 1,658. Les Sœurs (de Thétis) sont les Néréides (Sil. 7,416 *turba Nereia* ; Nem. *Cyn.* 278 *omnis Nereidum turba* ; cf. Hom. *Il.* 18,39 sqq. ; Hes. *Theog.* 243 sqq. ; Apollod. 1,2,7 ; Verg. *Georg.* 4,336 sqq.) dont la présence à cette noce est attestée par Eur. *Iph. Aul.* 1054 sqq. et Quint. Smyr. 5,73 sqq.

e. Fleuve de Thessalie qui coule entre l'Olympe et l'Ossa. Les fleuves de nectar (boisson des dieux) et de vin appartiennent au mythe de l'âge d'or : Ou. *Met.* 1,111 ; Verg. *Georg.* 1,132 ; Claud. *Ruf.* 1,383-4.

f. L'Œta est la montagne qui délimite le sud de la Thessalie, à la frontière avec la Doride.

[EPITHALAMIVM DE NVPTIIS
HONORII AVGVSTI]

PRAEFATIO

Surgeret in thalamum ducto cum Pelion arcu
    nec caperet tantos hospita terra deos,
cum socer aequoreus numerosaque turba sororum
    certarent epulis continuare dies,
praeberetque Ioui communia pocula Chiron   5
    molliter obliqua parte refusus equi,
Peneus gelidos mutaret nectare fontes,
    Oetaeis fluerent spumea uina iugis,

---

proemium de nupciis pelei et tethyis propter nupcias marie et
honorii *R* Incipit prohemium siue prefacio P_6*m.a.* incipit Epithalamium de nuptiis Honorii Augusti. prefatio *exc. Fl.*

1 [ ]urgerent *Pa.c.* ‖ **2** deos : dies *Pa.c.* ‖ **3** socet P_6*a.c.* ‖ que *om.*
Pa.c. ‖ sororum (P_2*u.l.* *L in ras.*) : sonorum P_6*a.c.* F_2 deorum P_2 ‖
5 chiton *Ra.c.* ‖ **6** Mollitum *Ja.c.* ‖ **7** genidos P_6*a.c.* ‖ mutaret
(F_2*u.l.*) : misceret F_2 *Ise mg.* ‖ n. fontis P_6*a.c. exc. Fl.* nectaris amnes
Cam mg. ‖ **8** † *praefixit exc. Fl.* ‖ Oet(h)eis : Oetes *N* ‖ spuma P_6*a.c.*

De son pouce lascif, Terpsichore[a] pinça son luth
10   Docile et conduisit les chœurs gracieux[b] dans
                        [l'antre.
Ses chants n'ont pas déplu aux dieux d'en-haut
                        [ni au Tonnant,
Puisqu'ils savaient qu'aux vœux convient
                        [un rythme doux[1].

Centaures et Faunes le nient. Quels plectres
                        [pourraient infléchir
Rhétus ou émouvoir la rigueur de Pholus[c] ?
15   Pour la septième fois au ciel le jour pointait et,
                        [rallumant ses feux
Autant de fois, Hespérus[d] avait vu la fin
                        [des chœurs[2].
Alors Phébus[e], du plus noble plectrum dont
                        [il dompte les rocs

a. Terpsichore est la Muse de la danse et du chant : Plat. *Phaedr.* 259 C ; Themist. *Orat.* 21 ; Anth. Pal. 5,222 ; Ps. Auson. *Mus.* 5.

b. Prop. 2,34b,42 *ad mollis... choros* ; *Il. lat.* 881.

c. Rhoetus et Pholus sont deux centaures bien connus : Verg. *Georg.* 2,456 ; Lucan. 6,390-1. Le premier, fils d'Ixion, est cité aussi par Ou. *Met.* 12,271, 285 et 301 ; Val. Fl. 1,141 ; 3,65... Fils de Silène et d'une nymphe des frênes (Apollod. 2,5,4), Pholus est un 'bon' centaure qui trouve la mort en s'éraflant le pied avec une flèche empoisonnée d'Hercule. Sa présence, déplacée ici, surtout avec l'épithète *rigidus*, s'explique par la tradition littéraire qui le lie à Rhoetus (W. Frentz, *Mythologisches in Virgils Georgica*, Beiträge zur Klass. Phil. 21, p. 111).

d. Transposition du grec *hesperos, Hesperus* apparaît en latin chez Catull. 63,32. C'est le fils d'Aurore et d'Atlas, changé en étoile : l'étoile du soir, mentionnée dans un épithalame de Sappho.

e. Birt propose un parallèle éclairant avec Quint. Smyr. 3,100 sqq. : Apollon chante aux noces de Thétis et Pélée ; v. 103 sqq., les accents de sa lyre font accourir les peuples, les bêtes, ainsi que les monts, les fleuves et les forêts.

Ter<p>sichore facilem lasciuo pollice mouit
    barbiton et molles duxit in antra choros.   10
Carmina nec superis nec displicuere Tonanti,
    cum teneris nossent congrua uota modis.
Centauri Faunique negant ; quae flectere Rhoeton,
    quae rigidum poterant plectra mouere Pholum ?
Septima lux aderat caelo totiensque renato   15
    uiderat exactos Hesperus igne choros.
Tum Phoebus, quo saxa domat, quo pertrahit ornos,

9 T(h)ersic(h)ore *codd.* Terspicore P_2 ‖ gracilem *Ise mg.* ‖ lasciuio
Pa.c. ‖ **10** mollis P_6*a.c. Ra.c. Vic* ‖ ducit KF_5 ‖ c(h)or(h)os : chaos
F_3*a.c.* ‖ **11** superius *L* ‖ **12** tenebris P_6*a.c.* ‖ congrua (*Np.c. exc. Fl.*) :
cognita *Vic* ‖ nota P_6*a.c.* ‖ **13** At satyri f. notant *Cuia* ‖ fauni- (*exc.*
Fl.) : fami- P_6*a.c.* fauini- *Vic* ‖ rh(o)eton F_2 ? *u.l. exc. Fl.* :
r[?]hechon F_5*a.c.* Rhaeton *exc. Gyr.* rethon *N* rethum *Jmg.*
c(h)rat(h)on $P_2KP_6F_3F_5p.c.J$ *L P R Vic Ise* chaon F_2 ‖ **14** poterat *Ise* ‖
polum P_6*a.c. Pa.c.* ‖ **15** adherat *P* uderit P_6*a.c.* ‖ renato (*exc. Fl. exc.*
Gyr.) : -os P_2*u.l. R* -us P_2*u.l. P ? a.c. Vic Ise* reducto *K* ‖ **16** exhaustos
F_2 ‖ **17-22** *bis scripti in R et P* ‖ **17** Cum *K* Tunc $P_6F_5J F_2$ ‖ pertrahit
(*Pa.c. P*) : pro- $KF_3N F_2Pp.c. exc. Fl.$ ‖ ornos (*Ku.l.*) : alnos *K*

Ou entraîne les frênes[a], s'essaya[b] à la lyre ;
Sur ses cordes sacrées, il promet[c] déjà la venue
                                        [d'Achille,
20   Chante déjà les carnages phrygiens[d], déjà,
                                        [le Simoïs.
L'hyménée de bon heur a retenti sur l'Olympe
                                        [feuillu[e] ;
L'Othrys et l'Ossa[f] redisent le nom de leur reine
                                        [Thétis[g].

a. Le frêne ou orne fait partie des arbres qui suivent Orphée (Ou. *Met.* 10,101) et l'expression est presque devenue proverbiale (Stat. *Silu.* 2,7,44 *nec plectro Geticas mouebis ornos*) ; Orphée a masqué la renommée de son père Apollon (*pr. Rapt.* 2,23 sqq.).

b. L'expression habituelle est *tendere barbiton, lyram.* Faut-il, avec B. Kytzler (*Hermes* 88, 1960, p. 340) et W. Schetter (*MH* 19, 1962, p. 211) donner à *temptare* le sens d'essayer un instrument, le faire résonner sans art, le concert (v. 19-20) suivant les essais ?

c. *Spondere* signifie ici prophétiser (Val. Fl. 3,504 ; 6,117), mais avec un sens plus fort que *canere*: Apollon engage son autorité. Selon Eur. *Iph. Aul.* 1064 ou Hor. *Epod.* 13,11, c'est Chiron, et non Apollon, qui a fait cette prophétie ; chez Catull. 64,328, ce sont les Parques ; chez Ou. *Met.* 10,222-3, Protée annonce l'avenir à Thétis.

d. *Phrygias = Troianas,* bien que Troie ne soit pas en Phrygie.

e. *Iunctura* virgilienne (*Georg.* 1,282) : *frondosum inuoluere Olympum*, à propos des Géants qui entassent l'Ossa sur le Pélion et l'Olympe sur l'Ossa.

f. Montagnes de Thessalie situées respectivement au sud et au nord-ouest.

g. Thétis est reine en tant qu'épouse de Pélée, roi de Phthie ou, plus généralement, de Thessalie. Mais le terme *regina* évoque Marie.

pectine temptauit nobiliore lyram ;
uenturumque sacris fidibus iam spondet Achillem,
iam Phrygias caedes, iam Simoenta canit.   20
Frondoso strepuit felix hymenaeus Olympo ;
reginam resonant Othrys et Ossa Thetim.

18 nobiliore l. *om. P'* || **19** Vinturum- *P₆a.c.* || **20** phrigias *P₂KJ F₂* frygias *R'* frigias *cett.* || sedes *F₅a.c.* cedas *Pa.c.* || simoenta *R'*: si[-y]moo[u]nta *cett.* || 20-21 iam simounta — strepuit *om. add. mg. P₆* || **21** strepuit (*P'*) : tepuit *F₂P* || olympo *exc. Fl.* : olympho *Vic* olimpo *codd.* || **22** resonet *P₂* || t(h)et(h)i[-y-]m : tethra *Pa.c.*

[Épithalame]

L'empereur avait bu les feux insolites pour lui de
                                                [la vierge promise[1] :
Il avait, débutant, brûlé d'une première[a] ardeur.
Novice, il ignorait et d'où venait cette chaleur
                                                [nouvelle
Et ce que voulaient ces soupirs : il ne savait encore
                                                [aimer.
5   Il ne se soucie plus de son cheval de chasse ou
                                                [de ses flèches[b] ;
Il ne lui plaît plus de brandir son dard :
                                                [tout son esprit s'égare
Aux traits qu'a peints[2] l'Amour. De ses entrailles,
                                                [que de fois
Un gémissement a jailli[c] ! Combien de fois
                                                [s'est embrasée sur son visage
Une rougeur qui avoue son secret et ses mains ont écrit
10 Spontanément[d] le nom heureux ! Il prépare déjà
                                                [des dons
Pour la mariée et choisit des parures splendides,
Mais moins que l'éclat de Marie : tout ce que jadis
                                                [ont porté Livie

---

a. *Primo* (*Fesc.* 1,41 *primisque… amoribus*) reprend *insolitos* et renforce *rudis* comme chez Ou. *Met.* 10,636-7 (le cœur novice d'Atalante s'éprend d'Hippomène) : « utque *rudis primoque* Cupidine tacta… » ; cf. v. 3-4 *nouus, incipiens* et *ignarus*.

b. Inversion du thème de la chasse remède à l'amour : Verg. *Ecl.* 10,55 sqq. ; Ou. *Fast.* 6,108 sqq. ; *Rem.* 199 sqq. ; sur le goût d'Honorius pour la chasse, Fo 1982, p. 256-60.

c. Même expression chez Stace pour exprimer la douleur de Polynice (*Theb.* 11,385 *erumpunt gemitus*) ou de Créon (12,71 *et gemitus tandem erupere paterni*) ; cf. Sulp. Seu. *Epist.* 2,15.

d. Cf. *Rapt.* 3,129 *iniussaeque manus… pectora tundunt*.

[EPITHALAMIVM]

Hauserat insolitos promissae uirginis ignes
Augustus primoque rudis flagrauerat aestu.
Nec nouus unde calor nec quid suspiria uellent
nouerat incipiens et adhuc ignarus amandi.
Non illi uenator equus, non spicula curae,   5
non iaculum torquere libet : mens omnis aberrat
in uultus quos pinxit Amor. Quam saepe medullis
erupit gemitus ! Quotiens incanduit ore
confessus secreta rubor nomenque beatum
iniussae scripsere manus ! Iam munera nuptae   10
praeparat et pulchros, Mariae sed luce minores,
eligit ornatus, quicquid uenerabilis olim

incipit epitalamium metro heroico *R* Incipit liber tercius de honorio P_6*mg. m.a.* liber de nuptiis honorii *Jm.a.*
1 ignis P_6*a.c.* ‖ **2** Augustus : h-que *Pa.c.* ‖ primo- F_3F_5 F_2P *R Ise* :
prono- $P_2KP_6JNp.c.$ *L* $F_2u.l.Pu.l.$ *Ru.l. Vic* prono *Na.c.* ‖ rudis : uidis
P ? *a.c.* ‖ fragrauerat P_6*a.c.* ‖ **3** Nec : Se(d) F_5*a.c.* ‖ unde : nam
P_6*a.c.* ‖ clamor *Pa.c.* ‖ nec : ne P_6*a.c.* ‖ **3-4** *commutauit* sed (*a.c.* et
p.c.) adhuc i. a. *et* nec q. s. u. F_5*a.c.* ‖ **5** equ(u)s : orius *Pa.c.* ‖ non :
nec F_3 ‖ **6** oberrat omnis *Na.c.* ‖ oberrat $P_2p.c.Kp.c.P_6p.c.N$ aberret
P_6*a.c.* ‖ **7** uultus quos ($P_6u.l.Ju.l.$) : u. quod *La.c.* uulnus quod
P_2P_6JN $F_2u.l.$ *Vic Ise mg.* ‖ pinxit $P_2u.l.KP_6$*a.c. et u.l.* $F_5Ju.l.N$ *Lp.c.*
P(del. uulnus *ante* pinxit) *R Vic* : finxit $P_6p.c.F_3p.c.$? *L* ? *a.c.* F_2 *Ise*
fixit $P_2P_6u.l.F_3$? *a.c.J exc. Gyr. Ise mg.* ‖ medullus P_6*a.c.* ‖ **8** erumpit
L eripuit *N* ‖ **9** batam P_6*a.c.* ‖ **10** Iniuss(a)e (*exc. Fl.*) : Inuiss(a)e
P_6*a.c. Vic* ‖ munera *Pp.c.* ‖ **11** Pr(a)eparat (*exc. Fl.*) : -perat *Vic* ‖
sed[-t] (*Ru.l.*) : sub *R* ‖ **12** quidquid $N F_2$ *exc. Fl.*

La vénérable et les altières brus des divins empereurs[a].
Son espoir maladif[b] improuve les retards ; dans
　　　　　　　　　　[leur longueur, les jours
15　Lui semblent s'arrêter[c], et Phébé, inactive, ne plus
　　　　　　　　　　　　[tourner sa roue.
Ainsi la vierge de Scyros qui enflammait le jeune
　　　　　　　　　　　　　　[Achille ;
Sans connaître encore sa ruse, elle instruisait
　　　　　　　　　　　　[ses mains guerrières
À étirer les fils et peignait de son pouce rose
Les cheveux thessaliens[d] devant lesquels l'Ida
　　　　　　　　　　　　[allait frémir[1].
20　En lui-même il se plaint[e] : « jusques à quand
　　　　　　　　　　　[mon beau-père honorable
Retarde-t-il mes vœux[2] ? Pourquoi diffère-t-il d'unir
　　　　　　　　　　　　　　[à moi
Celle qu'il a promise et refuse-t-il d'exaucer
　　　　　　　　　　　　[mes prières si pures ?
Moi je n'ai pas, suivant le luxe et l'usage des rois[3],
Demandé un portrait pour qu'une peinture passant
　　　　　　　　　　　　[de foyer en foyer
25　Annonce[f], entremettrice, une beauté à marier ;
Et, pour ne pas choisir de douteuses amours
　　　　　　　　　　　　[dans divers lits,

---

a. Claudien a peut-être en tête le passage de Tacite où Néron choisit pour Agrippine des parures portées par des épouses ou mères d'empereurs (*Ann.* 13,13,4).

b. Chez Sil. 9,543, la *iunctura* désigne les espérances inquiètes de Junon et Minerve pour Annibal.

c. Hor. *Epist.* 1,1,20-21 *diesque / longa uidetur...* ; cf. Stat. *Theb.* 1,315-6 ; *Silu.* 1,2,217-8.

d. Achille, fils de Pélée, est thessalien (épithète fréquente pour lui : Ou. *Trist.* 4,3,30 ; Sen. *Tro.* 181 et 326). L'Ida désigne par métonymie les Troyens.

e. Même manière d'introduire un monologue en *Ruf.* 2,11 : *haec etiam secum.*

f. Lucr. 4,1033 (*simulacra*) *nuntia praeclari uoltus pulchrique coloris.*

Liuia diuorumque nurus gessere superbae.
Incusat spes aegra moras longique uidentur
stare dies segnemque rotam non flectere Phoebe.   15
Scyria sic tenerum uirgo flammabat Achillem
fraudis adhuc expers bellatricesque docebat
ducere fila manus et, mox quos horruit Ide,
Thessalicos roseo pectebat pollice crines.
    Haec etiam queritur secum : « quonam
                  [usque uerendus   20
cunctatur mea uota socer ? Quid iungere differt
quam pepigit castasque preces inplere recusat ?
Non ego luxuriem regum moremque secutus
quaesiui uultum, thalamis ut nuntia formae
lena per innumeros iret pictura penates ;   25
nec uariis dubium thalamis lecturus amorem

13 diuorum- *Pp.c.* ‖ **14** mores *Pa.c.* ‖ **15** rotam (*Ru.l.*) : moram *R* ‖ flectere (*exc. Fl.*) : uoluere *Vic Ise* ‖ ph(o)ebe (*P₂u.l.*) : -em *F₂* -us *P₂* ‖ **16** tenerum *P₆p.c.* ‖ flammabat : cla- *Pa.c.* ‖ **17** expars *Ja.c.* ‖ bellatores- *F₅a.c.* ‖ que *om. P₆a.c.* ‖ **18** filia *F₅a.c.* ‖ quos mox *F₃* ‖ i[y-]de (*exc. Fl.*) : idem *Vic Ise* ‖ **19** t(h)essalicos roseo *KN L R exc. Fl.* : -os -os *P₆a.c.* -o -eos *Ru.l. cett.* ‖ pectebat (*Ru.l.*) : nec- *P₂u.l.P₆F₅ Pp.c. R Vic Ise* nedebat *Pa.c.* ‖ pollice *KF₅ F₂P R exc. Fl. Ise mg.* : pectine *Ku.l. F₂mg. Ru.l. cett.* ‖ crinis *P₆a.c. exc. Fl.* ‖ **20** Hoc *P₆ L ? a.c. exc. Fl. exc. Gyr.* ‖ queritur *P₂p.c.* ‖ secum *om. F₃* ‖ quondam *Ja.c.* ‖ ferendus *F₅a.c.* me- *P₆a.c.* ‖ **21** sacer *F₅a.c.* soror *P₆a.c.* ‖ differt *Np.c.* ‖ **22** preces quid *Na.c.* ‖ **23** *Rm.r.* ‖ luxuriam *F₅J Rm.r. Vic Ise* ‖ moremque : -ue *F₃* -esque *J* ‖ **24** *post* que, *Rm.r.* ‖ **25** lena (*Ru.l.*) : l(a)eua *P₆a.c. Vic Ise exc. Fl.†* plena *F₅N F₂a.c.Pp.c. R exc. Fl.† exc. Gyr.* plene *Pa.c.* ‖ *post* innu, *Rm.r.* ‖ **26** uarii *exc. Fl.* ‖ *post* tha, *Rm.r.* ‖ lecturus : e- *L* laturus *F₅a.c. P*

Je n'ai pas confié un si haut mariage à la cire[a]
[trompeuse,
Je ne me rue pas pour ravir l'épouse liée à un autre[b],
Mais celle qui, depuis longtemps, m'est promise
[et laissée
30 Par l'ordre de mon père[c] et qui, par le sang maternel
[d'une même origine,
Partage avec moi un aïeul commun[d]. Suppliant,
[j'ai quitté
Mon sommet et j'ai fait le prétendant : depuis
[le seuil sacré,
J'ai envoyé les grands[e] qui près de moi ont le pouvoir
Pour porter ma requête. Et je l'avoue, Stilicon,
[je n'ai pas demandé peu[f],
35 Mais, prince né du prince[1] qui à lui t'a uni
[comme gendre
En te donnant la fille de son frère à qui tu dois Marie,
Je le mérite assurément. Paie l'intérêt que tu dois
[à mon père[g].
Rends les siens à la cour[h]. Sa mère peut-être est
[plus tendre

a. Ou. *Met.* 9,601-2 « nec me *committere cerae* / debueram ».

b. Peut-être allusion à Auguste qui a séparé Livie de son mari alors qu'elle était enceinte de Tibère (Suet. *Aug.* 62). La clausule *foedera taedae* est empruntée à Lucain (5,766 ; 8,399).

c. Rien ne corrobore l'affirmation de Claudien.

d. Marie est la fille de Sérène, nièce (par son père Honorius) et fille adoptive de Théodose.

e. *6 cons.* 70 *Persarum proceres missi rogatum* ; cf. Phaedr. 4,7,1 sqq.

f. Burman souligne la couleur ovidienne de l'expression : *Met.* 13,16 *praemia magna peto* [-i *uar.*] *fateor* ; *Epist.* 16 [15],19 *magna quidem, sed non indebita posco*.

g. En donnant Marie, Stilicon paie la dette contractée auprès de Théodose qui lui avait offert sa nièce et fille adoptive Sérène.

h. Cf. *Fesc.* 3,5-6.

ardua commisi falsae conubia cerae,
non rapio praeceps alienae foedera taedae,
sed quae sponsa mihi pridem patrisque relicta
mandatis uno materni sanguinis ortu   30
communem partitur auum. Fastigia supplex
deposui gessique procum ; de limine sacro
oratum misi proceres qui proxima nobis
iura tenent. Fateor, Stilicho, non parua poposci,
sed certe mereor princeps hoc principe natus,   35
qui sibi te generum fraterna prole reuinxit,
cui Mariam debes. Faenus mihi solue paternum,
redde suos aulae. Mater fortasse rogari

27 commisi $P_2a.c.F_3F_5a.c.$ -issa $P_6a.c.$ ‖ falsa $P_6a.c.$ ‖ conuiuia *Pa.c.* ‖ cere *Rm.r.* ‖ **28** nec P_6 ‖ aliena $P_6a.c.$ ‖ **29** patris- (*Ra.c.*) : -iis- *Rp.c.* ‖ **30** materni uno mandatis *Ra.c.* ‖ mendatis F_3 ‖ uno : imo *P* immo *Pu.l.* ‖ sanguineis $F_3a.c.$ ‖ **31** patitur $P_6a.c.$ patietur $F_5a.c.$ partimur $P_6u.l.$ ‖ auum *Pp.c.* ‖ fastigia (*Ps.l.*) : -dia *P Ra.c.* ‖ supplex ($P_2p.c.$ *Pp.c.*) : sim- *N* ‖ **32** procul $F_5a.c.$ procunta *Pa.c.* ‖ **33** Ortatum *Na.c.* Ornatum $P_6p.c.$ Orandum F_3 ‖ missi F_3N *P* ‖ **34** fateor st. (*exc. Fl.*) : st. f. *Vic Ise* ‖ stilico *om. Ka.c.* ‖ **35** certe *om. N* ‖ hoc (*Jp.c. exc. Fl.*) : hic *Vic Ise* de *exc. Gyr.* ‖ **36** superna $P_6a.c.$ ‖ prole : mole *P* ‖ **37** f(a)enus mihi $P_6a.c.F_5a.c.$ *Ju.l. Pa.c. Ra.c.* : f(o)edus m. $P_2p.c.KP_4p.c.F_5p.c.JN$ *L* $F_2Pp.c.$ *Rp.c. Vic Ise* m. fedus $F_3u.l.$ m. pignus F_3 *om.* $P_2a.c.$ ‖ **38** tuos *N*

À ma prière. O fille de mon oncle, dont j'héritai
                               [le nom[a],
40   O sublime ornement de l'Ebre impétueux[b],
Sœur par la souche et mère par le cœur, à toi,
                            [enfant, je fus confié[c] ;
J'ai grandi sur ton sein et, hormis la naissance,
C'est toi qui fus pour moi Flacille. Et donc, pourquoi
                            [sépares-tu[d]
Tes chers enfants ? Que ne rends-tu ta fille au garçon[e]
                            [que tu as nourri ?
45   Viendra-t-il ce jour souhaité ? Cette nuit de noces
                            [me sera-t-elle
Jamais donnée ? » Par cette plainte il cherche
                            [à soulager sa plaie.
L'Amour en rit et par-dessus les mers vole
                            [tranquillement[1]
Porter le message à sa mère ; il déploie ses ailes[f],
                            [tout fier.
    Le flanc oriental de Chypre est ombragé par
                            [un mont escarpé[2]
50   Inaccessible aux pas humains, qui regarde d'en haut
                            [la couche
De Protée à Pharos[g] et les sept bras du Nil.
Ce mont, les gelées blanches n'osent pas le revêtir[3] ;

a. Le père de Sérène, frère de Théodose, s'appelait Honorius. La clausule *nominis heres* est empruntée à Ou. *Met.* 6,239 et surtout 15,819 ; cf. Prud. *c. Symm.* 1,554.

b. L'Ebre impétueux (*iunctura* empruntée à Lucain 7,15 « gentes quas *torrens* ambit *Hiberus* ») symbolise l'Espagne où est née Sérène (*Fesc.* 2,22 = 27 ; *Ser.* 69 et 114).

c. Après la mort de sa mère Flacille (386), Honorius fut confié à Sérène (*c. min.* 47,14).

d. *Ruf.* 2,237 *quid diuidis olim* ; *Eutr.* 1,281 *quid diuidis aulam.*

e. *Iuueni* vieillit volontairement Honorius qui était alors à peine *adulescens.*

f. Clausule empruntée à Mart. 13,70,1 (à propos du paon, repris par Paulus Albarus *Carm.* 4,11, PAC 3, p. 129).

g. Sur la localisation de Protée à Pharos, Hom. *Od.* 4,364 sqq.

mollior. O patrui germen, cui nominis heres
successi, sublime decus torrentis Hiberi,   40
stirpe soror, pietate parens, tibi creditus infans
inque tuo creui gremio, partuque remoto
tu potius Flacilla mihi. Quid diuidis ergo
pignora ? Quid iuueni natam non reddis alumno ?
Optatusne dies aderit ? Dabiturne iugalis   45
nox unquam ? » Tali solatur uulnera questu.
Risit Amor placideque uolat trans aequora matri
nuntius et totas iactantior explicat alas.

    Mons latus Eoum Cypri praeruptus obumbrat,
inuius humano gressu, Phariumque cubile   50
Prot[h]eos et septem despectat cornua Nili.
Hunc neque candentes audent uestire pruinae,

39 cui germen *N* ‖ **40** tormentis $F_2a.c.$ ‖ **41** creditur $P_2P_6a.c.$ ‖
42 creui $P_6p.c.$ ‖ remotu $F_5a.c.$ ‖ **43** diuitis *Na.c.* ‖ ego *Pa.c.* ‖
44 iuuenem *P* ‖ natam *om.* $P_6a.c.$ ‖ reddis F_3 F_2P R : credis *L* tradis
$P_2KP_6p.c.F_5JN$ *Vic Ise* tradas $P_6a.c.$ ‖ **45** Obtatusque *N* ‖ dabiturque
$F_5a.c.N$ -ue F_3 ‖ **46** nunquam *Vic* ‖ **47** placide- *aduerbialiter Birt* ‖
matri *Nras.* ‖ **48** lactantior *Pa.c.* ‖ alas ($P_6mg.$) : oras $P_6a.c.$ horas
$P_6p.c.$ ‖ **49** latus *bis* F_5 ‖ eoum $Ka.c.P_6mg.F_5$ *L* $F_2Pp.c.$ *R Ise* : eorum
Pa.c. i[y-]onium $P_2Kp.c.P_6F_3F_5mg.JN$ $F_2u.l.$ *Vic* ‖ cypri pr(a)eruptus *R*
Ise mg. : cypre(a)e rupis *Ru.l. cett.* ‖ **50** gressu (*Ra.c.*) : -ui $P_2u.l.$
generi *Rp.c.* ‖ Ph[f-]arium- : -ii- F_5 -rum- *Vic* ‖ **51** Protheos *codd.* ‖
despectat (*exc. Fl.*) : -ans P_2P_6JN *Vic Ise* ‖ **52** candentes : canentes F_5
Pp.c. Ra.c. caed- *exc. Fl.*†

Ce mont, les vents craignent de le heurter,
                    [les averses de le blesser.
Il s'adonne au plaisir et à Vénus. Le temps de l'année
                    [le plus rude
55   En est banni : s'y déploie la douceur d'un éternel
                    [printemps.
Son sommet s'étale en plateau ; une clôture d'or
L'entoure et défend les prairies de son fauve métal[a].
À ce qu'on dit, Mulciber[b] acheta[c] par ces murailles
Les baisers de sa femme et, bon époux[d], lui offrit
                    [cette citadelle.
60   À l'intérieur, l'éclat d'une campagne assujettie
                    [à nulle main,
Qui fleurit sans fin en se contentant de Zéphyr
                    [pour fermier[e] ;
Un bois ombreux où les oiseaux ne sont admis
Que si le jugement de la déesse approuve auparavant
                    [leur chant :
Qui a plu, jouit des rameaux ; qui a perdu, s'en va[f].
65   Les frondaisons y vivent pour Vénus[1] et les arbres
                    [féconds
S'y aiment tous entre eux : pour s'unir les palmiers
                    [balancent ;
Au choc d'un peuplier, le peuplier soupire[g] ;

a. *Fuluus* est l'une des épithètes de l'or (ThLL, s.u., 1534,43 sqq.) et désigne un jaune foncé aux reflets rouges (*Ruf.* 2,134 et n. compl. 3).

b. P. Fest. 144 M. : *Mulciber Vulcanus a molliendo scilicet ferro dictus.*

c. Expression élégiaque : Prop. 3,13,34 *oscula... empta.*

d. Emplois analogues d'*uxorius* chez Hor. *Carm.* 1,2,19-20 (le Tibre) et Verg. *Aen.* 4,266 (Énée).

e. Zéphyr(e) est le vent du printemps (*Rapt.* 2,73) ; les v. 60-61 reprennent le thème du printemps éternel (v. 55) dans la perspective de la fécondité spontanée de l'âge d'or.

f. Lucr. 3,997 (*Sisyphus in uita*) ... *uictus tristisque recedit.*

g. *Culex* 142 *fraternos plangat ne populus ictus.*

hunc uenti pulsare timent, hunc laedere nimbi.
Luxuriae Venerique uacat. Pars acrior anni
exulat ; aeterni patet indulgentia ueris.   55
In campum se fundit apex ; hunc aurea saepes
circuit et fuluo defendit prata metallo.
Mulciber, ut perhibent, his oscula coniugis emit
moenibus et tales uxorius obtulit arces.
Intus rura micant, manibus quae subdita nullis   60
perpetuum florent, Zephyro contenta colono,
umbrosumque nemus, quo non admittitur ales,
ni probet ante suos diua sub iudice cantus :
quae placuit, fruitur ramis ; quae uicta, recedit.
Viuunt in Venerem frondes omnisque uicissim   65
felix arbor amat : nutant ad mutua palmae
foedera, populeo suspirat populus ictu

53 pulsa F_5 ‖ **54** Luxuriem $P_6a.c.$ ‖ ueneri- (*Jmg. exc. Fl.*) : uentri-
$P_2u.l.Jp.c.$ *Vic* uentu- *Ja.c.* neutri- $P_6a.c.$ ‖ **55** Exultat *Pa.c.* ‖ **56** se
fundit ($P_6u.l.$) : fundit *Pa.c.* se fudit *N Vic* defundit P_6 ‖ hunc
($F_5mg.$) : huc F_5 ‖ sepis $P_6a.c.$ ‖ **57** fuluo ($P_6s.l.$) : fulno *Pa.c.* flauo
P_2KP_6JN *Vic* ‖ **58** hiis *J* ‖ emit *om. add.* P_2 ‖ **59** talis $Ka.c.P_6a.c.$ ‖ ob[-
p-]tulit : obs- *Pp.c.* abs- *Pa.c.* ‖ artes $F_3a.c.N$? arcos *Pa.c.* ‖ **60** rura
F_3 F_2P R *Ise* : prata $P_2KP_6F_3u.l.F_5JN$ L $F_2u.l.$ *Ru.l. Vic Ise mg.* ‖ nullis
om. add. P_2 illis *Pa.c.* ‖ **61** Perpetuo F_3 R perpeticum $P_6a.c.$ ‖
contempta $KF_3Ja.c.$ concepta *Pa.c.* ‖ **63** Ni : Non $P_6a.c.$ ‖ suos *Kp.c.*
‖ **64** Qu(a)e ($P_6u.l.$) : Si $P_6p.c.$ ‖ **66** ardor $F_2a.c.$ ‖ nutant (*exc. Fl.*) :
mitant *Vic* ‖ **67-68** *Rm.r.* ‖ **67** populo P_2 ‖ ictum *Pa.c.*

En sifflant[a] le platane au platane répond, et l'aulne
[à l'aulne.
S'y écoulent deux sources sœurs ; l'une est douce
[et l'autre de fiel :
70   Une infusion de poison gâte le miel[1].
Selon la légende c'est là que Cupidon arme
[ses flèches[b].
Sur la margelle jouent mille frères portant carquois[2],
De visage pareils, semblables par l'habit : la douce race
[des Amours.
Eux sont enfantés par les Nymphes, Cupidon seul
[fut mis au monde
75   Par Vénus la Dorée[3]. Il gouverne dieux, ciel et astres
Par son arc et daigne percer les plus grands rois[c].
Eux, ils frappent la plèbe[d]. Il ne manque pas
[d'autres dieux[4] :
Ici habitent la Licence (aucun lien ne l'attache),
Les Ires que l'on peut fléchir, les Veillées imbibées
80   De vin, les Larmes de novice et la Pâleur chère
[aux amants,
L'Audace qui chancelle en ses premiers larcins,
Les Craintes pleines de plaisir et l'inquiète Volupté ;
Aux vents légers[e] volent les folâtres Parjures.
Au milieu d'eux, la tête haute[f], l'impudente Jeunesse
[écarte
85   De ce bois la Vieillesse. Là-bas, le palais de Vénus[5]
Réfléchit les rayons et verdoie sous l'écran de la forêt.

    a. Cf. Théocrite [?] 27,58. Le verbe *adsibilare* semble avoir été
créé par Stace (*Theb.* 5,578) ; cf. Auson. *Mos.* 258.
    b. Ou. *Rem.* 157 *uince Cupidineas… sagittas.*
    c. Comparer Ven. Fort. 6,1,37-41.
    d. Contrairement à Barth, suivi par Frings (1975, p. 145), je ne
vois pas ici d'allusion aux deux Vénus platoniciennes (Apul.
Apol. 12), mais un sens de la hiérarchie sociale très aigu au Bas-
Empire.
    e. La leçon *uentis* est à la fois mieux attestée et plus riche de
sens : Ou. *Ars* 1,631-2 *Iuppiter ex alto periuria ridet amantum / et iubet
Aeolios inrita ferre Notos.*
    f. *Ruf.* 1,53 *Pietas alta ceruice.*

et platano platanus alnoque adsibilat alnus.
Labuntur gemini fontes, hic dulcis, amarus
alter, et infusis corrumpunt mella uenenis,   70
unde Cupidineas armari fama sagittas.
Mille pharetrati ludunt in margine fratres,
ore pares, similes habitu, gens mollis Amorum.
Hos Nymphae pariunt, illum Venus aurea solum
edidit. Ille deos caelumque et sidera cornu   75
temperat et summos dignatur figere reges ;
hi plebem feriunt. Nec cetera numina desunt :
hic habitat nullo constricta Licentia nodo
et flecti faciles Irae uinoque madentes
Excubiae Lacrimaeque rudes et gratus amantum   80
Pallor et in primis titubans Audacia furtis
i*uc*undique Metus et non secura Voluptas ;
et lasciua uolant leuibus Periuria uentis.
Quos inter petulans alta ceruice Iuuentas
excludit Senium luco. Procul atria diuae   85
permutant radios siluaque obstante uirescunt.

68 platano platanus $P_6 p.c.F_5 u.l.J$ L $Rm.r.$: -us -o N -o -is $Pp.c.$ -us -is $P_2 p.c.F_3 F_5$ F_2 -us -o $P_2 a.c.$ -i -is $P_2 u.l.K$ P ? $a.c.$ Vic Ise plata -is $P_6 a.c.$ ‖ assubilat $P_6 a.c.$ ‖ **69** labuntur — dulcis $Rm.r$ ‖ **70** *om. add.* J ‖ alter — corrumpunt $Rm.r.$ ‖ infulis P ? $a.c.$ ‖ corrumpunt ($P_2 a.c.Ja.c.$) : -it $P_2 p.c.P_6 u.l.$ $F_3 Jp.c.$ F_2 ‖ **71** unde — arm $Rm.r.$ ‖ armari $KP_6 p.c.F_3 F_5 u.l.$ L $F_2 p.c.P$ R *exc. Fl.* : -ti $P_6 a.c.$ -auit P_2 *in ras.*$F_5 JN$ Vic Ise *exc. Gyr.* amari $F_2 a.c.$ ‖ **72** Mille pharetrati $Rm.r.$ ‖ **73** ore par $Rm.r.$ ‖ patres $F_2 a.c.$ ‖ similes habitu : h. s. F_5 Ise *mg.* (a)euo similes KJN Vic Ise euo similis $P_2 P_6 a.c.$ ‖ **74** H $Rm.r.$ ‖ area $P_6 a.c.$ ‖ **77** Hii $P_2 KP_6 p.c.JN$ L F_2 ‖ **78** districta N *exc. Gyr.* ‖ **79** ire faciles $F_3 a.c.$ ‖ **80** amantum ($F_5 s.l.$) : amorum F_5 ‖ **81** fortis $Pa.c.$ ‖ **82** Iocundi- *codd.* ‖ **83** uentis : pennis $P_6 u.l.F_5$ F_2 Ise ‖ **84** Quos F_5 L $F_2 P$ R : Hos *cett.* ‖ speculans $P_6 a.c.$ ‖ iuuentas $Ku.l.P_6$ $F_2 a.c.Pa.c.$ R *exc. Fl. exc. Gyr.* : -a $P_2 p.c.$ Vic Ise -u $P_2 a.c.$ -us $KP_6 u.l.F_3 F_5 JN$ L $F_2 p.c.Pp.c.$ ‖ **85** luco ($P_2 a.c.$) : ludo $P_2 p.c.$ ‖ **86** Permutant (*exc. Fl.*) : Permittant L Vic

Le Lemnien l'a construit lui aussi, d'or et de gemmes,
Associant art et matière précieuse ; et sous des poutres
                                        [d'émeraude[a]
Il a placé des colonnes taillées dans un bloc
                                        [d'hyacinthe.
90   Se dressent[b] des murs en béryl, avec un seuil poli
De jaspe ; avec mépris, le pied foule l'agathe[c].
Au centre, un riche espace aux mottes embaumées
Fournit d'odorantes moissons : ici des pousses mûres
De douce amome, ici, de cannellier ; le cinname
                                        [de Panchaïe
95   S'y gonfle et la ramée d'un costus jamais sec
                                        [s'y couvre de feuillage[d] ;
Le baume suinte lentement en un flot de sueur[e].
    Quand en ces lieux[f] l'Amour fut descendu,
                                        [sa longue route
À tire d'aile parcourue, il entre allègre, d'un pas
                                        [plus orgueilleux.
Appuyée sur un trône étincelant[g], Vénus alors
                                        [arrangeait justement
100   Sa chevelure. À droite, à gauche[1] se tenaient

a. Avec Heinsius, Gesner et Frings (1975, p. 152), je conserve la leçon presque unanime des mss., en considérant *smaragdis* comme apposé à *trabibus*.

b. Verg. *Aen.* 1,448 *surgebant limina.*

c. Claudien s'est-il souvenu de Lucain 10,115-7 : « stabatque sibi non segnis *achates...* totaque effusus in aula / *calcabatur* onyx » (Gualandri 1969, p. 26) ?

d. Claudien a peut-être rivalisé avec Ou. *Met.* 10,307-9 : « sit *diues amomo* / *cinnama*que *costum*que suum *sudata*que ligno / tura ferat floresque alios *Panchaia* tellus » ; cf. aussi Lact. *Phoen.* 79-86.

e. Verg. *Georg.* 2,118 *odorato... sudantia ligno* / *balsama...* (cf. *Ol.* 252) ; la variante *ligno* a pu être suggérée par ce passage ou par Ou. *Met.* 10,308 (voir v. 95 note d).

f. Même formule de transition *quo postquam* chez Ou. *Met.* 3,165.

g. Contamination de Verg. *Aen.* 1,506 (Didon) « *solio*que alte *subnixa* resedit » par 4,148 (Apollon) *crinem fingens* (cf. aussi Apoll. Rhod. 3,43-44).

Lemnius haec etiam gemmis extruxit et auro
admiscens artem pretio trabibusque smaragdis
supposuit caesas <h>yacinthi rupe columnas.
Beryllo paries et iaspide lubrica surgunt   90
limina despectusque solo calcatur achates.
In medio glaebis redolentibus area diues
praebet odoratas messes : hic mitis amomi,
hic casiae matura seges, Panchaeaque turgent
cinnama, nec sicco frondescunt uimina costo   95
tardaque sudanti prorepunt balsama riuo.
    Quo postquam delapsus Amor longasque peregit
penna uias, alacer passuque superbior intrat.
Caesariem tunc forte Venus subnixa corusco
fingebat solio. Dextra laeuaque sorores   100

87 Lem(p)nius (*Pa.c.*) : Lenius *Pp.c.* ‖ hoc F_5 F_2 ‖ gentis *Pa.c.* ‖ extruxit (*L in ras. Pp.c.* ?) : -sit F_3 *P* ? construxit P_2 *in ras.*F_5 ‖ **88** tra-bibus- F_5*Ju.l. L P Ra.c.* : grau- F_5*mg. Rp.c. cett.* ‖ smaragdis (*Rm.r.*) : z- *R* zmaragdi *P* ‖ **89** y[i-]acin(c)t(h)i *codd.* iactanti F_2*a.c.* ‖ **90** Bes-tillo P_6*a.c.* ‖ lapide F_2*a.c.* ‖ **91** lumina F_2*a.c.* ‖ despecto- F_2*a.c.* ‖ solo *om. N* ‖ **92** redolentibus : radian- F_5*a.c.* redeun- *N* ‖ **93** messis P_6*a.c.* ‖ mittis *KP₆p.c. P R* ‖ amemi *Pa.c.* ‖ **94** casie : caste *Ra.c.* aassite *Pa.c.* ‖ matura P_6*p.c.* ‖ panch(a)ea- (P_2*a.c. exc. Fl.*) : -chaia- F_2*a.c. exc. Gyr.* pang(a)ea- P_2*p.c.KP₆J L Rs.l. Vic* plangea- *N* panchaica-F_2*p.c.* ‖ turgent (F_2*u.l. exc. Fl. exc. Gyr. Ise mg.*) : surgunt F_2 *Vic Ise* ‖ **95** non F_2 ‖ sicco (P_6*a.c.Ja.c.*) : -a P_2*P₆p.c.F₃Jp.c. P* casto P_2*u.l.* ‖ uimina : nu- F_2 li- F_2*u.l.* minima P_6*a.c.* gra- F_3*N* ‖ casto P_6*a.c.* ac(h)ant(h)o *exc. Fl. exc. Gyr.* ‖ **96** fudeti *P* ? *a.c.* ‖ prorepunt (*Ja.c.* F_2*mg.*) : prorum- P_2*u.l.Jp.c.* presudant F_3 presumant F_2 ‖ balsami P_6*a.c.* ‖ riuo (*exc. Fl. exc. Gyr. Ise mg.*) : ligno F_3 *L in ras.* suc(c)o P_6*N Vic Ise* ‖ **97** delapsus (*exc. Fl.*) : di- *P₆JN Vic Ise* ‖ pereget P_6*a.c.* ‖ **98** Pinna *exc. Fl.* ‖ alacri passu F_3 ‖ **99** tum *K* ‖ choro P_6*a.c.* ‖ **100** fingebat (*Ju.l.*) : pin- *J* fi- *N*

Les sœurs idaliennes[1] : l'une lui verse une large pluie[a]
                                          [de nectar ;
Une autre, avec la morsure des dents[b] serrées d'ivoire,
Laboure un millier de sillons[c] ; et la troisième
                                          [par derrière
Fait divers nœuds et divise les boucles
105   En bon ordre : elle en laisse une part, négligence
                                          [étudiée[d].
Le laisser-aller était plus seyant ! Son minois n'avait pas
                                          [besoin
De l'avis d'un miroir. Tout le palais reproduit
                                          [son image :
Elle est ravie, où qu'elle observe. Alors qu'elle voit
                                          [les détails
Avec satisfaction, elle aperçoit l'ombre de son fils
                                          [qui approche
110   Et, embrassant l'enfant hardi sur son sein d'ambroisie[2] :
« Pourquoi pareille joie », dit-elle, « et quels combats
                                          [te font suer,
Fripon ? Qui vient de tomber sous tes traits ? Forces-tu
                                          [à nouveau
Le Tonnant à mugir au milieu des génisses de Sidon
Ou domptes-tu Titan ? Appelles-tu encor la Lune
115   Dans l'antre du berger ? Tu me parais avoir défait
                                          [un dieu
Fort et puissant. » Lui, suspendu aux baisers
                                          [de sa mère[3],
Répond : « Mère, réjouis-toi[e] ; j'ai rapporté

a. L'expression est virgilienne (*Georg.* 4,115) : *amicos inriget imbris.*
b. Image inverse chez Prudence *Perist.* 10,934 : *dentium de pectine.*
c. Mart. 14,25,2 (à propos d'un peigne) : « *multifido* buxus quae
tibi dente datur ». Cet adjectif qualifiait les cheveux en *Rapt.* 2,15.
d. Un peu de négligé ajoute de la grâce : Ou. *Ars* 3,153 ; *Fast.*
2,772 ; Apul. *Met.* 2,9 et 5,22 ; Xen. Eph. 1,2,6 ; Heliod. 3,4 ; Hime-
rios *Orat.* 1,4.
e. *Laeta* est *proprium Veneris epitheton* (Seru. *Aen.* 1,416). Reposian. *Conc.* 92 *laetare, Cupido.*

stabant Idaliae : largos haec nectaris imbres
irrigat, haec morsu numerosi dentis eburno
multifidum discrimen arat ; sed tertia retro
dat uarios nexus et iusto diuidit orbes
ordine : neclectam partem studiosa relinquit.   105
Plus error decuit ! Speculi nec uultus egebat
iudicio. Similis tecto monstratur in omni
et rapitur quocumque uidet. Dum singula cernit
seque probat, nati uenientis conspicit umbram
ambrosioque sinu puerum conplexa ferocem   110
« quid tantum gauisus ? », ait ; « quae proelia sudas,
inprobe ? Quis iacuit telis ? Iterumne Tonantem
inter Sidonias cogis mugire iuuencas
an Titana domas, an pastoralia Lunam
rursus in antra uocas ? Durum magnumque uideris   115
debellasse deum. » Suspensus in oscula matris,
ille refert : « Laetare, parens ; inmane trophaeum

101 I[y-]dali(a)e : yliades *N* || latos *F₅* || nectares *F₅a.c.* || ymbros *P₆a.c.* || **102** Inrigat *exc. Fl.* || morsus *F₅a.c.* || numeri *P₆a.c.* || **103** multifidum (*J exc. Fl.*) : -modum *KP₂Js.l. Vic* || arat (*exc. Fl.*) : erat *Vic* || **104** orbes : -is *P₆a.c. Vic* -em *F₃* || **105** relinquit *F₅ P Rp.c.* : reli- *F₃ L F₂ Ra.c.* -quens *P₂KJN Ps.l. Vic Ise* || **106** Pulus *Na.c.* || specula *Pa.c.* || agebat *La.c.* || **107** indicio *F₂F₅* || **108** quocumque (*P₂u.l.*) : quod- *P₂u.l.F₅u.l.J Vic Ise exc. Gyr. Cuia.* qui- *P₂* quer- *Pa.c.* || **109** Seseque *Na.c.* || **110** Ambrosie- *Ps.l.* || **112** iacuit *P₂p.c.* || iter omne *Pa.c.* || **113** iuuencas *F₅p.c.* || **114** Ant *P₂a.c.* At *P₆a.c.* || pastorilia *P₂* || **115** Rurrus *Ra.c.* Rufus *P* || in : ad *K* || et durum *P* || magnumue *F₂*|| **116** deum : eum *Pa.c.* || **117** triumphum *F₅a.c.*

Un immense trophée[a] : Honorius sent désormais
                                    [mon arc.
Tu connais Marie et son père, le chef dont la lance
                                    [soutient
120   La Gaule et l'Italie ; l'illustre renom de Sérène
Ne t'est pas non plus inconnu. Hâte-toi d'approuver
                                    [ces vœux royaux :
Unis leurs lits[b]. » Cythérée sur son sein réchauffe
                                    [alors son fils,
Puis noue ses cheveux[c] à la hâte, relève sa robe
                                    [flottante
Et s'attache le ceste[d] qui souffle son charme divin :
125   Par lui, elle adoucit le courant poussé par les pluies ;
Par lui, elle brise la mer, les vents et les flots en colère.
Arrivée sur la plage, elle s'adresse aux petits
                                    [nourrissons :
« Ah ! mes garçons, qui parmi vous descendra
                                    [dans l'eau de cristal[e]
Pour appeler ici le rapide Triton[f] afin qu'il me porte
                                    [et me mène
130   En haute mer ? Jamais il ne sera venu m'aider plus
                                    [à propos.
Elle est sacrée, la noce où nous allons. Cherchez-le
                                    [tous
Plus prestement, que de sa conque il fasse retentir
                                    [la mer Libyque

a. Nouvel emprunt de l'auteur de l'*epith. Patricii* (v. 79, PLM 5, p. 423) : *immane tropaeum*.

b. Ou. *Fast.* 3,511 « tu mihi iuncta toro ».

c. Tib. 1,6,67-68 *ligatos / impediat crines*.

d. Sur le ceste de Vénus, Hom. *Il.* 14,214-7 ; Nonn. *Dion.* 5,190-1. Mais pour Claudien, son pouvoir ne se limite pas au charme amoureux : il s'étend à toute la nature, ce qui normalement relève de Jupiter (Verg. *Aen.* 10,102-3).

e. L'alliance *uitrea unda* appartient à la koinè poétique : Verg. *Aen.* 7,759 ; Ou. *Met.* 5,48 ; Sil. 5,47 ; Auson. *Mos.* 195 ; Prud. *Perist.* 12,39.

f. Ou. *Met.* 1,333 *Caeruleum Tritona uocat*. Vénus chevauche un Triton chez Sidon. *Carm.* 11,34-35.

rettulimus : nostrum iam sensit Honorius arcum.
Scis Mariam patremque ducem qui cuspide Gallos
Italiamque fouet, nec te praeclara Serenae   120
fama latet. Propera, regalibus adnue uotis :
iunge toros. » Gremio natum Cytherea refouit
et crines festina ligat peplumque fluentem
adleuat et blando spirantem numine ceston
cingitur, inpulsos pluuiis quo mitigat amnes,   125
quo mare, quo uentos irataque flumina soluit.
Vt stetit ad litus, paruos adfatur alumnos :
« heus ! quis erit, pueri, uitreas qui lapsus in undas
huc rapidum Tritona uocet, quo uecta per altum
deferar ? Haud unquam tanto mihi uenerit usu.   130
Sacri, quos petimus, thalami. Pernicius omnes
quaerite, seu concha Libycum circumsonat aequor,

118 Rettulimus *K R Vic Ise*: Retu- *P₂u.l. cett.* Detu- *P₂* II tam *P₆a.c.* II
sentit *F₃* -sim *P₆a.c.* II **119** Scis (*exc. Fl.*) : Sis *Vic* II patrem- (*exc. Fl.*) :
part- *Pa.c.* fratr- *Vic* premit- *P₆a.c.* II cupide *P₆a.c.* II **122** t(h)oros
(*Ku.l.P₆u.l. exc. Fl.*) : -um *F₅ R* choros *P₂KP₆p.c. Ru.l. Vic* -es *P₆a.c.* II
gr. natum (*exc. Fl.*) : n. g. *KP₆JN Vic Ise* II remouit *P₆u.l.l.F₃N*
F₂u.l.Pmg. Iunt. Ise II **123** crines (*exc. Fl.*) : -is *Vic* II festine *F₂* II
124 a(d)leuat : -bat *exc. Fl.* -uit *Pa.c.* alligat *Ju.l.* colligit *P₂u.l.* II ces-
ten *Pa.c.* II **125** pluuiis *P₂P₆F₃J R Vic Ise*: fl- *cett.* II **126** flumina
(*Ps.l.*) : ful- *Ra.c.* lu- *P* II soluit (*P₆p.c.*) : sistit *P₂u.l.* II **127** paruis *F₅*
Pa.c. R pueros *L* II h(a)ec fatur alumnis *F₅ R* II **128** Heu q.
P₂a.c.F₃a.c. L Pa.c. R et q. *P₆a.c.* (h)ecquis *Jmg. Vic exc. Gyr.* II o
pueri *Ja.c.* II uites *P₆a.c.* II quis *Ka.c.* II **129** Huc (*Lp.c.*) : Hunc *N* II
tithon *F₂a.c.* II almum *P₆a.c.* II uocat *F₃a.c.* II **130** haud *KN*: -t *codd.*
aut *P₆a.c. P* II u(m)quam (*exc. Fl.*) : n- *P Vic* II **131** sacri... thalami
(*Pa.c.*) : -is... -is *Pp.c.* II **132** conc(h)a : conelia *Pa.c.* circa *F₅* II li[-y-
]bicum *codd.* II circumsonat (*P₂u.l.*) : -sumat *Pa.c.* -tonat *P₂P₆F₂Pp.c.*
Vic Ise

Ou qu'il fende les eaux d'Égée[1]. Quiconque trouvera
Et me l'amènera, recevra en présent un carquois d'or. »
135   Elle avait dit. La foule s'éparpille et ils vont
                                        [explorer[a]
Les différentes mers. Triton cheminait sous les flots
De Carpathos et poursuivait Cymothoé[b]
Qui résistait. Elle craint ce sauvage et se soustrait
À sa poursuite : elle glisse, mouillée, de ses bras
                                        [vigoureux.
140   « Holà ! », dit un Amour[c] qui les a observés,
                                [« vous n'auriez pas
Pu cacher vos larcins au fond des eaux ! Prépare-toi
                                        [à transporter
Notre maîtresse. À ton labeur, tu auras un prix
                                        [non modique[d] :
Cymothoé, qui se dérobe maintenant, sera docile.
Pour ce salaire, viens. » Le demi-monstre[e] à l'œil
                                        [torve jaillit
145   Du gouffre et ses cheveux houleux balayaient[f]
                                        [ses deux bras ;
Il étirait ses sabots raboteux[g] à la corne fendue[h],
Là où une hydre à l'homme s'unissait[2]. Il bougea
                                        [trois fois sa poitrine ;

a. Je conserve le texte le mieux attesté en supposant une hypallage.
b. Néréide (*Ser.* 127) : Hom. *Il.* 18,41 ; Hes. *Theog.* 245 ; Apollod. 1,2,7 ; Hyg. *Praef.* 10 ; Verg. *Aen.* 1,144. Asper (Keil VIII, 60, 20-21) cite de *sub* à *Triton.*
c. Comme Frings (1975, p. 171), je pense qu'il s'agit d'un Amour et non de Cupidon.
d. Fin de vers empruntée à Ou. *Epist.* 17 [18],163 (Héro récompense des bras fatigués de Léandre) ; cf. *Ser.* 172.
e. Même épithète pour Triton chez Verg. *Aen.* 10,212 et Sidon. *Carm.* 11,38.
f. Cf. *Eutr.* 2,360 ; *Stil.* 2,248.
g. Même épithète pour Triton chez Verg. *Aen.* 10,210 et Sidon. *Carm.* 11,34.
h. Fin de vers empruntée à Sil. 13,318.

Aegaeas seu frangit aquas. Quicumque repertum
duxerit, aurata donabitur ille pharetra. »
    Dixerat et sparsi diuersa plebe feruntur   135
exploratores pelagi. Sub fluctibus ibat
Carpathiis Triton obluctantemque petebat
Cymothoen. Timet illa ferum seseque sequenti
subripit et duris elabitur uda lacertis.
« Heus », inquit speculatus Amor, « non uestra sub imis   140
furta tegi potuere uadis ! Accingere nostram
uecturus dominam : pretium non uile laboris
Cymothoen facilem, quae nunc detractat, habebis.
Hac mercede ueni. » Prorumpit gurgite toruus
semifer. Vndosi uerrebant bracchia crines ;   145
hispida tendebat bifido uestigia cornu,
qua pistrix commissa uiro. Ter pectora mouit ;

133 (a)eg(a)eas ($P_6u.l.$) : -os *Pa.c.* ogy[-i-]gias P_2P_4J *Vic exc. Gyr.* ‖
frangis $P_6a.c.$ -at F_3F_2 ‖ **134** aurata — dixerat *om. add.* P_6 ‖ donabitur ($P_2u.l.$) : domi- P_2 ‖ **135** sparsi diuersa (*Ru.l.*) : -a -i F_3 -i diuisa
$P_2u.l.$ pars aduersi de *R* ‖ plebe ($P_6a.c.$) : parte $P_6p.c.N$ *Lras. Ps.l.*
Ru.l. Ise mg. ‖ fruuntur $F_3a.c.$ ‖ **136** *post* pelagi *dist.* $P_2KP_6F_3F_3N$ *L R*
Ise, post expl. F_2 *Vic* ‖ **137** Carp(h)at[-c-](h)iis (*Asper exc. Gyr.*) : -ius
L ‖ tr. car. *J* ‖ triten *Pa.c.* ‖ abluctantem- F_3 ‖ patebat P_2 ten- $F_3a.c.$
‖ **138** cy[-i-]mot(h)oem KP_6 F_2 ‖ sese $P_6a.c.$ ‖ petenti *K* ‖ **139** *post*
elabitur *del.* per *P* ‖ unda $P_2a.c.Ka.c.P_6a.c.F_3a.c.$ $F_2a.c.Pa.c.$ una *Ra.c.*
‖ **140** non (*Ru.l.*) : num *R exc. Fl.* ‖ **141** Furta tegi $P_3ras.$ ‖ uestram
Pa.c. ‖ **142** uecturus : dut- F_3 ‖ *post 142 repetiit 138 P, deinde del.* ‖
143 *om. add.* F_2 ‖ Cy[-i-]mothoem KP_6 *L* F_2 ‖ faciem $P_2a.c.$ ‖ detractat (*Ja.c. Pu.l.*) : -ectat $KP_6Jp.c.$ F_2 *R Vic* ‖ **144** ueni *om.* $F_2a.c.$ ‖ pro-
rupit *R exc. Fl.* ‖ torus $P_2a.c.$ ‖ **145** semiuir *Ru.l.* ‖ undosi ($F_2s.l.$) :
humosi F_2 ‖ uerrebant *Ra.c. exc. Fl. exc. Gyr.* : uela- *Rp.c. cett.* ‖
146 hi[-y-]spida F_3 *L* F_2P *R Ise* : aspera *cett.* ‖ tendebat ($F_3a.c.$? *Ru.l.*
exc. Fl.) : -ant $KP_6a.c.F_3p.c.$? F_3 $F_2a.c.P$ *R Vic* terrebat $P_2u.l.$ ‖ **147** pis-
tris F_3 *L* $F_2p.c.$ -tis $F_2a.c.$ ‖ commissa ($P_2u.l.$) : -ixta P_2 ‖ ter (*exc. Fl.*) :
per *Pa.c. Ra.c. Vic* ‖ mouet *Pa.c.*

À la quatrième traction, il sillonnait déjà le sable
[de Paphos[a].

Pour ombrager Vénus, la bête se cambre en arceau[b] ;
150   Alors son dos, hérissé de murex vivants[c],
Est adouci par des roses pourprées. La déesse vogue,
[appuyée
Dans cette cavité ; ses pieds de neige effleurent
[la surface[1].
L'escorte des Amours ailés se déploie et la suit ;
Leurs chœurs remuent la mer tranquille. On éparpille
[des guirlandes
155   Sur tout le séjour de Neptune[d]. Leucothoé
[la cadméenne
S'ébat ; sur son dauphin, Palémon pose un frein
[de rose[2].
Nérée entremêle et alterne algues et violettes.
Et Glaucus noue ses cheveux blancs[e] avec
[des herbes immortelles.
À ce bruit accouraient aussi les Néréides transportées[f]
160   Par divers animaux : monstre de l'Océan,
[une tigresse de Tartesse[g]
Soulève celle-ci, qu'un poisson vient de déposer ;

a. Ou. *Met.* 15,725-6 (le serpent-Esculape) : « litoream *tractu* squamae crepitantis *harenam / sulcat* ».

b. Ou. *Met.* 3,42 (à propos d'un serpent fils de Mars) : « torquet et inmensos saltu *sinuatur in arcus*; 14,51 (contours sinueux d'un *gurges*) *sinuatus in arcus*; cf. Apoll. Rhod. 4,1615-7.

c. Ou. *Met.* 1,332-3 « umeros innato *murice* tectum/… *Tritona* ». Verg. *Georg.* 4,13 *squalentia terga*. La rose est la fleur de Vénus : Charlet 1987, p. 31 et 42.

d. Cf. *Stil.* 1,86-87 *cum floribus aequora uernis /… indueret.*

e. *Canitiem Glaucus* : jeu de mots étymologique.

f. Cf. Moschos *Europe* 118-9 ; Lucien *Dial. mar.* 15,3 (Gang, *Nereiden auf Seetieren*, Diss. Iena 1907) ; pour les monstres marins, Plin. *Nat.* 9,13 sqq.

g. Tartesse : voir *Ruf.* 1,101 et n. compl. 5.

iam quarto Paphias tractu sulcabat harenas.
Vmbratura deam retro sinuatur in arcum
belua ; tunc uiuo squalentia murice terga   150
purpureis mollita rosis. Hoc nauigat antro
fulta Venus ; niueae delibant aequora plantae.
Prosequitur uolucer late comitatus Amorum
tranquillumque choris quatitur mare. Serta per omnem
Neptuni dispersa domum. Cadmeia ludit   155
Leucothoe, frenatque rosis delphina Palaemon.
Alternas uiolis Nereus interserit algas.
Canitiem Glaucus ligat inmortalibus herbis.
Nec non et uariis uectae Nereides ibant
audito rumore feris : hanc pisce uolutam   160
subleuat Oceani monstrum Tartesia tigris ;

148 tractu... quarto F_5 ‖ **149** uibratura $P_2u.l.$ ‖ sinuatur (*exc. Fl.*) :
sum- *Vic* ‖ arcium *Pa.c.* -u F_2 -tum F_3N ‖ **150** Be(l)lua : Belia *Ra.c.*
Vela *Pa.c.* ‖ tum $P_2KP_6JN F_2$ *Vic Ise* ‖ squalentia ($F_2mg.$) : sequ- F_2 ‖
terga murice $F_5a.c.$ ‖ **151** rosis $L F_2P R$: t(h)oris *Pu.l. Cuia. cett.* ‖
antro ($F_3u.l.$) : austro L astro $F_2u.l.$ alto *Pu.l.* arcu F_3 ‖ **152** fulta
(*Pmg. Ru.l.*) : st- $F_5a.c.$ pulc(h)ra $L P R$ ‖ niueeque N ‖ **153** Perse-
quitur *Pa.c.* ‖ uolucer ($P_2ras.$) : -crum $F_5N F_2$? *Vic* uotis *Ju.l. exc. Fl.*
‖ **154-5** omnem... domum F_5(*sed* orbem *ante* omnem) $L F_2P R$: -
es... -os *cett.* -is... -os *Vic* ‖ N-que domos dis. $P_6a.c.$ ‖ **156** rosis :
rusis *Pa.c.* noce $F_5a.c.$ ‖ **157** alternis *Ise* ‖ nereus uiolis F_5 L *ras.* ‖
interserit $P_2ras.$ ‖ alas $F_3a.c.$ ‖ **158** herbas $F_5a.c.$ ‖ **159** et : in N ‖
uecte uariis F_3 ‖ uecto *Pa.c.* necte N ‖ **160** rumore (*exc. Fl.*) : -um
Pa.c. tritone *Vic Ise* ‖ uolutam (*Ru.l.*) : -o $P R$ ‖ **161** tartesia *Ra.c.*
exc. Gyr. Ise : t[c-](h)a(r)t[-c-](h)esia *cett.*

Et celle-là, un farouche bélier[a], terreur en mer Égée,
Dont le front va briser les nefs ; pendue à une lionne
                              [d'azur,
Une autre nage ; une autre enlace le taureau vert[b]
                              [qui l'emporte.
165   Pour le mariage à l'envi elles se chargent de présents
                              [nouveaux.
Cymothoé portait des baudriers ; Galatée, un rare
                              [collier ;
Spatale[c], un diadème entrelacé de lourdes baies
Qu'elle avait cueillies elle-même au fond de
                              [la mer Rouge[d].
Doto plonge soudain et tire du corail :
170   Ce qui, tant qu'il était sous l'eau, était bâton, sorti
                              [des flots
Fut gemme[e]. Escadrons nus, elles entourèrent Vénus ;
Tout en applaudissant, elles poursuivent en ces termes :
« Voici nos atours, voici nos présents ; nous t'en prions,
                              [ô reine,
Va les porter à la reine Marie[f]. Dis que Thétis n'en a
                              [jamais
175   Mérité de semblables, ni sa sœur Amphitrite[1]
Quand elle épousa notre Jupiter. Que la vierge
                              [de Stilicon ressente
La dévotion des flots et reconnaisse dans la mer
                              [une servante[g].

---

a. Même *iunctura* à propos de l'animal terrestre chez Ou. *Fast.*
4,101 (cf. aussi Plaut. *Bacch.* 1148) : Charlet 1995, p. 128. Le v. 162
fait penser à la machine de guerre.
   b. Cf. Sidon. *Carm.* 11,43 *uiridique iuuenco.*
   c. Ce nom de Néréide n'est attesté nulle part ailleurs.
   d. *Rapt.* 3,320 *rubro... profundo* (en même position métrique).
   e. Ou. *Met.* 4,752 *uimen in aequore erat, fiat super aequora saxum*
(cf. 15,416-7 ; Plin. *Nat.* 32,21-24).
   f. Même polyptote *reginae regina* à propos de Sérène en *Ser.* 5.
   g. *3 cons.* 203 *famulis... ripis* ; cf. Ou. *Fast.* 1,286 ; Rut. Nam.
1,151.

hanc timor Aegaei rupturus fronte carinas
trux aries ; haec caeruleae suspensa leaenae
innatat ; haec uiridem trahitur conplexa iuuencum.
Certatimque nouis onerant conubia donis.   165
Cingula Cymothoe, rarum Galatea monile
et grauibus Spatale bacis diadema ferebat
intextum, rubro quas legerat ipsa profundo.
Mergit se subito uellitque corallia Doto :
uimen erat dum stagna subit ; processerat undis :   170
gemma fuit. Nudae Venerem cinxere cateruae
plaudentesque simul tali cum uoce secuntur :
« hos Mariae cultus, haec munera nostra precamur
reginae, regina, feras. Dic talia nunquam
promeruisse Thetin nec cum soror Amphitrite   175
nostro nupta Ioui. Deuotum sentiat aequor,
agnoscat famulum uirgo Stilichonia pontum.

162 rupturus (*Ku.l. exc. Fl.*) : ra- *KP$_6$ L F$_2$ Vic Ise* ‖ fonte *F$_5$ Vic* ‖
163 c(a)erule(a)e... le(a)en(a)e *N L P R Ise* : -a... -a *cett.* ‖
165 (h)onerant (*F$_2$u.l.*) : ornant *F$_2$* ‖ **166** cymodoce *P$_6$a.c.* ‖
167 spat(h)ale (*Pmg.*) : pat- *L* fat- *P$_2$* pigmea *P Ra.c.* ‖ bac(c)is
(*F$_2$a.c. exc. Fl.*) : bac(c)his *F$_3$ F$_3$p.c. Vic* uacis *Pa.c.* uarie *F$_5$a.c.* ‖ 168-
167 *K* ‖ **168** ipsa : illa *K* ‖ **169** Mersit *L* ‖ uelit- *P$_2$a.c.* uectit- *F$_3$* ‖
doto (*P$_6$a.c. Ra.c. exc. Fl. Cuia.*) : dot(h)e *P$_6$u.l.F$_3$a.c.F$_5$ F$_2$P* clotho *P$_2$*
Ise choto *K* clot(h)e *P$_6$p.c.F$_3$p.c.JN L Rp.c. Vic* Loto *exc. Gyr.* ‖
171 nud(a)e... cateru(a)e (*Ra.c.*) : -a... -a *P$_2$u.l.Ku.l.P$_6$a.c.F$_3$u.l.N
Rp.c. Vic* -a... corona *K Ru.l.* ‖ **172** locuntur *F$_3$* ‖ **173** *om. add. P$_6$* ‖
h(a)ec : hac *F$_5$a.c.* har *Pa.c.* ‖ munera *Pp.c.* ‖ **175** thetin *P$_6$a.c. R* :
tethyn *F$_2$* -im *cett.* ‖ amphitrites *N* -de *F$_5$a.c. Pa.c.* -triade *Ra.c.* ‖
176 nostrum *Ra.c.* -is *Pa.c.* ‖ ioui : sibi *Ra.c.* ‖ sentiant *P*

Nous portâmes souvent les navires victorieux,
                    [la flotte de son père
Alors qu'il s'en allait venger les Achéens broyés[a]. »
180   Déjà Triton avait posé sa poitrine écumante
Sur la terre ligure et avait allongé dans l'eau ses spires
                    [fatiguées.
Elle prend aussitôt son vol[b] pour parvenir jusqu'aux
                    [murailles
Fondées par les Gaulois[c], qui montrent fièrement
                    [la peau d'un porc
Couvert de laine[1]. À l'avènement de Vénus[d],
                    [les nuées fuient,
185   Chassées ; les Alpes s'éclaircissent au souffle pur
                    [des Aquilons[e].
Le soldat ne sait dire les causes de sa joie ;
Pourtant il est joyeux. Les enseignes de Mars rougissent[f]
De fleurs et tout à coup les hastes s'animent de feuilles.
Avec ces mots, Vénus s'adresse à son cortège :
190   « Mes compagnons, pour un moment écartez Gradivus[g]
Et que la cour s'occupe de moi seule. Éloignez le feu
                    [des cuirasses,
Et leur terreur ; que le fourreau cache les glaives
                    [menaçants.
Que ne s'avancent plus les aigles belliqueuses et
                    [les cruels dragons[h] :

a. Allusion à la campagne de Grèce de 397 : *4 cons.* 460 sqq. ;
Get. 173-93.

b. Verg. *Aen.* 1,415 *ipsa* [Venus] *Paphum sublimis abit.* Même
expression *sublime uolans* à propos du fantôme apparu à Turnus
(10,664).

c. Lucan. 1,248 *haec moenia condita Gallis* ; cf. Polyb. 2,34 ; Liu.
5,34 ; Iust. 20,5,8 ; Plin. *Nat.* 3,124.

d. Épiphanie de Vénus comparable à celles décrites par Lucr.
1,6-23 ; Ou. *Fast.* 4,5-6 ; Stat. *Silu.* 1,2,51 sqq.

e. Verg. *Georg.* 1,460 *claro* [*puro Sg*] … *Aquilone.*

f. Même clausule, mais en un autre contexte, chez Ou. *Fast.* 6,727.

g. *Fesc.* 3,3-4 ; cf. Lucr. 1,29-40 ; Reposian. *Conc.* 88-95.

h. Même *iunctura* à propos des 'vrais' dragons chez Val. Fl.
1,68. Pour les étendards en forme de dragons, *3 cons.* 138-41 et
note b.

Victrices nos saepe rates classemque paternam
ueximus, adtritis cum tenderet ultor Achiuis. »
    Iam Ligurum terris spumantia pectora Triton   180
appulerat lassosque fretis extenderat orbes.
Continuo sublime uolans ad moenia Gallis
condita, lanigeri suis ostentantia pellem,
peruenit. Aduentu Veneris pulsata recedunt
nubila, clarescunt puris Aquilonibus Alpes.   185
Laetitiae causas ignorat dicere miles
laetaturque tamen ; Mauortia signa rubescunt
floribus et subitis animantur frondibus hastae.
Illa suum dictis adfatur talibus agmen :
« Gradiuum, nostri comites, arcete parumper,   190
ut soli uacet aula mihi. Procul igneus horror
thoracum, gladiosque tegat uagina minaces.
Stent bellatrices aquilae saeuique dracones :

---

178 uictrices (*exc. Fl.*†) : -is P_2P_6 *Vic* ‖ s(a)epe rates ($P_2u.l.$ *exc. Fl.*†) :
seperetas $P_6a.c.$ spem patriæ *Vic* uela patris P_2 ‖ **179** (ad)tritis *P R*
exc. Fl. exc. Gyr. : -strictis $P_6a.c.$ ad tristes $P_6p.c.$ *cett.* afflictis $F_5mg.$ F_2 ‖
contenderet $F_2a.c.$ F_2 ‖ achiuis $P_6a.c.F_5$ F_2P *R exc. Fl. exc. Gyr.* : -os
$F_2s.l.$ *cett.* ‖ **181** lax- $P_6a.c.$ laps- $F_5a.c.$ ‖ fretis ($F_5s.l.$ *Ru.l.*) : frequens
$F_2a.c.Pa.c.$ *R* sequens F_5 ‖ extenderet $F_2a.c.$ ‖ orbes (*Lp.c.*) : -is
$P_6a.c.Ja.c.$ *Vic* ‖ **182** continue *N* ‖ **183** lanigeri suis *Ra.c. exc. Pomp.*
Cuia. : -e suis F_2 ?*a.c.* -is ouis $F_2p.c.$ *Rp.c. cett.* ‖ **184** pulsata
($P_2u.l.P_6u.l.Jmg.$ *exc. Fl.*† *Ise mg.*) : spiss- P_2P_6J *Vic Ise* ‖ **185** rarescunt
P_2P_6JN *Vic* ‖ nudis F_5 ‖ aquilonis P_6 ‖ alpes (*exc. Fl.*) : (h)i[-y-
]mbres P_2 *Vic* ‖ **186** discere P_2 ‖ **187** letant- $F_3a.c.$ ‖ -que *om. add. P*
‖ **188** frontibus *Pa.c.* ‖ **189** ductis $P_6a.c.$ ‖ **190** nostre P_6 ‖ arce
$P_6a.c.$ ‖ **191** aule $F_5a.c.$ ‖ ignibus *Pa.c.* ‖ **192** gladique $P_2a.c.$ -ios
$F_2a.c.$ ‖ minacis $P_6a.c.$ ‖ **193** Stant $F_5a.c.$

À cette heure qu'il soit permis au camp de succomber
[à mes enseignes.
195 Changez la trompe pour la flûte et, à la place du son
[du clairon[1],
Que la lyre chante un air doux, un air de fête[a].
[Et que même la garde
Fasse un festin ; que le cratère exhale son bouquet
[parmi les armes.
Que la royale majesté relâche sa morgue effrayante,
Que le pouvoir, sans dédaigner de s'associer à la plèbe,
200 Mêle les grands avec la foule[b]. Et qu'on lâche les rênes
À la joie, que l'austérité des lois[c] n'ait pas honte
[de rire.
Toi, Hyménée, choisis des feux de fête, et toi,
[Grâce, des fleurs[d] ;
Et toi, Concorde, noue une double couronne[e].
Et vous, cohorte ailée, partout où le besoin vous aura
[appelés[f],
205 Divisez vite votre troupe et ne soyez pas engourdis[g]
Par l'apathie : que les uns disposent les chaînes
Et pendent beaucoup de flambeaux pour la nuit
[à venir ;
Que d'autres veillent à couvrir les éclatants jambages
De notre myrte[h] ; aspergez le palais, vous autres,

a. Le rapprochement avec Ou. *Met.* 5,113 *festumque canendo* ne semble pas fondé : Frings 1975, p. 191 ; Charlet 1995, p. 127.

b. Situation analogue dans l'épithalame de Stace, *Silu.* 1,2,234.

c. Ou. *Pont.* 3,3,57 *lege seuera*.

d. Chez Stace aussi (*Silu.* 1,2,19-21 ; cf. 230) Amor et Gratia répandent des fleurs sur les mariés ; ici, Hyménée est le dieu des justes noces (*Pall.* 31-33) ; *topos* rhétorique : Ménandre, Spengel 3, 404.

e. Clausule *necte coronam* chez Iuu. 6,51, pour orner la porte du marié ; cf. ici v. 208 à rapprocher de Stat. *Silu.* 1,2,231 et Iuu. 6,79.

f. Fin de vers analogue chez Stat. *Theb.* 2,19 *quoscumque uocaris in usus*.

g. *Ser.* 226 *segnis marcet.*

h. Sur le myrte consacré à Vénus (*c. min.* 29,28-9), Verg. *Ecl.* 7,62 ; *Georg.* 1,28 ; 2,64 ; *Aen.* 5,72…

fas sit castra meis hodie succumbere signis.
Tibia pro lituis et pro clangore tubarum　　195
molle lyrae festumque canant. Epulentur ad ipsas
excubias ; mediis spirent crateres in armis.
Laxet terribiles maiestas regia fastus
et sociam plebem non indignata potestas
confundat turbae proceres. Soluantur habenis　　200
gaudia nec leges pudeat ridere seueras.
Tu festas, Hymenaee, faces, tu, Gratia, flores
elige, tu geminas, Concordia, necte coronas.
Vos, pennata cohors, quocumque uocauerit usus,
diuisa properate manu neu marceat ulla　　205
segnities : alii funalibus ordine ductis
plurima uenturae suspendite lumina nocti ;
hi nostra nitidos postes obducere myrto
contendant ; pars nectareis aspergite tecta

194 castra : cuncta K ‖ signis : metris $P_6a.c.$ ‖ **195** lituis *om.* $P_6a.c.$ ‖ **196** molle : dulce K ‖ festumque $(P_2u.l.P_6u.l.$ $P)$: -ue $Ps.l.$ faustumque P_2KP_6J $F_2u.l.$ *exc. Fl. exc. Gyr.* ‖ canant $(F_5mg.)$: -ens F_5 sonent K ‖ epulentur $(P_2p.c.)$: -emur $P_2u.l.$ ‖ ad ipsas $P_2p.c.$ ‖ **197** spirant $P_2a.c.$ sperent $P_6a.c.$ ‖ **198** Ignet $Ja.c.$ ‖ terribilis $P_6a.c.$ *Vic* ‖ 199-200 *praeter* confu $Rm.r.$ ‖ **199** indigna $F_3a.c.$ ‖ **200** Confundant $P_2a.c.$ $Pa.c.$ *Vic Ise* -ent $F_5a.c.$ ‖ proceres turbae $F_5p.c.$ proceres $F_5a.c.$ ‖ soluentur $F_5a.c.$ ‖ **201** es pudeat — seueras $Rm.r.$ ‖ **202** festes $F_5a.c.$ ‖ tu g. flores $Rm.r.$ ‖ gloria N ‖ **203** coronas $Rm.r.$ ‖ **204** pinnata $P_2P_6a.c.$ P *exc. Fl.* ‖ uocaueris $P_6a.c.$ ‖ usus $Rm.r.$ ‖ **205** marceat $Pp.c.$ ‖ **206** aliis $P_2a.c.$ ‖ furialibus $Na.c.$ ‖ **208** Hi : Hii $KP_6u.l.F_3JN$ L F_2 Hic $P_2P_6a.c.$ *exc. Fl.* hec $P_6p.c.$ ‖ positis $P_6a.c.$ ‖ **209** Contendant $(P_6u.l.)$: -at P_2P_6 *exc. Fl.* ‖ aspergere P_2F_5J *Vic Ise*

210 Par des flots de nectar, brûlez dans le feu les bois
[de Saba ;
Vous, déployez les jaunes voilages des Sères[a]
Teints de safran, étendez sur le sol les tapis de Sidon.
Mais quant à vous, disposez sur le lit un tissu
[savamment ouvré
À la trame de gemmes, qu'on édifie un dais
215 Aux piliers diaprés : la riche Lydie pour Pélops
N'en dressa pas de tel, ni pour Lyée n'en construisirent
[les Bacchantes
Avec les dépouilles de l'Inde et l'ombrage
[des pampres[b].
Accumulez ici tout le butin conquis par ses parents :
Tout ce que son ancien aïeul a obtenu du Maure ou
[du Saxon vaincus[c],
220 Tout ce qu'en d'innombrables guerres a obtenu
[son père,
Redoutable avec Stilicon[d], tout ce qu'ont donné
[le Gélon
Ou l'Arménien, tout ce qu'a porté Méroé coiffée
[de flèches[e]
Et entourée par les dernières eaux du Nil,
Et tout ce que depuis le Tigre achéménide a envoyé
[le Mède
225 Quand la Parthie suppliante achetait la paix romaine[f].

a. Cf. *Ol.* 179 ; *3 cons.* 211 ; *4 cons.* 601 ; *Eutr.* 1,226 et 304.

b. Claudien fait ici allusion à la richesse proverbiale de la Lydie (de Tantale et de Crésus) et à celle de l'Inde vaincue par Bacchus (Nonnos *Dion.*), plutôt qu'à des mariages (avec Ariane pour Bacchus).

c. Sur la carrière de Theodosius *comes*, père de l'empereur Théodose, voir *3 cons.* 52-60 (n. compl. 3) et *4 cons.* 24-40.

d. Affirmation capitale dans le contexte politique (voir intr.) : Stilicon a sa part des victoires de Théodose (*3 cons.* 144-53) : CIL 6,1730 *comiti diui Theodosii in omnibus bellis atque uictoriis.*

e. Cf. *3 cons.* 21 et n. compl. 1 ; *Stil.* 1,254 ; *c. min.* 28,23.

f. *Pacem emere* : Cic. *Prou.* 4 ; Lucan. 10,107 (à propos de Cléopâtre). Claudien fait probablement allusion à l'ambassade de Sapor III à Constantinople en 384 (Oros. 7,34 ; Pacat. *Pan.* 2[12],22,5).

fontibus et flamma lucos adolete Sabaeos ;   210
pars infecta croco uelamina lutea Serum
pandite Sidoniasque solo prosternite uestes.
Ast alii thalamum docto conponite textu
stamine gemmato, picturatisque columnis
aedificetur apex, qualem non Lydia diues   215
erexit Pelopi nec quem struxere Lyaeo
Indorum spoliis et opaco palmite Bacchae.
Illic exuuias omnes cumulate parentum :
quicquid auus senior Mauro uel Saxone uictis,
quicquid ab innumeris socio Stilichone tremendus   220
quaesiuit genitor bellis, quodcumque Gelonus
Armeniusue dedit ; quantum crinita sagittis
attulit extremo Meroe circumflua Nilo ;
misit Achaemenio quicquid de Tigride Medus,
cum supplex emeret Romanam Parthia pacem.   225

210 Fontibus (*Lras. exc. Fl.*) : Flor- *N Vic* Fluct- *F₅* ‖ flammis *L* ‖ locos *P₆a.c.* ‖ adolete (*Pa.c.*) : -ere *P₂KP₆a.c.F₅J Pp.c. Vic Ise* ‖ **211** lutea : lintea *N* ‖ **212** sidoneas- *F₅* sinodias- *Pa.c.* ‖ **213** At *L* ‖ docto (*P₆a.c. Lp.c.*) : -e *K Pu.l.* ducto *P₆p.c. La.c. F₂a.c.* ‖ textum *K Pu.l.* ‖ **214** geminato *P* ‖ **215** Edificetur *P₂p.c.* ‖ apex *om. add. P₆* ‖ non (*P₂a.c.*) : num *Pa.c.* nec *P₂p.c.* ‖ **218** Illuc *F₃* ‖ omnis *Ja.c.* ‖ cumulare *N* ‖ parentium *P₂a.c.* ‖ **219** *om. add. P₆* ‖ **219** et **220** Quidquid *exc. Fl.* ‖ **220** *om. add. F₃* ‖ tremendis *P₂ exc. Fl.* ‖ **221** *om. add. J* ‖ quodcu(m)que (*exc. Gyr.*) : qu(a)e- *Jmg. Vic Ise* qui- *F₂* ? ‖ gelonis *P₆a.c.* ‖ **222** *om. add. F₃* ‖ quantum : quicquid *P₂u.l.* ‖ **223** merore *P₂a.c.J* ‖ **224** misit (*Rs.l.*) : mittit *F₅a.c. F₂P R* ‖ quidquid *exc. Fl.* ‖ tigride : rigido *P₆a.c.* ‖ **225** pauem *Pa.c.*

Dressez leur couche avec tous ces nobles trésors
                              [et avec les richesses
Barbares[a] ; rassemblez tous ces triomphes dans leur lit. »
Elle parle ainsi et gagne soudain les pénates de
                                        [la promise.
    Celle-ci, sans souci du mariage, ignorant
                              [qu'on en apprêtait
230 Les torches, s'entretenait avec sa divine parente[1] ;
     Elle boit les mœurs de sa mère, apprend
                              [les exemples antiques
     De la pudeur et ne cesse de dérouler les livres
     Latins ou grecs, avec pour maîtresse sa mère :
     Tout ce que le vieillard de Méonie, le Thrace Orphée
235 Ou Sappho a chanté à Mytilène avec le plectre
     (Ainsi Latone avertit Trivia ; ainsi Mnémosyne en
                                        [la grotte
     Avec douceur livre à la docile Thalie tous
                              [ses préceptes)[b],
     Quand à distance augmente la clarté[c], un air plus
                                        [agréable
     Parcourt la maison étonnée, un charmant parfum
                                        [de cheveux
240 S'épand. Bientôt c'est une certitude[d] : une divinité a lui.
     Stupéfaite, Vénus hésite : elle admire tantôt la face
     De la jeune fille et tantôt sa blonde mère à la tête
                              [entourée de neige[2].

a. Claudien ne manque aucune occasion de rappeler la supériorité des Romains sur les barbares.

b. *Tradit praecepta* se lit en même position métrique dans une anticipation sur les leçons (militaires) que Stilicon donnerait au fils d'Honorius et Marie (*Stil.* 2,349).

c. Sur les manifestations de l'*aduentus* divin, voir *supra* v. 184-5 ; ici, comparer Verg. *Aen.* 1,402-5 ; Ou. *Fast.* 4,5-6 ; Sil. 7,466-9. Sur le caractère à la fois épique et panégyrique de ce passage, Fo 1982, p. 61-62.

d. *Vera fides* (*Eutr.* 1,371) : cf. Sedul. *Carm. pasch.* 1,299...

Nobilibus gazis opibusque cubilia surgant
barbaricis ; omnes thalamo conferte triumphos. »
Sic ait et sponsae petit inprouisa penates.
    Illa autem secura tori taedasque parari
nescia diuinae fruitur sermone parentis   230
maternosque bibit mores exemplaque discit
prisca pudicitiae, Latios nec uoluere libros
desinit aut Graios, ipsa genetrice magistra,
Maeonius quaecumque senex aut Thracius Orpheus
aut Mytilenaeo modulatur pectine Sappho   235
(sic Triuiam Latona monet ; sic mitis in antro
Mnemosyne docili tradit praecepta Thaliae),
cum procul augeri nitor et iucundior aer
attonitam lustrare domum fundique comarum
gratus odor. Mox uera fides numenque refulsit.   240
Cunctatur stupefacta Venus : nunc ora puellae,
nunc flauam niueo miratur uertice matrem.

226 gazis (*Pu.l.*) : gatis *Pa.c.* grauis *Pp.c.* ‖ **227** omnis P_6*a.c. exc. Fl.* ‖
conferte : -erre *Na.c.* ‖ **228** sponte P_2*a.c.*P_6*a.c. Pa.c.* ‖ spetit *J* ‖
229 autem *N in ras.* ‖ t(h)ori (*exc. Fl.*) : chori *Vic* ‖ thebas- F_2*a.c.* ‖
230 diuin(a)e : -a P_6*a.c.* -o *Ru.l.* ‖ **232** pudiciti(a)e (*Pp.c. exc. Fl.*) :
pudiciæ *Vic* ‖ nec : non P_2 ‖ **233** genetrice P_6 *exc. Fl.* : -nitrice *cett.* ‖
234 quecumque *N in ras.* quem- P_6*a.c.* ‖ **235** sa(p)pho : -e *Pa.c.*
fauo P_6*a.c.* ‖ **236** mouet P_2*a.c.*F_3 ‖ mittis *K P R* ‖ antra *P* ‖ **237**
Mnemosine *R* Ne- F_2 *Vic* mnemasine *Pu.l. alia alii* ‖ d. tradit (*exc.
Fl.*) : d. tradidit *Vic* tradidit d. P_2 ‖ docili *om.* P_6*a.c.* -e *Ja.c. post*
docili *del.* do F_5 ‖ **238** Tum *J* ‖ augeri *Pp.c.* ‖ **240** numen P_2*KJN*
Ru.l. Vic Ise : lu- *cett.*

L'une est la lune en son croissant, l'autre en
[sa plénitude[a] :
Comme un jeune laurier se dresse sous sa mère[b]
245   Verdoyante ; encore petit, il promet déjà d'immenses
[rameaux,
Une chevelure[c] à venir ; ou bien, sous un seul plant,
Comme deux roses règnent parmi les arpents
[de Paestum[1] :
L'une, épanouie en plein jour, gorgée de rosée
[printanière,
Cherche à s'étendre, et l'autre se cache en bouton,
250   Sans oser exposer aux rayons du soleil
[ses tendres feuilles.
Cythérée s'arrêta ; elle salue Marie avec douceur[2] :
« Salut, auguste descendance de Sérène la constellée,
Lignage de grands rois[d] et destinée à enfanter des rois.
Pour toi, j'ai quitté Chypre[3] et ma demeure de Paphos ;
255   Pour toi, il m'a plu d'accomplir un tel labeur,
Traverser tant de mer, pour que tu ne supportes plus,
Trop modeste, un foyer privé, pour que le jeune
[Honorius
Ne diffère pas plus longtemps les feux que pour toi
[il nourrit[e].
Accepte la destinée de ta race en reprenant le diadème
260   Pour le transmettre à tes enfants, retourne au fond
[de ce palais
D'où ta mère est venue. Suppose que tu n'aies

a. Comparaisons similaires chez Coripp. *Iust.* 2,72-83 à propos de Sophie et sa fille (contamination des v. 243-6 par les v. 270-1). Voir Christiansen 1969, p. 36-37.

b. Claudien a repris sous forme de comparaison une description de Verg. *Georg.* 2,18-19 : « etiam Parnassia *laurus / parua sub* ingenti *matris* se subicit umbra ».

c. Sur l'emploi métaphorique de *coma* pour les végétaux, ThLL, s.u., 1752-3.

d. Hier. *Epist.* 108,33,I,2 (épitaphe de Paula) : *Gracchorum suboles, Agamemnonis inclita proles.*

e. Ou. *Met.* 6,492-3 *et ignes / ipse suos nutrit.*

Haec modo crescenti, plenae par altera lunae :
adsurgit ceu forte minor sub matre uirenti
laurus et ingentes ramos olimque futuras   245
promittit iam parua comas ; uel flore sub uno
ceu geminae Paestana rosae per iugera regnant :
haec largo matura die saturataque uernis
roribus indulget spatio ; latet altera nodo
nec teneris audet foliis admittere soles.   250
    Adstitit et blande Mariam Cytherea salutat :
« salue sidereae proles augusta Serenae,
magnorum suboles regum parituraque reges.
Te propter Paphias sedes Cyprumque reliqui,
te propter libuit tantos explere labores   255
et tantum transnare maris, ne uilior ultra
priuatos paterere Lares neu tempore longo
dilatos iuuenis nutriret Honorius ignes.
Accipe fortunam generis, diadema resume,
quod tribuas natis, et in haec penetralia rursus,   260
unde parens progressa, redi. Fac nulla subesse

243-5 *Rm.r.* ‖ **243** modo F_3F_5J *L P Vic Ise mg.* : noua P_2KP_6N $F_2p.c.Pu.l.$ *Rm.r. exc. Fl.* ‖ *post* crescenti *add.* ceu *Pm.a.* ‖ plene *Pp.c.* ‖ pars F_5 *P* ‖ **244** Quid surgit $P_6a.c.$ ‖ ceu (*exc. Fl.*) : seu $P_2Ka.c.P_6a.c.$ *Pu.l. Rm.r. Vic* ‖ minor forte $F_5a.c.$ ‖ **245** ingens $P_6a.c.$ ‖ **246** promittit — flore *Rm.r.* ‖ Promittat $P_6a.c.$ ‖ iam : etiam *Pa.c.* ‖ uno : imo $P_6a.c.$ ‖ **247** ceu — per *Rm.r.* ‖ seu $P_2F_5a.c.$ ‖ paestanae *Rm.r.* ‖ ros(a)e : rose noua F_5 ‖ regnant ($P_2p.c.$) : uernant *L* ‖ **248** Haec l. m. d *Rm.r.* ‖ Hoc $P_2a.c.$ ‖ matura (*exc. Fl.*) : -o *Vic* ‖ secu- raque F_5 ‖ uernis *Pp.c.* ‖ **249** Roribus indul *Rm.r.* ‖ Rosibus *N* ‖ spatio *Np.c.* ‖ **250** Nec *Rm.r.* ‖ soliis *Pa.c.* ‖ committere $P_2u.l.$ ‖ solis *Pa.c. Ra.c.* -em F_5 *Pp.c.* ‖ **251** mariam blande F_5 ‖ **253** Magno *Ra.c.* ‖ suboles *exc. Fl.* : so- *cett.* ‖ **254** sedes : (a)edes $P_2P_6F_3Ja.c.N$ *Vic Ise* ‖ cypron- *P* ‖ relinqui $P_6a.c.$ ‖ 255-254 *Ja.c.* ‖ **255** *om. add.* F_2 ‖ libuit tantos : t. l. $P_2a.c.F_3$ libra t. $P_6a.c.$ l. magnos F_2 ‖ explere ($P_2p.c.$) : im- *K* ‖ **256** tra(ns)nare : transmare *Pa.c.* tra(ns)nasse P_2KP_3JN $F_2u.l.Ps.l.$ *exc. Fl. Vic Ise* ‖ mares *Pa.c.* ‖ ne ($P_6u.l.$) : nec $P_6a.c.$ neu $P_6p.c.F_3$ ‖ **257** Primatos *Pa.c.* ‖ pat[-c-]iare P_2P_3J *Vic* ‖ lares : domos F_3 ‖ neu ($P_6a.c.$) : ne $P_2P_6p.c.N$ ‖ **258** nutriret : differ- ret P_2 ‖ *ante* ignes *del.* an *R* ‖ ignis $P_2a.c.P_6a.c.$ *exc. Fl.* ‖ **260** Quod (*Pu.l.*) : Quid *P* ‖ **261** Vncte *Pa.c.* ‖ parens *om. N* ‖ subisse $P_6u.l.$ $F_2u.l.$

Aucun lien de parenté : même si tu étais
Hors de la famille princière, tu mériterais de régner
[pour ton visage.
Quelle figure approche plus du sceptre ?
[Quelle face sera
265   Plus digne de la cour[a] ? La rose ne vaut pas tes lèvres[b],
Ni le givre ton cou, ni la viole[1] tes cheveux,
[ni la flamme tes yeux.
Comme l'ombre de tes sourcils se réunit en joignant
[doucement[2]
Leur intervalle ! Quel juste équilibre se mêle à
[ta pudeur,
Et un trop grand afflux de sang n'altère jamais
[ta blancheur[c] !
270   Tu primes l'Aurore et ses doigts[d], Diane et ses épaules[e] ;
Tu surpasses déjà même ta mère[f]. Si Bacchus amoureux
A pu marquer le ciel[g] d'une couronne offerte en dot[h],
Pourquoi une vierge plus belle n'est-elle pas
[couronnée d'astres ?
Déjà Bootès te prépare une tresse d'étoiles ;
275   Déjà l'éther enfante en l'honneur de Marie
[des constellations[i].
Tu dois t'unir à un mari digne de toi et partager[j]

a. La beauté légitime une épouse impériale : Hans 1988. La
description de la beauté de la mariée est un *topos* de l'épithalame
(Ménandre, Spengel 3, 405).

b. La rose et sa couleur sont traditionnellement associées aux
lèvres : Bion *Adon.* 11 ; Catull. 67,74 ; 80,1…

c. Mélange traditionnel du rouge et du blanc (*Pall.* 41-42) : e.g.
Verg. *Aen.* 12,65-69 (Lavinia) ; Ou. *Am.* 1,8,35 ; 3,3,5 ; *Met.* 3,423…

d. L'Aurore "aux doigts de rose" selon Homère, suivi par toute
la tradition.

e. Sur la haute stature de Diane, Verg. *Aen.* 1,501 ; Ou. *Met.* 3,182.

f. Cf. le passage de Corippe cité à la page précédente, note a.

g. *Caelum signare* : Ou. *Met.* 11,590.

h. Sur la couronne d'Ariane, Manil. 5,250 sqq. (cf. RE II,1, 805-6).

i. Catastérisme analogue en *Ol.* 242-6 (cf. aussi *3 cons.* 163-174).
Même clausule *parturit aether* chez Ennod. 43,20 Vogel.

j. L'expression *imperii consors* sera reprise par Coripp. *Iust.* 1,272.

uincula cognatae : quamuis aliena fuisses
principibus, regnum poteras hoc ore mereri.
Quae propior sceptris facies ? Quis dignior aula
uultus erit ? Non labra rosae, non colla pruinae,   265
non crines aequant uiolae, non lumina flammae.
Quam iuncto leuiter sese discrimine confert
umbra supercilii ! Miscet quam iusta pudorem
temperies, nimio nec sanguine candor abundat !
Aurorae uincis digitos [h]umerosque Dianae ;   270
ipsam iam superas matrem. Si Bacchus amator
dotali potuit caelum signare corona,
cur nullis uirgo redimitur pulchrior astris ?
Iam tibi molitur stellantia serta Bootes
inque decus Mariae iam sidera parturit aether.   275
O digno nectenda uiro tantique per orbem

264 propior $P_2u.l.F_3J$ F_2 R Vic : proprior $P_2KP_6F_3N$ L P Ise || qui
$P_6a.c.$ *exc. Fl.* || auli $P_2a.c.$ || **265** non *om.* $P_2a.c.$ || libra $F_5a.c.$ ||
266 crinis Vic || nec P_2 || lumina $F_4p.c.$ || **267** † *praefixit exc. Fl.* ||
iuncto leuiter : l. i. F_3 -ti l. $P_2u.l.P_6a.c.$ *Pu.l. exc. Fl.* -ti pariter P_2
uincti l. Vic uincto l. F_2 Ise iusto l. Ise *mg.* || **268** superii J ||
pudorem : rub- $P_2u.l.P_6s.l.F_3$ $Rs.l.$ || **269** nimio $Pp.c.$ || candor : color
N || habundans $P_6a.c.$ || **270** digitos uincis F_3 || humeros *codd.* || **271**
Iam superans ipsam L || si : sic $Ru.l.$ || baceeis $Pa.c.$ hac huius $P_6a.c.$
|| **272** signare (*exc. Fl.*) : -ire $Ru.l.$ d- $P_6a.c.$ ditare P_2 Vic || **273** cur :
cum $P_6a.c.$ $Ru.l.$ || **274** Iam $Pp.c.$ || molitur ($F_2a.c.$ *exc. Fl.*) : moll-
$F_2p.c.$ Vic molior $Pa.c.$ || stilantia $P_2a.c.$ || bootes (*exc. Fl.*) : boetes
$P_2KP_6Ja.c.N$ F_2 Vic || **275** In- : Iam- K || ethera $Ja.c.$ ethra K || **276**
o d. : i d. *exc. Fl. exc. Gyr.* indigno $P_6a.c.$ || nectanda $P_6a.c.Ja.c.$

Un tel empire sur le monde ! Déjà l'Hister est prêt
                              [à t'honorer ;
Les peuples étrangers adoreront ton nom ; déjà le Rhin
                              [et l'Elbe
Sont prêts à te servir ; tu marcheras en reine
                              [au milieu des Sicambres[a].
280   Pourquoi dénombrer les nations et les recoins d'Atlas[b] ?
Tu recevras également en dot tout l'univers.
      Elle dit et ajuste les atours, qu'avec une ovation
Venaient d'offrir les Néréides, à son cou,
                              [à son corps resplendissant.
Elle-même sépare avec l'épingle ses cheveux et noue
                              [son vêtement[1] ;
285   Elle ajuste elle-même à ses cheveux de vierge
                              [le voile igné.
Le cortège déjà sonne devant la porte[c] et rayonne
                              [le char sacré[d]
Qui conduira la bru. Déjà le prince brûle
D'aller à sa rencontre[e] et désire que le soleil, trop lent,
                              [s'en aille[f] :
C'est ainsi qu'un noble coursier[g], que d'amoureux
                              [effluves
290   Troublent pour la première fois, se gonfle, agite
                              [sa belle crinière

a. Polynice avait dit à sa femme Argie (Stat. *Theb.* 2,362) : *geminas ibis regina per urbes.* Pour les Sicambres, voir *4 cons.* 446 et note c.

b. Même clausule en *Ol.* 35.

c. Tout ce début de vers (dont l'attaque *ante fores* est ovidienne : *Met.* 11,605) est textuellement repris par Coripp. *Iust.* 3,6.

d. Inutile d'adopter la leçon isolée *sacram* : tout ce qui touche à l'empereur est *sacer* (voir *pr. Ruf.* 1,16 et n. compl. 2).

e. Même clausule *obuius ire* en *Gild.* 311 ; en attaque de vers, *Eutr.* 1,257.

f. Exclamation du même ordre chez Stat. *Silu.* 1,2,217-8.

g. Comparaison homérique : *Il.* 6,506-11 ; Enn. *Ann.* 514-8 V. ; Verg. *Aen.* 11,492-7 ; cf. aussi Petron. 89, v. 58-60 (… *altas quatere… iubas*) et Stat. *Ach.* 1,313-7 (Frings 1975, p. 81-83).

consors imperii ! Iam te uenerabitur Hister ;
nomen adorabunt populi ; iam Rhenus et Albis
seruiet ; in medios ibis regina Sygambros.
Quid numerem gentes Atlanteosque recessus   280
Oceani ? Toto pariter dotabere mundo. »
        Dixit et ornatus, dederant quos nuper ouantes
Nereides, collo membrisque micantibus aptat.
Ipsa caput distinguit acu, substringit amictus ;
flammea uirgineis accommodat ipsa capillis.   285
Ante fores iam pompa sonat pilentaque sacra
praeradiant ductura nurum. Calet obuius ire
iam princeps tardumque cupit discedere solem :
nobilis haud aliter sonipes, quem primus amoris
sollicitauit odor, tumidus quatiensque decoras   290

277 te om. *N* || **278** *ante* iam *del.* hec P_6 || iam : et *K* || remus F_2 ||
alpis *N* || **279** Seuiet $P_6a.c.$ || sigambros *Pa.c.* syc- P_2 K F_2 *R* sic- *Pp.c.*
cett. || **280** at(t)(h)al(l)ant(h)eos- $P_6a.c.N$ *L* F_2 || **281** toto *Pp.c.* ||
dotabere ($F_5mg.$ *Pa.c.*) : don- $P_2u.l.$ *P R Ise mg.* dit- P_2 domina-
$P_2u.l.KF_5$ || **282** nupera uantes $P_6a.c.$ || **283** *bis* $P_6a.c.$ || **284** distinguit
($Ku.l.P_6mg.$) : constringit P_2KP_6 *exc. Fl.* || sustinguit $F_5a.c.$ || **285**
accomodet *exc. Fl.* || **286** sacram *P Ise* || **287** Praeradiant *Rm.r.* ||
murum *N* uirum $F_5a.c.$ || ouius P_2 || **288** princeps iam $F_5a.c.$ || -que
om. $P_2a.c.$ || capit *Pa.c.* || **289** haud *N*: -t *Pp.c. codd.* aut *Ja.c. Pa.c.* ||
primus ($P_2p.c.$) : priscus $F_5a.c.$ F_2P *R* || **290** Sollicitant ordo mundus
$P_6a.c.$ || tumidus *om. Ra.c.* ti- *Ka.c.* || quociens- $F_5a.c.$ || decorans
$P_6a.c.$

En fléchissant la tête et vole à travers les champs
                              [de Pharsale[a] ;
Les naseaux en feu, il réclame en hennissant
Les fleuves qu'il connaît ; un espoir[b] de fécondité
                              [charme les maîtres
Et le troupeau se réjouit d'un si bel étalon.
295   Cependant l'armée toute en blanc[1] a déposé
                              [les armes
Et exulte autour du beau-père ; aucun porte-enseigne[c]
                              [ou soldat
Ne cesse de verser des fleurs comme une pluie
Ou de répandre sur son chef une averse de pourpre.
Voilés de laurier et de myrte, ils chantaient en
                              [ces termes[2] :
300   «Père divin, que tu sois entouré par l'axe de l'Olympe
Ou que tu foules les vallons de l'Élysée[d], récompenses
                              [des âmes,
Voici que Stilicon a accompli le vœu qu'il t'avait fait[e]
Et voici le retour de sa reconnaissance. Il paie
                              [son mariage :
Il rend épouse pour épouse en remettant au fils
305   Ce que le père avait donné[f]. O saint, tu ne regretteras
                              [jamais
Ton choix : à ton dernier moment ton affection
                              [ne t'a pas abusé.
Il est digne qu'on lui confie les lois et les enfants
D'un si grand prince[g], et digne de si grandes rênes[h].

a. Sur les chevaux de Pharsale et de Thessalie, RE 19,2, 1439.
b. L'attaque de vers *spem gregis* est empruntée à Verg. *Ecl.* 1,15.
c. Même clausule *signifer ullus* chez Merob. *Carm.* 2,155.
d. Cf. Verg. *Aen.* 6,637 sqq.
e. Verg. *Aen.* 6,346 *en haec promissa fides est* ?
f. Stilicon a reçu de Théodose sa nièce et fille adoptive Sérène ; il donne en retour sa fille Marie au fils de Théodose.
g. *Stil.* 2,61 (Stilicon) *cui regia tuto / creditur.* Voir *3 cons.* 151-8 et n. compl. 2.
h. Voir *3 cons.* 83 et note b.

curuata ceruice iubas Pharsalia rura
peruolat et notos hinnitu flagitat amnes
naribus accensis ; mulcet fecunda magistros
spes gregis et pulchro gaudent armenta marito.
    Candidus interea positis exercitus armis   295
exultat socerum circa ; nec signifer ullus
nec miles pluuiae flores dispergere ritu
cessat purpureoque ducem perfundere nimbo.
Haec quoque uelati lauro myrtoque canebant :
« Diue parens, seu te conplectitur axis Olympi,   300
seu premis Elysias animarum praemia ualles,
en promissa tibi Stilicho iam uota peregit.
En gratae rediere uices. Conubia pensat :
acceptum reddit thalamum natoque reponit
quod dederat genitor. Numquam te, sancte, pigebit   305
iudicii nec te pietas suprema fefellit.
Dignus cui leges, dignus cui pignora tanti
principis et tantae commendarentur habenae.

291 curuata : -as N turbata *exc. Fl.*† ‖ pharsalica *J* ‖ 292 et notos hinnitu (h. *Pp.c.*) : h. conceptos *L* ‖ flagitat : commouet *Rs.l.* ‖ a(m)nes ($P_6u.l.$ *exc. Fl.*) : annis $P_6a.c.$ omnes *Vic* ignes $P_6p.c.N L$ ‖ 293 accensis (*exc. Fl.*) : -us $P_2a.c.$ *et u.l.* $KP_6a.c.F_3JN$ *Vic* ascensis *L* ‖ mulget *Ra.c.* ‖ magistras $P_2a.c.$ ‖ 294 gregis *om. add. L* ‖ 296 Exulat $P_6a.c.$ ‖ socerum circa (*exc. Fl.*) : c. s. F_5 s. iuxta *Vic Ise* ‖ signifere *Na.c.* ‖ ullus P_2 *ras.* ‖ 297 pluui(a)e flores... ritu : pl. fl. ... riui $P_6a.c.$ pl. rores... r. $P_2u.l.$ pl. r. ... fl. F_3F_5 r. pl. ... fl. *J* ‖ 298 ducem (*Ru.l.*) : diem *R* ‖ perfonderem $P_6a.c.$ profundere *N* ‖ nimbo *Pp.c.* ‖ 299 Hoc $P_2 L$ *Rmg.* ‖ myrto lauroque *L* ‖ 300 auxis $P_6a.c.$ ‖ olimpi *codd.* ‖ 301 Se $P_6a.c.$ ‖ premis : colis $P_2KP_6JN F_2u.l.Pu.l.$ *Vic Ise* ‖ praemia *Nras.* ‖ uallis *exc. Fl.* ‖ 302 nota *Ka.c.* ‖ 303 En (*L ras.*) : iam $P_2KP_6F_3JN$ *Vic Ise* ‖ radiere P_2 ‖ con(n)ubia (*exc. Fl.*) : cunabula $P_2P_6a.c.$ *Pu.l.* exc. *Fl.u.l.* exc. *Gyr.* ‖ pensant *Ja.c.* *Pu.l.* exc. *Gyr.* ‖ 304 reddat *Pa.c.* redit *Ja.c.* ‖ nato- : uotum- F_5 ‖ reponit : rependit $P_6u.l.F_3N F_2u.l.$ *Ru.l.* ‖ 305 dederas *J* ‖ te *om. Ka.c.* ‖ 306 sup(p)rema : ext- *N* ‖ 307 cui leges (*Ru.l.*) : cui liges $P_2a.c.$ quem leges *P* quem legeres $P_6J F_2a.c.$ *R* exc. *Fl.* quod legeres *N* ‖ tanta F_2 ‖ 308 tant(a)e : rerum $P_2KP_6F_3JN$ *Vic Ise*

Nous pourrions raconter quels combats il livra

[sous l'Hémus[a],

310   Quelle lutte a ensanglanté les vapeurs du Strymon,
Combien il est connu par son écu[b] et avec quel élan

[il foudroie l'ennemi,

Si Hymen ne nous l'empêchait. Nous chantons

[maintenant

Ce qu'il est opportun de dire. Qui est meilleur

[conseil ou connaît mieux

La mesure du droit, du juste ? En toi, ce qui toujours

[s'oppose,

315   Se concilie[c] : force et génie, hardiesse et sagesse.
Qui a front plus serein ? À qui conviendraient

[aussi bien

Les sommets de l'État romain ? Quel cœur suffirait à

[de tels soucis ?

Te dresses-tu parmi le peuple ? En te voyant,

[chacun s'écrie :

C'est Stilicon, c'est lui. L'air noble du pouvoir

320   S'atteste et se montre de soi, sans voix hautaine,
Sans simuler une démarche altière et

[sans geste effronté[d].

Tout ce qu'un autre affecte et s'efforce de feindre,
Nature t'en fait don[e]. Tu resplendis en même temps
D'une pudeur, d'une belle rigueur ; pour faire

[mieux vénérer ton visage,

---

a. La rhétorique vient ici au secours de la politique : en février 398, après la si discutée campagne en Grèce de l'été précédent, la prétérition ou aposiopèse (pour raisons de convenance : v. 312) permet de passer rapidement, de façon allusive, sur les combats contre les Goths (cf. *Stil.* 1,131-2 ; *Get.* 177 et 574).

b. Stilicon est le bouclier d'Honorius : *Stil.* 2,62.

c. Ce portrait de Stilicon est à rapprocher de *Stil.* 1,24-34 et 44-49.

d. Comparer *Stil.* 2,158-163 (cf. Zos. 5,34,5).

e. Passage imité de façon négative par Marbode (*Ad reginam Anglorum,* 1566-7 PL 171,1660 cité par Frings 1975, p. 237) : *affectant aliae quod eis natura negauit.* Sur le concept de Nature chez Claudien, voir t. I, p. 121 note 5.

Dicere possemus quae proelia gesta sub Haemo
quaeque cruentarint fumantem Strymona pugnae,   310
quam notus clipeo, quanta ui fulminet hostem,
ni prohiberet Hymen. Quae tempestiua relatu,
nunc canimus. Quis consilio, quis iuris et aequi
nosse modum melior ? Quod semper dissidet, in te
conuenit, ingenio robur, prudentia forti.   315
Fronte quis aequali, quem sic Romana decerent
culmina ? Sufficerent quae tantis pectora curis ?
Stes licet in populo, clamat quicumque uidebit :
hic est, hic Stilicho ! Sese testatur et offert
celsa potestatis species, non uoce feroci,   320
non alto simulata gradu, non inproba gestu.
Adfectant alii quicquid fingique laborant,
hoc donat Natura tibi. Pudor emicat una
formosusque rigor uultusque auctura uerendos

309 Discere $P_6a.c.$ P ‖ possemus : nunc possem $P_6p.c.$ *exc. Fl. exc.
Gyr.* nunc possent $P_6a.c.$ ‖ gesta : iusta N ‖ **310** cruentarint (*exc.
Fl.*) : -arent F_5 L *Vic* ‖ **311** ui : in $P_6a.c.$ ‖ hostem : hastam $P_2mg.mr.$
‖ **312** Ne *Pa.c.* ‖ prohiberent $F_5a.c.$ ‖ hiemem $P_2a.c.$ ‖ **313** consilii
L ‖ **314** dissidet ($P_2u.l.$ *Ise mg.*) : desi- *Ise* dissilit $P_2KP_6a.c.$ *Pu.l. exc.
Fl.* disilit *Vic* ‖ **315** ingenuo $F_2u.l.$ ‖ **316** (a)equali ($F_2a.c.$) : -is
$KP_6F_3F_5Ja.c.$ L $F_2p.c.$ *Ru.l.* ‖ quam *exc. Fl.*† ‖ decorent R decernent
P_2 ‖ **317** tantis qu(a)e $P_2KP_6F_5J$ F_2 *Vic Ise* ‖ pectora : culmina P_2 ‖
318 Stes (*Ju.l.*) : -t $P_2a.c.$ Sis J ‖ clamet P_2 ‖ **319** hic est hic (N *in
ras.*) : hic ille est P_2P_6J *Vic Ise* hoc ille est *Ju.l.* ille est hic F_5 hic est
F_3 ‖ sese $KP_6u.l.F_5a.c.$ L P R : sic se $F_5p.c.N$ *Ru.l.* sic te $P_2P_6F_5J$ F_2 *Vic
Ise* ‖ effert *flor. Gall.* ‖ **320** nec P_2 ‖ ferori $P_6a.c.$ ‖ **321** alio L ‖
322 quidquid *exc. Fl.* ‖ fringi- $F_2a.c.$ ‖ **323** Hoc (*exc. Gyr.*) : Hic N
Haec *Vic Ise* ‖ emica $F_5a.c.$ ‖ **324** uultus P_2F_3L ‖ au(c)tura uerendos ($F_5mg.$) : a. tremendos $F_2a.c.$ a.(*add. s.l.*) gerendos F_5 actura u.
KN auctorem uerendo *Pu.l.* actore uerendo $P_6a.c.$

325   Les cheveux blancs te sont vite venus[a]. Hors du destin,
       Bien que la gravité échoie au vieux et au jeune la force,
       Les deux âges te couvrent de leurs qualités distinctives.
       Héros, tu ornes la Fortune[b]. Tu n'as ni trait pour nuire
       Ni épée infectée par la gorge des citoyens[c].

330   Tu ne te rends pas odieux par la terreur[d] et la faveur
                                        [ne détend pas
       Ton mors. Nous t'aimons tout autant que
                                        [nous te redoutons[e].
       Et même notre crainte est un acte d'amour pour toi[f],
       Arbitre si juste des lois, si fidèle gardien
                                        [d'une paix glorieuse,
       O le meilleur des chefs et le plus fortuné des pères !

335   Nous reconnaissons tous que désormais
                                        [nous devons plus à notre maître
       Parce qu'il est ton gendre, invincible héros[g]. Ceins-toi
                                        [d'une couronne,

---

a. Cf. *Get.* 460. En 398, Stilicon a environ 33 ans ! Mais la canitie est une marque de sagesse louée par Pline chez Trajan (*Pan.*
4,7). De même le *topos* qui associe la force de la jeunesse à la
sagesse du vieillard est panégyrique (cf. *Ol.* 154-5 et n. compl. 1) :
Pan. 6[7],5,3 *imperator adulescens... cuius tanta maturitas est* ; Pacat.
Pan. 2[12],7,5 *uirtute iuuenum et maturitate seniorum.* Voir Curtius
corrigé par C. Gnilka, *Aetas spiritalis,* Bonn 1972, p. 28-31. Sur les
qualités propres à chaque âge, Cic. *Cato* 33 (Gnilka p. 209-10).

b. Sur *Fortuna* dans l'œuvre de Claudien, Born 1939.

c. Cf. *Stil.* 2,14-16 et 84-85.

d. Cf. *Stil.* 2,16-17 et 24-25 (cf. *6 cons.* 59 à propos de Théodose).

e. Cf. *Stil.* 2,2 et 147-8.

f. Reprend sous forme d'oxymore le thème du vers précédent.

g. Au moment où Stilicon est considéré comme *hostis publicus*
par la cour de Constantinople, Claudien donne de lui une image
impériale (v. 33-4 ; v. 336 *inuictus,* épithète d'empereur : F. Sauter,
Die römische Kaiserkult bei Martial und Statius, Stuttgart-Berlin 1934,
p. 153 sqq.) et le place même au-dessus d'Honorius (v. 335-6,
cf. *Stil.* 2,77-78). *Optime ductorum* : *Get.* 468 *uerus ductor. Fortunatis-*
sime patrum : Claudien avait écrit de Théodose (*3 cons.* 178) *fortu-*
nate parens.

canities festina uenit. Cum sorte remota   325
contingat senio grauitas uiresque iuuentae,
utraque te cingit propriis insignibus aetas.
Ornatur Fortuna uiro. Non ulla nocendi
tela nec infecti iugulis ciuilibus enses.
Non odium terrore moues nec frena resoluit   330
gratia ; diligimus pariter pariterque timemus.
Ipse metus te noster amat, iustissime legum
arbiter, egregiae pacis fidissime custos,
optime ductorum, fortunatissime patrum.
Plus iam, plus domino cuncti debere fatemur,   335
quod gener est, inuicte, tuus. Vincire corona,

325 festina (*Ku.l.*) : -ua *K* || cum sorte *P₆p.c.Jp.c. P R exc. Fl.*† : consorte *Ja.c. cett.* consorta *P₆a.c.* conscorte *P₆u.l.* non sorte *F₅a.c.* en sorte *Cam u.l. Ise mg.* || remota (*P₆a.c.* ?) : -o *P₂P₆ ?p.c.F₅s.l.Ju.l.* || **326** contingat *F₅a.c. R Ise* : -it *F₅p.c. L* -ant *Ise mg.* -unt *Ru.l. cett. exc. Fl.* contigunt *Vic* || senio grauitas : g. s. *P₆p.c.N exc. Fl.*† g. senii *P₂p.c.J exc. Gyr. Vic* g. seni *P₂u.l.* g. senum *P₂a.c.* senii g. *Ise* grauitasque seni *K Pu.l. Ise mg.* grauitasque senii *P₆a.c.* || iuuenti *P₂a.c.* || **327** te *om. F₂a.c.* || **328** Ornatus *P₆a.c.* hortatur *F₅a.c.* Miratur *Pa.c.* || **329** infesti *P₂u.l.* infensi *P₂* || **330** nec : non *L F₂* || **331** timemus : am- *P₆a.c.* || **332** te *om. N* || **333** custos... pacis *J* || fidissime (*exc. Fl.*) : fidelissime *Vic* iustissime *F₃* || **334** ductorum (*L in ras.*) : doc- *Ka.c. Ra.c.* || fornatissime *F₂a.c.* || patrem *P₂ ?a.c.* || **335** Plus iam plus : Plus tibi quam *P₂* Plus tibi iam *Ise mg.* || cuncti (*P₂ in ras.*) : f- *P* cunctis *K* || fatentur *F₅* fatemus *P₂* || **336** tuus : tuis *F₂* tui *K* || uincire (*P₂u.l. exc. Fl.*†) : -ite *P₆a.c.* -ere *Vic* innecte *P₂* || corona : -am *P₂* choreis *Ja.c.*

Mêle-toi à nos chœurs au mépris de tes droits[a] !
Qu'ainsi le jeune Eucherius surpasse son père en
                                    [mérite[b] ;
Qu'ainsi Thermantie la dorée voie de semblables
                                    [torches[c] ;
340   Qu'ainsi grossisse le sein de Marie ; qu'ainsi, né dans
                                    [la pourpre,
Un jeune fils d'Honorius s'assoie sur les genoux de
                                    [son aïeul[d].»

a. En contraste avec les vers précédents, les soldats profitent de
la liberté de parole qu'offrent les noces pour appeler Stilicon à
descendre de sa majesté pour se mêler à eux. Deux ans plus tard,
Claudien reviendra sur la simplicité de Stilicon qui le rend proche
de tous (*Stil.* 2,157-68).

b. Les vœux que Claudien place dans la bouche des soldats
visent d'abord… les enfants de Stilicon (cf. *Stil.* 2,354-61) ! Eucherius n'avait que neuf ans en 398 et certains (Oros. 7,37,1 ; Zos.
5,32) ont accusé Stilicon d'avoir voulu l'élever à la dignité impériale. Claudien dira de lui en 404 (*6 cons.* 552) : *cui regius undique
sanguis.* Il sera mis à mort avec son père en 408. Sur le concept de
uirtus et l'idéologie impériale, F. Heim, *Virtus. Idéologie politique et
croyances religieuses au IVᵉ siècle*, Bern-Frankfurt 1991.

c. Claudien ne pouvait supposer que la sœur cadette de Marie
épouserait… Honorius lui-même après la mort de son aînée, en
408, peu de temps avant la disgrâce et l'exécution de son père.
Honorius alors la répudia et elle mourut en 415. En 398, Claudien
pensait-il à un mariage avec Arcadius (Cameron 1970, p. 54) ?

d. Cf. *Stil.* 2,342-9. Pour le fils d'Honorius (*Honoriades*, création
de Claudien), l'insistance sur le thème du porphyrogénète (cf. *3
cons.* 15 et note a) n'empêche pas le poète de clore le discours et
le poème par un terme qui renvoie à… Stilicon !

insere te nostris contempto iure choreis !
Sic puer Eucherius superet uirtute parentem ;
aurea sic uideat similes Thermantia taedas ;
sic uterus crescat Mariae ; sic natus in ostro   340
paruus Honoriades genibus considat auitis. »

337 *om. add. J* || **338** parentem (*exc. Fl.*) : -um *Vic* || **339** sic *om. F₂a.c.* || uideat : iubeas *F₂a.c.* || similis *P₂ exc. Fl.* || **340** uterus : proles *P₂* || **341** considet *P₆a.c. Vic*
epithalamium honorii augusti explicit *R*

FESCENNINS

sur les noces de l'empereur Honorius

(*carm.* 11-14)

I (*carm.* 11)

Les quatre poèmes lyriques nommés *Fescennins* jouent par rapport à l'*Épithalame* un rôle analogue à celui que Ménandre (Spengel 3, 405-6) assigne au *kateunastikos logos* par rapport à l'*epithalamios* ou *gamelios logos* : ces vers ont été récités (ou chantés ?) avant la nuit de noces. Ils sont disposés selon une progression thématique et chronologique. À l'éloge de la beauté du jeune époux (I) succède un appel à toute la nature pour qu'elle célèbre les noces de l'empereur (II) ; Stilicon, père de Marie et "tuteur" d'Honorius, est invité à unir ses enfants en joignant leurs mains (III) ; il ne reste plus qu'à encourager les époux à consommer le mariage (IV). D'une pièce à l'autre, des reprises de mots et de thèmes soulignent la cohérence du tout.

La première pièce fait l'éloge de la beauté du jeune époux et empereur. Comment louer la beauté d'un prince qui surpasse celle des astres, des héros et des dieux (v. 1-9) ? Chasseur accompli à qui les fauves, en particulier les lions, s'offrent spontanément, il surpasse Adonis et Hippolyte (v. 10-17). Dans le sommeil après l'effort, il embrase le cœur des Dryades et des Naïades (v. 18-24). Les êtres les plus insensibles voudraient être ses esclaves : même l'amazone Hippolyte céderait à son charme (v. 25-39). Heureuse celle qui s'unira à lui en le faisant époux (v. 40-41) !

Cet éloge du bel Honorius s'inspire d'une double topique, celle des poèmes de mariage et celle des panégyriques impériaux. La description de la beauté des mariés est un *topos* de l'*epithalamios* selon le Ps. Denys d'Halicarnasse (*ars rhet.* 4), et du *logos kateunastikos* selon Ménandre (Sp. 405). Mais ce dernier inclut aussi la beauté parmi les qualités du prince (Sp. 371), et il conseille précisément de dire que sa beauté radieuse rivalise avec les étoiles du ciel : le premier vers suit à la lettre ce précepte. Selon Ménandre, il faut aussi affirmer que le prince surpasse tous les autres comme le faisaient Achille, Héraclès ou les Dioscures. Claudien va au-delà de cette prescription : Honorius surpasse Castor (v. 6), le Dioscure "dompteur de chevaux" (Hom. *Il.* 3,237 ; *Od.* 11,300 ; *Hymn. Diosc.* 18), Achille (v. 7), le héros le plus parfait, et même le bel Apollon (v. 8) et le gracieux Liber-Bacchus (v. 9), exactement comme Jason épousant Créuse (Sen. *Med.* 83-87, épithalame chanté par le chœur ; Jason l'emporte aussi sur Castor et Pollux, v. 88-89). Claudien suit donc une topique ; mais, contrairement à R. Bertini Conidi (1988, p. 69-71), je n'y décèle ni ironie ni satire.

Dans le détail des thèmes, on relève des lieux communs. Pour l'habileté légendaire des archers parthes (v. 2), Claudien semble renchérir sur un vers de Sénèque qui les représente comme meilleurs archers que les Crétois (*Herc. O.* 161 « *Parthus* Cnosiacis *certior* ictibus ») ; Honorius, lui, surpasse même les Parthes. Les Gélons (v. 3), peuple scythe ou sarmate vivant à l'est du Tanaïs (dans l'actuelle Ukraine), sont traditionnellement considérés comme des cavaliers (Hor. *Carm.* 2,9,23-24 ; Pomp. Mela 2,13). L'incapacité du poète à louer dignement son héros est elle aussi un thème rhétorique (Curtius, *La littérature européenne*, p. 103-6).

La chasse (v. 10-15) illustre souvent les qualités physiques et le courage des jeunes gens ; en particulier la chasse noble par excellence, celle au lion, est la plus digne d'un prince (J. Aymard, *Essai sur les chasses romaines des origines au siècle des Antonins*, Paris 1951 ; A. Vaccaro-Melucco, « Sarcofagi romani di caccia al leone », *Studi Miscellanei del Semin. di Archeologia dell'Università di Roma*, 11, Roma 1966) : peu importe qu'il n'y ait pas de lions en Italie ! Elle figure le triomphe de l'empereur qui, assurant sa victoire sur le danger et la mort, garantit la prospérité de l'Empire. Faut-il voir ici une intention politique plus précise ? Le lion n'est ni blessé ni menaçant comme à l'accoutumée. Point de combat : le fauve s'offre spontanément aux coups du prince (*sacris uulneribus*, v. 14), c'est un honneur pour lui que d'être tué par sa lance (v. 15). Or, quelques mois après avoir écrit ces vers, Claudien reprend le même tableau dans un rêve prémonitoire qui annonce la victoire de l'empereur sur Gildon (*Gild.* 363-6). Claudien aurait-il voulu suggérer, au moment où se prépare l'expédition contre Gildon, que la victoire est certaine, afin de soutenir dans l'opinion la politique de Stilicon ? En tout cas, le rêve du *De bello Gildonico* interprète en ce sens notre passage, car, pour décrire la soumission du lion, il reprend les termes qui décrivent ici l'esclavage volontaire des peuples les plus barbares (comparer les v. 29-30 avec *Gild.* 365-6) ; dès qu'il a vu de près la force éclatante d'Honorius (v. 27 *cum micantem te prope uiderit*), Gildon s'est soumis. Il y a peut-être un symbolisme analogue à la fin de *Stil.* 3, dans le passage qui décrit les lions de Libye se soumettant volontairement à Diane pour participer aux festivités en l'honneur de Stilicon (v. 333 sqq.). Ce thème de la soumission du lion a pu être suggéré à Claudien par l'histoire d'Androclès plutôt que par celle du prophète Daniel ou de sainte Blandine. La double allusion mythologique à Adonis et à Virbius n'est pas déplacée, comme le pensent à tort A. Ker (1957, p. 151-3), et Hall, suivi par R. Bertini Conidi (1988), qui déplace ces v. 16-17 pour les mettre après le v. 7 : elle rattache directement le thème de la chasse à celui de la beauté masculine : Adonis et Virbius, nom latin d'Hippolyte, fils de Thésée, incarnent le type idéal du beau chasseur.

Dans son ensemble, l'éloge de la beauté d'Honorius semble bien s'inspirer du chœur de la *Phèdre* de Sénèque qui chante la beauté d'Hippolyte : le jeune chasseur surpasse l'éclat des astres (*Phaedr.* 743-52, cf. ici v. 1) ou la beauté de Liber (v. 753-60 ; cf. ici v. 9) ; il est comparé à Phébus (v. 800-4 ; cf. ici v. 8) et présenté les cheveux non coiffés (v. 803-4 ; cf. ici v. 12) ; il est plus habile cavalier que Castor (v. 809-11 ; cf. ici v. 6), meilleur archer que les Parthes ou les Crétois (v. 814-9 ; cf. ici v. 2) ; il surpasse Hercule et Mars (v. 807-8 ; cf. ici v. 38-39). Comme Honorius, il est présenté au repos dans l'obscurité d'un bois, tandis que se pressent autour de lui les troupes lascives des Naïades et des Dryades (v. 778-84 ; cf. ici v. 18-24). Le thème érotique traditionnel du jeune et beau chasseur surpris dans son sommeil, après l'effort, par une jeune femme ou des nymphes (J. Aymard, *op. cit.*, p. 129 sqq.) dépend ici directement de Sénèque. Pour le thème du repos du chasseur dans la fraîcheur de l'ombre, après l'effort (*labores*, v. 18), voir par exemple Ou. *Met.* 7,804 sqq. (v. 837 *labori*), à propos de Céphale.

Le thème de l'esclavage accepté par amour (v. 25-30) est un topos élégiaque (e. g. Tib. 2,4,1-4) ; mais le renvoi à la reine des Amazones Hippolyte s'inspire à nouveau de Sénèque. Claudien pense au tableau qui décrit Hercule domptant les Amazones « près des flancs du Caucase neigeux » (*Herc. O.*

1449-51 *circa niualis Caucasi... latus*). L'expression *saeuas Amazonas* (v. 32) est empruntée à une autre tragédie de Sénèque (*Tro.* 243 *saeua Amazon*, à propos de Penthésilée). Claudien développe donc la topique traditionnelle de l'éloge du prince et de la beauté du jeune époux, mais, par ses références insistantes aux tragédies, et notamment aux chœurs, de Sénèque, il souligne le caractère lyrique de son éloge.

Ce caractère est confirmé aussi par plusieurs références précises aux *Odes* d'Horace : la fin du premier vers *sidere pulchrior* reprend la fin d'un glyconique où Lydie vantait la beauté du rival d'Horace (*Carm.* 3,9,21) ; le centre du deuxième vers (*sagittas tendere*) est emprunté à un hendécasyllabe alcaïque qui évoque les archers arabes (*Carm.* 1,29,9). Et à ces deux emprunts métriques, concentrés dans les deux premiers vers comme un signal pour le lecteur, s'ajoute peut-être un souvenir du passage où Horace invite Hirpinus à s'étendre sous un platane : *carm.* 2,11,13-14 *cur non sub alta uel platano uel hac pinu iacentes...* ; cf. ici v. 18-19) ; mais l'ombrage du platane est un lieu commun (Verg. *Georg.* 4,146 ; pour le "vert" platane, v. 19 ; Sen. *Oed.* 452). On notera aussi, à côté de procédés oratoires communs à tous les poèmes de Claudien (exclamations, questions oratoires, anaphores, parallélismes, homéotéleutes...), la tonalité hymnique que confère au passage le recours aux apostrophes et au *Du-Stil* (v. 6 ; 7 ; 10 ; 13 ; 31 ; 40).

Le choix du mètre traduit la volonté de remonter à la tradition lyrique d'Horace, mais sans oublier l'inflexion particulière que Sénèque avait donnée à ce lyrisme. Claudien adopte ici l'hendécasyllabe alcaïque, mais il rompt la strophe chère à Horace pour ne conserver que l'hendécasyllabe en stiques. Ce faisant, il suit l'exemple de Sénèque dont les

chœurs avait souvent employé des mètres horatiens
hors de leur cadre strophique (séries d'hendécasyl-
labes sapphiques, d'asclépiades ou de glyconiques).
L'hendécasyllabe alcaïque sera repris en stiques par
Prudence (*Perist.*14) et Ennode (*Carm.* 1,17), qui
tous deux chantent une vierge martyre épouse du
Christ (respectivement Agnès et Euphémie) : les
deux poètes chrétiens ont retenu l'ethos nuptial
que Claudien avait donné à ce mètre.

[FESCENNINS 1]

[FESCENNINS 1]

O prince plus beau qu'un astre étincelant,
Plus sûr[a] que les Parthes pour tendre tes flèches,
Cavalier plus impérieux qu'un Gélon,
Qui louera dignement ta hauteur d'esprit[b] ?
5   Qui louera dignement ta beauté de feu[c] ?
Léda t'enfanterait plutôt que Castor,
Et Thétis te préfère à son propre Achille ;
Délos reconnaît qu'Apollon est vaincu,
Et la Lydie croit Liber inférieur[d].
10   Lorsque tu conduiras parmi les grands chênes,
Actif, ton coursier excité par la proie[1],
Que joueront au vent tes cheveux en désordre[e],
Les bêtes couchées à tes traits s'offriront.
Content de ses blessures sacrées, plus fier
15   De sa mort[f], le lion recevra ta lance.
Vénus dédaigne le retour d'Adonis[2],
Cynthie refuse que Virbius revienne.

a. R. Bertini Conidi (p. 69) choisit la leçon isolée *doctior* (cf. Hor. *Carm.* 1,29,9 ; Verg. *Aen.* 5,489 ; Lucan. 6,214) ; mais *certior* est confirmé par le rapprochement avec Sen. *Herc. O.* 161.

b. L'alliance *ardua mens* se lit, à propos de Jean, chez Paulin de Nole (*Epist.* 21,3 p. 151,4).

c. L'expression *forma ignea* se lit, mais dans un autre sens, à propos de l'éther, chez Cic. *Nat. deor.* 2,40,101. Sur les portraits d'Honorius, A. Giuliano 1990.

d. Léda est la mère de Castor et Pollux ; Thétis, celle d'Achille. Apollon naquit dans l'île de Délos, et la Lydie, avec le mont Tmolus, est l'une des contrées traditionnellement désignées comme théâtre de la jeunesse de Dionysos-Bacchus-Liber ; c'est aussi sa résidence favorite.

e. L'emploi de *ludere* à propos d'une crinière (d'où ensuite à propos de cheveux) remonte à Virgile *Aen.* 11,497 (cf. aussi Sil. 16,363 ; Claud. *c. min.* 47,3 ; puis Drac. *Rom.* 2,85 et Coripp. *Ioh.* 3,98).

f. Cf. Joseph d'Exeter, *De bello Troiano*, 6,200 : *gaudet iaculis et morte superbit*.

[FESCENNINA I]

Princeps corusco sidere pulchrior,
Parthis sagittas tendere certior,
eques Gelonis imperiosior,
quae digna mentis laus erit arduae ?
Quae digna formae laus erit igneae ?   5
Te Leda mallet quam dare Castorem ;
praefert Achilli te proprio Thetis ;
uictum fatetur Delos Apollinem ;
credit minorem Lydia Liberum.

Tu cum per altas impiger ilices   10
praeda citatum cornipedem reges,
ludentque uentis instabiles comae,
telis iacebunt sponte tuis ferae,
gaudensque sacris uulneribus leo
admittet hastam morte superbior.   15
Venus reuersum spernit Adonidem ;
damnat reductum Cynthia Virbium.

---

epitalamium honorii et marie *R* liber tertius. De nuptiis honorii F_2
m.r. incipit facennia de nupciis honorii et marie F_3 *m.a.* epitalamicum super nuptias honorii *J m.a.* incip. epitalamicum carmen P_6
m.a. incip. fescennina de nuptiis Honorii Augusti *exc. Flor. mg.*
2 certior : doct- *R* ‖ **4** qu(a)e : qua P_6*a.c.* ‖ mentis : mitis F_5*a.c.* ‖
5 *om. add.* F_2 ‖ **6** lede *N* ‖ *post* leda *del.* h... F_3 ‖ **7** pr(a)efert : pre-
sunt *J a.c.* ‖ te achilli F_5 ‖ proprior *L* ‖ **10** tu (*exc. Flor.*) : tum *Vic
Ise* ‖ ilicices F_3 ‖ **11** pr(a)eda : -o *N exc. Flor.†exc. Gyr.* ‖ reges : -as
P_2*a.c. exc. Gyr.* ‖ **12** ludent- (*Lras.*) : ludant- F_5*a.c. exc. Flor. exc. Gyr.*
ludunt- P_2 laudant- P_6*a.c.* plaudent- *Ju.l.* ‖ stabiles F_3 ‖ **13** sponte i.
t. *K* ‖ iacebunt : here- *exc. Flor.* ‖ **15** admittet : -it F_2 ‖ superbior
(P_6*u.l.*) : -rior P_6F_5*a.c.* F_2 *a.c.Pa.c.* ‖ **16** Venus uel r. *N post* uenus *del.*
superbior P_6 ‖ spernit (*Pa.c.*) : -et *Pp.c.* ‖ adonidem : i- P_6*a.c.* aconi-
dem F_3*a.c.* ? ad oradem *P .c.* aonidem P_6*u.l.* F_2 ‖ **17** dam(p)nat : -et
Ps.l. ‖ reductum : adductum F_5*a.c.* reuinctum P_2*u.l.*

Après tes labeurs, sous l'ombre d'un platane
Verdoyant ou dans la fraîcheur d'une grotte[a],
20   Quand tu voudras tromper les feux de Sirius[b],
Que le sommeil dénouera tes membres las,
Alors, quelle ardeur brûlera les Dryades !
Et que de baisers furtifs[c] viendront cueillir
Les chaudes Naïades, d'un pas hésitant[d] !

25   Qui serait plus dur que les Scythes cruels[e],
Qui serait plus furieux qu'un cœur de bête,
Pour ne point souhaiter, en voyant de près
Ton éclat, subir de soi ton esclavage[f],
Pour ne point prendre tes chaînes volontiers
30   Et réclamer des liens pour son cou libre ?
Si, parmi les monts du Caucase enneigé,
Ta beauté agressait l'Amazone en rage,
La cohorte aux peltes cesserait la lutte

a. L'ombre des arbres (Hor. *Carm.* 2,11,13-14) et la grotte fraîche font partie du paysage virgilien (*Georg.* 4,509 *gelidis... sub antris* ; 511 *populea... sub umbra*) et plus généralement du paysage idéal pour un méditerranéen accablé de chaleur (Curtius, *La littérature européenne*, p. 227-47). Ce thème traditionnel est renouvelé ici par le contraste quasi baroque entre la fraîcheur de l'ombre ou de la grotte et l'ardeur du désir qui embrase Dryades (nymphes des bois) et Naïades (nymphes des eaux) : *uret, calor, aestuantes.*

b. L'alliance *torrens Sirius* remonte à Verg. *Georg.* 4,425 : dans le petit tableau des v. 18 à 21, Claudien a présente à l'esprit la fin de la quatrième *Géorgique.*

c. L'expression *furtiuum osculum* se lit chez Pétrone (26,5), mais non chez les élégiaques, bien que ces derniers aient une prédilection pour l'adjectif *furtiuus.* En revanche, l'alliance *oscula carpere* appartient au vocabulaire élégiaque : Prop. 1,20,27 ; Ou. *Am.* 2,11,45-46 et *Epist.* 10[11],117[119]. Catulle 68,127 emploie le composé *decerpere.*

d. L'expression *ancipiti gradu* fait peut-être écho aux vers de Sil. 15,26-27 qui décrivent le regard lascif de Volupté : *lasciuaque crebras / ancipiti motu iaciebant lumina flammas.*

e. Dans l'Antiquité, les Scythes passent pour le peuple le plus barbare et le plus grossier (Cic. *Tusc.* 5,90 ; Plut. *Mor.* 847 F).

f. Thème analogue chez Dracontius *Rom.* 8,346.

Cum post labores sub platani uoles
uirentis umbra uel gelido specu
torrentiorem fallere Sirium,   20
et membra somno fessa resolueris,
o quantus uret tum Dryades calor !
Quot aestuantes ancipiti gradu
furtiua carpent oscula Naides !
Quis uero acerbis horridior Scythis,   25
quis beluarum corde furentior,
qui, cum micantem te prope uiderit,
non optet ultro seruitium pati,
qui non catenas arripiat libens
colloque poscat uincula libero ?   30
Tu si niualis per iuga Caucasi
saeuas petisses pulcher Amazonas,
peltata pugnas desereret cohors

18 plantani $F_3Ja.c.$ planati $F_5a.c.$ ‖ uoles $KP_6p.c.F_3F_5p.c.$ $Lp.c.$ $F_2u.l.p.c.$
R : soles $F_2u.l.a.c.$ uiles $F_3a.c.$ $P_6a.c.$ uires N $F_2u.l.P$ iaces P_2 cubes
$P_2u.l.$ $P_6u.l.F_5u.l.Jm.a.$ F_2 Ise petes *exc. Flor.*† *om.* J ‖ **19** umbra uirentis N ‖ gelido : -a F_3N R ‖ **20** si[-y-]rium : sirum *Pa.c.* uirtutim
P ? $p.c.$ ‖ **22** uret $P_2KP_6F_3F_5JN$ $F_2u.l.$: iret F_2P *Ru.l.* ibit $Lp.c.$ R ‖ tum
$P_2KP_6F_5p.c.J$: cum $F_3a.c.$ tunc F_3N in L F_2P R ‖ dryades [-i-] (*Ise*) :
-as P_2 *exc. Flor. exc. Gyr.* diades *Ja.c.* ‖ **23** quot $P_2p.c.KJN$ L $F_2p.c.Pp.c.$
R : quo te $P_2a.c.$ $P_6(p.c.$?) $F_2a.c.Pa.c.$ *exc. Flor.* quam te F_5 et F_3 ‖ anci-
pitu *Ja.c.* anticipi *Pa.c.* ‖ **24** naides F_5 *exc. Flor.* : naiades [-y-] *cett. Ise*
om. K ‖ **25** uero $F_3p.c.$ ‖ acerbis : horridis R ‖ scy[-i-]t(h)is : sethis
P_2 setis .i. seris $P_6u.l.$ sertis F_5 ‖ **26** beluarum : belua $F_2a.c.$ ‖ **27** qui
($P_6a.c.$?) : quis $KP_6(p.c.$?)N *Pa.c.* ‖ micantem *Jp.c.* ‖ **28** optet : opor-
tet $F_5a.c.$ ‖ **29** qui $Pp.c.$: quis *Pa.c. cett. Vic Ise* ‖ ar(r)ipiat : accipiat
P_6F_5J ‖ **30** liberto *Pa.c.* ‖ **31** tu : tum R ‖ caucasi : cerali $P_6a.c.$ ‖ **32**
petisses : petisti $P_2u.l.$ ‖ amazonas KP_6F_3 $p.c.JL$ P R : -nias $F_3a.c.$ -nes
P_2KF_5N $F_2p.c.$ amaret os $F_2a.c.$ ‖ **33** peltata : pellata $P_6a.c.$ peltatas L
‖ deseret $F_3a.c.$ ‖ cohors p. d. N

Pour recouvrer son sexe ; et, dans le fracas
35   Des clairons, oubliant son père[a], Hippolyte
Alanguie poserait sa hache brandie
Et dénouerait de son buste à demi nu
Le baudrier refusé au fort Hercule[b],
Et ton charme seul achèverait la guerre.
40   Heureuse celle qui va te rendre époux,
Qui s'unira à toi en premier amour[c].

a. Le père d'Hippolyte est Arès-Mars, dieu de la guerre : la beauté d'Honorius désarmerait Hippolyte et lui ferait oublier ses ardeurs guerrières.

b. Claudien fait allusion au combat d'Hercule contre l'Amazone (Diod. 4,16 ; cf. Plaute *Men.* 200-1) : il s'empara de la ceinture qu'Arès avait donnée à sa fille, pour en faire présent à Admète. Noter l'érotisme diffus du passage : *languida, seminudo pectore.*

c. Dans les deux derniers vers, Claudien associe un souvenir de Martial (8,46 à propos d'un jeune garçon chaste, Cestus, qui vient d'être comparé à Hippolyte : *Felix... quae te faciet prima puella uirum,* cf. ici v. 40) à une réminiscence de Virgile (Didon, à propos de son premier mari Sychée : *Ille meos primus qui sibi iunxit amores, Aen.* 4,28 ; cf. ici v. 41). Cette allusion à l'union charnelle des époux annonce la pièce IV ; mais la jeune épouse n'est pas encore nommée.

sexu recepto ; patris et inmemor
inter frementes <H>ip<p>olyte tubas　　　　35
strictam securim languida poneret,
et seminudo pectore cingulum
forti negatum solueret Herculi,
bellumque solus conficeret decor.
　　　Beata quae te mox faciet uirum,　　　　40
primisque sese iunget amoribus.

34 sexu : seu $P_6a.c.$ ‖ patris : martis $P_2s.l.$ *Ju.l.* ‖ **35** ypolite [i-] *codd.*
‖ **37** et : que R ? ‖ seminudo : semin do $P_6a.c.$ semitudo *Pa.c.* ‖
37 forti : -e $P_6a.c.F_5a.c.$ ‖ **38** solueret : traderet *Ise mg.* ‖ **40** te mox :
te nox $P_6u.l.$ *L exc. Flor. exc. Gyr.* nox te N ‖ uirum : mater F_3

II (*carm.* 12)

La première pièce s'est achevée sur une évocation de la future épouse d'Honorius. La terre entière doit maintenant se réjouir de ces noces (str. 1). D'abord l'Italie, par son sol (str. 2), ses fleuves (str. 3) et sa capitale, Rome la dorée (str. 4) ; puis l'Espagne, berceau du couple impérial (str. 5-6), avec ses fleuves et l'Océan (str. 7) ; enfin l'Empire tout entier, dans ses parties orientale et occidentale (str. 8). Même les vents doivent se soumettre : que seul souffle Zéphyre ! (str. 9).

Le thème général est lié à la topique du panégy-rique : la supériorité du héros implique qu'il soit loué par tous (Curtius, *La littérature européenne*, p. 197-8). Ainsi l'auteur anonyme du *Panégyrique de Maximien et de Constantin* (*pan.* 6) décrit au début de son éloge la joie universelle (*toto orbe*) que suscite le mariage de Constantin et Fausta. De même le poème d'Optatianus Porfyrius qui célèbre les *Vicen-nalia* de Constantin dans un mètre proche de celui de Claudien (*carm.* 20a, dimètres ïambiques catalec-tiques) adopte un ton similaire, hormis l'amertume du poète en exil, et décrit la liesse générale des villes (dont Rome), du peuple et du Sénat (v. 9-11 : *urbesque flore grato / et frondibus decoris / totis uirent plateis* et 16-17 : *iam Roma, culmen orbis, / dat munera et coronas*).

Cette louange s'adapte à la topique de l'épithalame. Suivant le précepte de Ménandre (Sp. 408),
Claudien précise en quelle saison a lieu le mariage
(v. 2). À côté des thèmes généraux de la joie et de
la concorde, il introduit l'éloge des familles des
mariés (str. 5-6). Ménandre prescrit que cette
louange soit équilibrée entre les deux familles et
qu'elle commence par celle du marié ; si les deux
familles sont célèbres, on peut développer leurs
exploits guerriers (Sp. 402-3). Ici, Claudien a passé
sous silence l'origine vandale de Stilicon, pour ne
pas déséquilibrer les mérites et pour complaire à
son protecteur. Il ne mentionne pas précisément le
degré de parenté entre Honorius et Marie, mais
souligne l'égalité de condition des époux et leur
commune ascendance : leur égalité est suggérée par
le parallélisme qui ouvre la strophe 6. Et il n'a pas
oublié de mentionner la gloire militaire de leur
famille (fin de la str. 5).

Mais ces thèmes traditionnels sont traités de façon
originale et librement associés. Claudien ne s'astreint pas à placer la louange de la famille des
époux après celle du mariage et avant celle des
époux, comme le voudrait Ménandre. Il profite de
la coïncidence symboliquement heureuse entre la
date du mariage et l'approche du printemps pour
suggérer un parallèle entre la nature et les amours
naissantes : le paysage (état d'âme) se met à l'unis-
son des sentiments humains. On notera aussi la
composition musicale. La strophe 1 pose les
thèmes : le printemps, les noces d'un prince et leur
célébration par la terre, et annonce certains déve-
loppements (*cum fluuiis* annonce la louange des
fleuves ; *profundum,* celle de l'Océan). Puis les
strophes sont disposées en crescendo, avec certains
parallélismes : la louange de l'Italie où résident
Honorius et Marie (sa terre, ses fleuves et sa capi-

tale) ; ensuite celle de leur patrie, l'Espagne, en tant
que terre natale, puis avec ses fleuves et l'Océan.
Les strophes 8-9 reviennent au thème des premières, en l'élargissant au monde romain tout
entier, puis aux éléments naturels (les vents).

Cette composition musicale s'appuie sur une
structure strophique : des couplets de trois anacréontiques, suivis d'un tétramètre choriambique,
plutôt que d'un dimètre choriambique et d'un aristophanien. Comme son nom l'indique, l'anacréontique remonte à Anacréon et a été utilisé jusqu'à la
période chrétienne, puis byzantine, pour des chan-
sons gracieuses et des poèmes légers. Au moins à
partir du VIe s., il est, en stances de quatre, le mètre
des épithalames lyriques grecs : Jean de Gaza,
Bergk 3 ; et Georgios, Bergk 7-8. Peut-être cet usage
est-il antérieur au VIe s. et non exclusivement grec :
on remarque en Gaule, au début du Ve s., dans un
poème *Ad uxorem* attribué (?) à Prosper d'Aquitaine,
une introduction lyrique (avant une méditation en
distiques élégiaques) de 16 anacréontiques. Hartel
(CSEL 30, p. 344), publie ces vers en stiques ; mais
ils se groupent en stances de quatre. Nous avons
donc, au début du Ve s., peu après Claudien auquel
Prosper (?) se rattache ouvertement (son premier
mot, comme celui de Claudien, est *age*), une première attestation du couplet de quatre anacréontiques dans un poème *À une épouse*. Prosper ne s'ap-
puierait-il pas sur une tradition lyrique plus
ancienne, dont nous n'avons apparemment pas
d'autres traces certaines avant le VIe s. ? À l'époque
byzantine, Leo Magister (Xe s.) célèbre le mariage
de l'empereur Léon par deux poèmes écrits en
strophes de six vers, qui ajoutent aux quatre anacréontiques deux trimètres ioniques, le second pouvant éventuellement commencer par un choriambe
(Bergk 2-3).

Selon les éditeurs modernes, nos trois anacréontiques seraient suivis d'un dimètre choriambique et d'un aristophanien (strophe de cinq vers). Mais de nombreux manuscrits, parmi les plus importants, ainsi que l'*editio princeps*, groupent ces deux vers en un tétramètre choriambique : ainsi R, P_2, N ; K et L dans les str. 3 à 9 (cinq vers en revanche dans les strophes 1-2) ; P_6 dans les str. 2, 5, 6, 8, 9 et, après correction (accolade en marge), 1, 3, 4 (dans la str. 7, les v. 33-35 sont sur la même ligne) ; P dans les str. 1, 3, 4, 5, 6, 7, 8 (la str. 9 groupe en un les v. 43-45, mais la majuscule *Solus* marque bien le début du tétramètre choriambique ; dans la str. 2, les v. 6-7, 8-9 et 10-11 sont liés, mais les majuscules *Vestiat* et *Athesis* distinguent le tétramètre choriambique) ; F_2, dans les str. 4 à 9 (contrairement à ce qu'écrit Hall) ; en outre, si les trois premières strophes comptent 5 vers, on note au début du quatrième vers de la première et de la seconde une grande majuscule qui contraste avec la 'petite' majuscule de ce que les éditeurs modernes considèrent comme le cinquième vers. J n'est pas aussi variable que le suggère Hall : le tétramètre choriambique apparaît à la str. 3 ; les str. 1, 2, 5, 6, 7, 8 et 9 comptent cinq vers, mais corrigés en quatre et par une accolade dans la marge de gauche et par une accolade et la mention *unus uersus* (str. 1) ou *unus* (six autres str.) dans la marge de droite pour réunir en un les vers quatre et cinq ; le quatrième vers (19) de la strophe 4 terminait le folio 29r ; pour corriger, la seconde main (du XIIIe elle aussi) a rajouté le v. 20 (écrit par la première main en haut du folio) en continuité avec le v. 19. Sur F_5, les trois premières str. sont confuses : v. 1-2 groupés en un (mais avec une majuscule à *Redimita*), de même 3-4 (avec une majuscule à *Omne*), 5-6, 7-8 (avec une majuscule à *Subitisque*), 9-10, 11-12 (avec une majuscule à *Calamisque*), 13-14 ;

en revanche, à partir de la quatrième, les strophes comptent 5 vers, mais avec une accolade pour lier les v. 4 et 5 de chaque strophe. Même F_3, qui dispose toujours les strophes en cinq vers, conserve deux traces de la disposition en quatre vers (4-5 réunis) : selon l'habitude médiévale, tous les vers ont une majuscule, sauf les v. 15 et 20 ; c'est l'indice que primitivement ils faisaient corps avec le vers précédent. Ajoutons que la série de mécoupes qui défigurent les v. 29-30 sur F_5, P et P_6 avant correction ne peut s'expliquer que si ces deux vers n'en formaient qu'un sur le modèle (voir apparat v. 24 = 29-30). Tout se passe comme si une disposition primitive en quatre vers, avec tétramètre choriambique final, avait été plus ou moins bien conservée dans les *uetustiores*. Cette disposition en quatre vers se trouve dans d'autres manuscrits non retenus (par exemple g). Et il est plus vraisemblable de supposer que les copistes aient été tentés de scinder le dernier vers, plus long, pour obtenir des vers de longueur comparable, plutôt que l'inverse. Connaissaient-ils le tétramètre choriambique ?

Ce mètre se rencontre dans un épithalame de Sappho (frg. 109) et il est attesté dans la poésie latine tardive (Sept. Ser. frg. 23 ; Auson. *Biss.* 4 ; Mart. Cap. 2,124). En outre, on ne relève aucune syllabe brève finale qui prouverait l'autonomie du dimètre choriambique : dans les str. 5, 7, 9 les finales de *domus*, *Oceanus* et *Zephyrus* sont longues du fait de l'initiale consonantique qui les suit. Enfin, du point de vue syntaxique, les deux parties du tétramètre sont fortement unies par la disjonction de mots liés par leur fonction. En un seul cas (str. 2) les deux hémistiches du tétramètre pourraient être scindés du point de vue de la syntaxe. Toutes ces raisons amènent à penser que Claudien a écrit des strophes de quatre vers. Si la tradition lyrique bien attestée dans le domaine grec au VIe s., et sans doute déjà au début du Ve en Gaule, est antérieure à Claudien, on peut supposer que ce dernier a voulu conserver le quatrain de l'épithalame lyrique tardif, mais en remplaçant de façon originale le quatrième anacréontique par le tétramètre choriambique de Sappho et donc de l'épithalame lyrique primitif. Par cette innovation, il aurait associé les rythmes "primitifs" et "modernes" de l'épithalame en terminant chaque strophe sur un élargissement. Une telle synthèse serait bien dans le goût d'un poète à la fois traditionaliste et engagé dans son époque.

[FESCENNINS 2]

Allons, d'un printemps nuptial,
Terre entière, couronne-toi,
Célèbre les noces des maîtres ;
(4-5) Que tout bois, avec les rivières, que tout abîme
[chante.

5 Applaudissez, plaines ligures,
Monts vénètes, applaudissez[1] ;
Et que soudain de roseraies
(9-10) Les sommets alpins se revêtent, que le givre
[rougisse[a].

Que de chœurs résonne l'Adige,
10 Que les roseaux du sinueux
Mincio susurrent doucement,
(14-15) Que de ses aulnes ambrifères le Pô
[les accompagne[2].

Le Quirite déjà repu
De mets[b], que le Tibre[3] résonne ;
15 Joyeuse des vœux de son maître,
(19-20) Que Rome la dorée couronne ses septuples
[collines[4].

a. Claudien a déjà décrit les neiges des Alpes qui rougissent
(*3 cons.* 99 : *Alpinae rubuere niues*), mais en un sens tout différent.
Le rouge n'est plus ici le sang des soldats, comme lors de la
bataille du Frigidus (cf. aussi *Ruf.* 2,418 *sic mons Aonius rubuit*),
mais celui des fleurs dont l'éclosion (miraculeuse sur les sommets
des Alpes !) marque la venue du printemps.

b. Expression surprenante : Claudien feint d'ignorer la disette
qui a frappé Rome après la sécession de l'Afrique (*Gild.* 21-23). La
fête du mariage aurait-elle fait oublier la pénurie alimentaire ? En
fait, Claudien masque volontairement les difficultés dont la responsabilité pouvait retomber sur Stilicon. Après la victoire sur Gildon et une fois l'approvisionnement de Rome rétabli, il pourra
montrer l'ampleur du péril conjuré par son héros.

[FESCENNINA II]

Age, cuncta nuptiali
redimita uere tellus,
celebra toros eriles ;
omne nemus cum fluuiis, omne canat
                              [profundum.   (4-5)

Ligures fauete campi,   5
Veneti fauete montes ;
subitisque se rosetis
uestiat Alpinus apex et rubeant pruinae.   (9-10)

Athesis strepat choreis,
calamisque flexuosus   10
leue Mincius susurret,
et Padus electriferis admoduletur alnis.   (14-15)

Epulisque iam repleto
resonet Quirite Thybris ;
dominique laeta uotis,   15
aurea septemgeminas Roma coronet arces.   (19-20)

---

1 age : ge *KR* Auge $P_2a.c.$ ‖ **3** celebra ($P_2p.c.Jp.c.$?) : celeber *Ja.c.* ?
$F_2u.l.$ ‖ t(h)oros : c(h)oros $P_2u.l.KF_3$ *L P* ‖ (h)eriles : -is *Ja.c. Ra.c.
exc. Flor.* uiriles *L P* ‖ **4** fluuiis ($P_2u.l.$) : foliis $P_2KJu.l.$ ‖ **5** fauete : -re
Pa.c. ‖ **6** ueneti (*Kp.c.*) : -ri $F_2a.c.$ ‖ **7** subitis- : cu- *Pa.c.* ‖ se *om.*
$P_6a.c.F_5a.c.$ ‖ roseis *Pa.c.* ‖ *post* rosetis *del.* sese P_6 ‖ **8** uestigat $F_5a.c.$
‖ alpinus ($F_5mg.$) : apinus F_3 *a.c.* ‖ alpex F_3 ‖ **10** calamisque : calamus $P_6a.c.$ *Pu.l.* ‖ flexuosus : -is $P_6u.l.$ F_2 fluxuosus $P_6a.c.F_5a.c.$ *P* flu-
tuosus *Pu.l.a.c.* flotuosus *Pu.l.p.c.* ‖ **11** leue (*exc. Gyr.*) : lene $P_2P_6JF_2$
exc. Flor.† *Ise* ‖ mincius[-t-] : miciusque[-t-] *L Pa.c. R* mitisque $F_2a.c.$
nuncius $F_5a.c.$ ‖ **12** padus : spadus *R* ‖ admoduletur : an mod-
$F_2a.c.$ ‖ alnis : ulnis *Pa.c.* ‖ **14** qui rite *N* ‖ t(h)y[-i-]bris : thyberis
$P_2a.c.$ ‖ **15** domini- ($P_2u.l.$ *exc. Flor.*) : demum- P_2 *Vic* ‖ uotis : notis
$F_5a.c.$ ‖ **16** aurea $P_6p.c.$ $F_2p.c.$ aura $F_2a.c.$ ‖ septemgeminas *Pp.c.* ‖
coronat *J a.c.*

Qu'au loin entendent les Ibères,
D'où coule le sang de la Cour,
Où la maison riche en lauriers[a],
(24-25)20   Forte[1] de son pouvoir, compte avec peine
                         [ses triomphes.

De là le mari tient son père,
De là la fille tient sa mère ;
Scindée en une double branche,
(29-30)   La lignée des Césars revient à sa source sacrée[2].

25   Que de vert s'orne le Bétis[b],
    Que le Tage se gonfle d'or[c] ;
    Et, procréateur de la race,
(34-35)   Que s'enfle l'Océan au fond des antres
                         [de cristal[3].

Qu'ensemble, royaumes des frères,
30   Aurore et Couchant applaudissent ;
    Que les cités en paix s'amusent,
(39-40)   Et qu'elles brillent au lever, au déclin de Phébus[4].

a. Claudien fait allusion aux campagnes militaires victorieuses (notamment en Bretagne et en Afrique) de Théodose *comes*, qu'Ammien Marcellin qualifie de *dux efficacissimus* (27,8,6) ; puis de Théodose, père d'Honorius, qui fut un excellent général avant de devenir un empereur victorieux (RE, art. *Theodosios* 9, 1937-1945 et 10, suppl. XIII, 837-961).

b. Dans l'antiquité, les rives du Bétis (Guadalquivir) étaient réputées pour leur fertilité (Plin. *Nat.* 3,7 ; Sil. 3,405-6).

c. Le Tage est un fleuve aurifère (Plin. *Nat.* 33,66), et les poètes latins le présentent souvent comme tel : Catull. 29,19 *amnis aurifer Tagus* ; Ou. *Met.* 2,25 ; Sen. *Herc. O.* 625 ; Stat. *Silu.* 1,2,127 ; Sil. 1,155 ; 234 ; 2,404 ; et aussi Claud. *Ol.* 51 ; *Ruf.* 1,102 ; *Stil.* 2,230.

Procul audiant Hiberi,
fluit unde semen aulae,
ubi plena laurearum
imperio freta domus uix numerat triumphos.   (24-25) 20

Habet hinc patrem maritus,
habet hinc puella matrem ;
geminaque parte ductum
Caesareum flamineo stemma recurrit ortu.   (29-30)

Decorent uirecta Baetim,   25
Tagus intumescat auro ;
generisque procreator
sub uitreis Oceanus luxurietur antris.   (34-35)

Oriensque regna fratrum
simul Occidensque plaudat ;   30
placidae iocentur urbes,
quaeque nouo quaeque nitent deficiente Phoebo   (39-40)

---

18 fluit (*exc. Flor.*) : fuit *Vic Ise* ‖ unde : inde *K* ‖ semen : -el $P_6a.c.$ ‖
20 freta ($P_2a.c.$ *Ju.l.*) : feta $P_2p.c.$? (*exp.* e, *non* r)$P_6a.c.F_5a.c.J$ foeta
Vic ‖ **22** puella : regina *Ru.l.* ‖ **23** -que : qu(a)e *Pa.c.* ‖ ductum : di-
$F_2a.c.$ ‖ **24** flam(m)ineo stem(m)a recurrit ($F_5u.l.p.c.$) : flammeo st.
r. *Vic* flamine (flu- ? $F_5a.c.$ flamme *P*) hostem mare currit
$P_6a.c.F_5a.c.$ *Pa.c.* mat recurrit *R* flamineo (flammeo ?) genus $F_5p.c.$ ‖
25 decorant $F_5a.c.$ ‖ uirecta *Lp.c. P exc. Flor.* : uireta $P_6p.c.$ *La.c. cett.*
uineta P_6 *a.c. et u.l.* F_3 ‖ bet(h)im $P_6p.c.Jp.c.N$ *L exc. Flor. Ise* : betym
$F_5p.c.$ bethin $F_2p.c.$ b(o)etem $P_6a.c.Ja.c.F_5a.c.$ *R p.c.* bethem *Vic*
bet(h)en P_2K $F_2a.c.P$ bootem *Ra.c.* ‖ **27** -que *om.* P_2 $P_6a.c.F_5a.c.$ *Pa.c.*
‖ **28** antris (*exc. Flor. Ise mg.*) : undis *J Vic Ise* austris $F_5a.c.$ ‖ 30-29
$P_6a.c.F_3F_5$ *exc. Flor.*† ‖ **29** -que *om.* $P_6a.c.KJa.c.$ *La.c. Pa.c.* ‖ *post* fratrum *add.* simul *K* ‖ **30** simulque occidens F_3 que *om. Ra.c.* ‖ plaudat : -ant *N* plangat $F_3a.c.$ pangat $F_3p.c.$ ‖ **31** iocentur $P_2KP_6F_5Jp.c. L$
R exc. Flor. : locentur *N* F_2P *Vic* l(a)etentur $F_3Ja.c.$ F_2 *Ise* ‖ **32**
qu(a)eque *Pp.c.* ‖ nitent : ui- *Pa.c.* tepent *K L*

Vous, bourrasques des Aquilons,
Et vous, Corus rageurs, silence !
35 Fais silence, bruyant Auster.
(44-45) Que seul Zéphyre règne en maître sur un an
[de triomphe[a].

a. La concorde s'étend ici aux éléments naturels. Claudien s'appuie sur une réalité climatique dans laquelle il voit un heureux présage pour l'année à venir : les vents des tempêtes d'hiver doivent céder la place au vent doux du printemps. L'Aquilon ou Borée est un vent froid du nord, nord-est (Verg. *Aen.* 1,102). L'Auster, un vent du sud violent qui apporte la pluie (Verg. *Georg.* 1,462 et 3,278-9 ; Sen. *Ag.* 393 ; Lucan. 2,454-5 *Auster / flatibus horrisonis*). Les Caurus ou Corus, vents du nord-ouest, soufflent, comme l'écrit Virgile (*Georg.* 3,356 *semper hiems, semper spirantes frigora Cauri*), la froidure hivernale ; pour *Corus rabidus*, Sen. *Ag.* 484 (Rut. Nam. 1,463 *rapidus Corus*). Un vers des *Géorgiques* (3,278 *in Borean Caurumque aut unde nigerrimus Auster*) associe ces trois vents dans le même ordre que Claudien, après une évocation du Zéphyre printanier qui féconde les cavales (3,273), dans la peinture de l'ardeur amoureuse qui saisit ces dernières au printemps. La similitude des contextes (montée de l'amour au printemps) permet de penser que Claudien s'est inspiré de Virgile. Le Zéphyre ou Favonius est un vent doux de l'ouest (comme la famille d'Honorius !), qui souffle au début du printemps. De même que Stace, dans le *propempticon* à Mécius Celer, avait souhaité que pour son ami les vents de la tempête (Borée, Eurus, Notus) fussent enfermés par Éole pour laisser la maîtrise du ciel au *seul* Zéphyre (*Silu.* 3,2,46 « *soli Zephyro sit copia caeli* »), Claudien place ici l'année à venir et le mariage d'Honorius sous les auspices favorables de ce vent "qui porte la vie", selon l'étymologie des anciens. Peut-être faut-il aussi voir dans cette dernière strophe une allusion politique : le premier vers de *Gild.* (*Redditus imperiis Auster...*) montre bien que l'Auster peut, par métonymie, désigner l'Afrique. Claudien ne voudrait-il pas suggérer que l'Afrique doit se soumettre et annoncer le triomphe militaire d'Honorius sur la rébellion (*ouantem*) ? Les vents du nord pourraient symboliser les invasions barbares (en *Georg.* 3,349 sqq., Virgile associe le Corus à la barbare Scythie). Claudien souhaiterait donc la paix sur les frontières nord et sud de l'Empire.

Aquiloniae procellae,
rabidi tacete Cori !
Taceat sonorus Auster.   35
Solus ouantem Zephyrus perdominetur annum.   (44-45)

33 aquiloni(a)e : -ne $F_5a.c.$ R -nee F_3 || **34** rabidi : rapidi $P_2KP_6F_3N$ ||
tacete : tacite $P_6a.c.F_5a.c.$ || **35** taceat $F_3p.c.Jp.c.$ || **36** ouantem : oran-
tem $F_2a.c.$ || perdominetur zephirus K || perdominetur : do- N

III (*carm.* 13)

La pièce 3 frappe par sa brièveté. Claudien y apostrophe le beau-père d'Honorius, Stilicon, lui-même époux de la nièce et fille adoptive de Théodose, Sérène. Qu'il oublie présentement la guerre pour célébrer les noces (v. 1-4). Qu'il unisse ses chers enfants Honorius et Marie : lui qui a reçu en mariage une fille d'empereur donne en retour sa propre fille à l'empereur (v. 5-9). Ainsi disparaîtront jalousie et envie (v. 10-12).

Contrairement aux conseils de Ménandre, qui préconise de ne pas favoriser l'une des deux familles par rapport à l'autre (Sp. 402), Claudien fait ici un éloge appuyé du père de l'épouse sans l'équilibrer par celui du père du marié, Théodose. Ce manquement aux préceptes rhétoriques répond surtout à des intentions politiques : la pièce 3 est la plus politique des *Fescennins*. Stilicon a voulu le mariage d'Honorius avec sa fille pour affirmer une position rendue précaire par les tensions avec l'Orient, par la sécession de l'Afrique (perte de prestige et difficultés intérieures liées à l'approvisionnement frumentaire de l'Italie), et par le fait qu'Honorius a atteint un âge où il peut se libérer de toute tutelle : faute de pouvoir continuer à être juridiquement son tuteur, Stilicon sera son beau-père. Claudien suggère habilement les implications politiques de ce mariage : même si, dans l'*Épithalame*, il essaie de masquer que Stilicon en a été l'instigateur, ici, il ne peut s'empêcher de le présenter comme celui qui unit les époux (v. 7), de l'intégrer à la famille impériale (v. 8-9) et de laisser entendre le bénéfice politique qu'il va tirer de cette union (v. 10-12). La brièveté du morceau traduit une volonté de discrétion.

La portée politique de cette pièce explique qu'elle ait été reprise en tête des *Carmina minora* (cf. intr.). Mais elle fait bien partie des *Fescennins*. Sa composition est parallèle à celle de la pièce 2 : apostrophe à Stilicon (v. 1-4) ou à la nature et au monde (*Fesc.* 2,1-16), pour qu'ils célèbrent les noces ; thème de la réunion des deux branches de la famille théodosienne (v. 5-9 et *Fesc.* 2,17 sqq.) ; enfin, l'envie (à l'égard de Stilicon) va disparaître (v. 10-11), comme doivent se taire les vents funestes des tempêtes (*Fesc.* 2,33-35), et le dernier vers chante le seul Stilicon, comme le dernier vers de la pièce précédente célèbre le seul Zéphyre : que l'envie cède devant Stilicon comme les vents d'hiver doivent céder au Zéphyre. De plus, la pièce 3 prépare directement la 4, Claudien suivant la chronologie de la cérémonie : Stilicon joint les mains des époux (*Fesc.* 3,7) ; c'est le signe de l'union matrimoniale qui se parachèvera lors de la nuit de noces (*Fesc.* 4). Enfin, l'apostrophe à Stilicon est nécessaire à l'économie d'ensemble des *Fescennins* : elle y assure l'alternance entre morceaux plus panégyriques (1, éloge d'Honorius ; et 3, éloge de Stilicon) et pièces plus lyriques (célébration des noces par la nature et le monde en 2 ; célébration de l'union des époux en 4).

La pièce est écrite en dimètres anapestiques. R. Bertini Conidi (1988) considère ce mètre, eu égard à ses origines grecques, comme celui de chants de guerre (p. 19) ou de marches militaires

(p. 43), et donc comme bien adapté au caractère guerrier de Stilicon (comme sur le fameux dyptique de Monza). De fait, la stylistique de la pièce, fondée sur des parallélismes, des répétitions ou des oppositions, lui donne une allure de chant militaire (en particulier le v. 12). En latin, bien qu'il apparaisse dès les comédies de Plaute (cf. aussi Varr. *Men.* 92 ; 123-124 ; 199-203 ; 222-224 ; Sen. *Apocol.* 12 ; *Octauia* 1 sqq. ; après Claudien, Luxor. 453, 476, 511 ; et Boeth. *Cons.* 1,5 ; 3,2 ; 4,6 et 5,3), ce mètre est assez rare. Mais on le rencontre en stiques, parfois conclus par un monomètre en fin de tirade, dans les chœurs des tragédies de Sénèque, en particulier dans le passage de l'*Agamemnon* (v. 57 sqq.), où le chœur des Mycéniennes médite sur la Fortune des puissants (cf. aussi *Ag.* 310 sqq. ; 638 sqq. ; 664 sqq. ; *Herc. f.* 1054 sqq. ; *Herc. O.* 173 sqq. ; 583 sqq. ; 1863 sqq. ; 1983 sqq. ; *Med.* 787 sqq. ; *Phaedr.* 325 sqq. et 959 sqq. ; *Thy.* 789 sqq. et 920 sqq. ; *Tro.* 67 sqq.). Les v. 3-4 de Claudien semblent prendre le contrepied des v. 79-82 de Sénèque, et les v. 10-11 (l'envie à l'égard d'un chef) rejoignent, mais sur le mode optimiste, la méditation du Tragique sur le sort des grands (comparer aussi le v. 2 à *Ag.* 311, *deuxième* vers de la tirade : *Tibi festa caput turba coronat*). Claudien recherche la variété des combinaisons rythmiques : 11 combinaisons différentes sur 12 vers (seuls les v. 3 et 10 présentent le même schéma), avec la disparition des dactyles à partir du v. 8 et un dimètre pur pour conclure le poème.

[Fescennins 3]

Sur tes cheveux où souvent brille un casque[a],
Stilicon, noue une souple couronne[b].
Que cesse la trompe et que le flambeau
Du bonheur chasse au loin Mars le cruel[1].
5   Que le sang qui est issu de la cour
Revienne à la cour par les soins d'un père[2].
De ta dextre forte unis tes enfants[c].

a. *Galea fulgere* est une expression technique (Veg. 1,20 *pilatae legiones galeis fulgebant*), mais qui appartient aussi à la phraséologie des panégyriques impériaux (*Pan.* 10,29,5 : *fulget nobilis galea*). R. Bertini (1988, p. 74) note l'évolution sémantique des termes *fuluus, fulgor* et *fulgeo*, qui, perdant leur valeur chromatique, ne désignent plus chez Claudien qu'un éclat brillant, en particulier celui de Stilicon (*Stil.* 1,40-41 ; *Get.* 458-60).

b. Stilicon doit se ceindre le front d'une couronne en signe de fête (cf. *Nupt.* 336) ; mais, par là, Claudien le rapproche des représentations traditionnelles de Bacchus, dieu de la fécondité, protecteur des couples et du mariage : Stat. *Theb.* 7,170 (plaidoyer de Bacchus en faveur de Thèbes) « *nectere* fronde *comas* », et surtout Ou. *Met.* 3,555, à propos de Bacchus à qui ne plaisent que « *madidi murra crines mollesque coronae* ».

c. Allusion à la *dextrarum iunctio*. Stilicon joue le rôle de la *pronuba* qui amenait les deux époux l'un vers l'autre et plaçait la main droite de la femme dans celle du mari. On notera l'absence de toute allusion à la cérémonie chrétienne et au rôle que l'évêque de Milan Simplicien a dû jouer.

[FESCENNINA III]

Solitas galea fulgere comas,
Stilicho, molli necte corona.
Cessent litui saeuumque procul
Martem felix taeda releget.
Tractus ab aula rursus in aulam
redeat sanguis patris officiis.
Iunge potenti pignora dextra.

5

1 galea : ge- $P_2a.c.$ || **3** cessent : f- *Pa.c.* || s(a)euum- (*Flor*) : uacuum-
J' || **4** releget : religet *N* || **5** tractus : gratus *R* || aula : nula $P_6a.c.$ ||
rursus : russus *J'* || in : ad F_5 *om.* $P_2a.c.$ || **6** patrisque *N* || **7** pignora
(*Ja.c.J'* $F_2u.l.$ *Flor*) : f(o)edera *KJp.c.* F_2

Naguère tu fus gendre d'un Auguste[3] :
Or tu seras beau-père d'un Auguste.
10   Dès lors, quelle rage aura le jaloux ?
Quelle couleur se donnera l'envie[a] ?
Stilicon est beau-père, et Stilicon est père[b].

a. *Liuor* et *inuidia* sont traditionnellement associés (cf. *Eutr.* 1,265-6). Par la reprise insistante du même thème dans deux questions oratoires, Claudien cherche à écarter l'envie et la jalousie : il retrouve la valeur apotropaïque des anciens fescennins. Mais ici c'est de Stilicon, et non des mariés, que l'envie est écartée (cf. *Ser.* 225-32).

b. Claudien conclut par un beau chiasme, Stilicon encadrant le vers, et un rythme anapestique pur. Le tour elliptique permet une ambiguïté lourde de sous-entendus politiques. *Pater* ne s'applique sans doute pas seulement à Marie : la pensée serait plate, surtout dans un trait final. Après la mort de Théodose, et grâce au mariage de sa fille, Stilicon est devenu un second père pour Honorius. À moins de voir là, avec R. Bertini (1988, p. 75), une allusion au titre *pater Patriae*.

Gener Augusti pridem fueras,
nunc rursus eris socer Augusti.
　　　　Quae iam rabies liuoris erit ?　　　　10
Vel quis dabitur color inuidiae ?
Stilicho socer est, pater est Stilicho.

8 pridem : primum F_2 prius R ‖ **9** socer eris rursus F_3 ‖ **10** qu(a)e : qui $F_3 a.c.$ ‖ **11** dabitur *om.* N ‖ color : locus *Pu.l.* ‖ **12** socer *Pp.c.* ? ‖ socer stilico L ‖ est[1] *om.* F_2 ‖ pater… socer $F_3 F_2$ ‖ st. pater est *J' Flor*

IV (*carm.* 14)

Le mariage a été célébré (*fesc.* 3) ; Hespérus annonce que l'heure est venue de le consommer (v. 1-4). Claudien s'adresse au mari pour l'inciter à faire preuve de hardiesse dans ses assauts amoureux : sa jeune femme lui résistera (v. 5-15). Puis il invite les deux époux à s'unir charnellement (v. 16-29). En conclusion, il engage l'assistance, dans l'allégresse et la licence permise par les circonstances, à fêter les noces et à annoncer le mariage à tout l'univers (v. 30-37).

Cette pièce est celle qui se rapproche le plus de l'esprit des fescennins : elle en a par moments la verdeur et fait allusion aux railleries et à la licence fescennine (v. 31). Toutefois, on n'y lit aucune plaisanterie sur les mariés : le poète officiel de la Cour, dans un *écrit*, ne pouvait prendre avec le couple impérial la même liberté de langage que la populace ou les soldats. Par son contenu, cette pièce se rapproche sensiblement du *kateunastikos* défini par Ménandre (Sp. 405-412). Cet écrit très bref, qui se situe à la fin du jour, quand apparaît "l'astre d'Aphrodite", doit rappeler au jeune marié ses prouesses passées pour l'inciter à vaincre, par son courage et sa force, la résistance de son épouse ; le poète le stimule en chantant la beauté de la mariée et la grâce de la chambre nuptiale ; le thème de

l'union des époux doit être traité comme un combat guerrier ou athlétique ; enfin, le poète peut invi-
ter l'assemblée à fêter les noces dans la joie, avant
de conclure par une prière aux dieux qui assure la
concorde et la fécondité des époux. Claudien ne
suit pas à la lettre les prescriptions de Ménandre : il
ne revient pas sur le thème de la beauté de
l'épouse, qu'il a déjà traité dans l'*Épithalame* (v. 241-
50 et 263-73) ; il ne mentionne qu'incidemment la
beauté de l'époux (*formosus*, v. 37 ; mais il en a parlé
en *Fesc.* 1) et la chambre nuptiale (v. 25-26). En
outre, il ne peut, dans une Cour chrétienne, adres-
ser une véritable prière à des dieux païens. Mais il
prend soin de noter l'approche de la nuit, marquée
par le lever d'Hespérus (cf. Plin. *Nat.* 2,36-38),
l'astre aimé de Vénus (Verg. *Aen.* 8,589-90 : voir Servius *ad loc.* et Seru. auct. *Aen.* 1,382 et 2,801).
Catulle avait déjà mentionné Hespérus ou Vesper
dans ses poèmes nuptiaux (62,1, 20 et 26 ; 64,328-
329 ; cf. aussi Sappho *frg.* 84 et Claud. *pr. Nupt.* 16 ;
Rapt. 2,361). Claudien concentre son poème sur
l'union charnelle des époux, évoquée en termes de
combat (v. 5-6 ; 10-11 ; 28-29), et fait allusion aux
prouesses guerrières, inventées en l'occurrence, du
jeune marié (v. 15). Enfin, il termine en invitant
l'assemblée à se réjouir, à fêter le mariage et à crier,
sinon "hymen", comme le prescrit Ménandre
(Sp. 409), *Formosus Mariam ducit Honorius* (v. 37). De
plus, l'adresse aux époux (v. 16-29) correspond à
l'un des *topoi* de l'épithalame (l'*adlocutio sponsalis*),
et le style du morceau est particulièrement travaillé
(nombreuses anaphores ; recherche des parallélismes...) : cette pièce est l'une des plus rhétoriques
de Claudien.

Le mètre adopté est l'asclépiade mineur, non pas
en strophe, mais en stiques, comme on le rencontre
déjà parfois chez Horace (*Carm.* 1,1 ; 3,30 ; 4,8), et

surtout dans les chœurs de Sénèque le Tragique
(*Herc. f.* 524-91 ; *Herc. O.* 104-72 ; *Med.* 56-74 et 93-
109 ; *Phaedr.* 753-60 et 764-823 ; *Thy.* 122-75 ; *Tro.*
371-407 ; voir J. Veremans, « L'asclépiade mineur
chez Prudence... », *Latomus* 35, 1976, p. 12-42) : ce
mètre sert en particulier de base à l'hyménée poly-
métrique que chante le chœur des Corinthiens au
début de *Médée* (v. 56-115). Nous verrons que cet
épithalame n'est pas sans rapports avec notre
poème. Ici encore, une influence directe de
Sénèque se manifeste dans le choix du mètre. On
ne saurait donc sous-estimer la dette de Claudien,
dans ses poèmes lyriques, à l'égard des chœurs tragiques de Sénèque. Dans sa pratique de l'asclépiade
mineur, il suit les règles observées par Horace, mais
sans généraliser la diérèse après la base spondaïque.

Élevant sur la couche un éclat d'Idalie[1],
Préféré de Vénus, Hespérus prend naissance.
Déjà l'épouse tremble et sa pudeur s'inquiète ;
Déjà son voile igné trahit des pleurs naïfs[a].
5   Ne tarde pas, jeune homme, à l'attaquer de près,
Bien que, sans s'apaiser, ses ongles se déchaînent[2].
Personne ne jouit des senteurs du printemps
Ni ne vole en leurs caches les rayons de l'Hybla,
S'il a peur pour son front ou s'il craint les ronciers.
10 L'épine arme la rose, l'essaim garde le miel[3].
L'âpreté de la lutte augmente le plaisir,
Et la Vénus qui fuit embrase davantage.
Le baiser ravi dans les pleurs a meilleur goût.
Que de fois tu diras : « Voilà qui m'est plus doux
15 Que de vaincre dix fois les blonds guerriers
                      [Sarmates[4] ! »
Exhalez de vos cœurs une nouvelle foi,
Appliquez à vos sens une torche qui dure[5],
Et à vos mains unies[b], appliquez des liens[6],

a. Le thème de la pudeur effarouchée et des larmes de la jeune épouse est traditionnel (par ex. Sappho *frg.* 94 ; Catull. 61,83-85). Le *flammeum* est le voile rouge orangé de la mariée (Catull. 61,8 ; Mart. Cap. 903, v. 7… ; *Nupt.* 285 et n. compl. 1). L'*Épithalame de Laurentius* (*Carm. min. app.* 5,65) lui substitue un *niueum uelamen* : c'est un signe de christianisation du rite païen (R. Bertini Conidi 1988, p. 76, qui mentionne le voile blanc de Séphora sur une mosaïque de S. Marie Majeure, déb. ve s.). Marie a-t-elle encore porté le *flammeus*, ou Claudien a-t-il volontairement conservé le mot traditionnel alors que le voile de Marie, chrétienne, était blanc ?

b. Cf. *Fesc.* 3,7 et note c.

[FESCENNINA IV]

Attolens thalamis Idalium iubar,
dilectus Veneri, nascitur Hesperus.
Iam nuptae trepidat sollicitus pudor ;
iam produnt lacrimas flammea simplices.
Ne cessa, iuuenis, comminus adgredi,   5
inpacata licet saeuiat unguibus.
Non quisquam fruitur ueris odoribus,
Hyblaeos latebris nec spoliat fauos,
si fronti caueat, si timeat rubos.
Armat spina rosas, mella tegunt apes.   10
Crescunt difficili gaudia iurgio,
accenditque magis quae refugit Venus.
Quod flenti tuleris, plus sapit osculum.
Dices o quotiens : « hoc mihi dulcius
quam flauos decies uincere Sarmatas ! »   15
Adspirate nouam pectoribus fidem,
mansuramque facem tradite sensibus ;
tam iunctis manibus tradite uincula,

3 pudor (*exc. Flor.*) : timor *Vic* || **5** ne : nec *KF$_5$N R* || comminus :
propius *F$_5$* || **6** i(n)pacata (*exc. Flor.*) : impatata *P$_6$a.c.* implacata *P*
Iam pacata *Vic Ise* || **7** non : nec *P$_6$* || fruitur : frustra *P$_6$a.c.F$_5$a.c.* ||
8 (h)y[-i-]bl(a)eos... fauos (*P$_2$p.c.*) : hybleum... fauum *F$_5$p.c.* -os... -
um *F$_5$a.c.* || **9** *post* 11 *Ka.c.* || **9** rubos : rubros *F$_3$a.c.* ? || **10** arma
P$_2$a.c. || **11** diffili *F$_5$a.c.* || iurgio : uir- *K* || **12** accendit- : as- *Pa.c.*
acsc- *P$_6$a.c.* que *om. N* || uenus : uentus *F$_3$a.c.* ? || **13** quod flenti : q.
flecti *P$_2$a.c.* quos flenti *Pa.c.* flenti si *R* || tulerit *Ra.c.* || **14** o : hoc *R*
|| hoc mihi : mihi de plus *Ra.c.* mihi plus *Rp.c.* || **15** flauos : -uios
P$_6$a.c. || uincere : -ire *P$_6$a.c.* || **16** pectoribus : uirginibus *L* || **17** que
om. F$_2$ || **18** iunctis (*F$_2$?*) : uunctis *Pa.c.* uinctis *N F$_2$* ? || tradite : nec-
tite *P$_2$K exc. Flor.* nectice *Vic*

Comme un rouvre feuillu par le lierre est étreint,
20   Comme un souple sarment serre le peuplier[1] ;
Que sans cesse vos langues échangent des soupirs
Plus caressants que la plaintive tourterelle[a].
Et que dans l'union des âmes par les lèvres
Le sommeil vous saisisse haletants tour à tour.
25   De l'étreinte royale que la pourpre s'échauffe ;
Que les tissus illuminés du sang de Tyr
Soient ennoblis par un autre sang, virginal[2].
Alors, saute victorieux du lit humide,
En ramenant les plaies du nocturne combat[3].
30   Que la flûte éveillée conduise notre chant[4].
Puisqu'on peut plaisanter, que la foule enhardie
Exulte, libérée de la rigueur des lois[b].
Mêlez-vous à vos chefs pour jouer, militaires ;
Mêlez-vous aux garçons pour jouer, jeunes filles[c].
35   Que jusqu'à la voûte éthérée ce cri résonne,
Que ce cri passe à travers la mer et les peuples :
« Le bel Honorius prend pour femme Marie[5] ».

a. Périphrase pour désigner la colombe ou la tourterelle, l'une des cinq espèces de colombes d'après Aristote. Colombe et tourterelle sont consacrées à Vénus ; elles offrent l'image du couple parfait (Prop. 2,15,27-28) et leurs baisers sont donnés en modèle (Catull. 68,125-8 ; Ou. *Am.* 2,6,56 ; Mart. 11,104,9 et 12,65,7-8).

b. Allusion aux plaisanteries et à la licence fescennines ; cf. Sen. *Med.* 109 et 113-4 : *Rara est in dominos iusta licentia... Festa dicax fundat conuicia Fescenninus. / Soluat turba iocos.* - *Tetricis... legibus* : cf. *Nupt.* 201 *leges seueras*.

c. La licence qu'autorise la fête du mariage princier efface la hiérarchie (les soldats se mêlent aux officiers, v. 33) et permet le mélange des sexes (v. 34). Claudien s'inspire sans doute encore de Sen. *Med.* 107-8 : *concesso, iuuenes, ludite iurgio ; / hinc illinc, iuuenes, mittite carmina* (même mètre). Mais il a fortement accentué le souci de parallélisme déjà sensible chez son modèle. On relève une recherche formelle analogue chez Merob. *Carm.* 4,5-6 : *Omnes nunc Latiae fauete Musae, / omnes nunc Latiae uirete siluae* (pour le thème, cf. *Fesc.* 2).

quam frondens hedera stringitur aesculus,
quam lento premitur palmite populus ;   20
et murmur querula blandius alite
linguis assiduo reddite mutuis.
Et, labris animum conciliantibus,
alternum rapiat somnus anhelitum.
Amplexu caleat purpura regio,   25
et uestes Tyrio sanguine fulgidas
alter uirgineus nobilitet cruor.
Tum uictor madido prosilias toro,
nocturni referens uulnera proelii.

    Ducant peruigiles carmina tibiae ;   30
permissisque iocis turba licentior
exultet tetricis libera legibus.
Passim cum ducibus ludite milites,
passim cum pueris ludite uirgines.
Haec uox aethereis insonet axibus,   35
haec uox per populos, per mare transeat :
« Formosus Mariam ducit Honorius. »

19 (h)edera : -am $P_6a.c.$ ‖ **20** palmite premitur F_5 ‖ **22** assiduo $P_2KP_6F_5J$ *Vic* : -e F_3 F_2 -i N -is $P_6u.l.$ L P R ‖ mutuis reddite F_5 ‖ mutuis : -i $P_6p.c.$ nunciis $P_6a.c.$? L nuncii P $Ru.l.$ ‖ **23** labris : -briis K ‖ conciliantibus : calciantibus $P_6a.c.$ ‖ **24** sompnus rapiat $F_5a.c.$ ‖ rapiat : ro- $P_6a.c.$ ca- N L ‖ alternum : alterum *Ise* ‖ (h)an(h)elitum : hanelitus R ‖ **25** amplexu : amplectu $P_6a.c.$ ‖ caleat $P_2Kp.c.P_6u.l.F_5p.c.$ L $F_2a.c.$ $Rp.c.$ *Ise mg.* : careat $Ka.c.P_6F_3F_5a.c.JNF_2p.c.P$ $Ra.c.$ *Vic Ise* iaceat $Pu.l.$ ‖ **26** ty[-i-]rio : terio $P_6a.c.$ tirias R ‖ **27** alter : altis $F_2a.c.$ ‖ uirgineus : -eis $F_2a.c.$ -ens $P_6a.c.$ ‖ **28** tum $P_2P_6a.c.F_5$ R *Vic* : dum K tunc *cett.* ‖ madido (*Pa.c.*) : tepido $Pp.c.$ ‖ prosilias($P_6a.c.$) : -iat $P_6p.c.$ -eas P_2 proxilias N ‖ **29** referens : -ras P_2K ‖ **31** permissis- (*Pu.l.*) : pro- P ‖ iocis : lo- P ‖ licentior (*Ja.c.*) : -ius $Jp.c.$ ‖ **32** t(h)etricis : triticis $P_6a.c.$ ‖ **33** *om. K add. post* 37 ‖ passim : pascim $P_6a.c.$ ‖ **34** pueris : ducibus $F_3a.c.$ ‖ **35** uox : uos $P_6a.c.$ ‖ insonet : con- F_2 ‖ axibus : auxibus P auribus KN F_2 laudibus L ‖ **36** uox : uos $P_6a.c.$ $F_2a.c.$ ‖ populos : scopulos $Ru.l.$ ‖ per : et F_3 ‖ **37** formosus : fa- K ‖ ducit $P_2KP_6F_5JR$ *Vic* : duxit *cett.* ‖ honoribus $F_2a.c.$

LA GUERRE CONTRE GILDON

(*carm.* 15)

ANALYSE

Introduction. Le poète exprime sa joie de voir l'Afrique rendue à l'Empire et s'étonne de la rapidité de la campagne militaire (v. 1-16).

L'assemblée des dieux sur l'Olympe (v. 17-212). Rome amaigrie vient se plaindre à Jupiter (v. 17-27). Son long discours (v. 28-127) fait fondre en larmes les dieux (v. 127-32). Jupiter lui-même commence à s'attendrir, puis à calmer l'émoi des dieux quand survient l'Afrique (v. 132-9) dont le discours, parallèle à celui de Rome, expose les sévices de Gildon (v. 139-200). Jupiter l'interrompt (v. 201-3) et prononce son arrêt : Honorius terrassera votre ennemi et l'Afrique ne servira que Rome (v. 204-7). Rome alors rajeunit (v. 208-12).

L'intervention des deux Théodose (v. 213-348). Le père et le fils sont chargés de remettre aux deux empereurs les ordres de Jupiter : Théodose l'Ancien à Honorius en Italie ; l'empereur Théodose à Arcadius à Constantinople (v. 213-26). Ce dernier dit à son père sa joie de le revoir (v. 227-34), mais Théodose l'interrompt en s'étonnant que Gildon puisse désunir deux frères : il s'étonne que son fils puisse se lier avec un fourbe dont l'attitude avait déjà été ambiguë lors de l'usurpation d'Eugène (v. 235-88) ; il rappelle les éminents services rendus par Stilicon, beau-père de son autre fils (v. 288-310) ; Arcadius aurait dû aider son

frère ; qu'au moins il ne soutienne pas Gildon (v. 311-
20). Arcadius accède à cette demande et accepte que
l'Afrique retourne à son frère (v. 320-4). Théodose
l'Ancien vient trouver Honorius couché dans son lit
nuptial (v. 325-9). Il lui demande de triompher de Gildon comme lui-même a triomphé de Firmus (v. 330-
47) et disparaît dans les effluves du matin (v. 348).

La réaction d'Honorius (v. 349-526). Impatient
d'attaquer Gildon, Honorius convoque son beau-
père (v. 349-53). Il lui raconte un rêve, puis l'appari-
tion de son grand-père, et se déclare prêt à passer
en Afrique (v. 354-78). Stilicon le dissuade de
prendre lui-même la tête de l'expédition ; il lui
conseille de confier le corps expéditionnaire à Mascezel, frère mais aussi victime de Gildon (v. 379-
414) ; il rassemble les troupes et fait armer la flotte
(v. 415-23). Honorius harangue les soldats avant leur
départ (v. 424-66). Des présages favorables accompagnent ce discours (v. 467-71) et provoquent l'en-
thousiasme des soldats (v. 472-8). L'embarquement
a lieu à Pise (v. 479-87) ; les troupes vont braver la
navigation hivernale sans craindre la tempête
(v. 488-504). La flotte prend la mer, évite la Corse,
mais s'arrête en Sardaigne pour attendre des vents
favorables (v. 504-26).

[La guerre contre Gildon]

L'Auster[a] est rendu à l'Empire ; à nouveau
                              [est soumise
La seconde voûte du ciel[1]. Sous un seul maître,
Au même frein, s'accordent les mondes jumeaux[2] :
Nous avons réuni l'Europe à la Libye[3]. La concorde
                              [des frères[4]
5   Retrouve plénitude. Seul succès qui manquât
                              [aux armes de son père,
Sous la valeur du fils a succombé le troisième tyran[5].
Mon cœur en tremble encore et tarde à laisser
                              [voir sa joie[6] ;
Dans la stupeur, il n'ose croire à un tel vœu.
L'armée n'a pas encore atteint les rives du Cinyps[7]
10   Que déjà Gildon est dompté. Nul lien n'arrêta
                              [la victoire,
Ni l'étendue des terres ni l'obstacle des mers[b].
Combat, fuite et capture[8], une seule voix les annonce
Et le laurier a précédé les rumeurs sur la guerre.
Quel dieu[c], je vous en prie, a accompli cela ?
                              [Une démence ancienne

a. Vent du sud, l'Auster désigne par métonymie le sud, le midi
(Cic. *Rep.* 6,22), voire, comme ici, l'Afrique : Verg. *Georg.* 1,241
Libyae… in Austros. Comme dans ce passage de Virgile, il est sou-
vent associé à la "Libye", autre métonymie de l'Afrique (e.g.
Lucan. 9,467-8).

b. *Obice ponti* : l'obstacle que constitue la mer. Clausule
métrique qui constitue un cliché poétique : Lucan. 10,246 ; Val. Fl.
1,702 ; et déjà Virgile, sous la forme *obice pontus* (*Aen.* 10,377).

c. Formule ambiguë qui peut s'interpréter dans un sens chrétien (allusion à l'intervention divine dont Mascezel, d'après Oros.
7,36,5-13, a bénéficié ?) ou dans un sens païen : à un premier
niveau de lecture, cette interrogation rhétorique doit être considérée comme une annonce de l'assemblée des dieux (v. 17 à 212).

[DE BELLO GILDONICO]

Redditus inperiis Auster subiectaque rursus
alterius conuexa poli. Rectore sub uno
conspirant gemini frenis communibus orbes :
iunximus Europen Libyae. Concordia fratrum
plena redit. Patriis solum quod defuit armis,   5
tertius occubuit nati uirtute tyrannus.
Horret adhuc animus manifestaque gaudia differt,
dum stupet et tanto cunctatur credere uoto.
Necdum Cinyphias exercitus attigit oras :
iam domitus Gildo. Nullis uictoria nodis   10
haesit, non spatio terrae, non obice ponti.
Congressum, profugum, captum uox nuntiat una
rumoremque sui praeuenit laurea belli.
Quo, precor, haec effecta deo ? Robusta uetusque

incipit de bello gildonico feliciter *G* liber de gildonico bello *Jm.a.*
liber quartus de uictoria stiliconis et honorii contra gildonem
F₂m.r. incipit de bello gildonico liber I *R*
1 (R)edditus : rerditus *Rp.c.* perditus *Ra.c.* subditus *Pu.l.* ‖ **2** alterius (*Gp.c.*) : alterni *N* ‖ conuexa : -nexa *P* ‖ **3** conspirant : -at *R*
-ent *F₃a.c.* conspiceret *F₃a.c.* ‖ gemini... orbes : -is... o. *Pa.c.* -us...
-is *R* ‖ **4** europen *P R* : -em *J L F₂* -am *cett.* ‖ li[-y-]bi(a)e *codd.* ‖ fac-
tum *Vic* ‖ **5** plena : leta *J* ‖ cedit *N ? a.c.* ‖ patriis : -is *P* ‖ solum
quod *G L P R* : q. s. *cett.* solum *F₂a.c.* ‖ defuit : defluit *F₃a.c.* ‖
armis : aruis *L Vic Cam. Ise mg.* ‖ **6** nati : non *F₃a.c.* ‖ **8** tanto :
tacito *flor. Gall.* ‖ uoto *P₂p.c.* ‖ **9** necdum : nec *Ra.c.* nondum *P₂F₃J*
‖ oras : h- *P₂KP₆F₃F₅JN L* ‖ **10** gildo : -on *P₆a.c. Vic* gyldon *F₂p.c.*
gelido *Pa.c.* gyeldon *F₂a.c.* ‖ **11** terr(a)e spatio *P₂F₃JN* ‖ non : nec *N*
‖ obice : -te *Ja.c.* ‖ **12** profugum : profundum *post* una *F₅a.c.* ‖ captum *om. L* ‖ **13** sui : suum *P₆u.l.* ‖ belli : mundi *G Pu.l.* uoti *P₂* ‖ **14**
effecta (*P₂u.l. F₂u.l.*) : effeta *F₂Pa.c. Ra.c.* effata *Ga.c. P₂*

15 Et forte[a] a pu être vaincue en un si court moment :
    Désigné ennemi au début de l'hiver, le printemps
                                         [l'abattit[1].
    Craignant déjà sa fin[b] et lasse de se voir refuser
                                         [les moissons,
    Rome se dirigeait au seuil du pivotant Olympe[2],
    Non de son air accoutumé[3], comme elle départit
                                         [les lois
20 Aux Bretons ou soumet à ses faisceaux l'Indien
                                         [tremblant :
    Voix faible et marche lente, les yeux profondément
    Rentrés ; ses joues s'en sont allées et la maigreur
                                         [du jeûne
    Lui a rongé les bras. D'une épaule malade elle soutient
                                         [à peine
    Son bouclier terni ; son casque desserré trahit
25 Sa canitie et elle traîne une haste pleine de rouille.
    Lorsqu'elle touche enfin le ciel et tombe aux genoux
                                         [du Tonnant,
    Avec tristesse elle commence ainsi ses plaintes[c] :

a. Olechowska (p. 136) pense que cette expression renvoie à la révolte de Firmus plutôt qu'à la durée du pouvoir de Gildon en Afrique. Claudien suggèrerait-il un amalgame entre les deux révoltes africaines ? Mais il n'a ici aucune raison d'attaquer Firmus et fait allusion à la "folie" qui aveugle depuis longtemps Gildon, gouverneur d'Afrique depuis 12 ans. Même s'il passe sous silence sa trahison de 387-8 lors de l'usurpation de Maxime, il parle de son attitude inamicale et ambiguë dès 392-4 lors de l'usurpation d'Eugène (v. 241-52).

b. Le génitif *exitii* semble préférable à l'accusatif *exitium*, mieux attesté, mais qui pourrait être une correction banalisante. En *3 cons.* 31-32 le cas est différent, puisque le complément du participe est déterminé par un adjectif et un complément du nom (*galeae nec triste timentem / fulgur*).

c. La clausule *maesta querelas* est empruntée à Silius Italicus, dans un contexte analogue (3,558) : Vénus inquiète adresse ses plaintes à Jupiter (« Adfatur genitorem et rumpit *maesta querellas* »).

tempore tam paruo potuit dementia uinci :   15
quem ueniens induxit hiems, uer perculit hostem.
     Exitii iam Roma timens et fessa negatis
frugibus ad rapidi limen tendebat Olympi,
non solito uultu nec qualis iura Britannis
diuidit aut trepidos submittit fascibus Indos :   20
uox tenuis tardique gradus oculique iacentes
interius ; fugere genae, ieiuna lacertos
exedit macies. Humeris uix sustinet aegris
squalentem clipeum ; laxata casside prodit
canitiem plenamque trahit rubiginis hastam.   25
Attigit ut tandem caelum genibusque Tonantis
procubuit, tales orditur maesta querelas :

15 dementia : cle- $P_2a.c.$? P ‖ **16** induxit $P_6s.l.F_5a.c.$ $Ja.c.$ L F_2P R Ise : indi- $P_6F_5p.c.$ *cett.* ‖ uer *om.* $P_6a.c.$ ‖ perculit : -tulit P_2N L P perdidit *Ru.l.* *Ise mg.* proterit *exc. Gyr.* ‖ **17** exit[-c-]ii G P_2J : -ium *cett.* -cicium F_5 ‖ timens : tenens $P_6a.c.$ ‖ **18** rabidi N ‖ **19** solita Ise ‖ uultu $(P_6s.l.)$: uisu P_2KP_6 bis *a.c.* F_5J *Ru.l.* ‖ nec : non P_2 L ‖ iura : rura Ise *mg.* ‖ **20** fascibus : facibus $P_6a.c.$ legibus P_2F_5J ‖ **21** uox : uos $P_6a.c.$ ‖ iacentes : lat- J Vic ‖ **22** fugiere $F_5a.c.$ ‖ lacertos : iacentes $Pa.c.$ ‖ **23** exedit : exc- $P_6a.c.F_5N$ $F_2a.c.$ Vic ‖ **24** laxata : lass- G L F_2 Ise *mg.* forata $F_5u.l.$ ‖ casside $(P_2u.l.)$: cl- $P_6a.c.$ cuspide P_2K ‖ **25** canit[-c-]iem : -es $P_2a.c.$? *Ru.l.* ‖ rubinis $P_6a.c.$ ‖ **26** genibusque : genibus $Pa.c.$ ‖ tonantis $(F_5u.l.)$: grauatis F_5 ‖ **27** talesque Vic Ise ‖ querel(l)as : loquelas K

« Si mes murs[1], Jupiter, ont mérité de naître
　　　　　　　　　　[sous le signe[a]
De la durée, si reste inébranlable le chant de la Sibylle,
30　Si tu ne renies pas encor la citadelle tarpéienne[2],
J'arrive en suppliante, non pour qu'un consul
　　　　　　　　　　　[triomphant[b]
Foule l'Araxe de ses pieds[3], ni pour accabler
　　　　　　　　　　[de nos haches
Suse avec ses carquois, ni pour planter[c] nos aigles
　　　　　　　　　　[dans le sable rouge.
Voilà, voilà ce que tu nous donnais avant.
　　　　　　　　　　[Et maintenant, moi, Rome,
35　Je ne demande que pâture[d] ; pitié pour ton peuple,
　　　　　　　　　　[ô Père très bon[4].
Écarte une famine extrême[e]. Nous avons assouvi
　　　　　　　　　　[ton ire,
Si jamais il en fut : nous avons bu de quoi faire gémir
　　　　　　　　　　[les Gètes[5]
Et pleurer les Suèves. De mes malheurs, même
　　　　　　　　　　[la Parthie frémirait.
Mais pourquoi rappeler les épidémies,
　　　　　　　　　　[les tertres remplis[f]

a. L'allitération pesante des nasales souligne dès le premier vers le caractère solennel de cette prière.

b. L'expression *consul ouans* sera reprise par Coripp. *Iust.* 4,101.

c. *Figere aquilas* + dat. de rapprochement (même construction, mais en autre contexte, chez Lucain 7,486) signifie "s'établir militairement, prendre militairement possession de".

d. *Pabulum,* qui désigne habituellement la nourriture des animaux, ravale les Romains, autrefois maîtres de l'univers, au rang de bêtes.

e. Le mot important *famem,* préparé par la description de Rome et par *pabula,* est rejeté en fin de phrase.

f. J'ai conservé les leçons les mieux attestées par la tradition manuscrite, sans normaliser les coordinations des v. 39-41. Dans une énumération rhétorique de type traditionnel (question oratoire du v. 39 : cf. Calp. *Ecl.* 7,35 ; Sil. 15,82-83 ; accumulation des exemples, trait final du v. 42), le poète a voulu introduire un élément de variété.

« Si mea mansuris meruerunt moenia nasci,
Iuppiter, auguriis, si stant inmota Sibyllae
carmina, Tarpeias si necdum respuis arces,   30
aduenio supplex, non ut proculcet Araxem
consul ouans nostraeue premant pharetrata secures
Susa, nec ut rubris aquilas figamus harenis.
Haec nobis, haec ante dabas ; nunc pabula tantum
Roma precor. Miserere tuae, pater optime, gentis,   35
extremam defende famem. Satiauimus iram
si qua fuit : lugenda Getis et flenda Sueuis
hausimus. Ipsa meos horreret Parthia casus.
Quid referam morbiue luem tumulosque repletos

28 meruerunt (*P₆u.l.Jmg.*) : -uissent *P₂KP₆p.c.F₅J* ‖ **29** auguriis :
augustus *K* ‖ **30** necdum : non- *P₂P₆F₃F₅JN* ‖ respuis (*Ru.l. exc.
Gyr.*) : respicis *R* despicis *P₂KP₆F₅JN Vic Ise* ‖ **31** proculcet : proculet
F₂ ‖ araxem *F₃N exc. Gyr.* : oraxem *P₂* oaxem *G KP₆F₅J L F₂P Vic Ise*
oaxen *R* ‖ **32** *Rm.r.* ‖ nostr(a)eue : -que *F₅ L F₂P Ise* -ne *Vic* nostre
nec *N* ‖ premant (*Js.l.*) : -ent *J* ‖ **33** *praeter* S *initialem Rm.r.* ‖ susa
(*K Pa.c.*) : sura *Pp.c.* fusa *N* arma *Js.l.* loca *Ks.l. Rm.r. s.l.* ‖ ut *L F₂P
Ise* : in *Pu.l. cett. om. G* ‖ **34** haec — tantum *Rm.r.* ‖ tantum *Jp.c.* ‖
35 ter optime gentis *Rm.r.* ‖ **36** uimus iram *Rm.r.* ‖ **37** fluit *F₃a.c.* ‖
lugenda : luenda *F₅a.c.* ‖ sueuis (*Rm.r.*) : -tis *Pa.c.* ? -sis *F₃* ‖ **38** horreret (*Ra.c.*) : horret iam *F₃p.c. Rp.c.* horrent iam *F₃a.c.* horrebat *N
Vic* exhorret *exc. Gyr.* ‖ **39** morbiue : -ne *G* -que *N* mundiue *K* ‖
tumulosque (*Na.c. Rp.c.*) : c- *Ra.c.* tumulosue *P₂KF₅JNp.c. Vic* ‖
repletos : -us *Pa.c.*

40 De morts, et tous ces gens victimes d'un astre infecté[1],
Le fleuve errant parmi les toits, qui menaçait
                         [le haut des monts ?
Sous l'eau, j'ai transporté des carènes énormes
Et j'ai perçu le bruit des rames, les siècles de Pyrrha[2].
Hélas pour moi, où sont tombées les forces du Latium[3]
45 Et la puissance de la Ville ! En quelle ombre
                         [à mesure avons-nous chu !
Puissante jadis par mon peuple en armes,
                         [par le conseil
Des Pères, j'ai dompté la terre et enchaîné
                         [les hommes
Par mes lois. J'ai couru, victorieuse, au levant,
                         [au couchant[a].
Après que César[4], dans sa morgue, eut transféré
                         [sur lui
50 Les droits de tous, dans la décadence des mœurs,
                         [n'ayant plus l'habitude
Des anciennes vertus, je me suis retirée au sein
                         [d'une servile paix.
En raison de tant de mérites, on m'a donné le Nil
                         [et la Libye,
Afin que les vents opposés[b] par les flottes d'été[c]
                         [nourrissent
La plèbe souveraine et le sénat guerrier, et tour à tour,
55 D'un rivage et de l'autre, emplissent mes greniers.

a. L'expression *ad solem utrumque* exprime l'extension de l'Empire dans les deux directions est et ouest (cf. Ael. Arist. *Paneg. Rom.* 10). *Victrix* qualifie souvent Rome : e.g. Ou. *Trist.* 3,7,51 et *Pont.* 4,3,46.

b. L'expression *classibus aestiuis* semble originale et sera imitée par Venance Fortunat (*Carm.* 3,12,30 *rates*). Compte-tenu des possibilités techniques des bateaux romains, on ne naviguait normalement pas l'hiver, comme l'attestent les textes contemporains de Symmaque.

c. L'Africus (sud-ouest), le Notus (sud) et l'Eurus (sud-est). L'expression *diuersi uenti* se lit chez Lucrèce (5,646 ; cf. Sen. *Nat.* 5,13,4), mais sans rapport précis avec notre passage.

stragibus et crebras corrupto sidere mortes,   40
an fluuium per tecta uagum summisque minantem
collibus ? Ingentes uexi submersa carinas
remorumque sonos et Pyrr<h>ae saecula sensi.
Ei mihi, quo Latiae uires Vrbisque potestas
decidit ! In qualem paulatim fluximus umbram !   45
Armatis quondam populis patrumque uigebam
consiliis ; domui terras hominesque reuinxi
legibus : ad solem uictrix utrumque cucurri.
Postquam iura ferox in se communia Caesar
transtulit, elapsi mores desuetaque priscis   50
artibus in gremium pacis seruile recessi ;
tot mihi pro meritis Libyam Nilumque dedere,
ut dominam plebem bellatoremque senatum
classibus aestiuis alerent geminoque uicissim
litore diuersi complerent horrea uenti.   55

40 crebras (*P₆u.l. et ? a.c.*) : scabras *P₆p.c.* || **41** an *G P₆a.c.N La.c.
F₂P R Vic Ise* : nam *F₅a.c.* ? aut *P₂KP₆p.c.F₅J Ru.l.* en *Lp.c.* || minan-
tem (*Lras. Ru.l.*) : minatum *R* || **42** submerse *Vic* || **43** pyrr(a)e *G F₃
L F₂ R* pirr(a)e *cett.* || **44** (h)ei : heu *G P₂F₅J Vic* || urbisque (*exc.
Gyr.*) : or- *G P₂P₆a.c. ? F₅J Pu.l. Vic* || **45** in : et *F₃a.c.* || qualem : t- *P₂*
|| fluximus *Gp.c.* || **46** *om. P₂* || armatis... populis (*Cam Ise*) : -o... -o
exc. Gyr. armentis... -is *Ru.l.* || quondam : quoneiam *Pa.c.* ||
patrumque : patriisque *L K* || **47** consiliis : consciliis *N* conciliis *R* ||
domui : donum *N* || hominesque (*Ju.l. Cam Ise*) : omne- *Ra.c.*
urbes- *P₂J* || **48** uictrix (*Gp.c.*) : uix *F₅a.c.* || **49** iura : rura *P* || **50**
elapsi *F₅ L F₂P R Cam Ise* : et lapsi *G P₂KP₆F₅JN Vic* || **51** *ras. post* arti-
bus *G* || senile *Vic* || recessim *Pa.c.* || **52** li[-y-]biam *codd.* || dedere :
-res *Ja.c.* -runt *F₅* || **54** alerem *F₅* || **55** complerent : -ant *F₅*

Mon salut était sûr : si par hasard Memphis se récusait,
Je compensais l'apport annuel de Pharos[a] par
    [les moissons gétules.
Je voyais lutter les vaisseaux porteurs de grain[b],
    [rivaliser
Les voiles des Puniques avec celles du Nil.

60   Quand tout à coup une autre Rome égale à moi[c]
    [avec l'Orient séparé
Prit toge égale, les champs d'Égypte[d] échurent
    [en partage
À la nouvelle Rome. Pour seul espoir[e] il nous restait
La Libye qui à peine, avec difficulté, nous sustentait :
Espoir tiré du seul Notus, jamais assuré du futur

65   Et toujours démuni, il réclamait l'aide du vent
    [et des saisons.
Et même cet espoir, maintenant Gildon l'a ravi
    [à l'extrême déclin
De l'automne. Avec anxiété nous parcourons[f] l'azur
Pour voir si quelque poupe arrive, si quelque chose
    [à ce maître puissant

a. Même expression pour désigner les livraisons de blé d'Égypte
chez Stace (*Silu.* 3,2,22) : « prima Dicarcheis *Pharium* grauis intulit
annum ».

b. L'adjectif composé *frugifer* a été créé par Ennius pour qualifier la terre (*Ann.* 489 *terrai frugiferai*) ; puis il a été fréquemment
employé, en prose (Cic. *Tusc.* 2,13) comme en poésie.

c. Sur Constantinople, nouvelle Rome, égale à la première :
Hésychius de Milet, *frag. hist. gr.* t. 4, p. 147 Müller. Comme Rome,
Constantinople eut son sénat (*aequales... togas* : cf. *Stil.* 1,330 *decre-
taque togae*).

d. Même fin d'hexamètre chez Lucan. 10,312 *Aegyptia rura*.

e. Même expression *spes unica* en même position métrique chez
Sidoine à propos de Majorien (*Carm.* 5,574 « lassatis... *spes unica*
rebus ») et chez Ennode, à propos de Maximus (*Carm.* 1,4
[= 388],87 « generis *spes unica* summi »). *Spes una* se lit chez Dracontius (*Laud.* 2,610 ; *Orest.* 311).

f. Même expression en *Get.* 46 : « alta nec incertis *metimur* flumina *uotis* ».

Stabat certa salus : Memphis si forte negasset,
pensabam Pharium Gaetulis messibus annum.
Frugiferas certare rates lateque uidebam
Punica Niliacis concurrere carbasa uelis.
Cum subito par Roma mihi diuisaque sumpsit   60
aequales Aurora togas, Aegyptia rura
in partem cessere nouae. Spes unica nobis
restabat Libyae, quae uix aegreque fouebat :
Solo ducta Noto, nunquam secura futuri,
semper inops, uentique fidem poscebat et anni.   65
Hanc quoque nunc Gildo rapuit sub fine cadentis
autumni. Pauido metimur caerula uoto,
puppis si qua uenit, si quid fortasse potenti

56 salus : solus *Vic* ‖ **57** ph[f-]arium (*F₂mg*) : pharum *Vic* phanum
P₆a.c. parilem *L F₂P R exc. Gyr. Ise mg* fertilem *Ps.l.* ‖ messibus :
immensibus *F₂a.c.* messim *F₅a.c.* ‖ **58** certare : -asse *N Vic* ‖
60 subito (*Ise*) : subit *N Vic Cam* subiit *uet. Cui.* ‖ par mihi roma
F₃a.c. ‖ **61** aurora *P₂ras.* ‖ **62** cessere : -are *F₅a.c.* ‖ nou(a)e : -am *F₅*
F₂P R Vic nothi *N* ‖ **63** fouebat : ferebat *Vic* ‖ **64** solo : -e *P₂a.c.* ? ‖
noto *Ga.c.* : notho *cett.* nothos *J* ‖ **65** et anni (*P₂u.l.*) : in annum *P₂*
‖ **66** cadentis : cand- *Np.c.* candentes *Na.c.* ‖ **67** metimur (*P₂ras.*) :
-tur *P₆F₅a.c. L P* ‖ **68** potenti (*F₅u.l.*) : parato *F₅*

A d'aventure été soustrait par la pudeur ou épargné
[par son butin.

70   Ma pâture[a] dépend des caprices d'un Maure :
[il se vante non de payer
Un dû, mais d'octroyer son bien ; content de fournir
[comme à une esclave
Des rations journalières, avec la morgue d'un barbare
[il met
En balance ma vie, ma faim ; il tire orgueil des pleurs
Du peuple et fait peser le sort fatal d'une si grande
[ruine.

75   Il vend le blé de Romulus et possède des champs
Acquis par mes blessures. C'est pour cela que pendant
[tant d'années
J'ai fait une guerre de pleurs contre l'orgueilleuse
[Carthage[1] ?
C'est pour cela que Régulus au mépris de sa vie
[a voulu retourner ?
C'est ce que j'ai, mon Père, acquis par les pertes
[de Cannes ?

80   C'est en vain, si souvent, que la trompe navale
[a embrasé
La mer d'Espagne et de Sicile, que la terre a été ruinée
Et tant de chefs tués[b], que le Punique, après avoir
[forcé les Alpes[c],
S'est élancé et qu'Annibal s'est approché si près
[de la Ville ébahie[d] ?
C'est sans doute pour qu'un barbare jouît
[de l'Afrique soumise

a. *Pascere* se dit des esclaves : Iuu. 3,141 *Quot pascit seruos ?*
b. *Duces caesi* : cf. Lucan. 5,201 ; 7,749 ; Sil. 17,295-6.
c. Sidoine Apollinaire a imité ce passage dans son panégyrique d'Anthémius (*Carm.* 2,530) : *si ruperit Alpes Poenus.*
d. Claudien combine un souvenir de Lucain (1,676 *attonitam... per urbem*) à un passage de Juvénal (6,290-1 *proximus urbi / Hannibal*).

uel pudor extorsit domino uel praeda reliquit.
Pascimur arbitrio Mauri nec debita reddi,   70
sed sua concedi iactat gaudetque diurnos
ut famulae praebere cibos uitamque famemque
librat barbarico fastu uulgique superbit
fletibus et tantae suspendit fata ruinae.
Romuleas uendit segetes et possidet arua   75
uulneribus quaesita meis. Ideone tot annos
flebile cum tumida bellum Carthagine gessi ?
Idcirco uoluit contempta luce reuerti
Regulus ? Hoc damnis, genitor, Cannensibus emi ?
Incassum totiens lituis naualibus arsit   80
Hispanum Siculumque fretum uastataque tellus
totque duces caesi ruptaque emissus ab Alpe
Poenus et attonitae iam proximus Hannibal Vrbi ?
Scilicet ut domitis frueretur barbarus Afris,

---

69 extorsit : sit P_6 *a.c.* || pra(e)da (*Vic Cam Ise*) : -o P_2 *Ald* || **70**
reddi : -it F_5 *L* F_2*a.c.P R (recte ?)* || **71** iactet gaudet- $P_2p.c.$ gaudet iac-
tet- $P_2a.c.$ || **72** famemque *Gras.* || **73** barbarico : -rio *Ka.c.* || fastu :
-i *Pa.c.* faustu *J* || uulgi- : uuilgi- *Pa.c.* || **76-79** damnis *Rmr* || **76**
annos : -is $P_2u.l.F_3N$ || **77** tumida : ti- $P_2P_6a.c.$? *Rmr* || **78** contempta
(*exc. Gyr. Ise mg.*) : contenta *Vic Ise* || **79** hoc : h(a)ec *JN* F_2 *Vic* || emi
F_5 *L* F_2P *R* : egi *G* $P_2KP_6F_3JN$ *Vic Cam* || **80** incassum *Rmr* || totiens
lituis (*Ra.c.*) : l. t. *L* t. laciis *Rp.c.* || noualibus *N Pa.c.* || **81** uasta-
taque tellus $P_2p.c.$ || **82** duces *Jp.c.* om. $F_5a.c.$ || ruptaque ($P_6a.c.$) :
raptaque $P_6p.c.$ *Vic* || **83** hanibal i. pr. F_3 || urbi : orbi $F_3a.c.$ || **84**
frueretur : ferueretur *Ja.c.* ?

85 Que de mes murs j'ai soutenu l'assaut de Mars
                          [et supporté des nuits
    De sang devant la tour Colline[a] ? C'est pour le profit
                          [de Gildon
    Que Carthage vaincue trois fois a succombé ?
                          [Et les mille désastres
    De l'Italie en pleurs, les siècles passés à la guerre
    Et Fabius et Marcellus le fort faisaient cela pour moi
90 Pour que Gildon cumulât des richesses ? Nous avons
                          [forcé le cruel
    Syphax[b] à boire le poison, nous avons traîné Jugurtha,
                          [ce monstre,
    Brisé par Métellus, sous les chaînes de Marius,
    Et les Numides seront à Gildon ? Ah ! tant de deuils !
    Tant de fatigue ! C'est pour le trône d'un Bocchus
                          [qu'ont transpiré
95 Les deux Scipions ? Maure, tu as vaincu par le sang
                          [des Romains.
    Ce peuple si longtemps guerrier, qui a régi le monde,
    Qui décernait trabées et sceptres[c], qui fut toujours
                          [senti
    Redoutable à la guerre, clément pour les pays soumis[d],
    Maintenant sans honneur[e], dans la misère, endure
                          [le supplice

---

a. Nouvelle imitation de Sidoine, dans le panégyrique d'Avitus (*Carm.* 7,129-32) : « Si denique dirum / *Hannibalem* iuncto terrae caelique tumultu / reppulimus, cum castra tuis iam *proxima* muris / starent, *Collina* fulmen *pro turre* cucurrit ».

b. L'épithète *dirus* qualifie Syphax chez Cornélius Sévérus cité par Sen. *Suas.* 6,26, v. 22 : *dire Syphax* (voir page précédente n. 1).

c. Symboles du pouvoir du consul et de l'*imperator* : cf. *Ol.* 205-6 ; *3 cons.* 5 et n. compl. 1.

d. C'est le programme augustéen résumé par Virgile (*Aen.* 6,853) : *parcere subiectis et debellare superbos*.

e. Ce début de vers a peut-être été imité par le Ps. Prosper (*Carm. prou.* 75) : *Hic inhonorus inops*.

muro sustinui Martem noctesque cruentas   85
Collina pro turre tuli ? Gildonis ad usum
Carthago ter uicta ruit ? Hoc mille gementis
Italiae clades inpensaque saecula bello,
hoc Fabius fortisque mihi Marcellus agebant,
ut Gildo cumularet opes ? Haurire uenena   90
conpulimus dirum Syphacem fractumque Metello
traximus inmanem Marii sub uincla Iugurtham,
et Numidae Gildonis erunt ? Pro funera tanta !
Pro labor ! In Bocchi regnum sudauit uterque
Scipio ? Romano uicistis sanguine, Mauri.   95
Ille diu miles populus, qui praefuit orbi,
qui trabeas et sceptra dabat, quem semper, in armis
horribilem, gentes placidum sensere subactae,
nunc inhonorus egens perfert miserabile pacis

85 muro : -os $F_5a.c.$ mauro P_2N *Vic* ‖ noctesque cruentas : -emque -am $P_6a.c.F_5$ -esque -es *Ja.c.* ‖ **86** collina : -am *Ra.c.* ‖ pro turre *(Kp.c.)* : sub t. P_2F_3J ‖ tuli : tali *Pa.c.* ‖ **87** ruit *(Vic)* : fuit $P_2KP_6F_3JN$ ‖ hoc : h(a)ec *J Vic* hæ *Ise* ‖ **88** in[-m-]pensaque $(P_6u.l.$ *et* ? *p.c.*) : impressa- $P_6a.c.$ *Ise* ‖ bello F_5 *L* F_2P *R* : -is *G* $P_2KP_6F_3JN$ *Vic Cam Ise* ‖ **89** hoc : hunc *Ja.c.* ‖ mihi *(exc. Gyr.)* : simul P_2P_6JN *Vic Cam Ise* ‖ agebat P_2J ‖ **91** durum $F_5a.c.$ ‖ metello : -allo $F_3a.c.F_5a.c.Ja.c.$ $F_2a.c.$ ‖ **92** marii sub uincla : Marium uictumque *Ise mg.* ‖ **94** labor : dolor $P_2KF_3F_5JN$ *L* $F_2s.l.$ *Vic Cam Ise* ‖ regnum bocci P_2F_3J ‖ sudauit : -bit *R* ‖ **95** scipio : suscipio *Pa.c.* ‖ **96** diu : diei $P_2a.c.$ ‖ pr(a)efuit : profuit $P_2a.c.$ ‖ orbi : urbi $P_6u.l.J$ *La.c.* ‖ **97** et (s)ceptra : sceptrumque F_3 ‖ quem : qui *K* ‖ **99** egens $(P_6u.l.)$: eget P_6 *om. J, add.* inops *s.l.* ‖ perfert : pr(a)efert P_6K pr(a)esunt $F_5a.c.$ ‖ pacis : paucis *Ku.l.* $F_2u.l.$

100 D'une paix misérable[a] ; sans être ouvertement
　　　　　　　　　　　　　[entouré d'ennemis,
Il connaît les affres d'un siège[b]. À chaque instant
La mort me guette : je n'ai pour quelques jours
　　　　　　　　　　　　　[qu'un aliment
Douteux. Ah ! quel malheur qu'un destin favorable !
Pourquoi m'as-tu donné[c] sept monts et une foule
105 Qu'on ne saurait nourrir de peu ? Je serais plus
　　　　　　　　　　　　　[heureuse
Avec moins de richesse ; je préfèrerais souffrir les Sabins
Et les Véiens ; plus limitée, j'ai passé une vie plus sûre[1].
C'est ma grandeur qui nuit. Ah ! s'il m'était permis
　　　　　　　　　　　　　[de revenir
Aux anciennes frontières, aux murs du pauvre Ancus !
110 Me suffiraient les champs de l'Étrurie et de
　　　　　　　　　　　　　[la Campanie,
Et les moissons de Quinctius, de Curius ; à sa patrie
　　　　　　　　　　　　　[puissante
Un agriculteur dictateur porterait ses propres épis.
　　Que faire maintenant ? Gildon tient la Libye,
　　　　　　　　　　　　　[l'autre Rome le Nil ;
Mais moi, qui ai porté sur mes épaules[d] terre et mer,

---

a. Nouvelle référence possible à la sixième satire de Juvénal
(v. 292 : *nunc longae patimur pacis mala*), avec une réminiscence de
Stace (*Theb.* 1,53-54) : « crudum ac *miserabile* uitae / *supplicium* ».

b. À rapprocher de Lucain (4,94-95 à propos des troupes de
César assiégées par la faim du fait d'une inondation) : « saeua
fames aderat *nulloque obsessus ab hoste* / miles *eget* ».

c. Rome s'adresse à Jupiter. La *lectio facilior* (mais moins bien
attestée) *dedistis* renverrait aux *fata* personnifiés.

d. Avec Birt et Olechowska (comm. *ad loc.*, p. 155), mais contre
Cameron (qui s'appuie sur Flor. *Epit.* 2,1,1 : 1970, p. 333) et Hall,
je pense inutile la conjecture de Barth *iuuenis* à la place d'*(h)ume-
ris*. Certes, Rome oppose sa situation présente (sa vieillesse) à ce
qu'elle fut jadis. Mais l'image d'un dieu qui porte le monde sur
ses épaules est familière aux Anciens : Birt cite l'inscription sur la
statue de Sésostris transcrite par Hérodote (2,106) ; on peut penser aussi à Atlas et à Hercule.

supplicium nulloque palam circundatus hoste   100
obsessi discrimen habet. Per singula letum
inpendet momenta mihi dubitandaque pauci
praescribunt alimenta dies. Heu prospera fata !
Quid mihi septenos montes turbamque dedisti
quae paruo non posset ali ? Felicior essem   105
angustis opibus ; mallem tolerare Sabinos
et Veios ; breuior duxi securius aeuum.
Ipsa nocet moles. Vtinam remeare liceret
ad ueteres fines et moenia pauperis Anci !
Sufficerent Etrusca mihi Campanaque culta   110
et Quincti Curiique seges, patriaeque potenti
rusticus inferret proprias dictator aristas.
        Nunc quid agam ? Libyam Gildo tenet,
                               [altera Nilum ;
ast ego, quae terras humeris pontumque subegi,

---

100 -que *om.* *N* ‖ circun[-m-]datus : -ur *K* ‖ **102** i(n)pendet : -ent
F₅a.c. impendit *G* imminet *Js.l.* *F₂s.l.* ‖ dubitanda- *(P₂u.l.)* : dubitata-
P₂ ‖ paci *N* ‖ **103** heu : heus *L* ‖ fata *(P₂a.c. ?)* : facta *P₂p.c.* ‖
104 Quid : Qui *P₂a.c.* Cur *L* ‖ turbamque : trabeam- *P₂* ‖ dedisti
(Pa.c.) : -is *G F₅ Lp.c.* ? *F₂Pp.c. Ise* ‖ **105** paruo : pauo *Pa.c.* parauo
F₅a.c. ‖ possit *N R* ‖ **106** angustis : angistis *P₆a.c.* ‖ tolerare : -asse *L*
P ‖ **107** ue(h)i[-y-]os : beios *Ra.c.* heios *P* ‖ duxi : -it *P* ‖ (a)euum :
eum *P₆* ‖ **108** molos *Pa.c.* ‖ **109** ad ueteres : aduerteres *Vic* ‖ fines :
ciues *N* ‖ **110** culta : culpa *Pa.c.* ‖ **111** curii- : curiis- *P₂a.c.* ‖
potenti : pe- *G F₅u.l. F₂u.l.P Ise* ‖ **112** rusticas *P₆a.c.* ‖ inferret pr.
(Ise mg.) : et pr. ferret *Vic Cam Ald Ise* ‖ aristas : harenas *F₂a.c.* ‖ **113**
nunc *F₅N F₂ Rp.c.* : num *P Ra.c.* nam *G P₂PₐJ Vic* iam *P₆u.l.* heu *KF₃*
L Ald sed *F₃u.l.* ‖ li[-y-]biam *codd.* ‖ **114** Ast *P₆p.c.* ‖ humeris *(Ise)* :
armis *exc. Laeti*

115   Je suis abandonnée sans récompense au terme
                                    [de mon âge.
       Dieux dont l'ire m'a fait grandir, venez enfin
                                    [à mon secours,
       Fléchissez notre Père ; et toi qui de plein gré as traversé
       La haute mer pour échanger l'Ida contre les monts
                                    [du Palatin,
       Qui préfères laver dans l'Almo tes lions phrygiens,
120   Par tes prières maternelles, convaincs enfin ton fils,
                                    [Cybèle[1].
       Mais si les Parques l'interdisent, si l'ancien temps a
                                    [été abusé
       Par des auspices faux, terrassez-moi au moins
                                    [d'un autre mal,
       Changez de châtiment. Que Porsenna ramène
       Les Tarquins, que l'Allia reprenne ses combats
                                    [funèbres ;
125   Remettez-moi plutôt dans les mains[a] du cruel Pyrrhus,
       Rendez-moi aux fureurs sénones, aux flammes
                                    [de Brennus[2].
       Tout m'est plus léger que la faim ». À ces mots,
                                    [en versant des larmes,
       Elle se tut. Sa mère Cythérée et Mars son père
       De pleurer, avec Tritonia au souvenir de la sainte Vesta ;
130   Ni Junon ni Cybèle ne demeuraient l'œil sec ;
       Les dieux Indigètes[b] s'affligent et tous ceux
                                    [que Rome a reçus
       Ou a donnés pour dieux[c]. Déjà le cœur du Père avait

---

    a. L'expression *manibus permittere* se lit chez Stace (*Theb.* 2,181) ;
cf. Verg. *Aen.* 4,104 *permittere dextrae*.

    b. Cette énumération des dieux peut faire penser à Sil. 9,290-7
(v. 293-4 … *Cybele / Indigetesque dei*). Lucain compte les pleurs des
dieux Indigètes parmi les présages de la guerre civile (1,556) :
Indigetes fleuisse deos. Pour *Cytherea* (Vénus), voir *Rapt.* 1,216 note b
(t. 1, p. 20) ; pour *Tritonia*, voir *Rapt.* 2,21 et n. compl. 2 (t. 1,
p. 134).

    c. Val. Max. 1 *praef.* : « reliquos enim *deos accepimus*, Caesares
dedimus ».

deseror : emeritae iam praemia nulla senectae.   115
Di[i], quibus iratis creui, succurrite tandem,
exorate patrem ; tuque o quae sponte per altum
uecta Palatinis mutasti collibus Idam
praelatoque lauas Phrygios Almone leones,
maternis precibus natum iam flecte, Cybele.   120
Sin prohibent Parcae falsisque elusa uetustas
auspiciis, alio saltem prosternite casu
et poenae mutate genus. Porsenna reducat
Tarquinios, renouet ferales Allia pugnas,
me potius saeui manibus permittite Pyrrhi,   125
me Senonum furiis, Brenni me reddite flammis.
Cuncta fame leuiora mihi. » Sic fata refusis
obticuit lacrimis. Mater Cytherea parensque
flet Mauors sanctaeque memor Tritonia Vestae,
nec sicco Cybele nec stabat lumine Iuno.   130
Maerent Indigetes et si quos Roma recepit
aut dedit ipsa deos. Genitor iam corde remitti

---

116 dii *codd. Vic* ‖ creui : cerui *Ja.c.* ‖ **117** qu(a)e $F_5u.l.$ L F_2P R : si G $P_2KP_6F_3F_5JN$ *Vic Ise* sis $F_2u.l.$ ‖ sponte : uecta *Ra.c.* ‖ altus L ‖ **118** uecta : sponte *Ra.c.* ‖ *post* uecta *del.* pro J ‖ palatinis : palestinis K ‖ mutasti : mutatis $P_6a.c.$ *Pa.c.* ‖ **119** pr(a)elato- $(F_3u.l.)$: mutato- F_3 ‖ lauas $(F_5u.l.)$: le- F_5 ‖ Phrygias *Vic* ‖ **120** natum precibus L ‖ **121** sin $(F_3a.c.$?) : si $F_3p.c.N$ ‖ prohibent : -eat *Pa.c.* -et N ‖ parc(a)e : parthe K ‖ que *om.* N ‖ **122** saltem : septem $F_2a.c.$ ‖ casu : pirri $F_3a.c.$ ‖ **123** mutare N ‖ genus $P_6p.c.$ ‖ **124** Tarquinos *Vic* ‖ *post* tarquinios *del.* et J ‖ renouet : remouet $P_6a.c.$ reuocet F_3F_5 ‖ ferales : -is R -riales *Iunt Ise* -ralis *Ise mg.* ‖ allia : Alia *Ise* gallia $P_2F_3a.c.$ L Acilia *Ise mg* ‖ pugnas G F_5 L F_2P R *exc. Gyr. Ise mg.* : c(a)edes $P_2KP_6F_3JN$ *Vic Cam Ise* ‖ **125** me : me me $F_3a.c.$ ‖ permittite F_5 L F_2P R *Ise mg.* : prosternite G $P_2KP_6F_3JN$ *Pu.l. Vic Cam Ise* ‖ **126** brennii N L ‖ **127** cunctaque *Ja.c.* ‖ facta $F_2a.c.$ ‖ **129** Mauors flet $F_5a.c.$ ‖ **130** Non F_3 ‖ c. sicco G K R *Ald Ise* ‖ **131** indigites F_5 indegetis $P_6a.c.$ ‖ **132** corde $(F_2a.c.$?) : -a G $P_2KP_6F_3F_5a.c.Ja.c.$ $F_2p.c.$? *Pu.l.* ‖ remittit *Vic*

Commencé à céder, sa dextre allait calmer
[le tumulte des dieux[a],
Quand apparaît l'Afrique au milieu des étoiles,
[les joues meurtries,
135 Qui avec ses cris fous secoue le ciel de loin[1] :
Ses vêtements sont en lambeaux, sa couronne d'épis
Gît çà et là ; de son chef lacéré pend l'ivoire
[de sa coiffure,

Brisé avec ses dents ; elle franchit la porte altière
Avec ce cri : « que tardes-tu, grand Jupiter[2],
140 À lancer l'ire de ton frère contre les peuples
En rompant le lien, en dissolvant les lois des flots[b] ?
J'implore d'être engloutie la première :
[que du Pachynum viennent
Des murs de mer[3] ; que mes villes s'affaissent
[dans les Syrtes ouvertes.

Si le destin ne peut repousser Gildon loin de moi,
145 Arrache-moi à lui ! Ah ! plus heureuse la partie brûlée
De la Libye qui se défend par le rempart de sa chaleur[c]
Et qui est libre, à l'abri d'un si grand tyran !
Que croisse la zone torride[d] ; que la bande médiane
[où brûle

L'Olympe me tourmente aussi. Il vaut mieux
[m'étendre déserte[e],

a. De même, chez Lucain (1,297-8), César apaise le désordre tumultueux de l'assemblée des soldats : « trepidum... *tumultum* / conposuit uoltu *dextra*que silentia iussit ».

b. Claudien reprend ici un thème central du *De raptu* : la rupture des liens qui, à la suite du pacte conclu entre les trois frères (ici Jupiter et Neptune ; Pluton joue le premier rôle dans le *De raptu*), assurent la cohérence et l'harmonie du monde. Tout facteur de désordre (ici Gildon) peut rompre cet équilibre vital.

c. Claudien se souvient peut-être de Lucan. 9,431-3 : « quaecumque uagam Syrtim conplectitur ora / sub *nimio* proiecta die uicina *perusti* / aetheris... ».

d. Nouveau souvenir de Lucain (9,852) : « ire libet qua *zona rubens*... ».

e. Encore Lucain (1,695) : « lasso *iacuit deserta* furore ».

coeperat et sacrum dextra sedare tumultum,
cum procul insanis quatiens ululatibus axem
et contusa genas mediis apparet in astris   135
Africa : rescissae uestes et spicea passim
serta iacent ; lacero crinales uertice dentes
et fractum pendebat ebur, talique superbas
Inrupit clamore fores : « Quid magne moraris
Iuppiter auulso nexu pelagique solutis   140
legibus iratum populis inmittere fratrem ?
Mergi prima peto : ueniant praerupta Pachyno
aequora, laxatis subsidant Syrtibus urbes.
Si mihi Gildonem nequeunt abducere fata,
me rape Gildoni ! Felicior illa perustae   145
pars Libyae, nimio quae se munita calore
defendit tantique uacat secura tyranni !
Crescat zona rubens ; medius flagrantis Olympi
me quoque limes agat. Melius deserta iacebo

133 fædare *Vic* || **134** ululatibus : -tatibus *P* -lantibus $P_6a.c.$ ||
135 contusa $(P_2u.l.)$: -cussa $P_2F_3F_5J$ *L* -fusa *N* || genis $F_2a.c.$ || appa-
rat $P_2a.c.$ || **136** resciss(a)e : recis(a)e F_3 *L Vic* recisse $P_2a.c.$ decisse
$P_2p.c.$ decise *N* || spicia $P_6a.c.$ || passim $(P_6u.l.)$: parsim $F_3a.c.$ spar-
sim $P_2KP_6F_3p.c.JN$ *Vic Cam* || **137** lacero : lancero *Ja.c.* || **138** et frac-
tum $(P_6p.c.$ *et u.l.*) : eff- $P_2KP_6a.c.J$ et stratum *exc. Laeti* || superbos
$P_6a.c.$ || **139** irrumpit F_3 || fores : uias F_5 || **140** aduulso $P_6a.c.N$ ||
pelagis- $F_2a.c.$ || **141** legibus : nex- F_5 *Pu.l.* || populis : terris *Vic* || fra-
trem $(F_5u.l.)$: frenum F_5 || **142** prima : cuncta *K* || Pachyno *Cam* :
-ynno F_2 *R* -i(n)no *cett.* || **143** lassatis *Vic* || subsidant : -ent $F_3a.c.$
-didant *Pa.c.* || **144** nequeant *K* || abducere : ad- se *Ja.c.* || **146** li
[-y-]bi(a)e *codd.* || nimio : medio *Vic* || qu(a)e $(Ru.l.)$: qua *R* ||
muteta *Pa.c.* || colore *Pa.c.* || **147** defendat *Vic* || -que : qu(a)e *Pa.c.*
|| **148** crescat $(P_2u.l.)$: -it P_2 *Pu.l.* || medius $(P_2u.l.$ *Lp.c.* ?) : -lius
$P_2KP_6a.c.$ $F_3Js.l.N$ || fragrantis *Ra.c.* flagl- *P* || **149** melius $(Ru.l.)$: -or
$F_5a.c.$ *R*

150 Rebelle au soc : que règnent les dipsades en chassant
[les araires[a]
Et que de ma glèbe assoiffée s'élèvent des cérastes[1] !
À quoi me fut utile un climat tempéré ? À quoi, un air
[plus doux ?
Je fus féconde pour Gildon[b]. Les rênes du Soleil déjà
Font tourner douze hivers[2] depuis que ce sinistre joug
155 Colle à mon cou. Au milieu de nos deuils, Gildon déjà
A vieilli et il revendique depuis tant d'années
[un royaume.
Si c'était un royaume ! Il nous possède en bien privé
Comme un petit domaine. Ce que délimitent le Nil
Et l'Atlas, ce qui va de l'aride Barca[c] à l'occidentale
[Gadès
160 Ce qui va de Tanger au littoral parétonien[3],
Il se l'assigne en propre. Et la tierce partie du monde[d]
Est la terre d'un seul pillard ! Cet homme est encerclé
Des vices les plus opposés[e] : tout ce qu'a emporté

a. Malgré l'argumentation de Birt, suivi par Olechowska (p. 160-1), je choisis comme Hall *aratris* : à la qualité des témoins de cette leçon s'ajoute le parallèle avec *Eutr.* 2,566 *expulsis... aratris*.

b. Claudien semble se souvenir du mot d'Hécube à propos de sa fille Polyxène sacrifiée aux mânes d'Achille (Ou. *Met.* 13,505) : « Aeacidae *fecunda fui* ». La clausule *Solis habenae* a été reprise par Drac. *Rom.* 8,193.

c. La clausule *arida Barce* est empruntée à Sil. 2,62 (cf. 3,251 *Barce sitientibus arida uenis*).

d. Fin de vers empruntée à Ovide (*Met.* 5,372), où elle désigne le troisième lot lors du partage de l'univers entre Jupiter, Neptune et Pluton. Mais l'expression *tertia pars* désigne aussi l'Afrique par rapport à l'Europe et l'Asie : Lucan. 9,411 *tertia pars rerum Libye* (cf. Sil. 1,195) et Sidoine, dans un passage où il imite Claudien, a repris lui aussi la fin de vers d'Ovide à propos de l'Afrique (*Carm.* 5,56) : *pars tertia mundi*.

e. *Auaritia* et *luxus* ou *luxuria* sont traditionnellement présentés comme des vices opposés dans l'historiographie romaine : Sall. *Catil.* 5,8 *pessuma ac diuorsa inter se mala, luxuria atque auaritia* ; Liu. 34,4,1 *diuersis duobus uitiis, auaritia et luxuria*. A. Hudson-Williams (1959, p. 193-6) a montré que la correction d'A. Ker (1957, p. 151-8) *tinctus* était inutile.

uomeris inpatiens : pulsis dominentur aratris   150
dipsades et sitiens attollat gleba cerastas !
Quid me temperies iuuit ? Quid mitior aether ?
Gildoni fecunda fui. Iam Solis habenae
bis senas torquent hiemes, ceruicibus ex quo
haeret triste iugum. Nostris iam luctibus ille   155
consenuit regnumque sibi tot uindicat annis.
Atque utinam regnum ! Priuato iure tenemur
exigui specie fundi. Quod Nilus et Atlas
dissidet, occiduis quod Gadibus arida Barce
quodque Paraetonio secedit litore Tingis,   160
hoc sibi transcribit proprium : pars tertia mundi
unius praedonis ager ! Distantibus idem
inter se uitiis cinctus : quodcunque profunda

150 dominetur $F_2Pa.c.$ R || aratris $P_6u.l.$ L F_2P R Vic Ise : aristis $F_2u.l.$
cett. || **151** di[-y-]psades (*Pu.l.*) : dispades N -psas F_2P R Ise *mg.* ||
cerastas : ceraustes N || **152** aether : aer L || **153** Gildonis $F_5a.c.$ ||
155 h(a)eret : hesit $P_2u.l.$ || **156** consenuit : -sueuit $Ru.l.$ ||
regnumque sibi tot (*om.* tot F_2) : regnum quod tot sibi $Ra.c.$ || uin-
dicat G $P_6a.c.$ R *Ald* : uend- *cett.* || annis : -os R || **157** tenemur : -tur
R -rer *Ps.l.* terrenunt P tuetur $P_6u.l.$ || **158** exigui ($F_2u.l.$) : -is *Pa.c.*
exilis F_2 || speciem $P_6u.l.$ || fundi (*Rs.l.*) : regni R || *post* fundi *del.*
per J || at(h)las : atlans *Pa.c. Ra.c.* || **159** barce G $P_2m.r.mg.$ $P_6m.a.s.l.$
F_5 F_2P R : barche *Lp.c.* parte P_6 parth(a)e $P_2KP_6mg.F_3JN$ *La.c.* ? *Vic* ||
160 litore (*om. Pa.c.*) : gurgite L || Tingis *Jeep* (-i *Birt* -e *Hall*) : pin-
guis *Ra.c.* ganges *Rp.c. cett.* || **161** transcripsit *exc. Gyr.* || **162** ager :
aget P agit $F_5a.c.$ erit *Pu.l.*

Une cupidité sans fond est reversé par un stupre
[encor pire.

165 Des vivants terreur menaçante, il hérite des moribonds ;
Il ravit la virginité, souille, infâme, le lit nuptial.
Point de repos : l'orgie commence où cesse la rapine ;
Le riche doit craindre le jour et le mari, la nuit.
Quiconque est riche ou connu pour la beauté
[de sa femme

170 Est inculpé d'un faux grief ; si manquent les griefs,
On l'invite au banquet et on le tue. Aucune mort
[n'échappe[a]
À son art : il recherche toutes sortes de sucs,
[l'écume verte[b]
Des serpents et des herbes jusqu'alors inconnues
[des belles-mères[c].
Si quelqu'un du regard désapprouve ce qui se passe,

175 Se plaint trop librement, au milieu des plats,
[sur un signe,
Surgit un serviteur cruel, le poignard à la main.
Cloué au lit, muet de peur, chacun goûte le mets
Qui le torture et vide des coupes suspectes
En pâlissant ; il épie des épées[d] qu'on pointe
[vers son flanc.

180 La table digne des Furies[e] brille d'un apprêt infernal,
Trempée de sang, horrible par le glaive et suspecte
[par le poison.

a. *Retractatio* de Lucain 2,75-76 *mors ipsa refugit.*

b. Claudien se souvient peut-être de la description du serpent qui tue Archémore (Stat. *Theb.* 5,508-9) : « tumidi stat in ore ueneni / *spuma uirens* ».

c. *Topos* de la littérature antique : Verg. *Georg.* 2,128-9 *pocula si quando saeuae infecere nouercae / miscueruntque herbas.* (cf. 3,282-3) ; Ou. *Met.* 1,147 *lurida terribiles miscent aconita nouercae* ; Iuu. 6,628-33.

d. Fin de vers empruntée à Lucain (3,142 à propos de César) : « saeuos *circunspicit enses* ».

e. Expression probablement empruntée à Ovide, à propos de la table d'Atrée (*Am.* 3,12,39 *mensis furialibus Atrei*).

traxit auaritia, luxu peiore refundit.
Instat terribilis uiuis, morientibus heres,   165
uirginibus raptor, thalamis obscenus adulter.
Nulla quies : oritur praeda cessante libido
diuitibusque dies et nox metuenda maritis.
Quisquis uel locuples pulchra uel coniuge notus,
crimine pulsatur falso ; si crimina desunt,   170
accitus conuiua perit. Mors nulla refugit
artificem : uarios sucos spumasque requirit
serpentum uirides et adhuc ignota nouercis
gramina. Si quisquam uultu praesentia damnet
liberiusue gemat, dapibus crudelis in ipsis   175
emicat ad nutum stricto mucrone minister.
Fixus quisque toro tacita formidine libat
carnifices epulas incertaque pocula pallens
haurit et intentos lateri circumspicit enses.
Splendet Tartareo furialis mensa paratu,   180
caede madens, atrox gladio, suspecta ueneno.

164 refundit : -fudit *Ga.c.* ‖ **165** uiuis : uiuiis *P* diues *G* unus *Vic* ‖
166 raptor : raptu *Vic* ‖ **167** cessant *Ja.c.* ‖ **168** diuitibus diesque
Na.c. ‖ et *om. Ja.c.* ‖ **169** locuples : -ex $P_2F_3F_5a.c.N\,L\,Vic$ -eps *K* ‖ uel
pulc(h)ra *G* $KF_3F_5\,L$ ‖ **170** si : ai *Pa.c.* sed *Vic* ‖ desunt : -int P_2F_3J ‖
171 Accitus : -os *Pa.c. Ise mg.* Aescitus F_5 ? ‖ perit : parit *Ja.c.* ‖
nulla : illa *Pa.c.* ‖ refugit : refulgit *Ja.c.* ‖ **172** suc(c)os : sulcos *G* ‖
om. que $P_6a.c.$ ‖ **173** uirides : uidides *Ka.c.* ‖ **174** dampnat F_5 ‖ **175**
in ipsis : erilem $P_2u.l.$ ‖ **176** ad nutum : adunt *Ja.c.* ‖ **178** carnifeces
$P_6a.c.$ ‖ **179** intentos $F_5p.c.$ ‖ lateri $F_5\,L\,P\,R\,Cam\,mg.$: lacerti $F_2a.c.$
capiti *Pu.l. Ru.l. cett.* ‖ **180** furialis : feralis F_5 ‖ **181** suspecta : -o *N*
spectata $F_5a.c.$

Lorsque le vin a échauffé Vénus, alors flamboie
[le Stupre
Plus fou ; et le parfum se mêle aux senteurs
[des couronnes.
Avec ses serviteurs aux longs cheveux, avec
[la jeunesse élégante[a],
185   Il fait aller les jeunes veuves, les fait sourire juste après
La mort de leurs maris. Il eût mieux valu subir Phalaris,
La torture du feu et les mugissements du taureau
[sicilien[b]
Qu'entendre de tels chœurs. Ces atteintes honteuses
À la pudeur[c] ne lui suffisent pas : il donne la plus
[noble aux Maures
190   S'il en est dégoûté. Menées au centre de Carthage,
Les mères de Sidon[d] subissent des époux barbares.
Il nous impose un Éthiopien pour gendre, et pour mari
Un Nasamon ; l'enfant dégénéré[1] fait peur
[à son berceau.
Fort de ces alliés, dès lors plus grand que le prince
[lui-même[e]
195   Marche Gildon. Loin devant lui courent
[les bataillons de fantassins ;
Des escadrons de cavaliers l'entourent, ainsi que
[les rois ses clients

a. La leçon *canoram* a souvent été préférée et mise en rapport avec *choros* (v. 188). Mais *decoram*, attesté par trois branches de la tradition manuscrite, forme une heureuse antithèse avec la laideur négligée qui caractérise le deuil des femmes antiques.

b. Même *iunctura* à propos du taureau de Phalaris chez Perse 3,39 : *Siculi gemuerunt aera iuuenci*.

c. Cette clausule vient d'Ou. *Ars* 1,100 et sera reprise par Drac. (?) *Orestes* 178.

d. L'expression *Sidoniae matres* à propos des mères carthaginoises est empruntée à Sil. 6,411 *-as matres*.

e. Fort de ses alliés noirs (et rois !), Gildon se croit plus grand que l'empereur. Claudien veut susciter un réflexe patriotique (cf. v. 196-7).

Vt uino calefacta Venus, tum saeuior ardet
Luxuries ; mixtis redolent unguenta coronis.
Crinitos inter famulos pubemque decoram
orbatas iubet ire nurus nuperque peremptis   185
adridere uiris. Phalarim tormentaque flammae
profuit et Siculi mugitus ferre iuuenci
quam tales audire choros. Nec damna pudoris
turpia sufficiunt : Mauris clarissima quaeque
fastidita datur. Media Carthagine ductae   190
barbara Sidoniae subeunt conubia matres ;
Aethiopem nobis generum, Nasamona maritum
ingerit ; exterret cunabula degener infans.
His fretus sociis ipso iam principe maior
incedit ; peditum praecurrunt agmina longe ;   195
circundant equitum turmae regesque clientes

182 ut : et *L* ‖ uino est *flor. Gall.* ‖ tum (*P₆*) : tunc *KP₆s.l. F₃F₅N L F₂*
‖ ardet (*F₂u.l.*) : urget *F₅ L F₂P* ‖ **183** luxuries : -iis *P₆* ‖ redolent :
-unt *P₆* ‖ **184** crinitos : -us *P* ‖ famulos inter *F₃* ‖ decoram *P₆mg.F₅ L
F₂P R Vic* : coronam *P₆a.c.N* canoram *P₆p.c. F₂u.l. Ru.l. cett.* ‖ **185**
orbatas : -natas *P₆a.c.* -bitas *P₂a.c.* ‖ iubat *Ja.c.* ‖ murus *Pa.c.* ‖ **187**
profuit : pr(a)e- *N Vic* ‖ iuuenci : tiranni *K* ‖ **188** choros : coros *P*
choror *F₅a.c.* cohors *P₆a.c.* toros *G* ‖ pudoris : po- *Pa.c.* ‖ **189**
turpia : -ii *Pa.c.* -pa *Ka.c.* ‖ **191** con(n)ubia (*F₂u.l. Ru.l.*) : -uiuia
F₂Pa.c. R ‖ **192** nasamona : -omona *P₆*-nia *N* ‖**193** Ingerit : *praeter* I
def. N ‖ exterret : extereret *Na.c.* -torret *G* et terret *Vic* ‖ degener *L
F₂Pp.c. R Ise mg.* : deneger *Pa.c.* decolor *K* discolor *F₂u.l. Ru.l. cett.* ‖
194 his : hiis *P₂KJ L* ‖ **195** incedit : incendit *P₂a.c.* ‖ pr(a)ecurrunt :
pr(a)ecedunt *L*

Qu'il enrichit de nos dépouilles. Il expulse[a] chacun
                        [de sa demeure
Ancestrale et déloge les vieux colons[1] de leur campagne.
L'exil m'emporte et me disperse. Ne sera-t-il jamais
                         [permis
200   De revenir et de rendre à leur sol ces citoyens errants[b] ? »
Sa peine encor s'épancherait[c] si du haut de son trône
Jupiter ne s'était mis à parler (Atropos notait sur l'acier[d]
Ses mots et Lachésis réglait ses fils sur ses propos) :
« Rome, ni toi, ni toi, Afrique, nous ne supporterons
                        [longtemps
205   De vous voir sans vengeance. Honorius terrassera
                        [votre ennemi commun.
Allez sans crainte : aucune force ne sépare
Votre union et l'Afrique n'aura d'autre maître
                        [que Rome ».
Il dit et insuffla à Rome une jeunesse bien meilleure[e].
Aussitôt revient sa vigueur[f] ; ses cheveux ont changé
210   Leur couleur de vieillesse. Son aigrette dressée relève
Son casque raffermi et l'orbe de son bouclier reluit ;
La rouille tombe et, allégée, sa lance brille.

---

a. La leçon *proturbat*, mieux attestée qualitativement, est corroborée par *Eutr.* 2,513 : « laribusque suis *proturbet* inultos » (cf. aussi *Ruf.* 2,476).

b. Il y a peut-être là un écho de Sil. 3,567-8 (Vénus à Jupiter) : « Parumne est / *exilia errantis* totum quaesisse per orbem ? ».

c. Cet hémistiche a été littéralement repris par Drac. *Rom.* 2,71.

d. Nouvel emprunt métrique de Dracontius, qui confirme la leçon *notabat* (*Rom.* 10,482) : « Allecto... ceras *adamante notabat* ». Horace avait parlé des *adamantinos... clauos* de la Nécessité (*Carm.* 3,24,5-7).

e. De même Vénus, d'un souffle, avait donné à Énée une nouvelle beauté (*Aen.* 1,589-91) : « ipsa decoram / *caesariem* nato genetrix *lumen*que iuuentae / purpureum et laetos oculis *adflarat honores* ».

f. Birt compare Prosp. *Ingr.* 880 (contexte sans rapport) *Si... uigor ille maneret.*

quos nostris ditat spoliis. Proturbat auita
quemque domo ; ueteres detrudit rure colonos.
Exiliis dispersa feror. Numquamne reuerti
fas erit errantesque solo iam reddere ciues ? »   200
    Iret adhuc in uerba dolor, ni Iuppiter alto
coepisset solio (uoces adamante notabat
Atropos et Lachesis iungebat stamina dictis) :
« Nec te, Roma, diu nec te patiemur inultam,
Africa. Communem prosternet Honorius hostem.   205
Pergite securae : uestrum uis nulla tenorem
separat et soli famulabitur Africa Romae ».
Dixit et adflauit Romam meliore iuuenta.
Continuo redit ille uigor seniique colorem
mutauere comae. Solidatam crista resurgens   210
erexit galeam clipeique recanduit orbis
et leuis excussa micuit rubigine cornus.

---

197 nostris : uestris *N* ‖ proturbat *G F₅ L F₂ R* : per- *cett.* ‖ **198** detra-
dit *Ja.c.* ‖ **199** dispersa (*P₂gloss.*) : despera *P₂* ‖ ne *om. F₅a.c.* ‖
200 fasserit *Pa.c.* ‖ iam : me *P₂* ‖ **201** (i)ret : isset *exc. Laeti* ‖ ni :
nisi *P₆KN Vic Ise* ‖ **202** notabat (*F₂u.l.*) : -ant *K* -auit *P₆F₃F₂P R Ise* ‖
203 iungebat (-gne- *N*) : -ant *K* urgebat *Vic* ‖ dictis : ditis *K* ‖
204 nec... nec : nocte... nec *P₆a.c.* non... nec *P₆p.c.* non... non *K* ‖
inultam : -as *G Ru.l.* ‖ **205** *om. F₂ add. mg.* ‖ prosternet : prosterne-
ret *Vic* disperdet *F₂mg.* ‖ **206** nostrum *F₃* ‖ **207** separat : -et *L* ‖
soli : Rome *F₂a.c.* ‖ **208-209** *Rm.r.* ‖ **209** redit ille uigor (*P₆u.l.*) :
rediit *P₆a.c.* rediit uirtus *P₆p.c.* ‖ calorem *F₃a.c.* ‖ **210** solidata —
resurgens *Rm.r.* ‖ cristam *P₂a.c.* ‖ **211** galliam *F₅a.c.* ‖ -que *om. N* ‖
duit orbis *Rm.r.* ‖ **212** excusa *P* ‖ cornus *G F₅p.c. F₂a.c. R* : c(h)onus
F₅a.c. cett.

Le Sommeil dirigeait les chevaux de la Nuit
[déjà humides[a]

Et les freins du Léthé : son char silencieux faisait
[tourner les astres.

215   Déjà deux grands parmi les dieux[b], Théodose l'Ancien,
Théodose le Jeune, allaient porter la paix aux nations :
Ils devaient apporter aux frères les avis
[et ordres secrets[c]

De Jupiter et sceller l'alliance[d] entre les deux royaumes.
Ainsi, quand la tempête violente a vaincu l'art[1]

220   Et que la nef gémit sous les coups redoublés
[des vagues,

Tangue, prête à sombrer, dans la nuit aveugle
[on invoque

Les Laconiens fils de Léda et leur soutien évite
[le naufrage.

Dès que s'ouvrit le cercle de la Lune, ils séparèrent
Leurs chemins[2] : l'aïeul se portait sur les rivages d'Italie ;

225   Quant au père, il se glisse, où le Bosphore rétrécit
[l'entrée

Du Pont-Euxin, dans la cité orientale, au chevet
[d'Arcadius.

Dès que son fils le vit (Cynthie brillait de tous ses feux),
Il trembla d'une joie mêlée de pleur[3]
Et réchauffa de ses embrassements le corps
[qu'il n'espérait plus voir :

---

a. Évocation traditionnelle. Mais ici le Sommeil est l'aurige qui conduit le char de la Nuit : Verg. *Aen.* 5,721 *et Nox atra polum bigis subuecta tenebat* ; 2,8-9 « et iam *nox umida* caelo / praecipitat suadentque cadentia *sidera somnos* » ; Lucan. 2,267-8 « sicut caelestia semper inconcussa suo *uoluentur sidera* lapsu ».

b. *Diuus* est le titre des empereurs divinisés après leur mort. Comme en *4 cons.* 190 (voir note d correspondante), Claudien l'attribue à Théodose *comes* qui non seulement ne fut pas empereur, mais mourut exécuté.

c. Expression analogue chez Lucan.1,599 : *qui fata deum secretaque carmina seruant.* Mais Claudien a recherché l'allitération.

d. Sil. 7,454 *foedera sancit.*

Humentes iam Noctis equos Lethaeaque Somnus
frena regens tacito uoluebat sidera curru.
Iam duo diuorum proceres, seniorque minorque   215
Theodosii, pacem laturi gentibus ibant,
qui Iouis arcanos monitus mandataque ferrent
fratribus et geminis sancirent foedera regnis.
Sic cum praecipites artem uicere procellae
assiduoque gemens undarum uerbere nutat   220
descensura ratis, caeca sub nocte uocati
naufraga Ledaei sustentant uela Lacones.
Circulus ut patuit Lunae, secuere meatus
diuersos : Italas senior tendebat in oras ;
at pater, intrantem Pontum qua Bosphorus artat,   225
Arcadii thalamis urbique inlapsus Eoae.
Quem simul ut uidit natus (nam clara nitebat
Cynthia), permixto tremuerunt gaudia fletu,
conplexuque fouens quos non sperauerat artus :

214 regens (*Ru.l.*) : ger- *F₂P R Ise mg.* fer- *F₅* ‖ *post* regens *del.* et *J* ‖
tacita *G* ‖ curru (*F₂a.c. exc. Gyr.*) : -su *P₂KP₆J L F₂p.c. Vic Cam Ise* ‖
215 iam duo (*Pmg. Ru.l.*) : et iam *P R* ‖ senior- *P₆F₃F₅ L F₂P R Ald* :
maior- *F₂gloss. cett.* ‖ **217** Qui iouis : Quamuis *Pa.c.* ‖
218 sanc(c)irent : sent- *P₂* saciarent *K* sanxirent *Vic* ‖ **219** artem
(*Ise mg.*) : arcem *K R Vic Ald Cam Ise* ‖ uiscere *P₂* ‖ **220** Assidue- *N*
‖ nutat : motat *Ise* ‖ **221** decessura *Vic* ‖ **222** sustentant uela
lac(h)ones : sustenta u. l. *Ja.c.* s. u. -is *P₆a.c. Pa.c.* ostendunt bella
dracones *Ise mg.* ‖ **224** Diuersas *P₂a.c.F₃* ‖ italias *F₃* ‖ in (*exc. Gyr.*) :
ad *P₂KJN Vic Cam Ise* ‖ **225** intrantem (*Jp.c.*) : -auit *K* ‖ pontum
(*P₆a.c.*) : puntum *Jmg.* portum *P₂KP₆p.c.F₃Js.l. L F₂u.l. om. J* ‖
bosph[-f-]orus (*Ru.l.*) : -os *R* ‖ **226** archadiis *F₃* ‖ elapsus *P₂P₆JN F₂*
Vic Ald ‖ **227** simul ut *G P₂P₆JN F₂u.l. Vic Cam Ise* : s. ac *KF₃F₅p.c. exc.*
Gyr. sicut *F₅a.c. F₂P R* suus ut *Lp.c.* suus *La.c.* ‖ **228** tenuerunt *L* ‖
229 separauerat *N*

230 « Tu m'es rendu, » dit-il, « pour la première fois
[depuis les Alpes[a] ;
Comment es-tu là au souhait des tiens ? Donne-moi
[de toucher la dextre
Qui renversa les nations sauvages. Qui retira au monde
Un tel secours ? Comme il y a longtemps que tout
être mortel
T'implore et pleure ta bonté et réclame ta force ! »
235 Le père interrompt ses soupirs pour s'exprimer ainsi[b] :
« C'était donc ça[c] ? Par le moyen d'un Maure,
[entre des frères,
La discorde surgit, le monde avec les cours jumelles
[se divise ?
Le salut de Gildon d'une telle folie devient
[la récompense ?
Quel remarquable caractère, et bien digne
[de grands égards :
240 Ses mérites font rejeter les devoirs entre frères[d] !
Vois d'abord pour ton père : la discorde civile
Brûlait, Rome était exposée à des coups incertains[e].
Y a-t-il un roi inconnu, dans l'Arménie lointaine
Ou sur le bord du Palus Méotide[f], qui ne m'ait
[secouru[g]

a. Depuis le guerre menée, au sortir des Alpes, contre Eugène : bataille du Frigidus, rapidement suivie par la mort de Théodose à Milan : voir intr.

b. Verg. *Aen.* 1,371 « *suspirans* imoque trahens a pectore *uocem* ».

c. Attaque de vers virgilienne (*Aen.* 2,664 et 12,259) ; cf. aussi Hor. *Sat.* 2,6,1.

d. Avec Birt et Olechowska, je choisis la leçon qualitativement la mieux attestée.

e. Lucan. 5,729-30 « *stare sub ictu* / Fortunae, quo mundus *Romana*que fata... » (cf. 6,613-4).

f. Les rives de la mer d'Azov (Mela 1,1).

g. *Auxilio* peut se construire aussi bien avec *iuuit* qu'avec *fouere* (Hist. Aug. *Aur.* 2,1), les deux constructions étant pléonastiques. Mais, compte-tenu du goût de Claudien pour les rejets et du parallèle avec Val. Fl. 4,618-9 (*hostemque iuuabis* / *auxiliis*), je suis, avec Birt et Koch, la ponctuation proposée par Burman.

« O mihi post Alpes nunc primum reddite », dixit,   230
« unde tuis optatus ades ? Da tangere dextram
qua gentes cecidere ferae. Quis tale remouit
praesidium terris ? Vt te mortalia pridem
inplorant lugentque pium fortemque requirunt ! »
    Cui pater in tales rupit suspiria uoces :   235
« Hoc erat ? In fratres medio discordia Mauro
nascitur et mundus germanaque dissidet aula ?
Gildonisne salus tanti fit palma furoris ?
Scilicet egregius morum magnoque tuendus
et cuius meritis pietas in fratre recedat !   240
In primo genitore, uide : ciuile calebat
discidium, dubio stabant Romana sub ictu.
Quis procul Armenius uel quis Maeotide ripa
rex ignotus agit, qui me non iuuit euntem

230 nunc : nec *Vic* ‖ **231** tuus *P₂a.c.* ‖ optatiss *Pa.c.* ‖ ades : est
P₂a.c. ‖ **232** remouit (*F₂mg.*) : -otus *F₂a.c.* ‖ **234** lugent- : longe-
F₅a.c. P *Ra.c.* ‖ requirit *P₆a.c.* ‖ **235** Cui : Tunc *N* Tum *Vic* ‖ in
uoces... tales *F₃* ‖ **236** erat *Pp.c.* ‖ fratres (*P₂*) : fatis *P₂mg. m.r.* ‖ in
medio *Pa.c.* ‖ **237** et : etiam *Pa.c.* ‖ que *om. P₂* ‖ dissidat *Pa.c.* ‖ **238**
Gildonisne *J* -nisue *N L ? F₂* ‖ tanta *P₆a.c.* ‖ fit *G F₃F₅J R Vic Ise* :
fuit *P₆a.c.* sit *P₆p.c. cett.* ‖ palma *G P₆KF₅ L F₂u.l.P exc. Gyr.* : causa
P₂P₆u.l.F₃JN F₂ R Vic Cam Ise ‖ **239** Si licet *N* ‖ egregies *P₂a.c.* ‖
magni- *G* ‖ tuendus (*F₂u.l.*) : timendus *F₂* ‖ **240** Et cuius : quouis
Vic ‖ meditis *Ga.c.* ‖ in fratre *L F₂P R* : a f. *P₆u.l.F₃Js.l. F₂s.l. Ise mg.*
infracta *J₃F₂u.l. cett.* ‖ recedit *P₆F₃ Ise mg.* ‖ **241** genito *Ja.c.* ‖ uide :
-et *F₅a.c. Pa.c.* -es *Ju.l.* ‖ calebat *P₂p.c.* ‖ **242** Dissidium *N Vic* ‖ **243**
quis uel *F₅* ‖ **244** agit : -at *Rmg.* erat *Ka.c.F₅s.l. Ise mg.* ‖ quis *N* ‖
non me *P₂KP₆JN Vic* ‖ nouit *F₂* ‖ eantem *Ka.c.*

245   Dans mon expédition ? Les Gètes m'ont aidé[a],
                              [les Gélons sont venus.
       Lui seul, sans donner un vaisseau et sans envoyer
                              [un soldat,
       Il s'est assis : sa loyauté a fluctué[b]. S'il s'était joint
                              [au camp adverse,
       J'aurais moins de douleur pour un ennemi dévoilé[1].
       Il est resté à guetter le destin et, à l'écart de la mêlée,
250   Il a pesé, en prenant pour juge l'issue, les forces
                              [des deux blocs :
       Client selon le cours des choses[c], il était prêt
                              [à se donner
       Au vainqueur ; son esprit demeura en suspens[d]
                              [ainsi que la Fortune.
       Ah ! si je n'avais pas été, trop tôt, ravi par le désir
                              [des astres,
       J'aurais suivi l'exemple de Tullius et attaché à
                              [des quadriges
255   Ses membres sacrilèges pour les déchirer par
                              [les ronces !
       Jusqu'à présent, il respectait les avis de ton frère :
       Voici qu'à nouveau il les foule ! Tu es prêt, après
                              [ton père et ton frère,
       À te fier à un tel monstre ? Mais il a payé un grand prix,
       Il a transféré dans ton lot de nombreuses cités[e].

       a. Mais peu après, ils ont envahi les Balkans (Cameron 1970,
       p. 373) !
       b. Tac. *Hist.* 2,93 *fides fluitasse.*
       c. Lucan. 3,337-8 *non pondera rerum / nec momenta sumus* ; 4,819
       momentumque… rerum.
       d. Lucan. 2,41 *dum pendet fortuna ducum.*
       e. Gildon a rattaché l'Afrique à Constantinople : v. 279-83 ; *Stil.*
       1,271-3 ; cf. Symm. *Epist.* 4,4 ; Oros. 7,36,2 ; Zos. 5,11,2. Cameron
       (1970, p. 490) observe que Théodose a administré l'Afrique de
       Constantinople à la place de Valentinien II, puis d'Honorius ;
       peut-être Arcadius, *senior Augustus*, a-t-il voulu revenir à cette pra-
       tique, ce qui allait dans l'intérêt de Gildon.

auxilio ? Fouere Getae, uenere Geloni.   245
Solus at hic non puppe data, non milite misso
subsedit fluitante fide. Si signa petisset
obuia, detecto submissius hoste dolerem.
Restitit in speculis fati turbaque reductus
librauit geminas euentu iudice uires,   250
ad rerum momenta cliens seseque daturus
uictori : Fortuna simul cum mente pependit.
O si non cupidis essem praereptus ab astris,
exemplum sequerer Tulli laniandaque dumis
inpia diuersis aptarem membra quadrigis !   255
Germani nunc usque tui responsa colebat :
en iterum calcat ! Tali te credere monstro
post patrem fratremque paras ? Sed magna rependit
inque tuam sortem numerosas transtulit urbes.

245 fouere F_3F_5 L F_2P R : fa- *Ru.l. cett.* faure N || get(ha)e : gene $P_6a.c.$ || **246** at hic $(F_5u.l.)$: adhuc F_5 P *Ra.c. Vic* || pup(p)e : pube *Ise mg.* || nom *Pa.c.* || **247** petissent *Ald* || **248** detecto : -fecto P R -fenso *Ise mg.* || submissus $F_5a.c.$ -sis *Vic* || dolorem G $F_5a.c.$ *Pa.c. Vic Cam* || **252-4** *praeter* dumis, *Rm.r.* || **252** mente (*exc. Gyr.*) : marte $P_2p.c.KP_6F_3Jp.c.$ *Rm.r.* matre $P_2a.c.$ morte *Ja.c.* ? *Vic Cam Ise* || **253** o : et $P_2KP_6F_5a.c.$?*J Rm.r. exc. Gyr. Vic* || cupidinis N || pr(a)ereptus : -ceptus N -raptus *Rm.r. Vic Cam* -ruptus G KF_3 $F_2a.c.P$ || **254** tulii N || laniata- G P_2KJN *Rm.r. Vic* || dumis : crimine *Pa.c.* quadrigis *Ja.c.* || **255** Impia - mem *Rm.r.* || raptarem F_3 *Vic* || **256** germani n. usque *Rm.r.* || **257** Nunc iterum *Rm.r.* || En (*exc. Gyr.*) : Nunc P_2KP_6J *Rm.r.* || calcat $(F_5u.l.)$: -as N caleat $P_6a.c.$ temptat F_5 || te : tu *Vic om.* $F_5a.c.$ || **258** fratrem patrem- $P_6a.c.F_3$ || **259** tuas sortes P_2J

260   Le droit cédera donc au gain[a] ? Le salaire fera aimer
    La trahison ? Je tais le mal que fait ce transfuge
               [à ton frère,
    Sa légèreté d'âme. Un traître jamais ne plaira,
    Quand même, au plus fort du péril, quand la mort
               [nous survole,
    Il apporterait le salut. En retrouvant le jour,
               [nous condamnons
265   La perfidie et nous ne souffrons pas de nous fier
               [à un tel homme.
    C'est le genre à offrir à l'acheteur[b] ses concitoyens
               [et leurs murs,
    À vendre sa patrie[c]. Beaucoup en ont usé un temps,
    Mais l'ont bientôt haï : Philippe ainsi s'est emparé
    Des villes de la Grèce ; et sous l'or de Pella tomba
               [leur liberté[1].
270   Les Romains ont toujours eu du mépris pour
               [les agents du crime[d].
    Un homme avait promis un poison fatal pour
               [son maître :
    Fabricius découvrit sa traîtrise et le renvoya à son roi
    Qu'il attaquait avec ardeur ; il refusa de conclure
               [la guerre[e]
    Par le forfait d'un serviteur. Camille rendit à la ville
275   Assiégée les enfants qu'on avait conduits hors les murs[f].

a. Le vocabulaire et la thématique des v. 260-4 sont très lucaniens : 1,37-38 *scelera ista nefasque / hac mercede placent* ; 4,220-1 *numquam nostra salus pretium mercesque nefandae / proditionis erit* (cf. 10,408) ; 10,532 *discrimine summo*. On comprend que Lucan. 9,940 (*bis luce recepta*) ait pu pousser certains scribes à corriger la fin du v. 264.

b. Claudien doit penser à Eutrope.

c. Verg. *Aen.* 6,621 *uendidit hic auro patriam.*

d. L'expression *scelerum ministri* est usuelle : Lucr. 3,61 ; Ou. *Am.* 1,7,27 ; Lucan. 6,573 ; Iuuenc. 4,642 (cf. Tac. *Ann.* 14,62).

e. *Patrare bellum* (cf. *6 cons.* 126) se rencontre dans la langue des historiens : Sall. *Iug.* 21,2 ; 75,2 ; Tac. *Ann.* 2,26 ; 3,47.

f. Allusion au fameux épisode du maître d'école de Faléries : Camille assiégeait cette ville ; il y fit reconduire les enfants de ses chefs que leur maître avait fait sortir pour les lui livrer (Liu. 5,27).

Ergo fas pretio cedet ? Mercede placebit   260
proditio ? Taceo laesi quod transfuga fratris,
quod leuis ingenio. Quamuis discrimine summo
proditor adportet suspensa morte salutem,
nunquam gratus erit. Damnamus luce reperta
perfidiam nec nos patimur committere tali.   265
Hoc genus emptori ciues cum moenibus offert,
hoc uendit patriam. Plerique in tempus abusi,
mox odere tamen : tenuit sic Graia Philippus
oppida ; Pellaeo libertas concidit auro.
Romani scelerum semper spreuere ministros.   270
Noxia pollicitum domino miscere uenena
Fabricius regi nudata fraude remisit,
infesto quem Marte petit, bellumque negauit
per famuli patrare nefas ; ductosque Camillus
trans murum pueros obsessae reddidit urbi.   275

260 cedet ($P_6a.c.$) : -at $F_3a.c.$ recedet $P_6p.c.$ ‖ 261-2 *om. Vic* ‖ **261** proditio (*Ju.l.*) : se- P_2J *Ru.l.* ‖ l(a)esi : uilis F_3 ‖ fratris ($F_5mg.Ju.l.$) : pa- G $P_2P_6u.l.F_5JNu.l.$ *Ru.l.* ‖ **262** Quod : Quam K ‖ **263** a(d)portet : apparet $F_5a.c.$ *Ra.c.* ‖ **264** gratius *Jp.c.* ‖ damnatus G ‖ recepta G P_6 *Ru.l. exc. Gyr. Ise mg.* ‖ **265** tali : belli $F_3a.c.$ ‖ **266** offert : ef- *Pa.c.* af- $KP_6u.l.$ au- $P_2P_6p.c.Ja.c.$ assunt $P_6a.c.$ ‖ **267** Hoc (*Ise mg.*) : Hic P_2 *Cam Ald Ise* ‖ plerique ($P_6u.l.$) : populique $P_6p.c.F_5a.c.$ populosque $P_6u.l.$ populi $P_6a.c.$ ‖ **268** odore N ‖ tenuit (*Pu.l.*) : renuit F_5 ? P ‖ philippos *Ra.c.* -o K ‖ **270** semper scelerum P_2F_5J ‖ speuere *Pa.c.* prodidere *Ise mg.* ‖ **271** domino : -um $P_6a.c.$ pirro *Rgloss.* Pyrrho *Ise mg.* ‖ **272** nudita *Ja.c.* nucluta *Pa.c.* ‖ **273** infesto : -um K infausto $P_2ras.$ ‖ **274** ductor- L dictos- $F_3a.c.$ ‖ **275** Trans $F_5p.c.$ ‖ redditur G

On livre au supplice des gens qui veulent rompre
[le combat,
Et lui demeure pour les provoquer ? Ce qu'on refusa
[contre l'ennemi,
Tu l'acceptes contre ton frère ? Déshonneur pour
[longtemps[a] !
À qui lui plaît, Gildon fait don des rênes du midi[b]
280 Et une si grande province suit ses sautes d'humeur.
Vers quelque parti qu'a penché son esprit hésitant,
Il fait passer avec lui la Libye et sa malignité prête
[un pouvoir
Qu'il retire bientôt. L'Afrique était le cadeau
[de ce Maure.
Abolissez ces fourberies massyles[c] ; repoussez
[les embûches
285 De ce double langage et les mots fleurant le poison[d]
[de ce terroir.
N'engagez pas au corps à corps des armes
[consanguines,
Je vous en prie : c'est digne de Thèbes la brute
[ou de Mycènes[e].
Laissons ce crime aux Maures[f]. Quelle injustice ourdit
Notre cher Stilicon ? Quand n'a-t-il pas obéi
[à ton ordre[g] ?

a. Hémistiche repris à *3 cons.* 65 et qui adapte Ou. *Fast.* 5,589 *et longi dedecus aeui* ; cf. aussi Lucan. 2,117 *nedum breue dedecus aeui.*

b. *Australes* : cf. v. 1 *Auster.*

c. Lucan. 4,736 *Libycas... fraudes.* Sur le manque de foi des Numides, Sall. *Iug.* 46,3 ; 91,7. Chez Sil. 16,156-7, Scipion conseille à Massinissa : « dimitte *bilingues* / ex animo socios ».

d. Lucan. 9,679-80 *quanto spirare ueneno / ora rear.*

e. Référence aux grands thèmes tragiques de l'opposition entre frères : Étéocle et Polynice ; Atrée et Thyeste.

f. Les conflits fraternels sont bons pour les Maures : Mascezel et Gildon.

g. Allusion aux deux campagnes contre Alaric que Stilicon, selon Claudien, a arrêtées sur l'ordre d'Arcadius : voir intr. et Cameron 1970, p. 111-2.

Traduntur poenis alii, cum proelia soluant ;
hic manet ut moueat ? Quod respuit alter in hostem,
suscipis in fratrem ? Longi pro dedecus aeui !
Cui placet, Australes Gildo condonat habenas
tantaque mutatos sequitur prouincia mores.   280
Quaslibet ad partes animus nutauerit anceps,
transfundit secum Libyam refluumque malignus
commodat inperium. Mauri fuit Africa munus.
Tollite Massylas fraudes, remouete bilingues
insidias et uerba soli spirantia uirus.   285
Ne consanguineis certetur comminus armis,
ne precor. Haec trucibus Thebis, haec digna Mycenis ;
in Mauros hoc crimen eat. Quid noster iniquum
molitur Stilicho ? Quando non ille iubenti

---

276 Traduntur : Traditur hic *Ise mg.* || cum *Pp.c.* || pr(o)elia (*Ku.l.*) : premia *KN* || soluant : -unt F_5 tollunt *Gp.c. Ru.l.* tollant *Ga.c.* ? || **277** magnet *Ja.c.* maneat *Vic* || respuit : rapuit $F_2a.c.$ || **278** suscipit P_2 || deducus *G* || (a)eui : orbis $F_5a.c.$ || **279** Cui : Qui *P* || condonat *G* F_5 F_2P *R Vic Ise* : -tradat $F_2u.l.$ cum tradat P_2P_6N cum tradit KF_3J *L Ru.l.* || **280** -que *om. Ka.c.* || nudatos *N* || **281** ad : in *L* || animus (*Ru.l.*) : -um $P_2F_3F_3Ju.l.N$ F_2P *R Vic Cam* || nutauerit *G* $KP_6s.l.$ *L Ru.l.* : mu- *cett.* || **282** Transfudit F_5 || li[-y-]biam *codd.* || l. secum P_2KP_6JN || reflumt *Pa.c.* || **284** maxillas *N* massilias $P_2KP_6a.c.F_5$ F_2P marsilias *L* || remonete *K* || **285** soli (*exc. Fris.*) : doli F_5 *Lp.c. Ise* || spirantia (*exc. Fris.*) : spe- *N Vic* || **286** Ne : Nec P_2KP_6N *Vic* Ene *Ja.c.* || communius *Vic* || **287** Ne ($F_5a.c.$) : de- $F_3F_5p.c.N$ *L Ise* hec P_2K *Vic Cam* || thebis trucibus uel F_5 || **288** hoc : huc *Pa.c.*

290 Existe-t-il quelqu'un qui soit plus attaché[a] à nous
[que lui ?
Pour taire les divers exploits qu'il a accomplis
[avec moi[b],
Je vais dire ce que j'ai vu après ma mort.
[À mon départ, divinisé,
Je laissai, je l'avoue, une situation trouble et gonflée
[de menaces.
L'armée, malgré les ordres, dégaînait encor ses épées
295 Avec la haine issue des Alpes[c]. Vaincus et vainqueurs
[tour à tour
Suscitaient des conflits. Ma vigilance aurait eu peine
[à apaiser
Cette folie, à plus forte raison, un prince enfant.
Comme j'ai craint pour vous[d] ! Ah ! qu'oserait,
[sans frein,
Pareille masse de soldats, lorsque, rejetant son carcan[1],
300 Elle brûlerait avec joie pour la révolution !
[Leur désaccord était
Cruel, leur accord plus pénible. Alors il se substitua
[à moi
Avec une bonté de père et il couva ton jeune frère
Novice : il l'éduqua jusqu'à l'âge d'être un vrai prince[e].
Il écarta de toi Rufin[f], dont tu avoues avoir eu peur.
305 Lui seul se souvient, lui seul est fidèle[g],

---

a. Hor. *Sat.* 1,5,42 *ne quis me sit deuinctior alter.*

b. La prétérition est parfois bien utile !

c. Témoignage intéressant (mais intéressé !) sur les tensions qui ont suivi la bataille du Frigidus : les plaies d'une guerre civile ne se cicatrisent pas facilement ! Claudien veut montrer la nécessité du 'tutorat' de Stilicon. Voir *Ruf.* 2,116 et n. compl. 4 ; 4 *cons.* 111-7.

d. Verg. *Aen.* 6,694 (Anchise à son fils Énée) : *quam timui ne quid...*

e. Cf. *4 cons.* 432-3.

f. Cf. *Ruf.* 2,402-3.

g. Cf. *Stil.* 1,208 *pium... fidelem. Solum* : par opposition à Rufin et Eutrope.

paruit ? An quisquam nobis deuinctior extat ?   290
Vt sileam uarios mecum quos gesserit actus,
quae uidi post fata loquar. Cum diuus abirem,
res inconpositas (fateor) tumidasque reliqui.
Stringebat uetitos etiamnum exercitus enses
Alpinis odiis, alternaque iurgia uicti   295
uictoresque dabant. Vix haec amentia nostris
excubiis, nedum puero rectore quiesset.
Heu quantum timui uobis, quid libera tanti
militis auderet moles, cum carcere moto
ferueret iam laeta nouis ! Dissensus acerbus   300
Et grauior consensus erat. Tunc ipse paterna
successit pietate mihi tenerumque rudemque
fouit et in ueros eduxit principis annos,
Rufinumque tibi, quem tu tremuisse fateris,
depulit. Hunc solum memorem solumque fidelem   305

---

290 an (P_2*ras.*) : aut *L* || deuincior $P_2P_6F_3N$ *L P* deuotior *Ald* ||
291 taceam *K* || uarias *Pa.c.* || quos mecum $P_2KP_6F_3N$ *Vic Cam Ise* ||
gesserat F_2 || actus : iter $F_3a.c.$ || **292** loquar ($P_2u.l.$) : -or F_3 sequar P_2
|| **293** timidas- F_5 *Vic* || relinqui F_3 || **294** Trin- *P* Stringebant *K* ||
uetitos etiamnum : u. -nunc *N Pa.c. Vic* u. e. tunc *Ald* u. iam nunc
$F_2a.c.$ *L* u. iam tunc *Cam mg. Ise mg.* u. iam non F_5 ?*a.c.* $F_3p.c.$ etiam
uetitos *K* || ensem $P_6a.c.$ || **295** Alpinus *N* || alternata- *Vic* || uiceti
Pa.c. iuncti *Ise* || **297** necdum *KN* F_2 *Vic* || puere *Pa.c.* || uictore *K* ||
quiesset : *G* $F_5p.c.$ *L R* : -scet $KF_3F_5a.c.JN$ F_2P *Vic Cam Ise* -scit $P_2F_2a.c.$
-scat $P_6p.c.$ quieuit *Ru.l.* || **298** quid : quod $P_2p.c.N$ F_2 *Vic Ise* qu(a)e
$P_6u.l.$ quam F_3 ? ne P_6 *Ise mg.* || prelia $P_6u.l.$ || **299** *post* moles *del.*
nec P_6 || carcere moto $F_5F_2a.c.P$ *R* : c(a)eca remoto *Ru.l. cett.* terra
remoto *Ru.l.* || **300** tam *G* P_2KJ *L* || nouis *G* $F_2Pa.c.$ *R* : -us *Pp.c.* suis
F_5 metu $P_2KP_6p.c.F_3F_5s.l.JN$ *L* $F_2s.l.$ *Ru.l. Vic Cam Ise* meni P_6 ? *a.c.* ||
acerbus ($Pu.l.$ $Ru.l.p.c.$) : -is *G* $F_5a.c.$ *Ru.l.a.c.* -uis *P R* || **301** Et : sed
Cam Ise mg. || ipsae *G* iste *R* || **302** Successus *Pa.c.* || impietate *Ja.c.*
|| miserum- *Vic* || prudem- *Pa.c.* || **303** annos : usus F_3 || **304**
timuisse *J F_2*

Je le constate. Tout ce que j'ai voulu ou ai semblé
[vouloir
De mon vivant[a], il l'accomplit ; il me vénère
[et il m'invoque
Comme un dieu tutélaire[b]. Si tu dénies de tels mérites,
Révère au moins les torches du beau-père,
[au moins respecte
310   Le mariage de ton frère[1] et le gage royal
[de ma chère Sérène.
Tu aurais même dû marcher contre les ennemis
De ton frère, et lui sur les tiens. Quel peuple
[sur le Rhin ou sur l'Hister
Aurait pu soutenir l'union et l'accord de vos forces ?
Mais permets seulement : il tombera[c].
[Nous ne demandons rien de plus.
315   Il aura beau s'armer par derrière les Syrtes[d],
Se protéger par l'obstacle d'Atlas ; il aura beau
[nous opposer
Des guérets grouillants de serpents[e] et les ardeurs
[du soleil de midi,
Je connais la sagesse, je connais l'égalité d'âme
De Stilicon en toute circonstance : il franchira les sables ;
320   Sa valeur trouvera la voie[f]. » Ainsi parla le divin
[Théodose,
Et puis son fils : « Père, j'obéirai de moi-même
[à tes ordres.

a. L'expression classique en poésie est *dum uita manebat* : Verg. *Aen.* 6,608 et 661 ; Stat. *Theb.* 6,166 (-*bit* Sil. 10,439). Drac. *Rom.* 9,104 *cum uita maneret*.

b. *Praesens numen* : Verg. *Georg.* 1,10 -*ia* -*a* (cf. *Ecl.* 1,41 -*es diuos*) ; Quint. *Inst.* 4,1,5 -*ius* -*en*.

c. Le futur *cadet*, mieux attesté, donne un sens très satisfaisant : Théodose ne demande à Arcadius que sa neutralité : s'il ne s'y oppose pas, Gildon tombera.

d. Thème analogue en *4 cons.* 104-9. *Retractatio* possible d'un passage de Virgile (*Aen.* 6,60) : *praetentaque Syrtibus arua*.

e. Cf. 150-1. Lucan. 9,384 « latiferis squalent *serpentibus arua* ».

f. Ou. *Met.* 14,113 *inuia uirtuti nulla est uia*.

experior. Volui si quid, dum uita maneret,
aut uisus uoluisse, gerit ; uenerabilis illi
ceu praesens numenque uocor. Si tanta recusas,
at soceri reuerere faces, at respice fratris
conubium pignusque meae regale Serenae.   310
Debueras etiam fraternis obuius ire
hostibus, ille tuis. Quae gens, quis Rhenus et Hister
uos opibus iunctos conspirantesque tulisset ?
Sed tantum permitte : cadet. Nil poscimus ultra.
Ille licet sese praetentis Syrtibus armet   315
oppositoque Atlante tegat, licet arua referta
anguibus et solis medios obiecerit aestus,
noui consilium, noui Stilichonis in omnes
aequalem casus animum : penetrabit harenas,
inueniet uirtute uiam. » Sic diuus et inde   320
sic natus : « Iussis, genitor, parebitur ultro.

306 manenent *Ja.c.* ‖ **307** gerit *Pa.c.* ‖ **308** presensque n.- u. *Ja.c.*
numen pr(a)esensque u. *P₂KN* ‖ **309** At (*F₅u.l.*) : Aut *P₂P₆F₃F₅ Ru.l.*
Cam Ise ‖ soceri (*F₃p.c.Jp.c.*) : socii *Vic* ‖ at (*F₅u.l.*) : aut *P₂KP₆F₃F₅J*
Ru.l. Vic Cam Ise ‖ fratris *Jp.c.* ‖ **310** Coniugium *F₃p.c.F₅ F₂Pp.c.*
Conoiugium *F₃a.c.* Conuiuium *Pa.c.* ‖ **311** etiam (*Pa.c.*) : iam *Pp.c.*
‖ fraternis : sup- *P₆a.c.* ‖ ire *P₂p.c.* ‖ **312** q. gens q. *om. Ka.c.* ‖ **313**
o. i. conspirantes- (*Pu.l.*) : o. iunctis (*p.c.*, -as *a.c.*) c. *P* conspirantes
o. iunctos- *P₆KJN* c. o. uictos *P₂ Vic* ‖ **314** cadat *G R Vic Ise* ‖ possi-
mus *Ja.c.* ‖ **315** sutibus *J* ‖ ardet *F₃a.c.* ‖ **316** at(h)lante : adlanthe *L*
adamante *P₂KF₅* ‖ tegat : r- *Vic* regit *P₆a.c.* ‖ referte *Pa.c.* refecta *N*
‖ **317** obiecerat *Pa.c. Ra.c.* ‖ cestus *Pa.c.* astus *Ra.c.* ‖ **318** consci-
lium *N* ‖ **319** habenas *F₃a.c.* ‖ **320** inuenit *Pa.c.* ‖ **321** Signatus *P*
Ra.c. ‖ parebimus *P₂p.c.KP₆p.c.JN L Vic Ise* parebi *P₆a.c.*

Je suis volontiers tes conseils et nul ne m'est plus
[cher que mon parent
Stilicon[a] ; que ce sacrilège expie le mal qu'il a commis[b].
Que retourne à mon frère une Afrique plus sûre
[désormais. »

325   Tandis qu'ils reprennent entre eux leur longue
[conversation[c],
L'aïeul est parvenu en Hespérie ; il entre
[dans la chaste chambre[d]
Où, étendu dans la pourpre de Tyr[e], Honorius
Cueillait la douceur du sommeil[f] avec son épouse
[Marie.
Il se place près de sa tête[g] et puis lui parle ainsi
[en songe :

330   « Cher petit-fils, les Maures vaincus ont-ils pris
Un tel aplomb[h] ? Derechef après moi la race insensée
[de Juba[i]
Se ligue pour prendre les armes[j] ? Elle recommence
[la guerre
Avec le descendant de son vainqueur ? Oubliant
[Firmus mis à terre,

a. Claudien met dans la bouche d'Arcadius les paroles que Stilicon aurait aimé entendre !

b. Verg. *Georg.* 4,454 *magna luis commissa.*

c. Verg. *Aen.* 1,217 *longo… sermone requirunt* (même position métrique) ; cf. Ps. Prosp. *Carm. prou.* 448. Emploi analogue de *retexere* chez Stat. *Theb.* 3,338-9.

d. Cf. *Rapt.* 3,163 et note a. Ajouter Ven. Fort. *Carm.* 6,1,35.

e. Cf. *3 cons.* 15 et note a.

f. *Carpere somnos* : Verg. *Georg.* 3,435 ; *Aen.* 4,555 ; cf. 4,522 ; mais la fin de vers est empruntée à Lucan. 5,750 : *securos… cum coniuge somnos.*

g. Verg. *Aen.* 4,702 *supra caput astitit.* Pour l'ensemble du vers, Hom. *Il.* 23,68 = 24,682 = *Od.* 4,803 (voir Olechowska 1974, p. 57).

h. La leçon la mieux attestée est corroborée par Verg. *Aen.* 1,132 « *tantane* uos generis *tenuit fiducia* uestri ? » ; cf. aussi *Get.* 380-1 « *tantane* uos… Getici *fiducia* belli / erigit ? » ; *Rapt.* 3,99 « *tantane* te nostri *tenuere* obliuia ? ».

i. Lucan. 10,21 *Pellaei proles uaesana Philippi.*

j. Lucan. 2,48-49 *coniuret in arma / mundus.*

Amplector praecepta libens, nec carior alter
cognato Stilichone mihi, commissa profanus
ille luat. Redeat iam tutior Africa fratri. »
Talia dum longo secum sermone retexunt,   325
Hesperiam peruenit auus castumque cubile
ingreditur, Tyrio quo fusus Honorius ostro
carpebat teneros Maria cum coniuge somnos.
Adsistit capiti. Tunc sic per somnia fatur :
« tantane deuictos tenuit fiducia Mauros,   330
care nepos ? Iterum post me coniurat in arma
progenies uaesana Iubae bellumque resumit
uictoris cum stirpe sui ? Firmumne iacentem

323 Cognato *Gp.c.* ‖ commissa (*P₂u.l.*) : pro- *P₂* ‖ **324** tustior *P₂a.c.*
‖ **325** secum longo *Ga.c. N* ‖ retexunt : uolutant *P₂F₃F₅JN L Ru.l.*
Vic Cam Ise uoluptant *K* ‖ **326** conuenit *Ra.c.* ‖ **327** qua *Ra.c.* ‖
fusus : fortis *P₂P₆a.c.KJ Vic* ‖ **329** astitit et *P₂* a. ut *Cam* ‖ tunc : tum
G om. N ‖ sic per : ille *Cam mg.* per *N* ‖ som(p)nia : omina *P₆* talia
Cam mg. ‖ **330** deuictis... mauris *P₂P₆ exc. Gyr.* ‖ tumuit *P₂P₆ exc. Gyr*
Vic ‖ fiducia (*exc. Gyr*) : dementia *P₂* ‖ maros *N* ‖ **331** Cuare *Ja.c.* ‖
interum *Pa.c.* ‖ post me *om. Ja.c.* ‖ **332** uexana *Vic* ‖ resumit *om. J*
‖ **333** firmumne (*Jgloss.*) : -ue *P₆* fratrem- *J F₂a.c.* ‖ gecentem *Ja.c.*

Ils tiennent à nouveau la Libye que j'avais conquise
335   Par ma sœur[a] ? Gildon a-t-il osé lutter avec le Latium
Sans craindre le sort de son frère ? À l'instant
[je voudrais aller,
Oui, à l'instant, vieillard, lui montrer des traits
[qu'il connaît :
Le Maure ne fuira-t-il pas à la vue de mon ombre ?
Pourquoi hésites-tu ? Lève-toi de ton lit, assaille
[les rebelles,
340   Rends-moi mon prisonnier[b] et cesse de tarder[c].
Voici le destin de ta race : tant que notre sang
[sera en ce monde,
La maison de Bocchus n'arrêtera pas de pâlir.
Que les dépouilles de Gildon rejoignent celles
[de Firmus,
Que les lauriers du Maure ornent vos chars jumeaux,
345   Que la même famille autant de fois triomphe
[de la même race[d] !
O dieux, merci de m'avoir réservé Firmus
Et à mon petit-fils son frère, après tant d'années
[écoulées[e] ! »
Il dit et à l'approche du soleil il s'enfuit en un souffle[1].
Mais l'émulation du courage, de ses aiguillons
[monstrueux,
350   A époint le jeune homme[f]. Il bout déjà d'être
[emporté par une poupe

a. Allusion à la campagne de 372-373 (voir intr.). Pour l'expression, cf. Verg. *Aen.* 9,458 (à propos de phalères) : *multo... sudore receptas.*

b. Claudien insinue (faussement) que Gildon s'était associé à la révolte de Firmus.

c. Fin de vers empruntée à Stat. *Theb.* 11,169.

d. Drac. *Rom.* 8,320 a repris la clausule *gente triumphet.*

e. Verg. *Aen.* 2,14 *tot iam labentibus annis.*

f. Contamination de Sil. 15,129-30 (*At iuuenis... ingentia corde / molitur iussaeque calet uirtutis amore*) par Lucan. 1,120 *stimulos dedit aemula uirtus* : Honorius est implicitement comparé à Scipion, César et Pompée.

obliti Libyam nostro sudore receptam
rursus habent ? Ausus Latio contendere Gildo   335
germani nec fata timet ? Nunc ire profecto,
nunc uellem notosque senex ostendere uultus :
nonne meam fugiet Maurus cum uiderit umbram ?
Quid dubitas ? Exurge toris, inuade rebelles,
captiuum mihi redde meum. Desiste morari.   340
Hoc generi fatale tuo : dum sanguis in orbe
noster erit, semper pallebit regia Bocchi.
Iungantur spoliis Firmi Gildonis opima,
exornet geminos Maurusia laurea currus,
una domus totiens una de gente triumphet !   345
Di bene, quod tantis interlabentibus annis
seruati Firmusque mihi fraterque nepoti ! »
Dixit et afflatus uicino sole refugit.
    At iuuenem stimulis inmanibus aemula uirtus
exacuit. Iam puppe uehi, iam stagna secare   350

334 libyam $P_2p.c.^1$: li[-y-]biam *cett.* || **335** latio ausus $F_3a.c.$ ||
336 nec : non $P_6p.c.$ ne *Vic* || fata ($F_2u.l.Nu.l.$) : facta F_3F_5N *Ise mg.* ||
nunc : non *Vic* || ire : ipse $P_6a.c.$ || **337** Nunc : Non $P_6a.c.$ || senex
(*Ja.c.*) : -es $P_2a.c.Jp.c.$ || **338** Nonne : Nunc $P_6a.c.$? || **339** inuaide
$F_5a.c.$ || i. rebelles ($F_2u.l.$) : i. -em *Ise* i. rebellum *Ra.c.* inuadere bel-
lum $F_2p.c.P$ || **340** Captuum P_2 capturum N || **341** fatali *Pa.c.* ||
orbe : urbe P_2 orbem F_3 || 342-456 *del.* P_6 || **342** erit *om.* $F_5a.c.$ ||
parebit *Ju.l.* || boc(c)hi ($Ka.c.F_3u.l.$) : bac(c)hi $Kp.c.F_3$ *Pa.c.* || **345**
triumphat *KN* || **346** Di *P* : Dii *cett.* || quod : qui *Ja.c.* || **347** fratri-
$P_2a.c.$ || **348** refugit : resurgit *Na.c.* || **350** iam[1] *om. Ka.c.*

Et de fendre les flots, d'attaquer lance au poing
[le Maure absent.
Puis il fait venir son beau-père, étreint la dextre
De celui qu'il a appelé et lui demande quel avis
[est le meilleur[a] :
« O père vénéré, souvent l'avenir se révèle à moi
355   Dans mon sommeil et bien des nuits annoncent
[des présages.
Ainsi, de loin, je me voyais ceindre avec des chasseurs[b]
Les taillis de Libye et avec ma meute fouiller
[les monts de Gétulie[1].
Le pays s'affligeait d'être pillé par les assauts
D'un féroce lion : carnages de bétail, taurillons çà et là
360   À demi morts, gourbis[c] encore imprégnés de sanie,
Cadavres de bergers éparpillés dans des plaines
[sanglantes.
Je vais vers la cache du monstre et aperçois
Un prodige étonnant : son honneur est à bas
[et sa crinière menaçante
Pend sur son encolure ; sans gloire, il a fléchi
[ses membres
365   Rompus et il gémit servilement ; on a mis dans
[les fers ses griffes
Et des chaînes soudain à son cou ont tinté.
Et maintenant mon aïeul me pousse et m'exhorte
[à rivaliser avec lui

a. *Potior sententia* : même expression en même position métrique chez Verg. *Aen.* 4,287. Dans ce conseil des chefs (thème épique), Stilicon apparaît comme conseiller (cf. v. 387-8) pour laisser le premier rôle à Honorius (voir n. compl. 1), même si ce dernier lui manifeste un profond respect (*sancte pater*, v. 354).

b. Cf. Verg. *Aen.* 4,121 *saltusque indagine cingunt* ; cf. Ou. *Met.* 7,766.

c. Le terme *mapalia* est bien choisi pour désigner une réalité africaine (Festus p. 146 M. *mapalia casae Poenicae appellantur* ; Sall. *Iug.* 18,8 ; Verg. *Georg.* 3,340), d'où ma traduction.

feruet et absentes inuadere cuspide Mauros.
Tum iubet acciri socerum dextramque uocato
conserit et, quae sit potior sententia, quaerit :
« per somnos mihi, sancte pater, iam saepe futura
panduntur multaeque canunt praesagia noctes.   355
Namque procul Libycos uenatu cingere saltus
et iuga rimari canibus Gaetula uidebar.
Maerebat regio saeui uastata leonis
incursu : pecudum strages passimque iuuenci
semineces et adhuc infecta mapalia tabo   360
sparsaque sanguineis pastorum funera campis.
Aggredior latebras monstri mirumque relatu
conspicio : dilapsus honos, ceruice minaces
defluxere iubae ; fractos inglorius armos
supposuit seruile gemens iniectaque uincla   365
unguibus et subitae collo sonuere catenae.
Nunc etiam paribus secum certare trophaeis

351 at : et F_5 ‖ mauros : muros $F_3a.c.$ imarios *Pa.c.* ‖ **352** Tum
G P R : Tunc *cett.* ‖ ualet $F_2a.c.$ ‖ acciri $P_2ras.$ ‖ **353** potior : melior
F_5 ‖ **354** pater : parens *G* ‖ **355** mult(a)e- : -a- *Pa.c.* -as- *Ra.c.* ‖
356 li[-y-]bicos *codd.* libios $F_5a.c.$ ‖ uenatu cingere (*Rs.l.*) : uisus
destringere *P R Ise mg.* uisus distringere F_5 uisus disting(u)ere *L*
$F_2a.c.$ ‖ **357** rimari $P_2ras.$ ‖ **358** regia *Pa.c.* ‖ **359** pecudumque $P_2a.c.$
‖ iuuenci : uiuenti *Vic* ‖ **360** seminices *J* ‖ **361** funera : corpora F_5 ‖
362 Aggredior : -o P_2 -ar *N* ‖ **363** conspicio : as- *K* concepio *Jmg.* ‖
delapsus P_2 ‖ honos : -r KF_5N lienos *Pa.c.* ‖ **364** fractosque F_2 ‖
armos : annos *N* ‖ **365** Subposuit *P* ‖ **366** collo sonuere : c. subiere
$P_2p.c.JN$ *Ru.l.* c. subire $P_2a.c.$ *Vic* collum subiere *K* sonuerunt c.
$F_5a.c.$ ‖ cauete *Pa.c.* ‖ **367** troph(a)eis : triumphis *N*

Par des trophées égaux. Jusqu'à quand[a] allons-nous
[tarder
En restant à l'écart ? Depuis longtemps il convenait
[d'armer des nefs,
370   De surmonter les retards de la mer[b]. Je me dispose
[à traverser
Moi-même le premier. Que tout peuple barbare astreint
À mon pouvoir accoure : que des vaisseaux apportent
[toute la Germanie ;
Que le Sicambre m'accompagne, associant sa flotte[c].
Que bientôt l'Afrique pâlisse en voyant le Rhin
[transporté.
375   Supporterai-je assis tant d'infamies ? Abandonnerai-je
[jeune homme
Ce qu'enfant j'ai tenu et dirigé ? Deux fois notre père
[a couru
Jusqu'aux Alpes et au delà pour défendre un royaume[d],
Et nous, comme une proie facile[e], nous restons
[couchés sous l'insulte ? »
Il a fini. En face Stilicon lui répond en ces termes[f] :
380   « Prince, jugeras-tu digne de toi la sonnerie
[d'un adversaire maure ?

---

a. Même mouvement chez Stat. *Theb.* 1,215-7 : « *quonam usque nocentum exigar in poenas ?* ... iam *pridem...* ».

b. La variante *minas*, moins bien attestée, a été introduite par référence à Verg. *Aen.* 6,113 *pelagique minas* (cf. Sil. 12,157, puis Arator 2,1110). Lucain (5,578 et 10,246) emploie l'expression *mora ponti*.

c. De fait, les Germains constituaient, avec les Gaulois (cf. v. 431), l'essentiel de l'armée romaine d'occident. Sur l'image du v. 374, Christiansen 1969, p. 73.

d. Cf. *Ruf.* 2,1 et 389 ; *Stil.* 1,317. La variante moins bien attestée *alterius* renverrait à Valentinien II.

e. Cf. Lucan. 1,250 *nos praeda furentum* ; Nemes. *Cyn.* 184 *faciles ut sumere praedas.*

f. Vers calqué sur Verg. *Aen.* 10,530 : *dixerat. Aeneas contra cui talia reddit.*

hortatu me cogit auus. Quonam usque remoti
cunctamur ? Decuit pridem complere biremes
et pelagi superare moras. Transmittere primus   370
ipse paro. Quaecunque meo gens barbara nutu
stringitur, adueniat : Germania cuncta feratur
nauibus et socia comitentur classe Sygambri.
Pallida translatum iam sentiat Africa Rhenum.
An patiar tot probra sedens iuuenisque relinquam   375
quae tenui rexique puer ? Bis noster ad Alpes
ulterius genitor defensum regna cucurrit.
Nos praedae faciles insultandique iacemus ? »
      Finierat. Stilicho contra cui talia reddit :
« aduersine tubam princeps dignabere Mauri ?   380

368 hortatu (*Ru.l.*) : -tor F_2P R hortur $F_5a.c.$ ‖ cogis *Vic* ‖ **369** Cunc-
tabimur *Na.c.* Conamur $F_5a.c.$ ‖ **370** Compelagi *Ja.c.* ‖ moras : min-
$P_2Ka.c.F_3F_5J$ L $F_2u.l.$ *Ise Cam* ‖ primus : pin- $KF_3u.l.Ju.l.$ $F_2u.l.$ pontum *exc. Laeti* ‖ **371** quocunque *Vic* ‖ nutu : m- P uultu N ‖ **372**
adueniet *exc. Laeti* ‖ cuncta G F_2P R *exc. Fris. exc. Gyr.* : tota $F_2u.l.$
Ru.l. cett. ‖ **373** socia (*exc. Fris.*) : -ii P_2 ‖ comitantur P_2F_3 ‖ casse F_3
‖ **374** translacium P ‖ **375** patior G N *Vic* ‖ tam L ‖ proba $F_5a.c.$
$F_2a.c.$ ‖ **376** Qu(a)e : Quod P_2 ‖ bis : uix G ‖ **377** Vlterius ($F_5u.l.$) :
Al- $F_5Ju.l.$ R *Ise* ‖ **378** insultandi- ($F_2a.c.$?) : -anti- $P_2KF_3Ja.c.$ L $F_2p.c.$?
Vic ‖ **379** cui contra F_3 *Vic Cam* cuncta cui P ‖ talia $P_2ras.$ ‖ reddit :
fatur F_3 F_2 ‖ **380** *post* tubam *del.* belli *et add. s.l.* pugnam R ‖ dedi-
gnabere $F_5a.c.$

Ce lâche emportera la consolation d'un trépas
[glorieux[a] :
Mourir en guerre contre toi ? Honorius combattra
[d'un côté
Et de l'autre Gildon ? Le Chaos mêlera plus tôt
[les astres à l'Averne[b] !
Il suffit que tu confies ta vengeance ; l'effroi de
[ton nom fera plus
385 Que ton épée. La présence[c] amoindrit la renommée.
Car le champ de bataille égalise les rangs et
[la mêlée ignore
La majesté. Mais prête-moi attention : je t'apprendrai
Ce qui est plus utile à faire et plus pesant à l'ennemi.
Il a un frère Mascezel qui par leurs parents
[lui ressemble[d],
390 Mais non de caractère ; il a fui les noirs forfaits[e]
[de son frère
Et confié sa vie et ses espoirs à ton asile[f].
Malgré tous les pièges tendus, Gildon n'a pu
[le supprimer ;
Il a retourné contre les enfants la haine qu'il vouait
[au père.

a. Cf. Verg. *Aen.* 10,829 *solabere mortem* ; Lucan. 8,314 *magna feram solacia mortis* ; 9,878 *solacia fatis* [var. *fati*].

b. Olechowska (*ad loc.*) compare cet *adynaton* à Lucr. 3,842 *non si terra mari miscebitur et mare caelo* ; et Verg. *Aen.* 12,204-5.

c. Avec Olechowska, j'interprète *praesentia* comme un pluriel : cf. *Eutr.* 2,51 *suadent… praesentia.*

d. *Patribus* doit désigner leur père (Nubel) et leur mère. La leçon la mieux attestée, mais grammaticalement *difficilior, idem* donne un sens aussi satisfaisant que *isdem.*

e. *Dira piacula* : même expression en même position métrique chez Lucan. 4,790.

f. *Retractatio* de la fin du vers où Lucain évoque la rivalité sanglante entre Romulus et Rémus pour dominer "un étroit asile" (1,97) : « exiguum dominos *commisit asylum* ».

Auferet ignauus clari solacia leti,
te bellante mori ? Decernet Honorius inde,
hinc Gildo ? Prius astra Chaos miscebit Auerno !
Vindictam mandasse sat est ; plus nominis horror
quam tuus ensis aget. Minuunt praesentia famam.   385
Qui stetit aequatur campo, conlataque nescit
maiestatem acies. Sed quod magis utile facto
atque hosti grauius (sensus aduerte) docebo.
Est illi patribus, sed non et moribus idem
Mascezel, fugiens qui dira piacula fratris   390
spesque suas uitamque tuo commisit asylo.
Hunc ubi temptatis frustra mactare nequiuit
insidiis, patrias in pignora contulit iras

381 Auferet *G F₅a.c. F₂a.c.P R Ise mg.* : aff- *P₂KF₃p.c.F₅p.c.JN F₃p.c. Ru.l.²* *Vic Ise* afferret *F₃a.c.* ac feret *Ru.l.¹* an feret *Lp.c.* ‖ ignauis *N* ‖ socialia *P* ‖ **382** mori : honori *Ja.c.* ‖ decernet (*exc. Gyr. Ise mg.*) : -curret *Vic Cam Ise* ‖ **383** prius : post *Vic Cam Ise mg.* ‖ animo *Ja.c.* ‖ 384-5 *Rm.r.* ‖ **384** Vindictam (*P₂u.l.*) : -tis *P₂* ‖ est *om. Rm.r.* ‖ **385** Qua t. *Rm.r.* quantuus *Ja.c.* ‖ aget (*F₃s.l.*) : -it *Ka.c.F₃Ja.c. Rm.r.* habet *F₅* ‖ minuunt (*P₂a.c.*) : -que *Pa.c.* -ent *F₂* -it *P₂p.c.F₃F₅JN exc. Gyr.* ‖ **386** quatur — nescit *Rm.r.* ‖ **387** sed : si *F₂a.c.* ‖ quod — facto *Rm.r.* ‖ quod (*Ja.c.*) : quid *Jp.c.* ‖ factu *P₂F₃JN F₂a.c. L exc. Gyr.* -um *P* cerno *K* ‖ **388** auerte *N F₂a.c.* ‖ -uerte docebo *Rm.r.* ‖ **389** patribus (*Ru.l.*) : patruus *Pa.c. R* ‖ non et : non te *Pa.c.* non est *N om. F₂a.c.* ‖ idem (*F₂a.c.*) : isdem *KN F₅p.c. Vic* iisdem *G Ru.l. m.r. Ise* ‖ **390** Mascezel *G ?a.c. R exc. Gyr.* : -cizel *Gp.c. alii alia* ‖ dira (*P₂u.l.*) : dura *P₂KF₃ L F₂* dum *Ja.c.N* ‖ pericula *N L* ‖ **391** spemque suam *Ald* ‖ **392** mactare : temtare *P* ‖ nequiunt *Pa.c.* ‖ **393** patris *N*

Ceux qu'il avait portés tout petits sur son sein[a],
             [ensemble
395 Il les égorgea en la fleur de l'âge ; publiquement
             [il dispersa leurs corps[b]
Sans sépulture et il refusa un tombeau aux ombres
             [de parents !
Sanguinaire, à la fois il dépouilla tout sentiment
             [naturel, fraternel
Ou même humain[c] : il refusa un peu de sable
             [à ses victimes !
Ce méfait condamna Mycènes : il fit fuir le soleil
400 Et détourna le jour. Mais le délit d'Atrée répondait
             [à un crime :
Son épouse excusait l'atrocité de son festin[1].
De ce côté, ce fut la haine, et non un châtiment.
             [C'est toi, vengeur,
Qu'appellent les droits adirés, ton père et
             [les mânes privés
De poussière et la Piété souillée. Si tu as établi,
             [Athènes,
405 Un autel pour qui pleure et un dieu propre
             [aux malheureux,
Si l'Inachide par sa plainte a entraîné les phalanges
             [de Pandion[d]
Et par la guerre a gagné un bûcher pour son mari[2],
Si Adherbal, chassé du trône[e], a ému par ses pleurs

a. Ter. *Ad.* 563 « puerum *tantillum* in manibus *gestaui* meis » ; 709 *gestandus in sinu est.*

b. Cic. *Nat. deor.* 3,67 *puerum… obtruncat membraque articulatim diuidit perque agros passim dispergit corpus.*

c. Cic. *Fin.* 5,35 *hominem ex homine exuens naturam odisse uideatur*; Ou. *Met.* 10,105 *exuit hac hominem.*

d. Cf. *4 cons.* 508 et note a.

e. Cf. Verg. *Aen.* 10,852 « *pulsus* ob inuidiam *solio* sceptrisque parentis ».

et quos ipse sinu paruos gestauerat una
obtruncat iuuenes inhumataque corpora uulgo   395
dispulit et tumulo cognatas arcuit umbras
naturamque simul fratremque hominemque cruentus
exuit et tenuem caesis inuidit harenam !
Hoc facinus refugo damnauit sole Mycenas
auertitque diem ; sceleri sed reddidit Atreus   400
crimen et infandas excusat coniuge mensas.
Hinc odium, non poena fuit. Te perdita iura,
te pater ultorem, te nudi puluere Manes,
te Pietas polluta rogat. Si flentibus aram
et proprium miseris numen statuistis Athenae,   405
si Pandionias planctu traxere phalanges
Inachides belloque rogos meruere maritis,
si maesto squalore comae lacrimisque senatum

394 et quos ipse sinu *F₃F₅ F₂P R exc. Gyr.* : et q. i. manu *G Ru.l.*
quosque manu pueros *P₂JN L Vic Ise* quosque sinu pueros *K* ||
paruos (*exc. Gyr.*) : pauos *Ja.c. Vic* || **395** Obtruncat (*exc. Gyr.*) :
Occidit *P₂KJN Vic Ise* || **396** dispulit (*Lp.c.*) : de- *F₅* displicuit *Pa.c.* ||
cumulo *Ra.c.* || arguit *K L R* || **397** fratrem *F₅a.c.* || **398** cesis *P₂p.c.* ||
399 micenos *Pa.c.* minenas *Ka.c.* || **400** sceleris *G P₂* || reddit *Ja.c.* ||
401 infandas (*P₂u.l.*) : inmanes *P₂ras.* || **402** Hinc (*Ja.c. Ise*) : Hic *G*
KJp.c. Ru.l. Vic Hoc *P₂F₃N Ise mg.* || te (*F₅u.l.*) : sed *F₅* || **404** peetas
Ga.c. || rogat : re- *K* manet *F₃* || flentibus (*Pp.c. Ra.c.*) : flet- *Rp.c.* ||
405 Et : Si *P₂J* || misceris *Pa.c.* || nomen *Ise* || **406** Si : Et *P₂* || pandio-
neas *Ga.c.* || plantu *Ra.c.* || **407** Inachidae *G* || rogos *Pp.c.* || mariti *G*
|| **408** m(a)esto... com(a)e (*La.c.*) : -us... -e *Lp.c.* -as... -as *Vic Ise*
-o... gene *F₅*

Et par le deuil de cheveux[a] emmêlés,
                    [le Sénat contre les Numides[b],
410   Que maintenant Gildon aussi ait la douleur
                    [de voir venir en chef
Celui qu'il a plongé en un tel deuil[c] et
                    [qu'il se sache inférieur
À qui t'a supplié. Celui qu'il a fait fuir de son foyer,
Qu'il le fuie vite et tremble devant celui qu'il a brisé
                    [par le malheur ;
Que, traîné au supplice, il reconnaisse enfin son frère. »
415   Quand son gendre eut pris ce parti, Stilicon
                    [met en ordre
Les forces les mieux aguerries, la fleur des meilleurs
                    [manipules[1],
Et il équipe des vaisseaux dans un port d'Étrurie[d].
Alcide mène sa cohorte herculéenne, le roi
                    [des dieux d'en haut
La cohorte jovienne ; et sur les porte-enseigne
420   Nul poids ne pèse[e] : ils sont si pressés de bouger
                    [les étendards !
Suivent la cohorte nervienne et la Félix si bien
                    [nommée[f],
La légion d'après Auguste désignée, et les Invincibles
                    [qui prouvent
Leur nom, et les Lions dont la rondache atteste
                    [la vaillance.
          Cependant avant leur départ le prince,
                    [en vue sur la tribune,

---

a. La leçon *maestas comas* (Vic, Ise ; *-ae -ae* Barth) a été inspirée par Ou. *Fast.* 4,854 (cf. Verg. *Aen.* 11,35 *maestum crinem*).

b. Cf. Sall. *Iug.* 14.

c. Verg. *Aen.* 6,429 *funere mersit acerbo* (cf. 6,512 *his mersere malis*).

d. Pise, cf. v. 483.

e. *Retractatio* de Lucan. 7,162-3 *maiori pondere pressum / signiferi*.

f. En même position métrique chez Stat. *Theb.* 6,463 *meritumque uocabula Cygnum*.

in Numidas pulsus solio commouit Adherbal,
hunc quoque nunc Gildo, tanto quem funere mersit,   410
hunc doleat uenisse ducem seseque minorem
supplicibus sciat esse tuis. Quem sede fugauit,
hunc praeceps fugiat, fregit quem clade, tremiscat
agnoscatque suum, trahitur dum uictima, fratrem. »
     Haec ubi sederunt genero, notissima Marti   415
robora, praecipuos electa pube maniplos
disponit portuque rates instaurat Etrusco.
Herculeam suus Alcides Iouiamque cohortem
rex ducit superum, premitur nec signifer ullo
pondere : festinant adeo uexilla moueri !   420
Neruius insequitur meritusque uocabula Felix
dictaque ab Augusto legio nomenque probantes
Inuicti clipeoque animosi teste Leones.
     Dictis ante tamen princeps confirmat ituros

409 solio (*Pmg.*) : socius *Pu.l.* socios *F₂a.c.P om. F₅a.c.* ‖ **410** Hunc :
Nunc *N P R Vic Ald Ise* Huc *F₅s.l.* ‖ quem tanto *P₂J* quem *N* ‖
mersit : iussit *F₅a.c.* ‖ **411** Hunc (*exc. Gyr.*) : Nunc *Ga.c. Vic* ‖ dolent
Ja.c. ‖ ducem : diem *F₃a.c.* ‖ **412** Suppliciis *Vic* ‖ sciat : satiat *Ja.c.* ‖
413 Nunc *Vic Ise* ‖ princeps *P₂Ja.c.N* ‖ quem fregit *N* ‖ claude *Na.c.*
‖ tremescat *P₂a.c.F₃a.c.F₅a.c. exc. Gyr. Vic* tumescat *Cam Ald* ‖
414 Agnoscit- *Na.c.* ‖ dum : cum *F₂P R* ‖ fratrem : marti *Ra.c.* ‖
415 *om. R add. m.r.* ‖ natissima *F₅a.c.* ‖ martis *N* ‖ **416** electa : erecta
Ra.c. eltecta *Pa.c.* ‖ pube (*F₂u.l.*) : pupe *F₃* plebe *P₂Ja.c.N F₂* ‖ maniplos : maritos *Ru.l.* ‖ **417** Disposuit *P₂F₅* ‖ porta- *F₅a.c.* ‖ **418** Herculeam : -iam *Cuia.* Heracleam *Ise* ‖ Ioniam- *N Vic Ise* ‖ **419** duxit *F₃* ‖
superus *Pa.c.* ‖ 420-445 *om. R, in primo f° suppl.* ‖ **420** adeo festinant *R* ‖ **422** angusto *G* ‖ regio *N* ‖ **423** Inuicto *F₅a.c. Vic* ‖ clipeo-
P₂p.c. ‖ leonis *Pa.c.* ‖ **424** ituros (*Ps.l. Rs.l.*) : -us *G F₅a.c. P R*

425   Par des mots les conforte et la jeunesse, appuyée
                                        [sur ses lances,
       Se dresse tout autour[a] et, décidée, prête une oreille
                                        [favorable[b] :
       « Troupe qui doit dompter Gildon, le temps parfait[1]
       Promesses et menaces. Si vous avez pour moi senti
                                        [quelque douleur,
       Montrez-le moi en armes : d'un juste et grand triomphe
430   Effacez les taches civiles ; que le monde oriental[c] sache
       Et qu'il soit clair[d] : la cause et non la force triomphe
                                        [des Gaulois[2].
       Même s'il rassemblait toute la barbarie[e], qu'il ne vous
                                        [effraie pas.
       Des Maures[3] vont-ils supporter vos cris et
                                        [les chocs sourds
       Des boucliers[f] ou vos épées au corps à corps[g] ?
435   Vous ne marcherez pas contre des gens couverts
                                        [de leurs écus,
       Aux casques rayonnants : ils ne se fient qu'aux traits
                                        [tirés de loin.
       L'ennemi sera désarmé lorsqu'il aura jeté ses dards.
       Sa dextre agite un javelot et sa gauche étend
                                        [un manteau :

a. Contamination de Verg. *Aen.* 2,63-64 « *iuuentus / circumfusa ruit* » par 9,229 « *stant* longis *adnixi hastis* » (passage lui-même imité par Sil. 13,308 *stabant innixi pilis*).

b. Stat. *Silu.* 5,2,58-59 *pronis / auribus.*

c. Lucan. 1,252 *orbe… Eoo* ; 8,289 *Eoum… in orbem.*

d. Le début d'hexamètre *sitque palam* vient de Lucan. 7,279 et se retrouvera chez Mar. Vict. *Aleth.* 3,127.

e. Faut-il voir en cette fin de vers, avec Olechowska (*ad loc.*), un écho de Lucan. 2,658 *quamuis possederit omnem* ?

f. *Retractatio* de Verg. *Aen.* 2,545-6 « *rauco* quod protinus aere *repulsum,* / et summo clipei nequiquam *umbone* pependit » ; cf. Stat. *Theb.* 8,398 *umbone repellitur umbo.*

g. Lucan. 8,382-3 « nec Martem *comminus* usquam / ausa *pati* uirtus, sed *longe* tendere neruos ».

aggere conspicuus ; stat circumfusa iuuentus   425
nixa hastis pronasque ferox accommodat aures :
« Gildonem domitura manus, promissa minasque
tempus agit. Si quid pro me doluistis, in armis
ostentate mihi : iusto magnoque triumpho
ciuiles abolete notas ; sciat orbis Eous   430
sitque palam Gallos causa, non robore uinci.
Nec uos, barbariem quamuis collegerit omnem,
terreat. An Mauri fremitus raucosque repulsus
umbonum et uestros passuri comminus enses ?
Non contra clipeis tectos galeisque micantes   435
ibitis : in solis longe fiducia telis.
Exarmatus erit, cum missile torserit, hostis.
Dextra mouet iaculum, praetentat pallia laeua ;

425 Agere *N* ‖ **426** Nixa : Nota *Vic* ‖ pronas- : -ax- *Pa.c.* pronas *Na.c.*
profanas *G* ‖ fores *F$_3$* ‖ accomodet *Pa.c.* ‖ **428** agit : age *Vic Ise*
adest *exc. Gyr.* ‖ pro me : Romæ *Ise mg.* ‖ meruistis *Vic Cam Ise exc.*
Gyr. ‖ in armis : iamque a. *F$_2$a.c.* ‖ **429** Obstentate *N* ‖ **430** Ciuiles :
Ciueles *Ga.c.* Imbelles *Vic* ‖ adolete *P$_2$a.c.* ‖ notas (*F$_5$u.l.*) : neces *F$_5$*
Ise mg. ‖ **431** Scitque *P$_2$a.c.* ‖ gallis *Pa.c.* ‖ uinci : uino *Ise* ‖ **432** bar-
bariam *J* ‖ omnem : orbem *Pa.c.* ‖ **433** an (*exc. Gyr.*) : aut *K Vic Cam*
Ald Ise ‖ fremitus (*F$_5$s.l.*) : -um *G F$_5$* ? *R* ‖ repulsos *F$_5$a.c.* ‖ **434**
Vmbone *Vic* ‖ uestros (*exc. Gyr.*) : nostros *Vic Ise* ‖ **435** *om. Ja.c.* ‖
Nec *F$_2$* ‖ tectis *Pa.c.* tecto *P* ? *p.c.* ‖ galeis- : gladiis- *G R* radiis *P* ‖
-que : -ue *P$_2$* ‖ **436** Ibitis : Et lucis *P* ‖ solis (*F$_5$u.l.*) : solitis *F$_5$ P* ‖
fiducia telis *P$_2$ras.* ‖ **437** commissile *P* ‖ miserit *F$_3$* ‖ **438** mouent *G*
‖ pr(a)etentat : -ant *G Pa.c. exc. Gyr.* -ta *F$_5$a.c.* -sentat *P$_2$a.c.* ‖ laeuis *G*

Hormis cela, le cavalier est nu. Son coursier ignore
[les rênes ;
440 Une baguette le dirige[a]. Ils n'ont ni loyauté ni ordre
[dans les rangs :
Les armes leur sont un fardeau et la fuite un refuge.
Avec mille unions[b], ils n'ont ni liens de famille
[ni souci des enfants :
Le nombre affaiblit l'affection. Voilà pour la masse
[du peuple.
Leur chef s'avancera à l'ombre de ses roses, alangui
[de parfums,
445 Digérant mal sa nourriture et titubant sous le vin
[de Lyée,
Accablé par son âge et brisé par la maladie
[et la débauche.
Que le cornet des cavaliers l'éveille d'un somme
[impudique ;
Que, blessé des strideurs de la trompette[c], il implore
[cithares,
Chœurs et chanteuses ; qu'il apprenne de force
450 À consacrer aux camps[d] les nuits qu'il veille
[pour Vénus.
Ne vaudrait-il pas mieux mourir que de supporter
[une vie de honte[e] ?
Car quel pays nous reste-t-il encor si s'ajoute à la perte
De l'Illyrie[1] l'abandon de l'Afrique[f] à des rois maures ?

a. Cf. *Stil.* 1,259 ; Lucan. 4,682-3 *et gens quae nudo residens Massylia dorso / ora leui flectit frenorum nescia uirga* ; cf. aussi Gratt. *Cyn.* 517-8 ; Curt. 7,4,48 ; Mart. 9,22,14 ; Sil. 1,215-8 ; 3,293 ; 4,212 ; 8,586-7 ; Nemes. *Cyn.* 266-7.

b. Sur la polygamie des Maures, Sall. *Iug.* 80,6-7. À propos des barbares, Lucan. 8,401 *inter mille nurus* ; 8,411 *coniunx millesima*.

c. Lucan. 1,237 « *stridor* lituum clangorque *tubarum* ».

d. Peut-être lointain écho de Lucan. 2,382 *patriaeque inpendere uitam*.

e. Lieu commun : Sall. *Cat.* 20,9 *nonne emori per uirtutem praestat quam uitam miseram atque inhonestam… per dedecus amittere ?* Tac. *Agr.* 33,6 *honesta mors turpi uita potior.*

f. La clausule *Africa damnis* est empruntée à Lucan. 7,691.

cetera nudus eques. Sonipes ignarus habenae ;
uirga regit. Non ulla fides, non agminis ordo :   440
arma oneri, fuga praesidio. Conubia mille ;
non illis generis nexus, non pignora curae,
sed numero languet pietas. Haec copia uulgi.
Vmbratus dux ipse rosis et marcidus ibit
unguentis crudusque cibo titubansque Lyaeo,   445
confectus senio, morbis stuprisque solutus.
Excitet incestos turmalis bucina somnos,
inploret citharas cantatricesque choreas
offensus stridore tubae discatque coactus
quas uigilat Veneri castris inpendere noctes.   450
Nonne mori satius, uitae quam ferre pudorem ?
Nam quae iam regio restat, si dedita Mauris
regibus Illyricis accesserit Africa damnis ?

439 sonipes est i. *J* ‖ ignauus *F₅* ‖ **440** regit (*Ps.l.*) : gerit *P* ‖ ullu
F₅a.c. ‖ **441** (h)oneri : ouium *Ra.c.* ‖ mille : nulle *N F₂a.c.* ‖ **442** illis
(*La.c.*) : ullis *Ja.c.* illi *N* ulli *F₃F₅u.l. Lp.c. Ise mg.* nulli *P* ‖
443 numero : maneo *Pa.c.* ‖ **444** dux *om. F₃* ‖ togis *N* ‖ ibat *K* ‖
445 crudus- (*Gp.c.*) : nu- *Vic* crudus *F₅a.c.* ‖ lieno *Pa.c.* ‖ **447** inges-
tos *P Ra.c.* infestos *Ka.c.* ‖ **448** -que *om. Ka.c.* ‖ **449** strudore *Ja.c.* ‖
450 uigilet *F₃* iugalat *Vic* ‖ castrisque *N* ‖ noctis *P₂a.c.* ‖ **451** Non
nemori *G Ra.c.* ‖ quam uite *F₂* ‖ Non satis uite nemori *F₅a.c.* ‖
452 Namque *Ga.c. P₂a.c.* Quenam *L* ‖ restat regio *N* ‖ dedita (*exc.
Fris.*) : debita *P₂* ? *a.c.F₃ F₂* ‖ **453** i[-y-]lliricis *codd.* illicitis *N Ra.c.*

Le droit latin, qui jadis était circonscrit par Méroé[a]
455   Et le rouge Océan[b], est enfermé par l'onde
                                    [tyrrhénienne ?
Et le règne romain, auquel ni l'Inde ni le Nil
                                    [n'ont imposé de bornes,
Trouvera désormais sa fin en Trinacrie[c] ?
Allez donc recouvrer le ciel qu'un brigand a ravi,
Le Notus qu'il a arraché. Invincible tête du monde[d],
460   Rome s'écroulera ou bien se dressera grâce à vos bras.
Vous me devez tant de nations, tant de pays et
                                    [tant de villes
Perdus : préservez la Libye par une seule guerre[e].
Que l'empire s'attache à vos rames et à vos voiles ;
Et au delà des mers conduisez ses lois méprisées.
465   Que sous votre tranchant habitué une troisième tête
                                    [roule[f]
Pour mettre enfin un terme à ces tyrans funestes.»
Des présages confirment ces paroles : l'écuyer fauve
                                    [du Tonnant[1],
Sous le regard de tous, saisit de sa serre incurvée
Une hydre et la ravit jusqu'à l'éther limpide[2] ;
470   Et tandis qu'elle lutte, il la déchire avec son bec crochu[g] ;
Sa griffe s'accroche à la tête et le serpent tombe
                                    [amputé.
Aussitôt, incités par ces augures, ils se ruent pleins
                                    [d'allant

a. Voir *Ol.* 135 et n. compl. 5 ; *3 cons.* 21 et n. compl. 1.

b. Pour les anciens, la 'mer Rouge' incluait la mer d'Oman et l'océan Indien : voir *Ruf.* 2,242 et n. compl. 1.

c. Cf. *Rapt.* 1,142 et n. compl. 3 (ajouter Plin. *Nat.* 3,86 et Steph. Byz. s.u.).

d. Cf. Ou. *Met.* 12,613 *caput insuperabile* ; Lucan. 2,136 *caput mundi rerumque potestas.*

e. Cf. *Get.* 570 *uno tot proelia uincite bello.*

f. Gildon après Maxime et Eugène. Cf. Lucan. 8,673-4 « nondum artis erat *caput ense rotare.* At postquam trunco *ceruix* abscisa recessit… ».

g. *Iunctura* reprise par Coripp. *Ioh.* 1,231 *morsu… obunco.*

Ius Latium, quod tunc Meroe rubroque solebat
Oceano cingi, Tyrr<h>ena clauditur unda ?   455
Et cui non Nilus, non intulit India metas,
Romani iam finis erit Trinacria regni ?
Ite recepturi, praedo quem sustulit, axem
ereptumque Notum ; caput insuperabile rerum
aut ruet in uestris aut stabit Roma lacertis.   460
Tot mihi debetis populos, tot rura, tot urbes
amissas : uno Libyam defendite bello.
Vestros inperium remos et uestra sequatur
carbasa ; despectas trans aequora ducite leges.
Tertia iam solito ceruix mucrone rotetur   465
tandem funereis finem positura tyrannis. »
Omina conueniunt dicto fuluusque Tonantis
armiger ad liquidam cunctis spectantibus aethram
correptum pedibus curuis innexuit hydrum
dumque reluctantem morsu partitur obunco,   470
haesit in ungue caput, truncatus decidit anguis.
Ilicet auguriis alacres per saxa citati

454 tunc : n- $F_5a.c.$ *om.* N II merore $F_2a.c.$ II 455-7 *praeter* regni, *Rm.r.*
II **455** iungi K II ty[-i-]rrena *codd.* II **456** india *Pp.c.* II **457** finis erit
del. in P_6 II *om.* erit $F_3a.c.$ II **458** Ite — praedo *Rm.r.* II que R ? II
459 Ereptum- (*Rm.r.*) : Erect- $P_2a.c.N$ II renum $F_5a.c.$ II **460** Aut
Rm.r. II ruret $F_2a.c.$ II nostris KP_6 ? a.c. F_2 II **461** rura (*Ise mg.*) : iura
KP_6 F_2 *Ru.l. Vic Cam Ise* II **462** li[-y-]biam *codd.* II **463** imperium
bello remos *Ka.c.* II uestra : nostra K II **464** despectans *Na.c.* II
ducete *Ga.c.* II **465** solito ceruix G F_3F_5 *Lp.c.*(s. mucrone c. *a.c.*)
Pp.c.(ceruice *a.c.*) R : c. s. *cett.* II 467-466 $P_6a.c.$ II **466** funereis : fen-
Pa.c. funeris $P_2a.c.F_5a.c.$ *La.c.* funere *Ga.c.* II ty[-i-]rannis ($P_2u.l.$) :
ruinis P_2 II **467** Omina (R ? *p.c. exc. Gyr.*) : Omnia G *Ka.c.*F_5 ? N
Ra.c. ? *Vic* II dicto : -u G -is F_2 ductos *Ra.c.* II fuluis- N II **468** ad liquidam... (a)ethram ($F_5s.l.$) : ad -am... aceram *Pa.c.* ad -um... -am K a
-a... -a G P_2 ad obliquam... -am F_2 II **469** correptum : -que *Na.c.* col-
lectum P_2P_3J arrectam K II curuis (*Ru.l.*) : seuis F_5 L *Pp.c.* R seuibus
Pa.c. II (h)y[-i-]drum : ydram K anguem F_5 II **470** abunco *Vic* ad-
KP_6F_5 acerbo L II **471** ingue *Pa.c.* II dedidit *Pa.c.* II **472** auguris
$F_5a.c.$

Parmi les rocs et les torrents ; ni mont ni bois
[ne les retarde.
Ainsi, pour faire une guerre aérienne[a]
[aux colons nains,
475   Avec un grand craquètement[b], les grues quittent
[la Thrace[1],
Séjour d'été, quand elles troquent le Strymon
[pour la tiédeur du Nil :
En ordres variés, leurs ailes tissent dans les nues
Une lettre[2] et dans l'air[c] s'inscrit la marque
[de leurs plumes.
Une fois atteints les flots de la mer[d], alors ils brûlent
[d'un élan
480   Plus violent : ils saisissent les nefs, dégagent eux-mêmes
[les câbles,
Attachent la voilure[3] et assujetissent les vergues
En haut des mâts[e]. Ce tumulte agite les bords
[tyrrhéniens
Et Pise l'Alphéenne[f] ne peut tenir la flotte.
De même quand la Grèce vengeresse envoyait
[les bateaux
485   D'Agamemnon, Aulis[g] s'agitait d'innombrables cris.
Ni le fracas ni les signes d'un orage imminent
Ni l'arrivée de l'Auster incertain ne les effraient :
«Détachez vite, compagnons,» crient-ils, « ou rompez
[les amarres[4].

a. Cf. Manil. 4,288 *pendentia bella.*
b. La leçon *clamor* (cf. Verg. *Aen.* 10,266) semble une banalisa-
tion de *clangor*, qui convient bien aux grues : Stat. *Theb.* 5,13 ;
12,517.
c. Sil. 9,338 « *per nubila* fertur harundo ».
d. Verg. *Aen.* 3,662 *tetigit fluctus.*
e. Même opération chez Ou. *Met.* 11,476 (mais *après* la sortie
du port) : *cornuaque in summa locat arbore* ; Vitr. 10,3,6 *in capite mali
summo conlocantur* [uela].
f. Pise en Toscane, considérée comme colonie de Pise d'Élide,
où coule l'Alphée : Verg. *Aen.* 10,179 *Alpheae ab origine Pisae.*
g. Cf. Ou. *Met.* 13,181 sqq. … Pour *innumerae uoces*, Lucan.
3,540.

torrentesque ruunt ; nec mons aut silua retardat,
pendula ceu paruis moturae bella colonis
ingenti clangore grues aestiua relinquunt   475
Thracia, cum tepido permutant Strymona Nilo :
ordinibus uariis per nubila texitur alis
littera pennarumque notis inscribitur aer.
Vt fluctus tetigere maris, tunc acrior arsit
inpetus ; arripiunt naues ipsique rudentes   480
expediunt et uela legunt et cornua summis
adsociant malis. Quatitur Tyrr<h>ena tumultu
ora nec Alpheae capiunt naualia Pisae.
Sic Agamemnoniam uindex cum Graecia classem
solueret, innumeris feruebat uocibus Aulis.   485
Non illos strepitus inpendentisque procellae
signa nec aduentus dubii deterruit Austri.
« Soluite iam, socii », clamant, « aut rumpite funem.

473 Tormentes- $F_2a.c.$ Torquentes- $P_6a.c.$ ‖ nec... aut G F_3 L P R:
non... non *cett.* ‖ mons nec *Ra.c.* ‖ **474** ceu : sic *exc. Cyr.* ‖ **475**
clangore G P R: clamore *cett.* ‖ delinquunt $P_6a.c.$ ‖ **476** cum : pro
F_2 ‖ pepido $P_6a.c.$ ‖ **477** Ordinibus *Pp.c.* ‖ alis : ales *Ra.c.* ‖ **478** Littora *Pa.c.* ‖ pinnarum- G pennaque $F_5a.c.$ $F_2a.c.$ ‖ noctis P ‖
conscribitur P R ‖ **479-480** *bis* arsit *La.c.* ‖ **481** legunt : ligant
$F_3F_5u.l.J$ $F_2u.l.$ *Ru.l.* ‖ cornuas *Ka.c.* ‖ **482** queritur F_2 ‖ ty[-i-]rrena
codd. ‖ **483** noualia *Pa.c.* ‖ **485** soluerit *Ja.c.* ‖ **486** strepitos *Ja.c.* ‖
487 perterruit KF_5 ‖ **488** Soluite i. s. c. : S. i. s. clament *Vic* Soluite
i. c. s. $P_2a.c.$ L Soluite proclamant s. F_3 *Ru.l.* Vellite (Velli *a.c.*) i. s.
c. P_6 Vellite proclamant s. F_5 P R ‖ aut rumpite : iam uellite L P R
Ise mg. dissoluite F_5

Même si les flots sont hostiles, traversons-les
　　　　　　　　[et attaquons Gildon.
490　Que l'hiver[1] nous pousse à la guerre par les détours
　　　　　　　　[marins.
Mon désir est d'éperonner la terre avec mes rostres
　　　　　　　　[ballottés.
Ah ! vous qui traînez trop en observant d'un esprit
　　　　　　　　[circonspect
Si les plongeons reviennent, si la corneille marche
　　　　　　　　[sur la grève[2] !
Le Soleil qui se couche[a] a beau semer de taches
　　　　　　　　[son visage,
495　La Lune se gonfler des Corus[b] qui se forment
　　　　　　　　[et devenir livide,
Les astres secoués jeter en tous sens leurs cheveux,
Les Chevreaux s'humecter de pluies, les Hyades
　　　　　　　　[tempétueuses
Conduire le Taureau, Orion dans les flots descendre
　　　　　　　　[tout entier[c],
On peut avoir foi dans le ciel, Honorius pourtant
　　　　　　　　[est un garant[d] plus sûr.
500　Sur l'immensité de la mer, moi, soldat, suis conduit
　　　　　　　　[par ses auspices,
Non par l'Ourse ou le Chariot[e]. Néglige le Bouvier,
Matelot, lance la carène au milieu des tourmentes.
Et si la tempête et les vents me dénient la Libye,

a. Cf. *4 cons.* 426 *sol occiduus.*

b. Vent d'ouest qui s'oppose à l'Aquilon : Gell. 2,22,12.

c. Le lever et le coucher d'Orion (voir *Ol.* 28 et n. compl. 12)
s'accompagnent de tempêtes.

d. César à son pilote apeuré par la tempête (Lucan. 5,579-80) :
Italiam si caelo auctore recusas, / me pete.

e. Voir *Ol.* 26 et n. compl. 11.

Per uada Gildonem, quamuis aduersa, petamus.
Ad bellum nos trudat hiems per deuia ponti.   490
Quassatis cupio tellurem figere rostris.
Heu nimium segnes cauta qui mente notatis,
si reuolant mergi, graditur si litore cornix !
Ora licet maculis asperserit occiduus Sol
Lunaque conceptis liuescat turgida Coris,   495
et concussa uagos iaculentur sidera crines,
imbribus humescant Haedi nimbosaque Taurum
ducat Hyas totusque fretis descendat Orion,
certa fides caeli, sed maior Honorius auctor.
Illius auspiciis inmensa per aequora miles,   500
non Plaustris Arctoque regor. Contemne Bootem,
nauita, turbinibus mediis permitte carinas.
Si mihi tempestas Libyam uentique negabunt,

489 petimus *J* ‖ **490** trudat (*F$_2$s.l.*) : str- *L* trudit *P$_2$P$_6$KF$_3$a.c. F$_2$Ps.l.*
Vic ‖ hyemens *N* ‖ per deuia : perque auia *F$_3$ R* cerula *P$_6$a.c.* ‖
491 Quassantis *N* ‖ cupidi *N* ‖ figite *N* ‖ **492** cauta : capta *F$_2$ Ise*
timida *P$_6$ Cam Ise mg.* ‖ quid *K* ‖ **493** Sic *Ka.c.* ‖ reuoluant *Pa.c.* ‖ si
per littora *N* ‖ **494** asperserit (*P$_6$mg.*) : -rxerit *F$_2$p.c. N* aspex-
P$_2$a.c.P$_6$ F$_2$a.c. Vic ‖ **495** libescat *Pa.c.* ‖ turgida (*Ru.l.*) : trigida *F$_5$*
turbida *F$_3$F$_5$u.l. Pp.c. R Vic Cam Ald Ise* turbula *Pa.c.* ‖ c(h)oris
(*Ru.l.*) : auris *R* ‖ **496** concussa (*Ise mg.*) : cussa *Pa.c.* -tusa *P$_2$P$_6$J F$_2$*
exc. Gyr. -fusa *N Vic Ald Ise* ‖ **497** umescant *Pa.c.* ‖ hedi *om. Ja.c.* ‖
imbosa- *Ja.c.* ‖ **498** (h)y[-i-]as : hylas *Ka.c.* ‖ totis- *P$_2$* ‖ fretus *Pa.c.* ‖
descendit *F$_2$a.c.* ‖ **499** au(c)tor : actor *J* ‖ **501** ar(c)t(h)oque (*exc.*
Gyr.) : -ue *P$_2$KP$_6$J F$_2$* auctoque *Vic* ‖ regor (*Ra.c.*) : -ar *J Rp.c.* ‖ boe-
tem *P$_2$JN L* ‖ **502** conmitte *F$_3$* ‖ **503** li[-y-]biam *codd.* ‖ negabant
P$_6$a.c. Ra.c.

La Fortune de l'empereur la donnera[a]. Déjà s'avance
[au large

505   La flotte. À droite, elle laisse la Ligurie, à gauche
[l'Étrurie ;

Elle évite la Corse aux écueils invisibles[b].

Avec l'aspect d'un pied humain, une grande île
[se profile[c] ;

Ses anciens habitants[d] l'ont appelée Sardaigne.

Ses champs sont riches de moissons[e] et elle est bien
[placée

510   Pour qui gagne Carthage ou l'Italie. La partie proche
[de l'Afrique

A un sol plat, favorable aux vaisseaux ; mais celle qui
[regarde l'Ourse,

Rude, rocheuse[f] et arrogante, aux sautes de vent
[retentit ;

Le pilote a flétri ces monts du nom de Fous[g].

La peste vient de là[h], pour l'homme et le bétail ;
[de là sévit un air

---

a. Nouvelles références au fameux dialogue entre César et son pilote : Lucan. 5,559 *uel hoc potius pelagus flatusque negabunt* ; 592-3 *quaerit pelagi caelique tumultu / quod praestet Fortuna mihi* (sur la Fortune de César, cf. aussi v. 510 et 582).

b. Verg. *Aen.* 5,164 *caeca... saxa timens.*

c. Sans transition (sur l'omission de l'escale religieuse à Capraria, voir intr. p. xxxii), présentation de la Sardaigne inspirée de Sil. 12,355-8 (cf. aussi Plin. *Nat.* 3,85) : *insula... sub imagine plantae...*

d. Cf. v. 198 et n. compl. 1. Cf. peut-être Verg. *Aen.* 3,692-3 (Alfonsi 1966).

e. Sil. 12,375 (fin de la description de la Sardaigne) : *cetera propensae Cereris nutrita fauore.* Voir La Penna 1971.

f. Sil. 12,372-3 *qua uidet Italiam, saxoso torrida dorso / exercet scopulis late freta...*

g. *Insani montes* : Liu. 30,39,2 ; Flor. *Epit.* 1,35 ; Ptol. 3,3,7 ; Paus. 10,17,10-11.

h. La conjecture d'Olechowska *inde* (cf. Verg. *Aen.* 6,728 *inde hominum pecudumque genus*) pour *hinc* est inutile et détruit l'anaphore.

Augusti Fortuna dabit. » Iam classis in altum
prouehitur. Dextra Ligures, Etruria laeua   505
linquitur et caecis uitatur Corsica saxis.
Humanae specie plantae se magna figurat
insula (Sardiniam ueteres dixere coloni),
diues ager frugum, Poenos Italosue petenti
opportuna situ. Quae pars uicinior Afris,   510
plana solo, ratibus clemens ; quae respicit Arcton,
inmitis, scopulosa, procax subitisque sonora
flatibus ; Insanos infamat nauita montes.
Hinc hominum pecudumque lues, hinc pestifer aer

504 dabat $P_2a.c.$ II **506** c(a)ecis (*Ju.l.*) : cetis $P_2a.c.$ cesis F_5 $F_2a.c.$ ces-
sis *J* II corsia *L* II saxas $P_6a.c.$ II **507** spec[-t-]iem $F_5a.c.Ja.c.N$ *Vic Ise* in
speciem $F_3F_5p.c.$ *Cuia.* II plancte $P_6a.c.$ II **508** Insulam $F_2a.c.$ II sardo-
niam *L* II duxere *P* II **509** aget *Pa.c.* II p(o)enos : pios *Ja.c.* II ita-
losque F_3 II potenti *Vic* II **510** a(f)fris : astris P_6F_3 austris *N exc. Gyr.* II
511 ratibusque *Ja.c.* II demens $P_6a.c.$ II **512** pro copulosa *Pa.c.* II
subditis- *Pa.c.* II **513** Flatibus ($F_2u.l.$ *Ise mg.*) : Fluc- F_3 F_2 *Ru.l. Ise* II
514-5 *om. R add. Rm.r.* II **514** Hinc... hinc : Hic... si P_2 II -que *om.*
$F_5a.c.$ II pecudumue *K* II pestifer *Gp.c.*

515 Pestilentiel[a] et, à l'écart des Aquilons, l'Auster y règne.
Après avoir fui loin d'eux, non sans lutte,
Les carènes se ruent le long de rivages divers
[et sinueux.
Une partie gagne Sulci, issue de l'antique Carthage[b] ;
Une autre est entourée par les murs du port d'Olbia[c].
520 Face à l'Afrique, une ville fondée par la puissante Tyr,
Caralis[d], s'étend en longueur et jette une étroite colline
À la rencontre du ressac pour briser les bourrasques.
Ainsi se forme un port au milieu de la mer : à l'abri
[de tout vent,
La nappe des eaux s'adoucit en un refuge immense.
525 On l'atteint à force de rames ; les proues tournées[e],
La flotte fait relâche[f] en attendant les Zéphyrs
[favorables.

a. Lucan. 7,412 *aera pestiferum*. Sur l'insalubrité de la Sardaigne,
Mart. 4,60,6.

b. S. Antico ; cf. Mela 2,7,19 ; Paus. 10,17,9 ; Steph. Byz. s.u.

c. Terranova : cf. Paus. 10,17,5. Voir Haywood 1987.

d. Cagliari ; cf. Paus. 10,17,9. Peut-être *retractatio* de Verg. *Aen.*
1,12-13 « *urbs* antiqua fuit (*Tyrii* tenuere coloni) / Carthago Italiam *contra...* ». Mais la description du port abrité rappelle celle de
Brindes par Lucain (2,613-21) : ... *tenuem... linguam... portus erat...
montes scopulosae rupis aperto opposuit natura mari flatusque remouit...*

e. Vers la mer, en attendant de pouvoir repartir ; cf. Verg. *Aen.* 6,3.

f. Je ne partage pas l'interprétation de Barth qui glose *suspensa*
par *funibus uidelicet*.

saeuit et exclusis regnant Aquilonibus Austri.   515
     Quos ubi luctatis procul effugere carinis,
per diuersa ruunt sinuosae litora terrae.
Pars adit antiqua ductos Carthagine Sulcos ;
partem litoreo complectitur Olbia muro.
Vrbs Libyam contra Tyrio fundata potenti   520
tenditur in longum Caralis tenuemque per undas
obuia dimittit fracturum flamina collem ;
efficitur portus medium mare tutaque uentis
omnibus ingenti mansuescunt stagna recessu.
Hanc omni petiere manu prorisque reductis   525
suspensa Zephyros expectant classe fauentes.

515 excussis *L* ‖ astri *F₅a.c.* ‖ **516** Quos montes ubi *Ja.c.* ‖ iactatis *exc. Gyr.* ‖ procul : simul *K* ‖ carinis *Kp.c.* ‖ **517** *om. F₂a.c.* ‖ sinuos(a)e : -a *P₆a.c.* sinuse *P₂a.c.* fumose *F₅u.l.* ‖ **518** dictos *P₆* ‖ sulcos *G P R exc. Gyr. Ise mg. Cuia.* : muros *cett.* ‖ **519** *om. Ja.c.* ‖ olbia *Ra.c. exc. Gyr. Cuia.* : obuia *Rp.c. cett.* ouuia *P₂a.c.* ? ‖ **520** potenti : parenti *G* colono *P₆u.l.* ‖ **521** undam *Ald* ‖ **522** dimittunt *P₂a.c.* ‖ facturum *P Ra.c.* ‖ flamina (*F₅u.l.*) : flu- *KF₅ N* ? *a.c.* ? *exc. Gyr.* flamma *Pa.c.* flamea *P₆a.c.* ‖ **525** omni (*P₆a.c.*) : -es *P₆p.c.* ‖ periere *K* ‖ manu : uiri *P₆* ‖ reductus *Pa.c.* ? ‖ **526** expetant *Cam* ‖ fauentes *Gp.c.*
claudiani de bello gildonico explicit *G* claudiani de bello gildonis explicit *P* explicit de bello gildonis *R* reliqua desiderantur *Ald*

NOTES COMPLÉMENTAIRES

Page 6 :

1. L'année est placée sous les auspices des nouveaux consuls. Lorsque l'empereur se revêt (*induit*) de l'habit consulaire (la trabée), l'année endosse des auspices "royaux". Or, après le consulat de deux particuliers (v. 3), Flavius Caesarius et Nonius Atticus, c'est le quatrième consulat d'Honorius (avec Eutychianus ; voir n. compl. 1 à *3 cons.* 6), précédé dans cette fonction par bien d'autres empereurs. Le comparatif *iactantior* rappelle un passage similaire de la pièce liminaire du livre 4 des *Silves* (4,1,6-7), où il qualifie Rome qui s'enorgueillit du 17ᵉ consulat de Domitien ; Claudien transfère sur la cour milanaise le sentiment de Rome. Les v. 655-6 feront à nouveau écho à cette pièce panégyrique de Stace : Claudien rattache donc clairement son poème à ce modèle. Mais sa formulation s'inspire probablement d'un passage où Lucain dit de César, préfiguration des empereurs (5,384) : *laetos fecit se consule fastos* (voir note b). Mérobaudes semble s'être souvenu du v. 4 dans son panégyrique d'Aétius (*Poet.* 45-46) : *Post lauros rediere togae meritumque secuti / alta triumphorum relegunt uestigia fasces* (même personnification des *fasces*).

2. Pour le *processus consularis* (v. 581 sqq.), voir n. compl. 4 à *Ol.* 230 et 233 et n. compl. 1 à *3 cons.* 6 (en particulier pour le *cinctus Gabinus*) ; Lehner 1984, p. 20. Le v. 5 évoque les maîtres de la milice, puis les préfets du prétoire et de la Ville (Fargues éd. 1936, p. 22 ad loc.). Sur l'organisation civile et militaire du Bas-Empire, A.H.M. Jones, *Later Roman Empire*, Oxford 1964 (t. 1, ch. 14 et t. 2, ch. 15-17). C. Jullian (*RPh* 1883, p. 153) traduit *discolor legio* (v. 7) par « la légion aux couleurs variées » et pense que l'expression désigne les gardes de l'empereur qui portaient des tuniques éclatantes. Avec Koenig (éd. 1808), Birt (éd. 1892), Fargues (éd. 1936, p. 22) et Barr (éd. 1981, p. 69), je pense que *discolor* signifie une couleur, un ton différent : les soldats ont abandonné la couleur habituelle de leur uniforme militaire pour défiler en costume civil,

en toge (v. 9-10), derrière les bannières (*uexilla*) des corporations (*collegia*), associées aux solennités de l'époque. *Miles* (v. 10) reprend *legio*, sans désigner un autre corps (*contra* Jullian 1883, p. 153), et s'oppose à *curia*, à prendre dans son sens habituel : *curia* ne désigne pas ici, comme le voudrait Jullian (1883, p. 154) les chambellans d'honneur, les silentiaires qui avaient rang de sénateurs. Tout le passage repose sur l'antithèse pouvoir civil / pouvoir militaire, ce dernier étant figuré mythologiquement par les dieux de la guerre Bellone (v. 11) et Mars-Gradivus (v. 14), respectueusement soumis à l'empereur : l'armée s'incline devant le pouvoir d'Honorius qui en fait, n'en déplaise à Claudien, n'a jamais manifesté de compétences ou de mérites dans le domaine militaire. Ici encore, l'exégèse de C. Jullian (1883, p. 154-5), qui voit derrière cet appareil mythologique les *scholae militares* (les gardes du palais), n'est pas pertinente. Les *secures* du v. 14 désignent les faisceaux des licteurs qui devaient être ornés de lauriers durant le *processus consularis* (cf. Mart. 10,10,1 *laurigeris... fascibus*).

Page 8 :
1. Plutôt que d'adopter la graphie qu'Heinsius (après Delrio) a lue sur son Vossianus (*iuerne*) ou celle que Claverius (suivi par Burman) dit avoir tirée *e duobus manuscr.* (*Ierne* ; cf. Strabon 2,5,14 ; Aristote *mund.* 3,12), ou la conjecture de Birt *suadente Iulio Koch* (*Hiverne*), je préfère conserver la leçon des manuscrits *Hiberne*, comme forme grécisante en face d'*Hibernia* qu'on lit chez César (*Gall.* 5,13,2) ou Tacite (*Agr.* 24). Le mouvement des Scots d'Irlande vers le pays de Galles et Argyll a commencé vers le milieu du IIIᵉ siècle : R.G. Collingwood-J.N.L. Myers, *Roman Britain and the English Settlement* (Oxford 1937), p. 278.

Page 9 :
1. En tant que *dux Moesiae primae*, Théodose (le Grand) vainquit les Sarmates en 373 (Amm. 29,6,15). Après la disgrâce et la mort de son père (voir n. compl. 2 à *3 cons.* 53), il se retira en Espagne, berceau de sa famille. Mais, après la défaite et la mort de Valens à Andrinople (9 août 378), Gratien l'appela à l'empire pour lui confier la partie orientale. Théodose fut proclamé à Sirmium le 19 janvier 379. C'est donc bien pour ses seuls mérites et victoires militaires qu'il fut choisi. Même thème dans le panégyrique de Théodose par Pacatus (2[12],12,1 *te nec ambitus... nec propinquitas principem creauerunt* ; 7,1 *uirtus tua meruit imperium*) ; Pline avait déjà écrit à propos de Trajan (*Paneg.* 7,4) : *nulla adoptati cum eo qui adoptabat cognatio, nulla necessitudo, nisi quod uterque optimus erat* dignus*que* *alter* eligi*, alter eligere* (cf. ici v. 47). Sidoine a imité les v. 46-48 (*Epist.* 7,17,2, v. 13-14) : *Expeteris cunctis, nec te capit ambitus ullus ; / est tibi delatus plus onerosus honor.*

2. En poésie, le mont Rhodope désigne souvent par métonymie la Thrace. Sur cette invasion barbare venue du nord (v. 49-51 imités par Sidon. *Carm.* 7,319-20, dans le panégyrique d'Avitus, à propos d'Attila : *barbaries totas in te transfuderat Arctos*) au début du règne de Théodose : Amm. 31,16,7 ; Zos. 4,24,4-25,4, qui mentionne la présence des Goths en Thrace, Mésie et Pannonie avec un très grand nombre de chariots (cf. ici v. 53) : pas moins de 4000 furent capturés (4,25,3). Bien qu'il soit ici question de la Mésie, il n'y a pas lieu de préférer, comme le font Birt et Hall, la leçon très minoritaire *M(o)esia* : les auteurs latins emploient la forme *Mysia* à côté de *Moesia* (PWRE 15,2352) ; voir Fargues 1936 et Barr 1981 *ad loc.* ; Lehner 1984, p. 29. Le scribe de P_6 glose *misia* par *pro mesia*.

Page 10 :

1. Comparaison épique recommandée dans les panégyriques (Ménandre, Spengel 3,376). Le mythe de Phaéthon (Lucr. 5,396-405 ; Ou. *Met.* 2,202 sqq. ; Lucan. 2,410-5 ; Nonnos 38...) revient comme une obsession (celle de l'empire mal gouverné) chez Claudien : *Ol.* 258 (voir n. compl. 6 ad loc.) ; *3 cons.* 123-5 ; *Ruf.* 2,210-1 ; *6 cons.* 186-92 ; *c. min.* 27,107. Théodose est présenté comme un second soleil dans l'inscription de sa statue au Forum Tauri de Constantinople (RE, Suppl. 13, 1973, « Theodosius I. », 902, 5-15). À l'imitation de Claudien, Sidoine développera la même comparaison à propos d'Avitus qui éteint les feux du monde embrasé (*Carm.* 7,405-10) : ... *uel sicca propinquus / saeuiret per stagna uapor... |... tunc unica Phoebi / insuetum clemens* extinxit flamma *calorem.* Là où Claudien parle de *concentus*, nous lisons *harmonie* chez Nonnos (38,412). L'expression *machina poli* a une consonance lucrétienne (5,96 *machina mundi*).

2. La leçon très majoritaire des mss. peut être, contre la plupart des éditeurs, conservée : l'alternance de présents de narration et de parfaits n'a pas lieu de surprendre. La partie occidentale (v. 70 sqq.) était alors gouvernée par Gratien (Gaule, Espagne, Bretagne) et son jeune demi-frère Valentinien II sous la régence de sa mère Justine (Italie, Afrique, Illyricum). Par deux fois, contre deux usurpateurs (*tyranni* : voir n. compl. 1 à *Ol.* 108), Théodose fut amené à envahir de force l'Occident (v. 71 ; même thème chez Synes. *De regno* 6) : pour mettre fin à l'usurpation de Maxime, général d'origine espagnole, que ses soldats en juillet 383 avaient proclamé empereur en Bretagne (v. 73), qui avait envahi la Gaule, fait arrêter puis assassiner Gratien à Lyon (25 août 383 ; v. 75), puis occupé l'Italie et l'Afrique (387) avant de pénétrer dans l'Illyricum ; Théodose vint au secours de Valentinien II et Justine (dont il épousa la fille Galla) ; Maxime fut vaincu à Poetovio (Pannonie, 388), puis décapité près d'Aquilée, le 28 août 388

(v. 81-90 ; cf. Zos. 4,46 ; Pacat. *Pan.* 2 [12],43). La seconde fois, pour mettre fin à l'usurpation d'Eugène, soutenu (ou poussé) par le franc Arbogaste (*germanus exul*, v. 74 ; cf. *3 cons.* 66 et n. compl. 1 au v. 67) que Théodose avait placé auprès de Valentinien II comme *magister militum* : le 15 mai 392, Valentinien II meurt étranglé ou pendu. Sur les versions contradictoires qui ont circulé dans l'antiquité, voir n. compl. 1 à *3 cons.* 67. Ici, Claudien présente Eugène et Arbogaste comme des assassins. Arbogaste pousse Eugène, professeur de rhétorique et *magister scriniorum*, à prendre la pourpre impériale, d'où le *famulum* du v. 74 qui fait écho au *deiecto... clienti* en *3 cons.* 67, et l'insistance sur la circonspection d'Eugène. Sur la seconde victoire de Théodose (sur le Frigidus, 5-6 septembre 394), voir l'introduction historique et *3 cons.* 89-105 (n. compl. 3 au v. 88). Eugène fut exécuté (v. 81-90).

Page 11 :

1. Même thème dans le panégyrique de Pacatus (2[12],32,1), dans le même contexte : *nec tam ad proelium conserendum quam ad supplicium de nefario capite sumendum uenires* ; repris par Sidon. *Carm.* 2,306 *non tam uictoriis periit quam iudicis ore.* En fait, Maxime et Eugène furent lynchés sur place par les soldats (Pacat. *Pan.* 2[12],43-44 ; Chr. min. 1,298 et 511 ; Socrate 5,14 pour Maxime ; Oros. 7,35,17 sqq. ; Zos. 4,58 pour Eugène ; autres références dans l'article « Theodosius I. », RE, Suppl. 13, 1973, 906,62-907,2). Pour la construction *uictore cadunt*, comparer Hor. *Carm.* 2,4,9 *cecidere... Thessalo uictore* ; Gratt. *Cyn.* 315 *Achaemenio cecidisti, Lydia, Cyro.*

Page 12 :

1. Claudien fait ici allusion à Andragathius, *magister equitum* de Maxime et assassin de Gratien, qui, apprenant la mort de Maxime, se jeta à l'eau pour se noyer (Oros. 7,35 : *Andragathius comes, cognita Maximi nece, praecipitem sese e naui in undas dedit ac suffocatus est* ; cf. Zos. 4,47,1 ; Sozomène 7,13-14) ; et à Arbogaste qui, quelques jours après l'exécution d'Eugène, se suicida dans les Alpes où il s'était enfui (Zos. 4,58,6). Les v. 93-97 développent rhétoriquement ce thème en présentant Théodose comme un justicier.

2. Contrairement à Fargues 1936 (p. 32 *ad loc.*), je ne pense pas que *iustitiam* ait une portée limitée et ne se réfère qu'à la cause de Théodose. L'affirmation a une portée générale : comme en *Ruf.* 1,1-23 et *Eutr.* 1,157 sqq., Claudien reprend un *topos* providentialiste (Amm. 14,11,25 ; 28,6,25 ; Nazar. *Pan.* 4[10],7. Mais derrière cette pensée générale se cache peut-être une menace à l'égard de Gildon : il y a une justice ; le châtiment des usurpateurs Maxime et Eugène attend quiconque les imite, même s'il semble

géographiquement éloigné ou protégé (v. 102-10). L'auditoire ne pouvait pas ne pas penser à Gildon, même s'il y avait la Méditerranée entre Stilicon et lui. De fait, Claudien assimilera Gildon à un troisième *tyrannus* (*Gild.* 5-6 : voir Döpp 1980, p. 123). Cette préoccupation expliquerait l'importance ici du développement sur le châtiment des *tyranni* (plus de 40 vers).

3. À propos de la campagne contre Maxime, Pacatus avait écrit (*Pan.* 2[12],30,2) : *et superatis Alpibus Cottiis Iulia quoque claustra laxaret.* Description analogue d'un retranchement naturel chez Corippe (*Ioh.* 3,205 sqq.).

Page 13 :

1. Zosime mentionne la clémence (thème panégyrique qui complète celui de la juste vengeance) de Théodose après la défaite d'Eugène (4,58). De même Ambroise, dans son *De obitu Theodosii* (12-13), le décrit comme un homme *qui numquam ueniam petenti negaret* et Pacatus insiste sur sa clémence (*Pan.* 2[12],45,4) : *qua* [clementia] *tu ipsius uictoriae uictor ita omnem cum armis iram deposuisti ut ceciderit nemo post bellum, certe nemo post Maximum.* Mais Théodose est aussi l'auteur du massacre de Thessalonique en 390 (Aug. *Ciu.* 5,26) ; et Ambroise était bien placé pour le savoir...

Page 14 :

1. Passant au *topos* de la naissance, Claudien affirme d'abord pesamment qu'Honorius est un porphyrogénète (v. 121-7 ; cf. intr. à *3 cons.* et v. 15 ; Ménandre, Spengel 3,371, rattache ce thème à l'*anatrophe* et non à la *genesis*), ce qui est implicitement une manière de le valoriser par rapport à son frère aîné Arcadius, qui lui ne l'est pas : il est né en 377/8, avant que Théodose soit nommé Auguste. Le *solum* du v. 124 est politiquement important. J'ai cherché à rendre dans ma traduction la force du mot *ortu* (v. 121), sans pouvoir suggérer l'imagerie impériale du soleil levant qu'il y a peut-être derrière ce terme ("noble par ce lever") : voir Barr 1981, p. 73 *ad loc.*, qui renvoie à E.H. Kantorowicz, « Oriens Augusti - lever du soleil », *Dumbarton Oaks Papers* 17, 1963, p. 119 sqq. Avit (*Carm.* 1,263) a repris la clausule *nobilis ortu* à propos du Nil.

2. Les v. 132-8 rivalisent avec le panégyrique de Pacatus dans son éloge de l'Espagne (2[12],4,5) : « Cedat his terris terra *Cretensis* parui *Iouis gloriata* cunabulis et geminis *Delos reptata* numinibus et alumno *Hercule* nobiles *Thebae* ». L'empereur surpasse les dieux (renchérissement rhétorique). Thèbes est le lieu de naissance d'Hercule et de Bacchus-Bromius (v. 132). Selon la tradition, Délos était une île flottante, mais Jupiter la fixa quand Latone y donna naissance, sur le mont Cynthus (v. 137), à Apollon et Diane (v. 133 ; cf. Callim. *Hymn. Del.* 28-54 ; Stat. *Ach.* 1,388 ; voir Walter

1930) ; l'expression *Latonia Delos* est virgilienne (*Georg.* 3,6 ; cf. aussi Ou. *Ib.* 479). Jupiter était né dans une grotte de Crète (v. 134-5 ; cf. Ou. *Fast.* 4,207 sqq. ; Lact. *Inst.* 1,11,46-48 ; 13,3 ; 14,10 ; 22,19...), que l'on place généralement dans le mont Ida. Mais on le dit aussi élevé dans une grotte du Dicté, autre mont crétois : Verg. *Georg.* 4,152 et Seru. *Georg.* 4,150 et *Aen.* 3,171. En *Fast.* 5,115-120, Ovide associe l'Ida et le Dicté.

Page 15 :

1. V. 141-153 : *topos* des présages qui annoncent le destin futur du héros (voir n. compl. à *3 cons.* 21). De même, Sidoine place dans la bouche de Jupiter des présages d'empire à la naissance d'Avitus (*Carm.* 7,164 sqq.). Le v. 142, dans son double mouvement, évoque les deux aspects de la divination par les oiseaux (par leur chant ou par leur vol) : Seru. *Aen.* 3,361 *aues aut oscines sunt aut praepetes : oscines quae ore futura praedicant ; praepetes quae uolatu augurium significant.* Birt se fonde sur ce passage pour affirmer qu'on a interrogé les oracles païens, muets depuis longtemps (Lucan. 5,112-3 *Delphica sedes quod siluit* ; Juvénal 6,555 renvoie à Ammon *quoniam Delphis oracula cessant*), à la naissance d'Honorius (*De moribus christianis quantum Stilichonis aetate... ualuerint disputatio*, Ind. lect. Marburg, 1885, p. XIII). Mais Fargues (*ad loc.* p. 36), suivi par Barr (*commentary*, p. 74), a raison de considérer ce développement comme rhétorique et non historique : Ménandre (Spengel 3,371) conseille en effet d'inventer des présages et des prodiges pour mettre en valeur la naissance du héros célébré. Ici, Claudien en profite pour introduire un catalogue des différents modes de divination (comparer Iuu. 6,548-56) de l'orient (Perse, Babylonie, Chaldée [ces mages ne seraient-ils pas le pendant des Mages qui ont reconnu la divinité de l'enfant Jésus ?]) et de l'Afrique (Ammon, dieu égyptien assimilé à Jupiter) à la Grèce (Delphes) et à l'Italie (Étrurie, Cumes). Les oracles sibyllins, déposés au Capitole, avaient été consultés en 363 (Amm. 23,1,7). D'après Rut. Nam. 2,52 et 55-56, Stilicon les fera détruire ; on ignore quand et dans quelles conditions.

Page 16 :

1. Sur les Corybantes / Curètes, voir *Rapt.* 1,210 et t. I, p. 120-1, n. 5. Cybèle est identifiée avec Rhéa, mère de Zeus. Pour empêcher Cronos d'entendre les cris de l'enfant qui lui avait été soustrait, les Curètes (Corybantes) armés avaient dansé en entrechoquant leurs armes (Callimaque, *Hymn. Z.* 52 ; Ou. *Fast.* 4,209-10). La rhétorique permet de placer Honorius au dessus de Jupiter.

2. Avec Barr, Lehner et Hall, contre Birt et Fargues, je conserve la leçon quasi unanime des manuscrits (*lituus* n'est donné que par

les *exc. Gyr.* et deux manuscrits non retenus : P₁ et Ma), qui donne un sens excellent : le jeune Honorius pousse un cri *ferox* en réponse aux clairons : il est déjà soldat au berceau !

3. Pour les besoins du panégyrique, Claudien travestit quelque peu la réalité. Honorius est né le 9 septembre 384 (Chr. min. 1,244 ; Socrate, *Hist. eccl.* 5,12) ; la date de 384 est confirmée par les Chroniques d'Idatius et du comte Marcellinus. Il faut donc s'en tenir à ces témoignages (cf. Koch, *RhM* 44, p. 587-8), d'autant qu'un peu plus loin (v. 372), Claudien lui-même affirme qu'Honorius n'avait pas encore dix étés quand Théodose quitta Constantinople pour combattre Eugène : ce départ se situe au printemps 394. Honorius n'a reçu son premier consulat qu'en 386 (Chr. min. 1,244 ; 1,462 ; 2,62), dans sa deuxième année. Le panégyriste triche donc ici d'un peu plus d'un an, ce qui lui permet d'entamer le *topos* de l'éducation (v. 153-427) par un fait exceptionnel : le consulat au berceau ! L'extension exceptionnelle de ce *topos* compense le peu qu'il y aura à dire sur les *praxeis* (v. 428 sqq.).

4. Même thème à propos de Sérène (*Ser.* 96-98). La mythologie donne à Honorius un statut de héros. Il est vrai que les femmes de la famille impériale (Flacille, mère d'Honorius, ou Sérène) sont souvent assimilées à des déesses.

5. L'expression *uelare comas* peut avoir un sens religieux (Verg. *Aen.* 3,405) ; ici, elle a une portée politique, car c'est le diadème (v. 167) qui voile les cheveux d'Honorius. *Etiam* renvoie-t-il à Arcadius, déjà Auguste, comme le suggère Barr (*ad loc.*, p. 75) ? Je crois plutôt qu'il met en parallèle les déesses Diane et Minerve avec Flacille : la reprise de *saepe* (v. 160, 162 et 165) établit un lien formel entre l'action divine et l'action humaine (mais presque divine, voir n. au v. 159) de l'impératrice. Le second hémistiche s'inspire de Stace (*Theb.* 6,75 à propos d'un père impatient de voir réalisés les vœux qu'il avait formés pour son fils) : *festinus uoti pater.*

Page 17 :

1. *Princeps* est ici synonyme d'*Augustus*. Arcadius était Auguste depuis 383 (d'où *aequaris fratri*, v. 170). Honorius le devint le 23 janvier 393 selon la Chronique de Ravenne (MGH IX), le 10 janvier selon Socrate (*Hist. eccl.* 5,25), apparemment confirmé par *Cod. Theod.* 1,7,2 *de officio magistri militum*, daté du 12 janvier 393, et qui porte la mention *Imppp Theodosius Arcadius et Honorius AAA* (cf. Barr *ad loc.*). Ce dernier, comme Sozomène (7,24), Philostorgius (11,2) et Claudien (*3 cons.* 83 ; *4 cons.* 357-9), place l'expédition de Théodose contre Eugène juste après cette nomination. En fait, le *Cod. Theod.* montre que Théodose ne quitta Constantinople qu'en 394. Nous reviendrons plus loin sur ce nouveau gauchissement des faits.

2. Comme Claudien, mais non Socrate (5,12), la Chronique du comte Marcellinus (Chr. min. 2,63) mentionne au jour de l'élévation à l'empire d'Honorius le prodige ici décrit : *tenebrae factae sunt*. La Chronique de Ravenne (Chr. min. 1,298) emploie la même expression, mais place l'événement le 27 octobre 393 en le distinguant de la nomination d'Honorius. Ces présages (v. 170-191) montrent la faveur divine.

3. L'éclat de l'empereur dissipe les nuages (comme Jupiter : Verg. *Aen.* 1,255) et illumine la nature (cf. *6 cons.* 537-42) ; de même Corippe (*Iust.* 4,96-101) associera la lumière du soleil à celle de l'empereur-consul qui prend sa charge.

Page 19 :

1. Comparaison cosmologique (cf. Callim. *Hymn.* 1,55-67) qui fait d'Honorius le pendant sur terre de Jupiter (Lehner 1984, p. 57 et 117-8). Mais Claudien, imité par Sidon. *Carm.* 1,1-3, fait jouer un rôle prépondérant à la déesse Nature (voir t. I, p. 124 n. 5).

2. Théodose et ses fils rentrent à Constantinople : la proclamation d'Honorius a eu lieu à 7 miles (Hebdomon) de Constantinople : Chr. min. 2,63. Claudien insiste sur le fait qu'Honorius est désormais l'égal d'Arcadius son aîné et que Théodose peut s'appuyer sur les deux autres augustes qu'il s'est associés. En réalité Arcadius et Honorius n'ont joué aucun rôle politique du vivant de Théodose.

3. Nouveau développement conclu par une longue comparaison. La scène est traditionnelle : Stat. *Theb.* 5,437-40 « Ambiguo uisus *errore* lacessunt / Oebalidae *gemini* ; *chlamys* huic, *chlamys* ardet et illi... simili coma fulgurat astro », avec contamination de Mart. 9,103,4 « atque *in utroque nitet* Tyndaris ore *soror* » (cf. v. 207-8) et de Verg. *Aen.* 10,391-2 (à propos de Laride et Thymber) « simillima proles, indiscreta suis *gratusque parentibus error* » (cf. v. 209-10 ; Lucan. 3,606 est moins proche). Sur Zeus représenté avec les Dioscures, cf. Chapouthier, *Les Dioscures au service d'une déesse*, Paris 1935, p. 303-4 ; leur sœur Hélène leur est souvent associée : Chapouthier, p. 128-142. Lorsque les Dioscures sont représentés la tête nue, une étoile est posée sur leurs cheveux ; ordinairement, ils sont coiffés d'un bonnet que surmonte un astre (motif fréquent au revers de deniers de la République) : Chapouthier, p. 114. Cette lumière, apparue sur leur tête durant l'expédition des Argonautes, rassure les marins (Val. Fl. 1,573 *miseris olim plorabile nautis*) ; Diod. 4,43,2 et Sen. *Nat.* 1,1,13 la décrivent comme des étoiles.

4. Ce discours, le plus long de Claudien (v. 214-352), constitue un petit traité philosophique *de regno* (voir P. Hadot, « Fürstenspiegel », *RAC* 8, 1972, p. 555-632, en particulier 580-2). Sur ses rap-

ports avec le *Discours sur la royauté* de Synésius, voir Birt 1885, p. 15-22 (qui se trompe sur la date du discours de Synésius : Seeck, *Philologus* 52, p. 547-8 le place en 399), Lacombrade 1956 et Cameron 1970, p. 321-3. Nous relèverons plus loin des thèmes communs avec Sénèque et les discours *De regno* de Dion Chrysostome. Théodose commence par présenter le caractère du prince idéal (v. 214-68) : à Rome, le pouvoir doit se fonder sur la vertu et non sur l'hérédité et la vertu s'appuie sur la connaissance de soi-même (v. 214-28).

Page 21 :

1. Toute véritable sagesse repose sur une vision du monde. Celle que Claudien place dans la bouche de Théodose est platonicienne : elle combine le mythe de la création de l'homme par Prométhée (*Protag.* 320D sqq. ; Hor. *Carm.* 1,16,13-16 ; cf. *Eutr.* 2,490 sqq.) et la théorie de la tripartition de l'âme (*Rep.* 4 439D-E ; 9 571C-572A et 580D ; *Tim.* 69C-70D ; Albinus-Alcinoos 17 et 23 ; Cic. *Tusc.* 1,20 ; Apul. *Plat.* 1,13), largement répandue à son époque : Hier. *in Matth.* 2,13,33 ; Synes. *De regno* 10 y fait allusion. Sur les connaissances philosophiques de Claudien, Cameron 1970, p. 323-31, en particulier p. 326-7, *contra* P. Courcelle, *Les lettres grecques en occident*, Paris 1948, p. 121-4.

Page 27 :

1. Théodose présente à Honorius l'image idéale d'un empereur à la tête de ses troupes (v. 320-52 ; cf. Synes. *De regno* 13-18) : comme en temps de paix (v. 296-302), le prince doit être un modèle à la guerre. Ces conseils semblent résumer les points essentiels des livres 3 et 4 de Végèce (*De re militari*) :

    v. 322-3 et Veg. 3,2 et 4
    v. 323-4 et Veg. 1,22 et 3,8
    v. 324 et Veg. 4,26
    v. 325-6 et Veg. 3,20
    v. 326-7 et Veg. 3,9
    v. 328 et Veg. 3,6
    v. 328-9 et Veg. 4,22
    v. 330-1 et Veg. 4,14 (qui confirme la leçon *protecta*)
    v. 331-2 et Veg. 4,20 (cf. aussi Liu. 5,19,21)
    v. 332-4 et Veg. 4,26
    v. 337-9 et Veg. 1,3 et 2,24 (cf. Synes. *De regno* 18).

Je remercie Ph. Richardot de m'avoir communiqué les pages 252-4 de sa thèse dactylographiée sur la réception de Végèce (« Théodose a pu enjoindre à Végèce d'achever son traité d'art militaire dans le dessein d'instruire ses fils ») ; le rapprochement avec Végèce avait déjà été fait par Barth, en référence à Onosander, chap. 8.

Page 31 :

1. Sil. 3,398 (Arganthonius) *ter denos decies emensus... annos.*
Ennode a imité Claudien (*Carm.* 2,1,15) : *bis denas hiemes, totidem
transcendit aristas.* Honorius est né le 9 septembre 384
(Socrate 5,12) ; cf. v. 156.

2. Lucain 3,233 *Pellaeus ductor*; Iuu. 10,168-9 *unus Pellaeo iuueni
non sufficit orbis / aestuat infelix angusto limite mundi.* Pour la victoire
d'Alexandre sur Porus, Curt. 8,12-13 ; pour sa réflexion sur ce que
lui laissait à faire son père, Plut. *Alex.* 5,3. Sur la présentation
d'Honorius comme supérieur à son père, Lehner 1984, p. 119.

3. Iuu. 12,79 (à propos de ports) : *quos natura dedit.* Mais nous
avons déjà vu l'importance que Claudien accorde au concept de
Nature. Deux comparaisons viennent illustrer cette règle naturelle :
celle des abeilles (Xen. *Cyr.* 5,1,24 ; Dion Chrys. *De regno* 4 ; Sen.
Clem. 1,19) que les anciens croyaient gouvernées par un roi (Verg.
Georg. 4,210) ; et celle du jeune veau (*Eutr.* 1,386) : cf. Ou.[?] *Hal.*
2-3 *uitulus sic namque minatur / qui nondum gerit in tenera iam cornua
fronte.*

Page 32 :

1. Sur cette passation de pouvoir, qui met en valeur les vertus
d'Honorius plus que le principe dynastique (v. 379-80), cf. *3 cons.*
105 sqq. ; comparer la façon dont Valentinien I fait accéder Gratien à l'Empire (Amm. 27,6,4-16) ; voir J. Straub, *Vom Herrscherideal
in der Spätantike*, Stuttgart 1939, p. 32-33. Théodose ne mentionne
ici que la Gaule et l'Espagne. L'omission de l'Afrique est-elle liée à
la rébellion de Gildon (Barr, comm. *ad loc.*, p. 81 et Cameron
1970, p. 95) ? Mais l'Italie et la Bretagne sont elles aussi omises
(Lehner 1984, p. 76) !

2. Reprenant sa description du prince idéal, Théodose ajoute
maintenant aux vertus militaires l'éducation par la culture et par
l'exemple des grandes figures de l'histoire (cf. Synes. *De regno* 15-
16). Cette démarche pédagogique est traditionnelle (H.W. Litchfield, « National *Exempla Virtutis* in Roman Literature », *HStud.
Class. Phil.* 25, 1914, p. 1-71) : le père d'Horace fondait son éducation sur les *exempla* (*Sat.* 1,4,105-26) et Cameron (1970, p. 336-43,
en particulier 338-9) suppose que Claudien (cf. *Eutr.* 1,439 sqq.)
s'appuie sur un manuel du genre de Valère-Maxime *De factis dic-
tisque memorabilibus.* Mais on notera que Claudien insiste sur la
nécessité d'une double culture, latine et grecque (cf. *Ol.* 198
Graeca uetustas ; *Nupt.* 232) et que son point de référence privilégié
est la République romaine. Il suit en cela les moralistes, satiriques
ou panégyristes (e.g. Pacatus) de l'époque impériale (Litchfield,
p. 53-59). Du v. 401 au v. 418, il énumère 13 *exempla* dont seuls le
second (Mettius) et le troisième (Torquatus) sont négatifs. Les
valeurs ainsi mises en évidence sont celles de liberté, de loyauté,

d'humanité, de dévouement, de courage, de temporisation, de valeur militaire, de mérite et de force morale, de pauvreté et de vie simple à la campagne.

Page 34 :

1. Le v. 432 a été ajouté par l'*Isengriniana* pour introduire le nom de Stilicon : les scribes médiévaux (e.g. celui de P$_2$) ont parfois glosé en marge *stilichonem*. Mais l'art de Claudien est souvent allusif et elliptique, et, lors de la *recitatio*, tous les auditeurs savaient qui était "le bouclier, le défenseur" (cf. *3 cons.* 151-9 ; *Eutr.* 2,601 *clipeus nos protegat idem*). Il est donc inutile de supposer une lacune dans les manuscrits qui nous sont parvenus. Sur le thème "Stilicon régent et protecteur des deux fils de Théodose", *pr. Ruf.* 1,17-18 ; *Ruf.* 2,4-6 ; *Nupt.* 307-8 ; *Stil.* 1,140-1 et 2,54-55 ; Zos. 5,4 ; voir Cameron 1970, p. 275-6 ; Lehner 1984, p. 80.

Page 35 :

1. L'association des sables de Libye (Lucan. 1,205-6 *squalentibus aruis... Libyes* ; 1,368 *Libyae sitientis harenas* ; 9,755 *squalentis harenae*) avec les Syrtes est traditionnelle : Ou. *Am.* 2,16,21 ; Lucan. 1,686 et 5,485 ; Stace *Silu.* 5,2,134 ; *Theb.* 1,687 (chez Claudien, pour la Libye : *Ol.* 131 ; *Ruf.* 2,241 ; *3 cons.* 206 ; pour les Syrtes : *Rapt.* 3,322). Mais ici le *topos* prend une résonance particulière dans le contexte de la révolte de Gildon : les futurs *audebit* (v. 437) et *intrabit* (v. 438) sonnent comme une menace pour le rebelle africain. En outre, il est important de souligner le désintéressement (*pro nobis*, v. 434) de l'infatigable Stilicon... au moment où la cour de Constantinople l'a déclaré *hostis publicus*.

2. Les exploits de Stilicon (sur le Rhin, v. 439-59 ; puis dans le Péloponnèse, v. 459-83) peuvent être mis au crédit d'Honorius, même en son absence (v. 448), puisque c'est lui qui commande Stilicon (*iubes*, v. 440 ; *hortaris*, v. 460). Pour la campagne sur le Rhin, Claudien est notre seule source (*Stil.* 1,188-245 [v. 232-4 : il en ramène des troupes] ; 2,243-6 ; 3,13). Il est donc impossible d'en faire une reconstitution historiquement plausible : peut-être s'agit-il d'une simple campagne de recrutement ! Mais elle doit être placée en 396 : Fargues *ad loc.*, p. 63 (après Mommsen) ; Döpp 1980, p. 103 et n. 5 ; Lehner 1984, p. 86-88 (après Seeck), *contra* Koch 1889, p. 575 sqq. Claudien a peut-être en arrière-plan la descente du Danube par Julien (Mamert. *Pan.* 11[3],7).

Page 36 :

1. Crépin (p. 137) traduit : "et ne leur accorde la paix que comme une grande faveur" ; Barr (p. 57) : "and bestows on them the great gift of peace". Cette interprétation, traditionnelle, peut s'appuyer sur Mamertin *Pan.* 11[3],7,3 (*et munus pacis indultum*) et

sur la fin d'hexamètre ou adonique classique *munere donat* ("il gratifie d'un don..." : Verg. *Aen.* 5,282 ; Hor. *Carm.* 4,2,20 ; Prud. *Cath.* 8,32 et *Psych.* 603) : *pro* = en tant que (Cic. *De orat.* 2,351). Lehner (1984) propose une autre interprétation à certains égards séduisante, en donnant à *pro* le sens d'"en échange de, en retour" : il suppose que les Germains ont acheté la paix à grand prix (p. 84 "gegen große Tributzahlungen" ; p. 85 "Stilicho erhielt von den Germanen Tribute"). Mais Stilicon, sans armée ni escorte, a-t-il pu vendre la paix aux Germains ? Il semble plutôt être allé enrôler des troupes (cf. n. compl. 2 de la p. 35).

2. Mélicerte, avec sa mère Ino (fille de Cadmus), s'était précipité dans la mer entre Mégare et Corinthe et était devenu une divinité marine sous le nom de Palémon, identifié à Portu(m)nus ; les Jeux Isthmiques avaient été institués en son honneur (Paus. 1,44,7 ; Ou. *Met.* 4,506-42 ; *Fast.* 6,485).

Page 38 :
1. Ces trois peuples figurent dans la liste des adversaires de Stilicon lors de la bataille de 392 sur l'Hebrus (*Ruf.* 1,310-3). La *Notitia dignitatum* (p. 218-9) présente les Sarmates comme dispersés en Gaule et en Italie. Les Gélons ont combattu avec Théodose contre Eugène (*Gild.* 245). Les Alains s'établirent en Espagne où ils furent absorbés par les Wisigoths. Comparer Synes. *De regno* 21-22.

2. Comparaison attendue avec les souverains précédents (Ménandre, Spengel 3, p. 376-7). En l'occurrence, Romulus-Quirinus symbolise le roi guerrier et Numa le roi pacifique (Liu. 1,21,6 ; Pacat. *Pan.* 2[12],20,3).

Page 39 :
1. Le texte le mieux attesté peut-être conservé. La vente publique aux enchères était annoncée par une pique *(hasta)* enfoncée en terre : Liu. 5,16,7 ; Tac. *Ann.* 13,28,5 *ius hastae*.

Page 40 :
1. Ce vers, donné par l'*Ise*, se lit sous une forme un peu différente en marge de F_5. Il est très probable que ce ms., qui se trouvait à Bâle en 1509, ait été utilisé par l'*Ise* : si leur leçon commune au vers suivant (510 *grauis*) ne leur est pas propre, on relève entre eux bien des accords plus originaux : e. g., en *4 cons.*, v. 230 *patrio* (*Ise mg.* non mentionné par Hall dans son apparat) ; v. 654 *meliore*. Mais la présence de ce vers en marge d'un ms. ne prouve pas son authenticité. J'ai moi-même révélé l'existence d'un vers surnuméraire (mais *spurius* à mes yeux) après *Rapt.* 2,91 : voir t. I, n. compl. 8 de la p. 37, p. 141, où je note la tendance de certains scribes, choqués par les ellipses audacieuses de Claudien, à ajouter un vers de transition ou d'explicitation (ainsi après *Rapt.* 2,117).

L'esthétique alexandrine suppose la collaboration active d'un lecteur érudit. Après le parallèle avec Solon et Athènes, il suffisait à Claudien de mentionner Lacédémone pour suggérer en Honorius un nouveau Lycurgue. Ce dernier avait interdit à Sparte de se protéger par des murailles (Liu. 39,37,1-3) ; mais ce rappel précis n'a guère de sens ici. Ce qui compte, c'est que grâce à Honorius Rome cumule la grandeur dans la paix et celle dans la guerre, illustrées respectivement par Athènes et Sparte.

Page 41 :
1. La clausule *uota moratur* est empruntée à Ou. *Met.* 8,71 (cf. Iuu. 14,250 *et uota moraris*; comparer *Nupt.* 21 *cunctatur mea uota*; Hor. *Epist.* 1,1,23-24). Comme Fargues (*ad loc.*, p. 70), je comprends : le bras promis aux Romains « fait languir leurs vœux : il ne les défend pas encore, malgré leur impatience de le voir combattre ».
2. Les archers crétois (Cydon est une ville de Crète), arméniens et parthes étaient réputés : Verg. *Ecl.* 10,59 ; *Aen.* 12,858 ; Hor. *Carm.* 4,9,17 ; Lucan. 8,221 ; Stat. *Silu.* 1,4,78... Pour la fuite simulée du Parthe, voir *3 cons.* 201-2 et note a. La fin du v. 531 est calquée sur Verg. *Aen.* 2,75 *quae sit fiducia capto.*
3. Amphion avait été roi de Thèbes, où Alcmène enfanta de Jupiter Hercule (= Alcide). Dircé, femme de Lycus, autre roi de Thèbes, avait été métamorphosée en fontaine. Sur le mythe, obsessionnel chez Claudien, des Géants, voir t. I, p. 95.

Page 43 :
1. À nouveau, une série de comparaisons mythologiques clôt le développement. Comme Sénèque (*Phaedr.* 809), Stace (*Silu.* 1,1,52-54) et les panégyristes (*Pan.* 7[6],8,5 ; Auson. *Grat. act.* 18,81), Claudien associe les chevaux les plus célèbres de la mythologie : Arion, cheval d'Adraste, que Neptune avait fait naître de terre ; Cyllare, cheval de Castor ; Xanthus, cheval d'Achille (Homère *Il.* 19,404-24) [jeu de mots avec *flauum*] ; Pégase, le cheval ailé de Bellérophon, né du sang de la Gorgone ; Æthon, cheval d'Hector dans l'*Iliade* (8,185), de Pallas dans l'*Énéide* (11,89) ou de Phébus dans les *Métamorphoses* (2,153), est ici la monture de Lucifer (cf. v. 563). Honorius est donc supérieur à Adraste, Castor, Achille, Bellérophon et même Lucifer *(climax).*

Page 44 :
1. L'alexandrin Claudien fait allusion à la fête égyptienne du solstice d'hiver, quand les prêtres portent en procession la statue d'un petit enfant qui représente le soleil à son point le plus bas (Macr. *Sat.* 1,18,10) : voir E. Norden, *Die Geburt des Kindes*, Leipzig 1924, p. 25 n.3 ; S. MacCormack, « Change and Continuity in Late

Antiquity : the Ceremony of *Adventus* », *Historia* 21, 1972, p. 737 ;
Cameron 1970, p. 201-2 ; Barr *ad loc.*, p. 89. Cette comparaison
renforce le caractère religieux (païen) du *processus consularis* d'Honorius (*tua sacra,* v. 577) en assimilant ce jeune garçon au dieu
solaire.

Page 45 :
    1. On notera l'absence de l'Afrique (... soulevée par Gildon !).
L'Espagne vient en tête pour honorer l'origine espagnole de la
dynastie théodosienne. Les écoles de Gaule étaient fameuses au
IVe s. : Auson. *prof.* ; on songe aussi aux écoles d'Autun (Eum. *Pan.*
5[9]).
    2. Cf. v. 569-70. Le siège consulaire comprenait la *sella gestatoria,*
couverte de plaques de métal doré, et la *sella curulis,* en ivoire, placée dessus : Daremberg-Saglio, t. I, p. 1476-7.
    3. Description du vêtement d'apparat d'Honorius (v. 585-601 ;
Beckmann 1806). Je comprends que la trabée, assimilée à la *tunica
palmata* (voir *3 cons.* 5 et n. compl. 1), brodée à fils d'or (*fulgor
Hiberus*), est ornée de pierres précieuses, en particulier d'émeraudes, qui projettent leurs reflets verts. Fargues (*ad loc.,* p. 76)
comprend : "des fils formés d'émeraudes".
    4. Pour les Romains, la broderie est une sorte de peinture qui
cherche à exprimer la vie (*uiuit opus : enargeia*). Ici, il s'agit de bro-
deries à fils d'or (*Ol.* 181) ou d'argent qui pouvaient représenter
des portraits (*uultus,* v. 591 : Auson. *Grat. act.* 53 portrait de
Constance sur une robe palmée ; *Stil.* 2,340 sqq.). Au v. 591, les
conjectures de Barr 1954 (*nodantur* ou *glomerantur* pour *ornatur*)
sont inutiles ; j'ai choisi le singulier, *lectio difficilior* et la mieux
attestée ; mais *uultus* peut être un singulier collectif.

Page 46 :
    1. Nouvelle comparaison mythologique (v. 602-10) qui met
Honorius en parallèle avec Bacchus. Le thyrse est le bâton de Bacchus couronné de lierre ou de pampres (Verg. *Aen.* 7,396...).
Claudien remplace la *synkrisis* prônée par Ménandre (Spengel
3,376) par une série de comparaisons ponctuelles. Celle-ci contribue à charger Honorius d'une aura religieuse et associe, comme
cela se faisait depuis Martial, le *processus consularis* au *processus
triumphalis* (cf. v. 609-10) : voir A. Alföldi, *Die monarchische Repräsen-
tation im römischen Kaiserreiche,* Darmstadt 1970, p. 93-100 ; Lehner
1984, p. 102-3. Ce lien entre consulat, victoire et triomphe est souvent rappelé par Claudien : ici, v. 621 sqq. et 639-40 ; *3 cons.* 87-88 ;
6 cons. 15...
    2. Le nom du consul, donné à l'année (v. 620), est inscrit sur
les fastes et peut avoir valeur d'augure (v. 621 sqq.) ; Honorius
avait déjà été consul en 386, 394 et 396. Dans l'antiquité tardive, la

prise de fonction des nouveaux consuls s'accompagnait d'un affranchissement d'esclaves (cf. *Eutr.* 1,309-10 ; Sidon. *Carm.* 2,544-6), considéré comme présage favorable, antérieur aux présages rituellement observés lors de l'entrée en charge des consuls (v. 612-3). *Ludit* "fait allusion à la petite scène plaisante qui va être décrite [v. 614-8] ; le consul soufflette celui qui reçoit la liberté" (Fargues, *ad loc.*, p. 80). D'après Tite-Live (2,5), le premier esclave affranchi, Vindicius (Claudien le nomme Vindex au v. 613), serait celui qui avait dénoncé la conjuration en faveur du rétablissement des Tarquins. Cet affranchissement fut l'un des premiers événements après l'institution du consulat en 509 av. J.C. ; aussi fut-il considéré comme de bon augure. La fin du v. 618 a été reprise à la fin du XIIᵉ s. par Joseph d'Exeter (Devonius), *De bello Troiano* 1,49 : *miseri felix iniuria uoti*.

Page 47 :

1. Comme en *3 cons.* 87 sqq. (voir n. compl. 3), Claudien attribue à Honorius le mérite des victoires de son père au motif qu'elles ont été obtenues sous son consulat, donc sous ses auspices (cf. Symm. *Orat.* 2,2 [panégyrique de Valentinien en 370] : *aliorum tempora fastis numerata sunt, uestra uictoriis*). Les Gruthunges, ostrogoths (v. 623-33), avaient été vaincus par Promotus (Théodose n'intervenant qu'après la victoire de son général) en 386 sur le Danube (Zos. 4,35 et 38-39 ; Chroniques d'Idatius et de Marcellinus). Ce n'est que par une approximation rhétorique que Claudien rattache le premier consulat d'Honorius à son année de naissance (voir v. 153 sqq. et n. compl. 3) : v. 627, *primus annus* = l'année de son premier consulat (cf. *Eutr.* 1,284 et 437).

Page 56 :

1. Pour *arcus* au sens de voûte, Ou. *Met.* 3,30 et 160. La clausule *Pelion arcu* est empruntée à Stace, *Ach.* 1,1107, où elle désigne déjà la grotte de Chiron (Pind. *Pyth ;* 3,63 et 111… ; Ou. *Met.* 2,630 sqq. ; 381 sqq. ; *Fast.* 5,381 sqq.), où la tradition ancienne place le mariage de Thétis et Pélée (Frings 1975, p. 94).

2. Fils de Cronos et de la nymphe Philyra, le centaure Chiron règne sur la vallée du Pélion. Il est à la fois grand-père par sa fille et ami, voire précepteur, de Pélée (Apollod. 3,12,6 et 13,3). La coupe commune est le signe de la convivialité qui s'établit entre tous les invités, humains et divins : cf. la pose nonchalante du v. 6, sans souci du protocole, qui a été souvent peinte dans l'antiquité : Iuu. 3,205 ; Lucien *Zeuxis* 4 ; F. Bruckmann, *Denkmäler der Malerei des Altertums*, 1ère série, pl. 82 ; L. Curtius, *Die Wandmalerei Pompejis*, rééd. 1960, Hildesheim, p. 13 n. 9.

Page 57 :

1. Bien des commentateurs (Gesner 1758 ; Koenig 1808 ; Birt, p. XXXVIII et *Charakterbilder Spätroms*, p. 484 ; Frings 1975 ; Döpp 1980, p. 128) voient dans ces v. 9-10 une allusion aux *Fescennins* lyriques et légers. Dans cette hypothèse, les v. 11-14 signifieraient que les *Fescennins* n'ont pas déplu à la cour et à Stilicon, évoqués derrière les dieux d'en haut et Jupiter (*Tonans* : Ou. *Met.* 1,170 ; puis désignation courante en poésie, notamment chez Claudien), Thétis et Pélée figurant le couple impérial (Claudien donne la clé du passage en *pr. 6 cons.* 23-26 où il établit un lien explicite entre la cour d'Honorius et l'assemblée des dieux). Le v. 12 excuserait par les vœux qu'ils contiennent ce que les *Fescennins* pourraient comporter d'indigne de la majesté impériale. Les Centaures et les Faunes, rustiques et grossiers, désigneraient le peuple et les ennemis de Claudien choqués par ses *Fescennins* ; pour Birt, les *Fauni* désigneraient précisément les moines (cf. Isid. *Orig.* 11,3,21 où Antoine se nomme lui-même l'un des Faunes).

Mais, dans cette hypothèse, une référence à Érato, Muse de la poésie lyrique et érotique, conviendrait mieux qu'une référence à Terpsichore, explicitement présentée comme Muse du chant *et* de la danse ; et Claudien insiste autant sur les chœurs de danse que sur le chant, alors que les *Fescennins* ne contiennent qu'une référence explicite à des chœurs (2,9=11). En outre, la mollesse élégiaque des v. 9-10 (cf. *teneris modis* au v. 12) ne correspond guère à la vigueur de l'élan lyrique des *Fescennins*, en particulier à la verdeur de *Fesc.* 4 ; et la présence des Muses, qui assistent à toutes les grandes fêtes divines, aux noces de Pélée est conforme à la tradition (Pind. *Pyth.* 3,90 ; Eur. *Iph. Aul.* 1041 ; Quintus 4,140 ; Ménandre, *loc. cit.*). Enfin, il eût été malhabile de désigner par les Centaures et les Faunes des gens choqués par la verdeur des *Fescennins* : ce ne sont pas des êtres à se formaliser de propos lestes ! La présence des Centaures, habitants de Thessalie, est normale (Eur. *Iph. Aul.* 1046 et 1060). En fait, Claudien désigne ici des gens qui n'apprécient pas les chants de Terpsichore non parce qu'ils seraient grivois, mais parce qu'ils les trouvent trop doux (*mollis, tener*) ; voir n. compl. 2.

2. Le premier hémistiche *septima lux aderat* est textuellement emprunté à Ovide (*Am.* 2,6,45), où il désigne le jour fatal au perroquet de Corinne ; *septima lux* en début de vers chez Stat. *Silu.* 2,1,146, à propos du jour fatal au jeune Glaucias (cf. Cypr. Gall. 1,40 ; Mar. Vict. *Alethia* 1,172 ; pour *lux aderat*, Ou. *Fast.* 4,333 ; *Trist.* 1,3,5 ; Rut. Nam. 1,349). À la suite de Koch (p. 586), Birt, Morelli et Frings voient dans cette expression une allusion à la semaine chrétienne et, dans la logique de leur interprétation des vers précédents, en déduisent que les *Fesc.* auraient été récités sept jours avant l'épithalame, à l'occasion des fiançailles précise

Morelli (p. 338). Mais on ne peut voir dans les *Fesc.* un poème de fiançailles : ce genre de poème se chante le jour du mariage, comme le confirme la thématique des *Fesc.* de Claudien (4,4 *flammea* ; 4,37 *ducit* ; description très crue de l'*imminutio* en *Fesc.* 4). Faut-il supposer que les festivités du mariage ont duré plusieurs jours, comme pour les noces des neveux de Gallien et que les *Fesc.* ont été récités sept jours avant l'épithalame ? Encore une fois, la pièce 4 des *Fesc.* s'y oppose, par son allusion à l'*imminutio* et à la nuit de noces (v. 2 *Hesperus* ; v. 30 *peruigiles*).

De toute évidence, la lecture des *Fesc.* (à rapprocher du *kateunastikos* de Ménandre) se place après celle de *Nupt.*, qui correspond à l'épithalame proprement dit (récité pendant le repas de noces ?) : dans son *aemulatio* avec Claudien, Sidoine écrit (*Carm.* 10,21-22) : *Fescennina tamen non sunt admissa priusquam intonuit solita noster Apollo lyra*, ce qui confirme que les fescennins suivent l'épithalame. Claudien a pu étendre les noces de Pélée sur sept jours pour introduire le chiffre mystique d'Apollon (cf. Roscher, *Philologus* 14, 1901, p. 306 sqq.), dont la présence à ces noces, niée par Catull. 64,299 sqq., est bien attestée : Hom. *Il.* 24,63 ; Aesch. *frg.* 350 Nauck, cité par Platon *Rep.* 2, 383 B ; Quintus 3,97 sqq.

Cette préface serait-elle purement rhétorique (combinaison des diverses traditions sur les noces de Thétis et Pélée avec les préceptes de Ménandre) ? On peut expliquer ainsi la présence des Muses et d'Apollon ; mais le parallèle avec *pr. 6 cons.* et les propos de Ménandre lui-même poussent à une interprétation symbolique. Thétis et Pélée symbolisent Marie et Honorius ; les *superi* et Jupiter sont les grands et Stilicon ; Apollon, Claudien lui-même. Mais qui sont les Centaures et les Faunes et pourquoi dire que les chants de Terpsichore n'ont pas plu à une partie de l'assistance ? L'explication se trouve dans le parallèle entre les v. 9-14 et 15-18, qu'on peut interpréter dans un sens littéraire ou politique (voir Perrelli 1985) :

– ou bien Claudien a été précédé par un autre poète dont les vers élégiaques n'auraient pas plu à certains, et que Claudien chercherait à déprécier, tout en ménageant sa susceptibilité, d'où le parallèle non désobligeant avec Terpsichore ;

– ou plutôt Claudien suggère que le public du mariage n'est pas "facile" : certains peut-être n'aiment pas la poésie ; il en est sûrement pour désapprouver la politique de Stilicon (voir intr.). Pour les charmer au plan littéraire et surtout pour briser leurs réticences politiques (la dureté des Centaures, *rigidum*), un poète ordinaire (une Muse) ne suffit pas : il peut plaire (ou ne pas déplaire) à ceux qui sont déjà convaincus (Stilicon et les hauts dignitaires), mais non aux autres. Seul le maître des Muses, Apollon lui-même, c'est-à-dire Claudien avec ses poèmes épico-panégyriques, peut dompter les rochers (v. 17) et donc vaincre la "rigide" opposition de ceux qui ne suivent pas Stilicon.

Cette préface s'adresse donc particulièrement à Stilicon pour lui rappeler qu'il a besoin des services de Claudien, surtout dans la position politique délicate qui est la sienne. Inciterait-t-elle à une générosité accrue ou viserait-elle à resserrer les liens (alors distendus ?) entre le poète et son Mécène ? Aucun élément précis ne permet de trancher entre ces deux hypothèses.

Page 59 :

1. Dans sa description de la passion d'Honorius, Claudien s'inspire de la description élégiaque traditionnelle de la naissance de l'amour et du thème célèbre d'Achille tombant amoureux de Déidamie, tel qu'il apparaît chez Stat. *Ach.* 1, en particulier v. 302-6 : « trux puer... totisque *nouum bibit ossibus ignem* / nec latet *haustus* amor, sed fax uibrata *medullis* / *in uultus* atque ora redit... /... et inpulsam tenui sudore pererrat ». Pour l'association baroque *haurire ignes*, cf. aussi Ou. *Met.* 8,325-6 (à propos de Calydon : *flammasque latentes* / *hausit*) et 10,252-3 (*haurit* / pectore Pygmalion... *ignes*) ; Lucan. 10,71 (*durum cum Caesaris hauserit ignis pectus*) ; Ven. Fort. 6,1,41-2 (qui imite Stace). Claudien justifie par le feu de la passion d'Honorius le caractère précipité de son mariage ; il masque ainsi le rôle de Stilicon et présente Marie comme la fiancée (*promissae*, v. 1 ; *sponsa mihi pridem*, v. 29) naturelle d'Honorius (voir Cameron 1970, p. 99-100). En fait, si fiançailles il y eut, elles n'ont pas été fort antérieures au mariage, puisque *4 cons.* ne les mentionne pas. La comparaison avec le jeune Achille, confié par Thétis au roi de Scyros Lycomède et qui tombe amoureux de sa fille Déidamie (v. 16-19 ; cf. Ven. Fort. 6,1,50), est traditionnelle dans le roman grec pour peindre un amour débutant : E. Rohde, *Der griechische Roman*, Leipzig 1900, p. 166. L'alliance *tener Achilles* (cf. *Ruf.* 2,180) se lit chez Stat. *Silu.* 2,1,88.

2. La leçon *in uultus quos pinxit* est confirmée par l'imitation de Ven. Fort. 6,1,45 : « animoque recurrens *ad uultus quos pinxit Amor* ». La variante *in uulnus quod fixit* a pu être suggérée par Stat. *Silu.* 1,2,84, où l'Amour dit : *uulnera fixi*.

Page 60 :

1. Beau *uersus aureus* à valeur conclusive, comme la comparaison qu'il clôt. Cette comparaison n'est pas inutile ou déplacée (*contra* Frings 1975, p. 41 et 118). Claudien insiste sur le contraste entre les travaux pacifiques qu'apprend Achille (v. 18), les premiers gestes de tendresse d'un amour qui s'ignore (v. 19), et les combats que livrera plus tard le bouillant Achille (v. 17 et 18 qui imite Stat. *Ach.* 1,872 *sine perfida palleat Ide*, paroles des Grecs quand ils retrouvent Achille à Scyros). N'y a-t-il pas la suggestion

que le jeune Honorius, présentement absorbé par l'amour, pourrait se révéler bien vite un redoutable Achille (pour Gildon ?).

2. En présentant (artificiellement) Stilicon comme peu empressé à marier sa fille (*cunctatur, differt, recusat*), Claudien masque l'intérêt politique de ce mariage pour Stilicon et le rôle qu'il a joué (*Fesc.* 3,6 ; Cameron 1970, p. 99-100). Comparer *Gild.* 368 *quonam usque remoti cunctamur* ?

3. L'interprétation des v. 23-27 soulève des difficultés. Koenig 1808 : *alii aliter hunc locum difficilem et obscurum expedire conantur.* Honorius déclare d'abord qu'il n'a pas suivi la pratique des monarques qui choisissent leur future femme en se faisant passer des portraits (v. 23-25, avec une incertitude sur la fonction de *thalamis* au v. 24, qui peut se rattacher à ce qui précède ou à ce qui suit, mais dont la reprise au v. 26 ne peut gêner que ceux qui font des préjugés sur les répétitions : après Barth, Heinsius et bien d'autres, Hall préfère *tabulis*, attesté par le seul ms. A, du XIVe s.) ; peut-être faut-il voir là, avec Claverius, Barth et Cameron (1970, p. 53) un coup de patte à Arcadius qui a choisi Eudoxie à partir de portraits (Zos. 5,3,3).

Honorius n'a pas non plus multiplié les expériences prénuptiales (v. 26 ; cf. *Stil.* 2,74-76) ; mais cette interprétation n'impose pas le choix de la leçon très minoritaire *laturus* (*contra* Birt *ad loc.* : *Amor variis thalamis dubius idem est ac dubius per varietatem concubinarum itaque ad* laturus *dativum "puellae" suppleas*) ; Frings adopte lui aussi *laturus*, mais interprète *thalamis* comme un *Dativobjekt* et traduit (p. 120) : *da ich nicht eine (noch) unschlüssige Liebe vielen verschiedenen Familien antragen wollte.*

L'interprétation de *cerae* fait aussi problème. Barth glose : *colori fucoque fallenti et formosiorem referenti puellam quam erat. Cera enim hoc loci nihil aliud quam fucum uel pigmentum notat aut colorem qualibus pictores utuntur.* Frings (p. 123) comprend, au sens propre, les tablettes de cire sur lesquelles on écrivait et R. Bertini Conidi (1988, p. 82), sans écarter la possibilité d'une statuette de cire, pense plutôt à des *scritti su tavolette di cera... nei quali erano descritte les caratteristiche della fanciulla in oggetto* (Ou. *Met.* 9,521 et 600 ; Mazzarino 1942, p. 92 n. 5 et 94).

Page 61 :

1. La polyptote souligne l'importance (depuis Constantin) du principe dynastique. Mais Claudien tempère ce principe par l'affirmation des mérites personnels (v. 259-277 ; *4 cons.* 220). La clausule *principe natus* est empruntée à Iuu. 8,198.

Page 62 :

1. De l'histoire, Claudien passe au mythe. Sur le rire de Cupidon, Frings 1975, p. 129-130. *Placida* n'étant pas une épithète de Vénus, j'opte avec Birt pour la forme adverbiale *placide.*

2. Claudien pense au célèbre sanctuaire de Paphos (cf. v. 148 et 254 ; Hom. *Hymn. Aphr.* 58 sqq. ; Verg. *Aen.* 1,415-7) ; mais, comme ses références géographiques sont approximatives, j'ai conservé la leçon qualitativement la mieux attestée. En revanche *cypre(a)e rupis* est impossible métriquement et s'explique facilement à partir de *cypri pr(a)eruptus*. Comparer Catull. 64,126 *praeruptos... montes.*

3. Claudien commence ici l'une des plus célèbres descriptions de *locus amoenus* (E.R. Curtius, *La littérature européenne et le Moyen Age latin*, trad. française J. Bréjoux, Paris 1956, chap. 10, p. 226 sqq. ; G. Schönbeck, *Locus amoenus von Homer bis Horaz*, Diss. Heidelberg 1962) : Boccace par exemple la cite (avec la fausse référence *De laudibus Stilliconis*) dans sa *Genealogia deorum* (11,4) ; on pourrait relever aussi (Frings 1975, p. 18-22) la maison de Vénus chez Jean d'Altavilla, *Architrenius* 1, p. 252-3 Wright ; ou la maison de Nature dans l'*Anticlaudianus* d'Alain de Lille (1,107 sqq.) ou encore les *Stanze per la giostra* de Politien en 1476 (1,68 sqq. ; voir Braden 1979). Les v. 52-53 rappellent Hom. *Od.* 6,43-45. La description commence de façon négative : le site ignore le gel et l'hiver pour se réserver un printemps éternel. La leçon la mieux attestée *candentes* (v. 52) est appuyée par *c. min.* 41,15 *candescet... Meroe pruinis* ; Auian. 34,7 « ubi *candentes* suscepit terra *pruinas* » ; Mart. Cap. 2,116 *candens... pruina* (Sil. 3,534 *canentis pruinae* ; Lucr. 3,20-21 *pruina cana cadens* ; Ennod. 245,15 Vogel *canas... pruinas*). *Acer* caractérise le froid de l'hiver (Lucr. 3,20 et 4,261 ; Hor. *Carm.* 1,4,1), alors que le printemps éternel est un attribut à la fois du *locus amoenus* (Schönbeck, p. 39 sqq.), de l'âge d'or (Ou. *Met.* 1,107) ou du paradis (Mar. Vict. 1,228).

Page 63 :
1. Manil. 3,655 (l'animal au printemps) *in Venerem partumque ruit.* Le thème des amours des plantes est conseillé par Ménandre (Spengel 3, 402) et mis en œuvre par Himérios dans son épithalame (*Orat.* 1,8) ; cf. aussi Nonn. *Dion.* 3,132 sqq. et Ach. Tat. 1,17,3-5.

Page 64 :
1. La source fait partie du paysage idéal (Schönbeck, p. 20 sqq.). Mais c'est Claudien, semble-t-il, qui a créé, par la transposition descriptive d'une réalité psychologique, le motif des deux sources d'Amour, l'une douce et l'autre amère (le thème de l'amour doux-amer remonte à Sappho frg. 130 Lobel-Page), qui influencera la littérature médiévale, Boiardo et le Tasse (Morelli 1910, p. 353-4), et déjà Dracontius : *Rom.* 2,110 *permiscens mella uenenis* ; 7,48 « sic puer Idalius permiscet *mella uenenis* » ; 6,112-3 « ille libens *imbutas melle sagittas* / misit » (cf. *Pall.* 142).

2. *Pall.* 30 *innumeros... Amores.* Dans son épithalame (*Silu.* 1,2,64), Stace avait déjà écrit *pharetrati... fratres.* Description

du cortège des Amours dans l'épithalame de Ruricius et Hiberia (Sidon. *Carm.* 11,42-46). *Ludunt in margine*: comparer *Aegr. Perd.* 40 sqq. - *Mollis* qualifie *amor* chez Domitius Marsus (frg. 7,3 Büchner : *molles qui fleret amores*) et Ou. *Epist.* 15,179 ; et l'épithalame de Stace (*Silu.* 1,2,54, imité par Sidon. *Carm.* 11,42) parlait déjà d'*agmen Amorum*. Sidoine reprendra la distinction entre Cupidon et les autres Amours (*Carm.* 11,50).

3. L'épithète vient d'Hom. *Il.* 3,64 ; 22,64 ; *Od.* 4,14. Chez les Latins : Verg. *Aen.* 10,16 ; Ou. *Met.* 10,277 et 15,761 ; *Epist.* 15[16],35 et 291 ; Stat. *Silu.* 3,4,22.

4. Sur le goût des personnifications allégoriques que Claudien partage avec son époque (on songe à la *Psychomachie* de Prudence), Fargues 1933, p. 258 sqq. ; Claudien influencera Guillaume de Lorris *(Roman de la Rose)* et Alain de Lille *(Planctus Naturae)*. Il rivalise ici avec la peinture des allégories qui peuplent le vestibule des Enfers chez Virgile (*Aen.* 6,273-81) ; cf. aussi *Ruf.* 1,28-38. Pour *Licentia* personnifiée, Cic. *Leg.* 2,42 ; Hor. *Carm.* 1,19,3. - *Flecti faciles Irae*: Ter. *Andr.* 555 *Amantium irae amoris redintegratio est.* - *Excubiae*: allusion au *paraclausithyron*. - *Amantum Pallor*: Hor. *Carm.* 3,10,14 *pallor amantium* (cf. Catull. 64,100 ; Ou. *Ars* 1,727). - *Voluptas*: Dracontius la place lui aussi dans le cortège de l'Amour (*Rom.* 6,61 et 7,59). - *Iuuentas*: Verg. *Georg.* 3,63.

5. La description du palais proprement dit (v. 85-96) rivalise avec celles d'Ovide (*Met.* 2,1-18 : palais du Soleil construit lui aussi par Mulciber) et de Stace (*Silu.* 1,2,147-57 : palais romain de Stella) ; cf. Nonn. *Dion.* 3,172 sqq. Apollonios de Rhodes (3,36-37) avait déjà mentionné un palais construit par Héphaïstos pour Cypris et Sidoine (*Carm.* 11,14-15) reprendra le motif à propos du sanctuaire corinthien de Vénus, construit comme ici par le *Lemnius* (= Vulcain, honoré à Lemnos où Zeus l'avait précipité : Hom. *Il.* 1,590-4). Corippe se souviendra peut-être de Claudien dans sa description du trône de Justin (*Iust.* 4,114 sqq.). Telle une mosaïque, la description de Claudien (cf. Gagliardi 1972, p. 109) se caractérise par une profusion de couleurs et de lumière. Mais la vue n'est pas le seul sens sollicité : le jardin intérieur (v. 92-96) exhale les parfums orientaux des plantes aromatiques.

Page 65 :

1. Expression traditionnelle en cette position métrique (*Ruf.* 2,392) : Verg. *Aen.* 6,486 et 656 ; Ou. *Met.* 1,171 ; 5,167 ; Sil. 15,20-21 ; Iuu. 6,658 ; Iuuenc. 4,685. Dracontius [?] a repris toute la fin de vers de Claudien, mais en inversant (comme les Grecs) la gauche et la droite (*Orest.* 960 à propos de Pylade) : *laeua dextraque sorores.*

Page 66 :

1. Depuis Homère, les Grâces sont les compagnes d'Aphrodite (*Il.* 5,338 ; *Od.* 8,362-5) ; c'est pourquoi Claudien leur attribue ici une épithète de Vénus, honorée à Idalie de Chypre ; cf. *Pall.* 8. La *iunctura* a été reprise par l'auteur [moderne ?] de l'*Epith. Patricii* (v. 10 PLM 5, p. 422) : « cum Venus *Idaliis* comitata *sororibus* exit ». R. Bertini Conidi (1988, p. 86) attire l'attention sur un sarcophage du IIIe s. conservé à Saint-Laurent-hors-les murs, qui représente les trois Grâces coiffant Vénus : c'était une scène de genre. Apollonios (3,45-47) avait décrit Aphrodite en train de se coiffer au moment où Athéna et Héra viennent la trouver. Sur le nectar onguent des dieux, Hom. *Il.* 14,170 sqq. ; pour Nonnos (*Dion.* 33,5-8), les Grâces préparent les onguents d'Aphrodite. Virgile présente les cheveux de Vénus comme parfumés d'ambroisie (*Aen.* 1,403).

2. Pour ce dialogue entre Vénus et Cupidon, comparer Stat. *Silu.* 1,2,65-102 et, plus tard, Ven. Fort. 6,1,49-59. La *iunctura* imagée *proelia sudas* a été reprise par Prudence *Cath.* 2,76 (Jacob) *sudauit impar proelium. - Improbus* comme qualificatif de Cupidon : Prop. 1,1,6 ; Verg. *Aen.* 4,412 ; mais l'adjectif me semble ici atténué d'une pointe d'ironie affectueuse. Les v. 112-3 font allusion à l'épisode d'Europe (Mosch. *Europe* ; Ou. *Met.* 2,833-75 ; cf. *c. min.* 29,53 *cogis mugire Tonantem* ; Drac. *Rom.* 2,19-22 ; Anth. lat. 221,3 Riese). - Pour Titan, Nonn. *Dion.* 33,131 sqq. ; ce nom peut aussi désigner le Soleil, comme fils de Titan. La référence au même vers à la Lune (Nonn. 33,128) rend probable cette interprétation. Sur les amours de la Lune avec le berger Endymion dans une grotte, Theocr. *Id.* 20,37-39 ; Apoll. Rhod. 4,57 ; Catull. 66,5.

3. Thème traditionnel du baiser : Apoll. Rhod. 3,148-153 ; Prop. 1,20,27 *oscula suspensis... carpere* ; Stat. *Silu.* 1,2,103 sqq. ; Apul. *Met.* 4,31 et, dépendant de Claudien, Sidon. *Carm.* 11,59-62 ; cf. aussi Nonn. 33,143-6 et Drac. *Rom.* 10,126. Comme Frings (1975, p. 164), je pense que Claudien joue de l'ambiguïté du terme *oscula* : Cupidon est-il suspendu aux baisers ou à la bouche de sa mère ?

Page 68 :

1. La conque est un attribut traditionnel de Triton : Ou. *Met.* 1,333 (fin) *conchaeque sonanti* (l'image de Triton est inspirée d'Ovide : Charlet 1995, p. 128-131) ; Verg. *Aen.* 10,209. Pour la fin du v. 132, Verg. *Aen.* 6,171 (Misène) *personat aequora concha. -* L'expression *Aegaeae undae* se lit chez Ou. *Met.* 9,448 ; *Epist.* 15[16],118 ; 20[21],66, mais aussi chez Prop. 3,24,12.

2. Claudien semble se représenter Triton comme une sorte d'ichthyocentaure avec un haut de corps et des bras humains, des sabots de taureau et un bas de corps de serpent de mer : Frings 1975, p. 63-65 et 172-3 avec bibliographie des représentations figu-

rées ; illustrations chez R. Bertini Conidi 1988, fig. 14, 15, 16, 18. Rapprocher le v. 147 de Verg. *Aen.* 3,427-8 (Scylla) *pistrix… / … commissa* ; cf. aussi Apoll. Rhod. 4,1610-5.

Page 69 :

1. Sur Vénus portée par un triton, Sidon. *Carm.* 11,34-35. Comparer le voyage marin de Vénus (souvent représenté, voir note précédente et R. Bertini Conidi 1988, fig. 14 à 19) à Apul. *Met.* 4,31 ; Claudien a pu influencer Poussin : voir C. Dempsey, « The Textual Sources of Poussin's Marine Venus in Philadelphia », *JWI* 29, 1966, p. 438-42. La clausule *aequore plantas* est virgilienne (*Aen.* 7,811 à propos de Camille).

2. Sur Leucothoé et Palémon, cf. *4 cons.* 464-5 et n. compl. 2. Vers de facture alexandrine : cf. *Ciris* 396 « *Leucothea paruusque dea cum matre Palaemon* » ; imité par Sidon. *Carm.* 11,43-44 *hic cohibet delphina rosis uiridique iuuenco, / hic uectus spretis pendet per cornua frenis.* Pour le motif du dauphin comme monture, Plin. *Nat.* 9,27 sqq. ; 36,26 ; Paus. 2,1,7 ; Apul. *Met.* 4,31 ; Nonn. *Dion.* 13,441-2.

Page 70 :

1. Même clausule spondaïque (*Rapt.* 1,104 ; *Get.* 337) chez Catull. 64,11 ; Ou. *Met.* 1,14 ; *Fast.* 5,731. Amphitrite est l'épouse de Neptune, le Jupiter de l'élément liquide (Frings 1975, p. 184) ; comme Néréide : Hes. *Theog.* 243 et 254.

Page 71 :

1. Première attestation, avant Rut. Nam. frg. A 6 ; Sidon. *Epist.* 7,17 v. 20 et Isid. *Orig.* 15,1,57, du *sus laniger* éponyme de *Medio-lanum* (nom qui n'entre pas dans l'hexamètre) : Vallette 1944 ; Charlet 1994, p. 114 et n. 16.

Page 72 :

1. Cf. *Fesc.* 3,3-4. Le *lituus* et la *tuba* sont des instruments militaires ; pour la *tibia* dans le culte de Vénus, Hor. *Carm.* 4,1,22. Même fin de vers *clangore tubarum* chez Lucan. 4,750 ; *clangorque tubarum* chez Verg. *Aen.* 2,313 et 11,192.

Page 74 :

1. Comparer la formation intellectuelle et morale donnée à Marie par Sérène à celle de Sérène elle-même (*Ser.* 146-9). Dans les deux cas, Claudien insiste sur la double culture, latine et grecque, des deux femmes, ce qui peut surprendre (P. Courcelle, *Histoire littéraire des grandes invasions germaniques*, Paris 1964, p. 42-43 ; mais cf. *4 cons.* 398… et Claudien est un grec d'Alexandrie !). Dans le *Panégyrique de Sérène*, il mentionne Homère et Virgile ; ici, il ne désigne individuellement que des poètes grecs, mais Orphée

(cf. *c. min.* 23,11 : *Argonautiques orphiques* ?) et la poétesse lyrique Sappho (voir Frings 1975, p. 204) accompagnent Homère. L'éducation de Marie est morale, tout autant que littéraire, et traditionnelle (et uniquement païenne, ce qui jure avec le christianisme militant de Sérène : voir t. IV, *Ser.*), puisque fondée sur les *exempla... prisca pudicitiae* (v. 231-2), développés en *Ser.* 150-9. Traditionnel aussi le rôle de la mère (v. 233) : Tac. [?] *Dial.* 28.

2. Dans ce *uersus aureus*, la distribution des épithètes peut surprendre. Pour respecter les canons de la beauté féminine, Gesner (suivi par Frings, Hall et Bertini Conidi) a corrigé la leçon transmise par *tous* les mss. en *flauo niueam* : Sérène a une peau blanche comme neige et une tête (chevelure) blonde (*flauo uertice* : Catull. 64,63). Mais pourquoi une leçon aussi facile aurait-elle totalement disparu d'une tradition manuscrite aussi fournie ? Avec Koenig (suivi par Birt et Koch), je conserve donc le texte transmis... sans supposer pour autant que les cheveux de Sérène aient été blancs ! Ils étaient blonds (*flauam... Serenam*), mais ce qui donne à sa tête une couleur de neige, ce sont les bandelettes qui attachent ses cheveux : Catull. 64,309 *At roseo niueae residebant uertice uittae* ; Ou. *Met.* 2,413 *uitta coercuerat neglectos alba capillos*. On peut aussi supposer un double hypallage.

Page 75 :

1. La rose, reine des fleurs, sied à Sérène et à Marie : sur le diptyque de Monza, Sérène tient une rose à la main. Les roses de Paestum sont les plus célèbres dans l'antiquité : e.g. Verg. *Georg.* 4,119 ; Ou. *Pont.* 2,4,28 ; Carm. *ros.* 11 (RE 7,1 « Gartenbau », c. 815). Comparer la description de Claudien (v. 248-50) à Carm. *ros.* 11-12 ; 25-32. Le v. 250, qui prend le contrepied de Verg. *Georg.* 2,332-3 (*inque nouos soles audent se gramina tuto / credere*), exprime peut-être la pudeur de Marie devant l'éclat rayonnant de l'empereur Honorius (Christiansen 1969, p. 37).

2. La présence de Vénus sacralise le mariage et sa salutation à Marie peut apparaître comme la transposition païenne de la salutation de l'ange à la Vierge (Fargues 1933, p. 256-8). En revanche, je ne suis pas convaincu par le parallèle que tente Fo 1981 avec la version poétique de l'Annonciation chez Juvencus (1,52-63) et ne suis même pas sûr que le v. 251 fasse écho à Iuuenc. 4,518 (à propos de Judas !) *blanda cum uoce salutat.* Comparer avec l'apostrophe d'Apollon à Iule (Verg. *Aen.* 9,642 *dis genite et geniture deos*) ou celle de Stace à Domitien (*Silu.* 1,1,74 *salue, magnorum proles genitorque deorum*) ; cf. aussi Sil. 3,625 et, après Claudien, Ven. Fort. 6,1,49-50. L'épithète *siderea* divinise Sérène (cf. Stat. *Silu.* 1,2,141 ; *Pall.* 3).

3. Le parallèle avec Hor. *Carm.* 1,19,9-10 *Venus / Cyprum deseruit* (cf. Sappho frg. 7 ; Alcman frg. 35) conforte la forme latine d'ac-

cusatif *Cyprum* (*contra* Hall). Même anastrophe *te propter,* répétée en anaphore, chez Verg. *Aen.* 4,320-1 (cf. Tib. 1,7,25). Le second hémistiche du v. 255 rappelle Verg. *Aen.* 3,368 *tantos... superare labores.*

Page 76 :

1. J'ai traduit *uiola* par l'archaïque "viole" pour éviter le terme "violette" qui évoque le violet : ce n'est pas la couleur des cheveux de Marie ! Par *uiola*, les Latins entendent plusieurs fleurs différentes. Virgile cite les *nigrae uiolae* (*Ecl.* 10,39), ce qui a poussé Gesner à supposer que les cheveux de Marie étaient noirs. Pline (*Nat.* 21,47) distingue les *uiolae purpureae, albae, luteae.* Avec Koenig, je penserais plutôt à cette dernière teinte, et donc à des cheveux blonds, selon les canons antiques de la beauté (pour Claudien, Bertini 1984).

2. Les sourcils se joignent aussi dans le canon esthétique féminin de Pétrone (126,15). Chez Ovide (*Ars* 3,201), les belles remplissent artificiellement l'intervalle qui les sépare.

Page 77 :

1. À l'origine, les mariées romaines portaient les cheveux divisés en six tresses (*seni crines* : P. Fest. 62 M.) ; à partir du IVᵉ s. av. J.C., on leur substitua de grandes boucles : M. Torelli, *Lavinio e Roma (riti iniziatici e matrimonio tra archeologia e storia),* Roma 1984, p. 31-50. Ici, Vénus use d'une épingle en guise d'*hasta caelibaris* (sur celle-ci, N. Boëls-Janssen, *La vie religieuse des matrones dans la Rome archaïque,* École française de Rome 1993, p. 112-126). La *tunica recta* de la mariée était serrée par un *cingulum* tenu par le *nodus Herculeus.* Sur le *flammeum* (v. 285), N. Boëls, *ibid.,* p. 127-134. Claudien ne mentionne que quelques rites traditionnels (*païens*) du mariage. En fait, il s'est agi d'un mariage chrétien, mais toute la dimension chrétienne de cette cérémonie a volontairement été occultée.

Page 78 :

1. Sur cette couleur, *RAC* 7, 399 sqq. Les rhéteurs recommandent de décrire dans l'épithalame la joie des habitants et de la ville (Ménandre, Spengel 3, 404). À la veille d'une campagne militaire en Afrique, Claudien braque habilement le projecteur sur Stilicon (*socerum,* v. 296 ; cf. *Fesc.* 3,9 et 12) et sur l'armée, à laquelle il fait jouer le rôle que Stace avait assigné à Cupidon et à la Grâce (*Silu.* 1,19-21) : verser une pluie de fleurs (cf. *Pall.* 116-8) ; ici, sur la personne de Stilicon, c'est une manière de triomphe (Ou. *Trist.* 4,2,50 ; à propos du triomphe de l'amour, *Am.* 1,2,40). Le laurier est pour le triomphe, le myrte pour Vénus (voir v. 208 et note h). Le poète insiste sur le contraste chromatique *candidus... purpureo.*

2. L'épithalame d'Honorius s'achève sur une louange de… Stilicon (v. 300-41), habilement placée dans la bouche des soldats. L'invocation à l'empereur Théodose divinisé (*diue*), selon une tradition plus politique et néoplatonicienne que chrétienne (voir *3 cons.* 106-9 et n. compl. 1 ; 158 sqq.), cautionne la politique de Stilicon et fait apparaître un mariage de convenance politique comme le respect d'un engagement pris (cf. *supra*) : v. 300-5. Stilicon joue fidèlement le rôle que Théodose lui a confié (v. 305-8) et il est loué pour sa valeur militaire (v. 309-11) et pour sa sagesse d'homme d'état qu'il est naturellement (v. 312-36). Qu'il se mêle à la liesse populaire ; il sera comblé par ses autres enfants et par le petit-fils à venir (v. 336-41).

Page 92 :

1. Avec Hall, et contre R. Bertini Conidi, je conserve la leçon *praeda*, donnée par presque tous les manuscrits. La correction *freno* (Heinsius, Koch) est inutile, et la variante *praedo* (N et le ms. qui lui est apparenté q *p.c.*, *Excerpta Florentina* ? et *Gyraldina*) semble être une correction malhabile : *praedo* a une connotation péjorative qui serait déplacée dans un éloge. Le texte signifie que la monture d'Honorius est "excitée" par le gibier. Claudien veut-il dire que le cheval, comme un chien, chasse par goût et poursuit d'instinct la proie ? Comme me l'a indiqué mon collègue et ami E. Delebecque, spécialiste et du cheval et de la chasse, une telle assertion ne serait pas conforme à la réalité : le cheval aime la vitesse, mais doit être poussé par l'éperon et la cravache de son cavalier pour poursuivre le gibier. Toutefois Claudien, qui n'est peut-être pas lui-même chasseur, a pu s'imaginer que le cheval aimait chasser ou du moins qu'un cheval d'empereur (dont les qualités ne sauraient être qu'exceptionnelles, comme tout ce qui touche au souverain !) devait briller par la vitesse de sa course et la hardiesse de sa poursuite : Hadrien avait déjà prêté de telles qualités à son cheval de chasse Borysthénès : *per aequor et paludes /… / uolare qui solebat / Pannonicos in apros / nec ullus insequentem / dente aper albicanti / ausus fuit nocere* (CIL XII,1122 = PLM IV, 126, v. 3 à 9 ; voir H. Bardon, *Les Empereurs et les Lettres latines*, Paris 1940, p. 419 et J. Aymard, *Essai sur les chasses romaines*, Paris 1951, p. 176 sqq. et 525). Pourquoi un poète de cour comme Claudien n'imaginerait-il pas pour Honorius un cheval aussi extraordinaire que celui d'Hadrien ? Mais, à l'inverse, il se peut aussi que le cheval soit "excité", c'est-à-dire "rendu nerveux" par le gibier ; en ce cas, Claudien soulignerait les qualités de cavalier d'Honorius, qui sait conduire (*reges*) une monture nerveuse.

2. Adonis était l'amant de Vénus ; il fut tué au cours d'une chasse par la dent d'un sanglier, et Proserpine voulut le garder aux enfers. Un arrêt de Jupiter permit à Adonis de partager son

temps entre les deux déesses et de revenir sur terre. On sait comment mourut le jeune chasseur Hippolyte, fils de Thésée et de l'amazone Hippolyte ; mais Diane, dite la Cynthienne parce qu'elle est née sur le Cynthe, montagne de Délos, demanda à Esculape de le rendre à la vie et elle le transporta dans le bois d'Aricie en lui donnant le nom de Virbius pour le rendre méconnaissable. C'est du moins la tradition rapportée par Verg. *Aen.* 7,761-82 et Ou. *Met.* 15,497-546 et *Fast.* 6,737-56, et à laquelle se réfère Claudien. En réalité Virbius est une vieille divinité italique des bois et de la chasse, assimilée par la suite à Hippolyte.

Page 102 :

1. Les deux provinces de Ligurie et de Vénétie symbolisent toute l'Italie du nord qu'elles encadrent : depuis la division de Dioclétien, Milan fait partie de la Ligurie. L'opposition *campi* / *montes* est purement rhétorique, car il y a autant de plaines en Vénétie que de montagnes en Ligurie. La reprise de *fauete* dans ces deux vers parallèles rappelle peut-être le passage où Stace célèbre l'anniversaire de Lucain (*Silu.* 2,7,19-20) : *Lucanum canimus, fauete linguis, / uestra est ista dies, fauete, Musae.*

2. Claudien unit ici les grands fleuves de l'Italie du nord (Cisalpine), déjà cités, voire associés par Virgile dans des paysages idylliques : association du Pô et de l'Adige en *Aen.* 9,680 (*siue Padi ripis Athesim seu propter amoenum*) ; description du sinueux Mincio et de ses rives en *Georg.* 3,14-15 (« ubi *flexibus* errat / *Mincius* et tenera praetexit *harundine* ripas » ; cf. *Ecl.* 7,12-13 ; en remplaçant *harundo* par *calamus*, Claudien joue sur le double sens de ce terme : le roseau est l'instrument musical par lequel le Mincio exprime sa joie. Le paysage prend la parole : *leue susurret*, qui fait peut-être écho au *leui susurro* d'*ecl.* 1,56. Au dernier vers de la strophe, on notera deux créations verbales juxtaposées : *electriferis* (d'où ma traduction par un néologisme) ; sur l'origine de l'ambre et son association avec les aulnes (Verg. *Ecl.* 6,62-63) ou les peupliers du Pô : Ou. *Met.* 2,364-6 ; Prisc. *Perieg.* 76 *electra legunt alnis*. Et *admoduletur* (emploi actif chez Ven. Fort. *Carm.* 10,11,2). En introduisant le chœur des fleuves, Claudien associe au thème de la joie celui de la fécondité (apportée par l'eau et en particulier par les fleuves ici mentionnés).

3. Comme ses contemporains, et en suivant l'exemple donné par Virgile au chant 8 de l'*Énéide*, Claudien reprend le nom archaïque et religieux du Tibre, *Thybris* : J. Carcopino, *Virgile et les origines d'Ostie*, Paris 1968 (seconde édition), p. 506. Le choix de cette forme, juxtaposée au terme spécifiquement italique *Quirite*, traduit peut-être, comme les noms propres Liber et Virbius dans la pièce précédente, la volonté de se rattacher aux racines italiques de Rome.

4. Le dernier vers de la strophe concentre tout l'orgueil romain en deux expressions traditionnelles. Depuis Ou. *Ars* 3,113, l'épithète *aurea* qualifie Rome : Mart. 9,59,2 ; Iuuenc. *Praef.* 2 ; Auson. *Ordo* 1,1 ; Prud. *Apoth.* 385 et *c. Symm.* 2,1114 ; cf. aussi Modoinus Naso 1,27. Voir M. Bonjour, « *Nunc aurea Roma est.* À propos d'une image ovidienne », *L'élégie romaine* (colloque de Mulhouse 1979), Paris 1980, p. 221-30 ; et mon *Influence d'Ausone*, p. 34-35. L'évocation des sept collines (*arces*) de Rome (cf. *Stil.* 3,65-66), en rapport avec la grandeur et la puissance de la Ville, remonte en poésie à Virgile (*Aen.* 6,781-3) : « illa incluta *Roma* / imperium terris, animos aequabit Olympo, / *septem*que una sibi muro circumdabit *arces* ». Sur la signification de ces sept collines, R. Gelsomino, *Varrone e i sette colli di Roma*, Rome 1975 (en particulier p. 63-65). Mais, dans l'expression de ce thème, Claudien se rapproche plutôt de Stace : chez Virgile, qui imite Catull. 11,7, l'adjectif composé *septemgeminus* qualifie le Nil (*Aen.* 6,801) ; c'est Stace qui, par deux fois, le rapporte à Rome : *Silu.* 1,2 [épithalame],191 -*ae Romae* ; 4,1,6-7 *et septemgemino iactantior aethera pulset / Roma iugo*.

Page 103 :

1. La leçon *feta*, adoptée par la plupart des éditeurs depuis la *princeps*, est tentante car elle reprend l'idée de fécondité (bien à sa place dans un *kateunastikos* !) suggérée plus haut par le chœur des fleuves. Mais l'alliance *imperio feta* pour exprimer l'idée que la maison de Théodose a donné trois empereurs est difficile. Aussi ai-je préféré la leçon la mieux attestée, *freta* : la maison de Théodose est forte du pouvoir impérial qu'elle exerce. Cicéron emploie *fretus imperio* en un sens différent, à propos du roi Ptolémée confiant dans la souveraineté du peuple romain (*Sest.* 57).

2. À partir de Barth, les éditeurs ont adopté la leçon *flumineo*, qui n'est attestée par aucun *uetustior*. Cette correction a le mérite de filer la métaphore du v. 18 = 22 *fluit semen* et de reprendre le thème des fleuves. Mais la leçon des mss. *flam(m)ineo* (parfois corrigé en *flammeo* [impossible *metri causa*], *flam(m)igero* voire *foemineo* [Claverius]) donne un sens satisfaisant explicité par les gloses médiévales : *nobilitas* (R) ; *nobili* (P) ; *sacerdotali: reges enim sacerdotes esse solebant* (P_6) ; *idest imperiali: imperator enim summus flamen idest summus sacerdos dicebatur* (F_3). Claudien veut exprimer le caractère "sacerdotal", sacré, de la famille de Théodose.

3. L'Océan est non seulement le père des fleuves (Hom. *Il.* 21,195-7 ; Hes. *Theog.* 337 sqq.), mais celui de tous les êtres (*Il.* 14,246), y compris les dieux (*Il.* 14,201 et 302) ; cf. *Ol.* 215-6 *patrem / Oceanum* ; mais il est aussi le père de la race hispanique dont descend la famille théodosienne (*4 cons.* 18-23 et n. compl.). *Luxuriare* (-*ari*) peut se dire des eaux qui débordent, qui se gonflent,

qui accroissent leur masse (Amm. 22,15,13 à propos du Nil ; Ps. Aug. *serm. ed. Mai* 1,1 et 72,1). Claudien veut sans doute dire que l'Océan se gonfle en signe d'allégresse. Mais ce verbe pourrait s'appliquer ici, comme en *Ol.* 217 à propos du Tibre, à la représentation traditionnelle des fleuves : sa chevelure "végétale" s'épanouirait en une frondaison printanière en l'honneur du mariage d'Honorius : l'Océan est un *fleuve* qui, dans les représentations hellénistiques, apparaît souvent avec les attributs des dieux fluviaux : barbe et cheveux mêlés de poissons et d'autres animaux marins et de végétation, qui couvrent en partie le visage et descendent sur la poitrine. Sur le vase François, l'Océan figure dans le cortège des dieux aux noces de Pélée. L'alliance *uitreis antris* est traditionnelle dans la poésie flavienne à propos de la demeure des divinités aquatiques : Stat. *Silu.* 3,2,16 à propos des Néréides ; Sil. 8,191 à propos du Numicius ; cf. aussi 8,191. Compte-tenu de la nature antique du verre, l'adjectif *uitreus* renvoie à un vert tirant sur le bleu (J. André, *Étude sur les termes de couleur dans la langue latine*, Paris 1949, p. 188-9).

4. En exprimant la joie de l'Empire, Claudien met en avant la concorde de ses deux parties. Souhait, et non réalité (voir intr.), cette unité de l'Orient et de l'Occident est stylistiquement traduite par deux polysyndètes que soulignent des parallélismes phoniques : homéotéleute *(Oriensque... Occidensque)*, puis une anaphore *(quaeque... quaeque)*.

Page 108 :
1. Claudien reprend ici le *topos* élégiaque de la guerre qui cède à l'amour (Tib. 1,1 et 10, où l'activité guerrière est évoquée comme ici par les sonneries de trompette ; chez Claudien, *Nupt.* 190-210). Ici la torche, attribut de la cérémonie nuptiale (Catull. 61,15 *taeda* ; 61,77 ; 98 et 121 *faces*), qui par métonymie peut désigner le mariage lui-même (Catull. 64,302 *taedas iugalis* et surtout 64,25 *taedis felicibus* : même *iunctura* que chez Claudien), doit repousser la guerre, personnifiée par son dieu, *Mars saeuus* (expression traditionnelle dans l'épopée : Verg. *Aen.* 7,608 ; 11,153 ; Lucan. 7,613 ; Stat. *Theb.* 8,732). Ce thème prolonge l'assimilation suggérée entre Stilicon et Bacchus, traditionnellement présenté comme hostile à la guerre (Ou. *Met.* 3,553-4 *puero... inermi / quem neque bella iuuant nec tela...* ; Stace *Theb.* 7,172 *Vnde tubas et Martem pati*, avec la même association de Mars et des trompettes guerrières). Mais, au moment où se célèbre le mariage, Stilicon a fini de concentrer les troupes qui vont reconquérir l'Afrique. Les mots de Claudien correspondent donc précisément à la situation de son protecteur, pour qui le mariage de l'empereur ne constitue qu'une pause de courte durée dans une activité militaire quasi permanente.

2. Marie, issue de la cour par sa mère Sérène, y retourne en épousant l'empereur. La ponctuation du v. 6 et l'interprétation de

l'expression *patris officiis* font problème. Birt, Koch, Platnauer et Hall ponctuent après *sanguis*, en faisant porter *patris officiis* sur *iunge*, qui se trouve ainsi maladroitement complété par deux ablatifs. Crépin ponctue après *officiis* en faisant porter le groupe sur *redeat*. Mais l'expression désigne-t-elle vraiment les "soins paternels" de Stilicon ? Claudien avouerait-il aussi clairement que Stilicon est l'instigateur du mariage, alors qu'au début de l'*Épithalame* il s'efforce de présenter cette union comme voulue par Théodose et hâtée par la passion amoureuse du jeune empereur ? Ce serait de sa part une faute politique. Il est plus naturel de supposer que le poète s'en tient à une prudente ambiguïté : au premier niveau de lecture, *patris* doit désigner Théodose (cf. *Nupt.* 29-30 où Honorius déclare que son père a voulu ce mariage). Mais ceux qui sont initiés aux arcanes de la politique peuvent penser à Stilicon (cf. v. 12 *pater*).

Page 109 :

1. En épousant Sérène, Stilicon est devenu le gendre d'un empereur *(Augustus)* ; maintenant, il devient le beau-père du successeur de Théodose. Claudien reprendra le jeu de mots assonant *gener / socer* dans son panégyrique de Stilicon (*Stil.* 1,78 *et gener Augusti olim socer ipse futurus*). C'est dire l'importance qu'il accorde à ce thème : Stilicon fait partie de la famille impériale. Peut-être ce jeu de mots lui a-t-il été suggéré par le *Panégyrique de Maximien et Constantin* (6,14,6 *rursus hic socer, rursus hic gener est*). Mais les poètes latins ont souvent rapproché *gener* et *socer*, en pensant généralement à César et Pompée (Catull. 29,24 ; Verg. *Aen.* 6,831 ; Sen. *Herc. O.* 426-7 ; *Octauia* 145-6 ; Stat. *Theb.* 11,164-5 ; Sil. 5,318), et Claudien a sans doute voulu reprendre cette association en lui donnant une forme piquante, puisqu'ici c'est le même personnage qui est *gener Augusti* et *socer Augusti*. Bel exemple d'*aemulatio* poétique... avec des arrière-pensées politiques !

Page 114 :

1. *Attollens* : cf. Catull. 62,1-2 *Vesper... lumina tollit. Thalamus*, transposition latine du grec, apparaît chez Catulle, comme l'adjectif *Idalius*, lui aussi forgé sur le grec (séjour de Vénus, cf. *Nupt.* 101 ; *Pall.* 8 et *Rapt.* 2,16). *Iubar* se lit en fin d'asclépiade mineur comme ici chez Sen. *Med.* 100 *nitidum iubar* et Mart. Cap. 912, v. 4 *purpureum... iubar* ; il désigne ici l'éclat de l'étoile du soir, comme dans un épithalame de Calvus (*frg.* 5 *Vesper it ante iubar quatiens*). Chez Virgile (*Aen.* 4,130), il désigne l'éclat de l'astre du matin, mais il est vrai que l'étoile du matin et l'étoile du soir ne sont qu'un seul et même astre (Catull. 62,33-35).

2. Selon les préceptes rhétoriques, l'union des époux doit être présentée comme un combat. Cette présentation est traditionnelle

dans l'épithalame (Catull. 62,59 et 64), comme dans l'élégie (Prop. 2,15,6-7). - *Comminus adgredi* est une expression militaire (Tac. *Hist.* 2,22) ; *impacata* (v. 6), *armat* (v. 10), et *iurgio* (v. 11 ; même position métrique chez Sen. *Med.* 107) filent la métaphore. Le thème fait écho à la lutte imaginée dans la pièce 1 entre Honorius et les Amazones (*Fesc.* 1,31-39) ; mais, plus farouche (et plus vertueuse ?) qu'Hippolyte, Marie luttera avant de se rendre à son époux ! L'emploi des ongles dans les ébats amoureux est souvent mentionné par Ovide ; cf. aussi Hor. *Carm.* 1,6,17 ; Claud. *Pall.* 135.

3. Claudien exprime d'une manière imagée un thème de la morale romaine traditionnelle : pas de victoire sans effort (Catull. 62,16 *amat uictoria curam*). Il met en parallèle deux images : les abeilles qui gardent le miel et les épines qui protègent la rose. Le v. 7, le second hémistiche du v. 9 et le premier du v. 10 renvoient à la rose et à ses épines ; le v. 8, le premier hémistiche du v. 9 et le second du v. 10 évoquent le miel et les abeilles. Bel entrelacement des deux images ! Sur la rose et les épines, Lucien *Hist.* 28 ; Ou. *Fast.* 5,354 ; Amm. 16,7,4 ; Hier. *Epist.* 22,20 ; et, par imitation de Claudien, Drac. *Rom.* 7,49-50 : *sic rosa miscetur spinis... stimulisque fauos apis alma tuetur* ; l'image deviendra un *topos* dans la poésie amoureuse. Le miel est synonyme de douceur depuis Homère ; mais les Anciens savent quel danger court celui qui veut le ravir aux abeilles (Verg. *Georg.* 4,228-38 ; Ou. *Fast.* 3,753-4). L'alliance *Hyblaeus fauus* (v. 8) est empruntée à Stace, chez qui elle évoque la voix d'une femme dans une métaphore galante (*Silu.* 2,1,48).

4. Prouesses militaires imaginaires : le jeune Honorius n'a pas encore combattu les Sarmates. Mais il convient, même au moment suprême de l'amour, de rappeler à l'empereur que la lutte essentielle pour lui (et pour l'Empire) est contre les barbares (cf. *Nupt.* 227 sqq.). L'ambiguïté de l'infinitif *uincere* sert Claudien : est-ce un présent ou un futur proche ? *Sarmatae* est ici un terme vague qui désigne les peuples septentrionaux les plus insoumis. L'épithète *flauus* est souvent accolée aux barbares du nord : les Romains ont retenu un détail physique frappant pour des méditerranéens. Claudien l'applique aux barbares du nord en général (*4 cons.* 54), aux Gaulois (*Ruf.* 2,110), aux Gètes (*Rapt.* 2,65), aux Suèves (*Eutr.* 1,380), aux Gélons (*Eutr.* 2,103), aux Germains (*Stil.* 1,203) et aux Sicambres (*Get.* 419). Fait-il allusion à l'agitation menée par les barbares aux frontières de l'Empire et aux récentes campagnes de Stilicon, au nom d'Honorius, contre Alaric (Cameron 1970, p. 65-66) ?

5. Platnauer traduit « breathe a new loyalty into your breasts ». Mais *adspirare* signifie plutôt "souffler vers, expirer" (Cic. *Nat. deor.* 2,136 *pulmones se contrahunt adspirantes*), voire "exhaler" (Verg.

Aen. 1,693-4 *amaracus... aspirans*). Claudien pense peut-être à la célèbre scène d'amour entre Vénus et son mari Vulcain, au chant 8 de l'*Énéide* (v. 373 *dictis diuinum aspirat amorem*) : Honorius et Marie soufflent, exhalent de leur poitrine (*pectoribus* abl. de la question *unde*, et non datif) un engagement, celui du mariage, qui est nouveau pour eux. Le v. 17, stylistiquement parallèle au v. 16 (mais *sensibus* est un datif), fait passer de l'engagement juridique et religieux des époux (*fidem*) à leur union charnelle : *fax* est une métaphore habituelle dans la poésie élégiaque pour désigner l'ardeur du désir (Tib. 2,4,6 ; Prop. 1,13,26 ; Ou. *Epist.* 16,50). - Le verbe *manere* (*mansuram*) exprime déjà chez Tibulle la durée des liens amoureux (1,2,19 *uincula quae maneant semper*) ; et *sensus*, en face de *pectora* (siège des sentiments), désigne les sens charnels.

6. La leçon *tradite* est la mieux attestée. *Nectite uincula* semble bien être une correction de scribe demi-savant (*lectio facilior*) : l'alliance des deux mots est en effet très classique en poésie : Verg. *Ecl.* 6,23 ; Ou. *Ars* 2,46 ; Sil. 2,247 ; Auit. *Carm.* 3,104 ; Ven. Fort. *Mart.* 1,54. La reprise volontaire de *tradite*, en même position métrique, ne doit pas étonner dans une pièce qui recherche les répétitions et les parallélismes (cf. *ludite*, en même position aux v. 33-34) : elle permet d'unir étroitement les deux vers d'introduction (v. 16-17) à la suite du second mouvement (v. 18 sqq.). La métaphore amoureuse traditionnelle *uincula* annonce les images végétales des v. 19-20 ; même enchaînement d'images dans l'épithalame de Catulle (61,33-35 *mentem amore reuinciens, / ut tenax hedera huc et huc / arborem implicat errans*).

Page 115 :

1. Les images végétales sont de règle dans les poèmes de mariage. Ménandre les prescrit par exemple pour décrire la beauté des époux (Sp. 404). Le lierre attaché à son arbre évoque traditionnellement l'union du couple : Catull. 61,34-35 ; Hor. *Carm.* 1,36,18-20 et surtout *Epod.* 15,5-6 où, comme chez Claudien, le lierre est associé à une variété de chêne (« artius atque *hedera* procera *adstringitur ilex* / lentis adhaerens brachiis ») ; Claudien a remplacé l'yeuse par le rouvre. *Frondens aesculus* correspond à la représentation traditionnellement verdoyante et feuillue de cette espèce de chêne consacrée à Jupiter (Verg. *Georg.* 2,16 *frondet aesculus* ; Sil. 5,484) ; *frondens* se dit aussi de l'yeuse (Verg. *Aen.* 5,129) et du chêne ordinaire (Opt. Porf. *Carm.* 27,1). L'image de la vigne accrochée à un arbre, qui correspond à une méthode de culture antique (Verg. *Georg.* 2,367-8 ; Iust. 6,150 ; Iuu. 8,78), apparaît fréquemment dans la poésie amoureuse, mais généralement l'arbre y est un orme ou un ormeau (*ulmus* : Catull. 62,54 ; Stat. *Silu.* 5,1,48-49 ; en Catull. 61,106-9, la nature de l'arbre n'est pas précisée). *Lentus* est presque une épithète de nature pour la vigne

(*uitis*: Verg. *Ecl.* 9,42) ou son sarment (*palmes*: Verg. *Ecl.* 7,48). Noter l'allitération *premitur palmite populus*. Comme dans la comparaison précédente, Claudien introduit un élément original en changeant l'une des deux espèces du couple végétal traditionnel. Le lierre et la vigne, consacrés à Bacchus (Ou. *Fast.* 3,767 pour le lierre), évoquent l'épouse, source d'ivresse et de fécondité. Le rouvre, consacré au maître des dieux Jupiter (Plin. *Nat.* 12,5), et le peuplier, l'arbre d'Hercule (Verg. *Ecl.* 7,41 ; Ou. *Epist.* 9,64), évoquent la puissance et la force du mari sur lequel s'appuie l'épouse ; peut-être aussi sa fécondité, qui est l'un des attributs d'Hercule (Daremberg-Saglio, "Hercules", p. 116). Les harmoniques joviennes et herculéennes qu'éveille le choix de ces arbres s'accordent bien à un empereur déjà présenté aux v. 37-38 de la première pièce comme un nouvel Hercule. Nostalgie (inconsciente ?) de la théologie tétrarchique ?

2. La pourpre est la couleur de l'empereur ; Honorius est un "porphyrogénète", tout comme l'auraient été ses enfants. Sur le thème du lit échauffé par l'amour qu'il abrite, Mart. 8,77,6 : *et caleat blando mollis amore torus*. Une glose de P_6 montre comment la variante *careat* pouvait être comprise : *.i. uestem deponat maria* ». Les v. 26-27 évoquent l'*imminutio* d'une manière assez crue (le scribe de P_6, manifestement français, glose le v. 27 par "pucelages") : Claudien joue sur le sens propre de *cruor*, le sang virginal de Marie, et le sens figuré de *sanguine Tyrio*, la couleur de la pourpre d'origine phénicienne, assimilée à celle du sang. On notera qu'Homère donne au sang la couleur de la pourpre (*Il.* 17,360-361 ; cf. Plin. *Nat.* 9,135), que le suc colorant tiré des coquillages à pourpre se nomme parfois en grec *aima* (Lucien *cat.* 16 ; Pollux 1,49), que Vitruve emploie à son sujet l'expression *purpurea sanies* (7,13,3) et que, selon Pline l'Ancien (*Nat.* 9,135), la teinture tyrienne est surtout appréciée quand elle a la couleur du sang figé (*in colore sanguinis concreti*). L'alliance *uirgineus cruor* est empruntée à Virgile, mais dans le sens particulier que lui avait donné Ausone. Virgile avait écrit à propos de la mort de la vierge Camille (*Aen.* 11,804) : « [hasta]… *uirgineum*que alte bibit acta *cruor* » ; Ausone a repris ce vers dans son *Centon nuptial* (v. 118, Prete p. 167), pour décrire comme ici l'*imminutio*.

3. Les deux derniers vers de l'*adlocutio sponsalis* reviennent au thème du combat amoureux, en des termes qui, au v. 29, rappellent Catull. 66,13-14, à propos du mari de Bérénice et de sa nuit de noces : *dulcia nocturnae portans uestigia rixae, / quam de uirgineis gesserat exuuiis*. La *retractatio* de Claudien s'est faite dans le sens d'une accentuation du caractère guerrier de l'image : adjonction de *uictor*, suppression de l'adjectif élégiaque *dulcis* et remplacement de *uestigia rixae* par une expression de tonalité franchement militaire : *uulnera proelii*. L'expression *madido toro* est ambiguë :

l'adjectif *madidus* peut signifier "humide" (Verg. *Aen.* 5,179 *madida ueste*) et renvoyer à l'*imminutio* ; il peut aussi signifier "teint" (Mart. 5,23,5-6 *uel cocco madida uel murice tincta ueste*), et renvoyer à la pourpre. Cette ambiguïté prolonge le jeu de mots des v. 26-27.

4. La présence de la flûte, originairement réservée au culte des dieux, dans les fêtes nuptiales est une conséquence de leur caractère religieux. Des flûtistes faisaient partie du cortège qui conduisait la mariée à la maison de son époux *(domum deductio)* ; ils accompagnaient les chants nuptiaux. Pour l'emploi musical de *ducere*, comparer avec *4 cons.* 575-6 : *Phariosque modos Aegyptia ducit / tibia* (habituellement, *carmina ducere* signifie "faire des vers, écrire des poèmes" : Prop. 4,6,13 ; Ou. *Trist.* 1,11,18 ; 3,14[15],31-32 ; *Pont.* 1,5,7). *Peruigiles*, qui s'applique d'ordinaire à un être animé, personnifie en quelque sorte les flûtes en leur donnant la qualité de ceux qui en jouent.

5. La dernière phrase conclut sur l'annonce du mariage, par l'assistance, au monde entier. On notera l'anaphore insistante *haec uox*, qui prépare le vers final, et le caractère hyperbolique des expressions *aetheriis axibus* (cf. Ou. *Met.* 6,175 qui adapte la clausule virgilienne *aetheris axe* : *Aen.* 2,512 et 8,28), *per populos* et *per mare*. Claudien ne pouvant penser qu'à la Méditerranée, cette dernière expression doit suggérer que le cri atteint l'Afrique... en état de rébellion ! N'y aurait-il pas là une mise en garde indirecte rappelant que le nom, et le pouvoir, de l'empereur touchent même les limites de l'Empire ? *Insonet* reprend le *resonet* de *Fesc.* 2,14 = 17, et le dernier vers associe les deux époux : Marie est ici nommément désignée pour la première fois et le nom de l'empereur *(formosus... Honorius* encadre le vers, comme *formosum... Alexim* chez Virgile *Ecl.* 2,1) clôt le poème. Le premier mot de *Fesc.* 1 était *princeps* : les *Fescennins* sont bien des poèmes de cour !

Page 122 :
1. La narration commence par la fin : la reprise de l'Afrique a dû être ressentie par les Romains comme une délivrance : de la famine, du risque de guerre civile, et sans intervention de l'Orient. C'est ce sentiment de délivrance et de joie que le poète exprime dans un premier mouvement de tonalité affective.

V. 1-4 : le retour de l'Afrique au sein de la partie occidentale de l'Empire. Le mot qui exprime ce retour *(redditus,* parfait à valeur résultative), est mis en valeur par une antéposition dynamique avec ellipse de l'auxiliaire et par un jeu de récurrences phoniques : « *reddit*us... Aus*ter* s*u*biectaque *rur*sus... *re*ctore...*fre*-nis... *re*dit ». À cette place, et dans un contexte où il s'agit du retour d'un monde *(orbis,* v. 3), il évoque pour un lecteur cultivé le fameux hémistiche d'Ovide qui marque la fin du déluge originel : *Redditus orbis erat* (*Met.* 1,348). Le sentiment de joie et de déli-

vrance qu'éprouve Claudien avec les Romains est analogue à celui
de Deucalion et Pyrrha (cf. v. 43) après le déluge. Ainsi, le retour
de l'Afrique à l'Empire d'Occident prend une portée cosmique ;
la sécession de Gildon apparaît comme contre-nature, aussi
contraire à la nature des choses que le déluge était contraire à
l'ordre du monde. La fin de cette sécession marque le retour à
l'ordre naturel. *Inperiis* est probablement un pluriel poétique qui
désigne la partie occidentale de l'Empire en suggérant la volonté
stiliconienne de diriger les deux parties de l'Empire. Un vrai pluriel se référerait aux deux parties de l'Empire et suggèrerait que
Gildon s'était séparé à la fois de Rome et de Constantinople. Mais
tel n'est pas le cas : Gildon avait prêté allégeance à Constantinople, l'Afrique n'est pas rendue à Constantinople et pour Claudien il n'y a qu'*un* Empire romain, même s'il est géographiquement divisé en deux parties.

Subiectaque rursus / alterius conuexa poli : le grossissement épique
prend une dimension cosmique préparée par l'allusion à Ovide.
De même dans la *Pharsale*, la tempête à laquelle se heurte le navire
de César sur l'Adriatique est comparée au déluge (5,620 sqq.) et
ébranle la voûte céleste, demeure des dieux (5,632-3) : « Tunc
superum *conuexa* tremunt atque arduus axis / insonuit motaque
poli compage laborat ». Le rapprochement est d'autant plus tentant
que Lucain a pu suggérer l'alliance *conuexa poli* qui renouvelle (cf.
Auien. *Arat.* 590, puis Ennod. *Opusc.* 1 p. 263,15) l'expression virgilienne devenue traditionnelle *conuexa caeli* (*Aen.* 4,451 ; cf. Sen.
Thy. 993 ; Iul. Val. 3,56 ; Aug. *ciu.* 16,9 p. 138 ; Isid. *Orig.* 3,38…) ;
chez Lucain (7,478) et dans la poésie post-virgilienne, on trouve
aussi *conuexa Olympi*.

2. La leçon *geminus orbis* est tentante et a été retenue par bien
des éditeurs (en dernier lieu Birt, Olechowska et Hall) : le singulier s'accorde avec l'image d'unité que veut donner Claudien (v. 2
uno). Mais elle est complètement isolée dans la tradition manuscrite et pourrait s'expliquer par la disparition d'un tilde sur le
verbe ayant ensuite provoqué la correction du pluriel en singulier.
Le verbe *conspirant*, qui forme allitération avec *communibus*
(cf. *concordia* au v. 4), exprime d'une manière organique l'unité
des deux parties vivantes de la partie occidentale de l'Empire qui
respirent ensemble, au même rythme (cf. *Eutr.* 1,398). *Gemini* n'est
pas un simple substitut poétique de *duo*. En retrouvant quelque
chose de son sens premier ('jumeau'), il suggère bien l'unité
congénitale des deux mondes, le nord et le sud, l'Europe et
l'Afrique (et non pas l'orient et l'occident comme le pensent à
tort certains commentateurs) : cf. notamment Lucan. 7,422 *geminum… in axem*, à propos de Rome que le soleil a vu s'avancer au
nord et au sud. *Geminus orbis* se lit chez Némésien *Cyn.* 65
(cf. Anth. 423,50 ; Inscr. christ. Rossi II, p. 257,2,4).

Frenis communibus file après *rectore sub uno* la métaphore de l'aurige qui tient les rênes d'un char (cf. Ou. *Pont.* 2,9,33 ; Lact. *Epit.* 4,13,27). Les récurrences phoniques appuyées relevées n. 1 soudent les cinq premiers vers malgré les deux fins de phrase à la césure hephthémimère aux v. 2 et 4.

3. *Europen Libyae*: expression traditionnelle qui désigne l'union de tout l'occident (*Libya* étant une métonymie pour l'Afrique) et qui remonte à la formation de la langue épique romaine (Enn. *Ann.* 302 : « *Europam Libyamque* rapax ubi diuidit unda »). On la retrouve dans l'expression christianisée et providentialiste du destin politique de Rome (Prud. *c. Symm.* 2,490-1 [en 402] : « quae uis subiecerit, ede, / *Europam Libyamque* tibi », en passant par Lucain (6,817 « *Europam*, miseri, *Libyam*que Asiamque, timete » ; cf. 9,415). L'alliance *iungere Europen Libyae* peut rappeler l'expression par laquelle Horace caractérise l'expansion territoriale punique (*Carm.* 2,2,10-11) : « si *Libyam* remotis / Gadibus *iungas* ».

4. La concorde retrouvée entre les deux frères Honorius et Arcadius, et donc entre les deux parties de l'Empire (voir intr. contexte politique). Claudien adapte l'un des thèmes majeurs de l'idéologie impériale lorsqu'il y a plusieurs empereurs : la *concordia Augustorum*, motif très fréquent dans le monnayage du IVe siècle, notamment de Gratien à Théodose, Arcadius et Honorius. Les Augustes étant en l'occurrence deux frères, Claudien a transposé l'expression officielle dans un registre familial, humain et affectif (voire chrétien ou susceptible d'éveiller des harmoniques chrétiennes, dans la mesure où *concordia fratrum* traduit dans la Vulgate l'ομονοια αδελφων de *Sirach* 25,2).

L'adjectif *plena* est important. Claudien ne dit pas que la concorde est revenue, ce qui laisserait supposer qu'il y avait eu une rupture, mais qu'elle est redevenue *complète*. Les deux poèmes précédents (*4 cons.* et *Nupt.*) ne mentionnaient aucun malentendu entre les deux frères ; mais l'*In Eutr.* parlera de conflit ouvert avec l'orient. Les parallèles avec Gratt. 246 (*plena... rediit* [uictoria]) et Ovide (*Am.* 2,6,13 à propos du perroquet de Corinne en accord avec les autres oiseaux : *plena fuit... concordia*) sont purement formels. Le rapport est plus profond avec Lucan. 9,1097-8 : « *concordia* mundo / nostra perit ». Un même mouvement disloque la phrase dans le vers et *redit* est phoniquement très proche de *perit*. Or Lucain place ces paroles dans la bouche de César à l'annonce de la mort de Pompée : le dictateur regrette que la mort de son beau-fils empêche le rétablissement de la concorde dans le monde. Claudien ressent ici la situation comme analogue, mais rigoureusement inversée : la mort de l'usurpateur Gildon permet le retour d'une concorde totale entre les deux empereurs. L'allusion à Lucain suggère, sans l'affirmer ouvertement, qu'il régnait avant la chute de Gildon un climat analogue à celui d'une guerre civile.

5. La chute de Gildon. Le second hémistiche du v. 5 confirme la présence de la *Pharsale* dans ce passage. Lucain avait fait dire à un ministre de Ptolémée apportant à César la tête de Pompée (9,1017) : *Emathiis quod solum defuit armis*. Cet emprunt manifeste (au point que certains mss. ont rectifié l'ordre *solum defuit* sur le texte de Lucain) suggère à nouveau un climat de guerre civile. *Patriis*, substitué à *Emathiis*, renvoie à Théodose, vainqueur des deux premiers 'tyrans' (= usurpateurs) Maxime (388) et Eugène (394) ; cf. *4 cons.* 72 sqq. Gildon est assimilé à un troisième 'tyran' (noter les jeux de sonorités « *tertius* occub*uit* na*ti* ui*rtute tyr*annus* »). Pour Claudien, il s'agit d'une guerre civile et la campagne s'inscrit dans la politique de restauration de l'autorité de l'État menée par Théodose et continuée par Stilicon et Honorius (cf. v. 253-4). En fait, Gildon avait fait acte d'allégeance à Arcadius et se présentait comme un loyal fonctionnaire de la partie orientale. *Nati uirtute* : Claudien met en avant l'empereur Honorius. Peut-être veut-il dégager la responsabilité de Stilicon : l'entreprise était hasardeuse et l'orient pouvait considérer l'expédition d'Afrique comme un acte de guerre contre lui. Déclaré *hostis publicus* par Constantinople, Stilicon avait besoin de la caution d'Honorius.

6. Après les considérations historiques et politiques des v. 1-6, Claudien laisse libre cours à ses sentiments (v. 7-16) ; le thème de la victoire est maintenant exprimé d'un point de vue affectif. Le premier hémistiche *horret adhuc animus* (v. 7) donne le ton : il est textuellement emprunté à la *Thébaïde* (épopée de la guerre fratricide entre Étéocle et Polynice !), où le devin Amphiaraüs explique à Pluton dans quelles conditions il a été précipité vivant, avec son corps, aux enfers (8,108) : un tremblement de terre l'a soudain absorbé. L'hémistiche repris par Claudien interrompt comme une sorte de parenthèse le rappel de ce terrible événement. Saint Jérôme reprend l'expression à peu près au même moment (en 396) dans son éloge funèbre de Népotien (*Epist.* 60,16,2 *horret animus*), pour exprimer le frisson d'horreur qui le parcourt quand il pense aux invasions barbares qui ravagent l'Empire. Dans les deux cas, l'expression est en rapport avec une catastrophe exceptionnelle. La référence à Stace assimile l'usurpation de Gildon à un tremblement de terre qui engloutit les humains.

La clausule *gaudia differt* est empruntée à Ovide (*Met.* 4,350), dans un contexte sans rapport : la nymphe Salmacis a du mal à réfréner son désir pour Hermaphrodite et à « différer l'instant du bonheur ». Plus riche est le rapprochement avec le livre 9 de la *Pharsale* déjà cité : l'alliance *manifesta gaudia* y exprime la joie que César, voyant la tête de Pompée, ne peut cacher autrement que par des larmes (9,1040-1) : « non aliter *manifesta* potens abscondere mentis / *gaudia* quam lacrimis » (pour *manifestus* à propos de joie, cf. aussi Sen. *Benef.* 2,22,1). L'expression est ici reprise en bonne part : ce n'est plus la joie malsaine et impie de César devant la mort de son gendre, mais la joie de voir achevée la guerre civile par la mort du 'tyran'.

Au v. 8, le verbe *credere* fait peut-être allusion au *dum crederet* de Lucain qui décrivait César le regard fixé sur la tête de Pompée pour se convaincre de sa mort (9,1036). Mais les références au livre 9 de la *Pharsale* et au chant 8 de la *Thébaïde* s'entrecroisent. Palémon rapporte à Adraste la disparition surnaturelle d'Amphiaraüs. Stupéfait, Adraste a peine à le croire (*Theb.* 8,150-1) : « *Stupet* haec et *credere* Adrastus / *cunctatur* ». Ici encore, l'allusion littéraire assimile l'usurpation de Gildon à une catastrophe échappant aux lois naturelles. Elle contribue au grossissement épique en donnant à l'événement historique une dimension surnaturelle. Une telle emphase pourrait paraître exagérée ; mais, par ces allusions aux guerres civiles de Rome et aux luttes fratricides de la mythologie, Claudien veut évoquer le risque de guerre civile avec l'orient et sa frayeur rétrospective se comprend mieux.

Tanto uoto : le souhait de voir Gildon rapidement réduit, pour éviter la guerre civile. La réalisation d'un vœu qui n'était pas "médiocre" (*tanto*) est donc inespérée, d'autant qu'elle est incroyablement rapide (v. 9-16).

7. Les commentateurs, et en dernier lieu E. Olechowska (p. 135), pensent que l'expression *cinyphias... oras* désigne par métonymie les côtes d'Afrique, d'où une hyperbole hardie qui permet d'escamoter la victoire de Mascezel, mais qui a dérouté Jeep et Birt. Toutefois, au sens propre, le Cinyps est une rivière (oued Oukirré, el-Khaâne ou el-Mghir el-Grîn) qui se jette dans la mer à 18 kms au sud-est de Leptis Magna, et cette rivière avait donné son nom à la région arrosée (Plin. *Nat.* 5,27 *Cinyps fluuius ac regio* ; voir aussi Mela 1,37). Au sens propre, l'expression désigne donc une portion de la côte africaine entre les deux Syrtes, précisément entre Oea et Leptis Magna ; Claudien veut dire que l'armée d'Honorius (*exercitus*) n'a pas eu besoin de poursuivre Gildon jusqu'aux confins de la Libye. Il fera plus loin allusion à cette éventualité (v. 315 sqq.).

La technique de rupture *necdum... iam* anime le récit et souligne la prodigieuse rapidité de l'action. Noter l'ellipse de l'auxiliaire *(domitus)* et la postposition de *Gildo* (phoniquement préparé par *domitus*), qui, selon une technique narrative de retard bien connue, n'est nommé qu'au v. 10, alors qu'il est question de sa défaite dès le premier vers.

L'anaphore des négations souligne d'abord les obstacles qui auraient pu retarder la victoire ; *non... non* développe et précise l'expression à valeur générale *nullis nodis* qui l'annonce phoniquement. En reprenant l'expression virgilienne *uictoria.../ haesit* à la même place métrique, Claudien établit un parallèle entre la guerre contre Gildon et la guerre de Troie, celle-ci, à la différence de celle-là, ayant duré dix ans à cause des retards qu'ont apporté à la victoire des Grecs les bras d'Hector et d'Énée (*Aen.* 11,289-90) : « Hectoris Aeneaeque manu *uictoria* Graium / *haesit* et in decimum uestigia rettulit annum ». Ce contraste fait ressortir la rapidité de la campagne de Mascezel et le parallèle littéraire anoblit ce qui, après tout, n'a été qu'une expédition militaire éclair et presque sans combat. En dépit de la coloration lucanienne du passage, le rapprochement avec Lucan. 9,1036 (*haesit*, en un tout autre contexte) ou 7,737-8 *(uictoria nobis / plena)* est incertain.

Spatio terrae : l'éloignement de l'Afrique par rapport à l'Italie ou l'étendue de l'Afrique ? L'expression vient peut-être de Lucain (7,423) : « haut multum *terrae spatium* restabat Eoae ». Le sens n'est pas le même : Lucain parle du faible espace qui empêche l'Empire romain d'atteindre le soleil levant. Mais nous verrons que Claudien a en tête les plaintes désabusées de Lucain devant la déchéance romaine consécutive à Pharsale quand il évoque l'état dans lequel la rébellion de Gildon a mis Rome (réminiscence involontaire ?).

8. Le style elliptique et asyndétique du v. 12 suggère la rapidité et la facilité de la campagne, résumée dans le *una* qui clôt le vers (noter les récurrences phoniques de la clausule *nuntiat una*). L'expression *uox una* se lit chez Lucain, mais en un autre contexte, à propos des inflexions que peut prendre la voix de la magicienne Érichtho (6,693 *tot rerum uox una fuit*) : simple coïncidence ? À en croire Claudien, la campagne a été si prompte que la cour d'Honorius a appris en même temps la victoire de Théveste, la fuite de Gildon et sa capture, avant même d'avoir eu des nouvelles, fût-ce par rumeur (voir note d à *4 cons.* 101), sur les opérations militaires. Une campagne de quelques jours expliquerait qu'Honorius ait pu, dès le 13 mars, prendre des mesures pour éviter les délations et les règlements de comptes après la chute de Gildon (voir intr., contexte politique à propos de Cod. Theod. 9,39,3 : Iraldi 1963-64).

Page 123 :
1. Une formule brillante en chiasme vient clore ce premier développement en reprenant sous forme imagée le thème dominant du passage. *Indicere hostem* est l'expression technique pour 'déclarer quelqu'un ennemi public' ; avec *certamen, proelium* ou *bellum*, elle signifie 'déclarer la guerre' (ThLL, s.u. *indico*, 1156,54 sqq. ; s.u. *bellum*, 1837,50 sqq.). Au début de la même année, Claudien avait déjà employé le verbe *perculit* à propos de la victoire de Théodose sur Maxime, puis Eugène (*4 cons.* 103). Cette reprise formelle souligne la continuité entre l'action de Théodose et celle de Stilicon et Honorius qui la prolonge. La clausule *perculit hostem* a été reprise par Drac. (?) *Orest.* 191.

2. Après une manière de prologue qui annonce l'issue heureuse des événements, nous entrons *in medias res*. Gildon a retenu à Carthage la flotte annonaire : *negatis frugibus* (v. 17-18 ; expression analogue chez Lucain 1,647 dans la liste des fléaux qui, annoncés par de sinistres prodiges, doivent s'abattre sur Rome : « *segetes* tellus infida *negabit* »). Rome affamée implore le secours de Jupiter : c'est le *concilium deorum* (v. 17-212). La déesse Rome, personnification de la Ville (bibliographie chez Paschoud 1967, p. 9-10 n.3), apparaît fréquemment dans les représentations figurées (cf. C. Vermeule, *The Goddess Roma in the Art of the Roman Empire*, Cambridge Mass., seconde édition 1974), en particulier dans l'iconographie monétaire : par exemple sur des siliques de Valentinien I, Valens, Gratien, Valentinien II, Magnus Maximus, Flavius Victor, Théodose, Arcadius et Honorius. Mais c'est une représentation guerrière et victorieuse : elle est généralement assise, tenant une Victoire (parfois sur un globe) et une haste (parfois un sceptre).

Ad rapidi limen... Olympi (v. 18) : L'Olympe est la demeure des dieux. Mais l'alliance *rapidus Olympus* semble originale. Claudien s'inspire librement du passage où Stace, au début de la *Thébaïde*, décrit le rassemblement des dieux, sur l'ordre de Jupiter, *rapidi super atria caeli* (1,197). Chez Stace, *caelum* doit désigner la voûte céleste et *rapidus* fait allusion à son mouvement de rotation. Par une variation synonymique, Claudien a remplacé *caelum* (interprété au sens de demeure des dieux) par *Olympus*, *limen* se substituant à *atria* pour reconstituer une *iunctura* virgilienne (*limen Olympi* en clausule : *Ecl.* 5,56). D'où une expression un peu surprenante au premier abord, *rapidus* étant mieux en situation pour qualifier *caelum* (voûte céleste) qu'*Olympus* (demeure des dieux).

3. Dans sa description de Rome (v. 19-25), Claudien prend le contre-pied de l'image traditionnelle (*solito uultu*) de la Rome guerrière, victorieuse et dominant le monde, d'où d'abord deux vers négatifs (v. 19-20) qui soulignent ce contraste. Pour représenter sa domination sur le monde, le poète a choisi aux deux extrémités de son empire les régions conquises le plus tard : la Grande Bretagne (*Britannis*, v. 19, dont les Romains se plaisent à souligner l'éloignement : Catull. 11,11-12 ; 29,4 ; Verg. *Ecl.* 1,66) et les Indes, qui marquent l'extrémité de l'Empire sous Auguste (Verg. *Georg.* 2,172 ; Hor. *Carm.* 1,2,56 ; Prop. 3,4,1). On notera l'exagération anachronique du dernier terme : il y a bien longtemps (notamment depuis la retraite de Julien) que l'Empire ne touche plus les Indes et que les Indiens ne tremblent plus (*trepidos*) devant ses aigles. Mais Claudien veut opposer l'image traditionnelle, et donc en un sens augustéenne, de la Rome triomphante à ce qu'elle est devenue à cause de Gildon.

Iura et *fascibus* (insigne du pouvoir consulaire qui désigne par métonymie l'*imperium romanum*) évoquent la domination de Rome dans son aspect législatif, judiciaire et politique ; mais *submittit* évoque la supériorité militaire. Claudien pense au passage, mentionné plus haut, où Lucain se lamente après Pharsale : « ut Latios non *horreat India fasces* » (7,428). La sécession de Gildon, une nouvelle fois mise en parallèle avec la guerre civile, suscite le même sentiment de déchéance.

La description positive de l'état présent de Rome se fait en deux temps :

a) v. 21-23 : description réaliste liée à la disette qu'impose Gildon (passage imité par Sidoine dans sa prosopopée de Rome en 456, dans son panégyrique d'Avitus, *Carm.* 7,46-49). Claudien retient cinq traits :

– la voix faible du malade, *uox tenuis*, v. 21 (*tenuis* à propos de la voix, mais en un contexte différent : Sen.[?] *Epigr.* 62,8 ; Nemes. *Ecl.* 2,11 ; Auson. *Epist.* 26,19 p. 282 Prete).

– La démarche lente, *tardi gradus*, v. 21 (Sidon. *Carm.* 7,46 *pigros gradus*) ; Claudien s'inspire ici, comme aux v. 23-24, de la description par Stace de Tydée accablé de fatigue (*Theb.* 2,670-1 : « Iam sublata manus cassos defertur in ictus, / *tardati*que *gradus* : *clipeum* nec *sustinet* umbo »).

– Les yeux qui s'enfoncent dans leurs orbites et la fuite des joues : *oculique iacentes interius ; fugere genae*, v. 21-22. Même trait dans la description de Tisiphone au début de la *Thébaïde* (1,104-5) : « sedet *intus* abactis / ferrea lux *oculis* ». Mais il est traditionnel dans la description de la maigreur (Sen. *Contr.* 1,6,2 *macie retractos introrsus oculos*). Et Claudien semble plutôt s'inspirer du passage où Silius décrit les habitants de Sagonte accablés de famine par le siège d'Annibal (2,465-6) : « iam *lumina retro* / *exesis fugere genis* ». *Retractatio* originale, avec modification des liens syntaxiques et disjonction des deux parties du visage : les yeux reculent et les joues (elles aussi rentrées) ont fui ; ainsi est rajeuni un double cliché traditionnel (pour la fuite des yeux, cf. déjà Trag. inc. [Pacuu. ?] 189 « *refugere oculi*, corpus macie extabuit »). Avec Birt et Olechowska, contre Hall, il est plus naturel de rattacher *interius* à *iacentes* qu'à *fugere* ; Claudien aime les rejets et enjambements.

– La maigreur des bras : *ieiuna lacertos exedit macies*, v. 22-23. Pour l'emploi d'*exedo* à propos des membres, ThLL, s.u., 1316,64 sqq. (Hier. *Epist.* 14,10,3 *exesa ieiuniis membra*). Le lien avec les manifestations de deuil et de douleur des Romaines décrites par Lucain (2,36-37) ne semble pas très net. Pour *ieiuna* en rapport avec *macies*, mais en un autre contexte : Boeth. *Arithm.* 1, p. 4,22 *ieiunae macies orationis*.

b) Aux v. 23-25, Claudien reprend sous une forme dépréciative la représentation traditionnelle de Rome guerrière avec son bouclier, sa haste et son casque (Daremberg-Saglio, « Roma », t. 4,2, 875 sqq., et notamment 877). Mais chacun de ces trois traits montre sa déchéance :

– le bouclier est terni (v. 24) ; comme Tydée (voir note au v. 21), elle ne le supporte plus. Claudien a pu penser aussi au tableau des *Héroïdes* où Ovide oppose l'amour à l'activité guerrière résumée dans le fait de soutenir le bouclier, la lance et le casque (*Epist.* 3,119-20 : « quam manibus *clipeos* et acutae cuspidis hastam / et galeam pressa sustinuisse coma »).

– Le casque est *laxata*, v. 24-25. Olechowska interprète *laxata* au sens de "trop grand" : Rome a maigri de la tête. Mais le sens précis de *laxare* et le rapprochement avec Stat. *Theb.* 9,879, où apparaît déjà l'expression *laxata casside* à propos de la mort de Parthénopée, poussent plutôt à comprendre "desserré" : c'est un signe du laisser-aller de Rome, dans son maintien, sa tenue et son équipement (bouclier terni, lance rouillée). Elle n'est plus un soldat sur le pied de guerre, en tenue réglementaire, avec un équipement en état, mais une vieille femme (*canities*) malade (*aegris*), bonne pour la réforme.

– la lance est rouillée, v. 25, dont l'expression rappelle Sil. 7,534-5. Avant d'attaquer Minucius, Annibal demande à ses soldats d'ôter la rouille de leurs épées : « multoque cruore / exsatiate, uiri, *plenos rubiginis enses* ». L'allusion a valeur de contraste : en rapprochant Rome des soldats d'Annibal (africain comme Gildon), Claudien souligne la déchéance de Rome qui, elle, laisse rouiller ses armes. Le passage pourrait aussi évoquer la description, au début de la *Pharsale*, des habitants d'Ariminium surpris par les troupes de César, qui saisissent des armes rouillées par la paix (Lucan. 1,241-3) : « nuda iam crate fluentis / inuadunt *clipeos* curuataque cuspide pila / et scabros nigrae morsu *robiginis* enses ».

Page 124 :

1. Le long discours de Rome (100 vers : v. 28-127) peut s'analyser ainsi :

– l'exorde pose le thème général de la plainte (v. 28-43). Rome rappelle le destin que les dieux lui ont assigné (v. 28-30) et elle réclame non des victoires ou l'extension de son Empire (v. 31-34), mais seulement de quoi nourrir son peuple (v. 34-36). Si les dieux sont irrités, elle a déjà assez payé par ses malheurs (v. 36-38) : épidémies et morts (v. 39-40) ; inondations (v. 41-43).

– Suit un long développement historique sur la décadence de Rome et le problème de son approvisionnement (v. 44-112). Rome rappelle sa grandeur passée (v. 44-48), puis analyse les causes historiques de cette décadence : la confiscation des droits des citoyens par l'empereur (v. 49-51), qui a confiné Rome en une paix servile, en lui donnant en compensation son approvisionnement en blé, grâce à l'Égypte et à l'Afrique (v. 52-59). Mais, lors de sa fondation, Constantinople a reçu en partage l'Égypte (v. 60-62). Il ne reste donc plus que l'Afrique pour approvisionner Rome, avec toutes les incertitudes liées à cette dépendance unique (v. 62-65). Gildon a supprimé cette seule source d'approvisionnement et Rome dépend de son bon plaisir (v. 66-76). Élargissant la perspective historique, Rome se demande si c'est pour en venir là, pour enrichir Gildon, qu'elle a abattu Carthage et fait la guerre en Afrique contre Syphax, Jugurtha et Bocchus (v. 76-95). Rome se complaît dans une paix misérable en attendant la mort (v. 96-103). Mais c'est la grandeur même de son destin qui rend fragile sa situation (v. 103-12).

– Dans la péroraison (v. 113-27), Rome abandonnée et vieillie ne sait plus que faire (v. 113-5) ; elle demande aux dieux d'intervenir auprès de Jupiter (v. 116-20) : si elle a été abusée sur son destin, qu'elle subisse au moins un malheur glorieux (militaire) plutôt qu'une famine déshonorante (v. 121-7).

2. Claudien reprend le thème du destin de *Roma aeterna* (voir intr.). Les murailles symbolisent la ville, dont elles sont le premier élément constitutif. Depuis le récit de la fondation de Rome, on connaît l'importance politique et même affective de ce thème pour les Romains : Liu. 1,7,2 « Volgatior fama est ludibrio fratris Remum nouos transiluisse *muros* ; inde ab irato Romulo, cum uerbis quoque increpitans adiecisset : "sic deinde quicumque alius transiliet *moenia mea* ». Claudien n'est pas loin de Lucan. 1,195-6 "O magnae qui *moenia* prospicis urbis,/ *Tarpeia de rupe, Tonans* ».

Mansuris auguriis, v. 28-29 : les augures sont à la base de la fondation de la ville (Liu. 1,6 et 7 ; Enn. *Ann.* 501-2 « Septingenti sunt paulo plus aut minus anni, / *augusto augurio* postquam inclita condita Roma est »). Il y a aussi tous les augures qui ont suivi (discours de Camille rapporté par Liu. 5,52 et 54) : les augures qui n'ont pas permis de déplacer du Capitole la Jeunesse et le dieu Terme, la tête trouvée au Capitole, les anciles...

Sibyllae carmina, v. 29-30 : on connaît l'importance des prédictions de la Sibylle pour les Romains : Verg. *Aen.* 6 ; Lucan. 5,138 « *carmina* longaeuae uobis commissa *Sibyllae* ». En 417, Rutilius Namatianus reprochera à Stilicon d'avoir brûlé les livres de la Sibylle, garants de la pérennité de l'Empire (2,52) : *ante Sibyllinae fata cremauit opis.*

Tarpeias si necdum respuis arces, v. 30 : le Capitole en tant que centre de la vie politique et religieuse romaine (la citadelle proprement dite et le temple de Jupiter Capitolin), et donc comme symbole le plus parfait de l'État romain. L'expression *Tarpeia arx* apparaît au singulier chez Virgile dans la description du bouclier d'Énée, à propos du siège du Capitole par les Gaulois (*Aen.* 8,652 ; cf. Prop. 4,4,29-30) ; au pluriel, chez Ovide, dans une invocation à Jupiter capitolin en faveur d'Auguste (*Met.* 15,866 ; cf. *Pont.*

2,1,57 ; Lucan. 7,758 en même position métrique que chez Claudien, pour symboliser Rome ; Sil. 3,572-3 ; Ser. Samm. 7).

3. Le fleuve d'Arménie Araxe symbolise l'une des régions orientales que les Romains ont eu tant de mal à contrôler. Claudien rappelle ainsi l'un des points extrêmes des conquêtes de Rome en Orient. Auguste avait construit un pont sur l'Araxe (Verg. *Aen.* 8,728 ; Stat. *Silu.* 1,4,79... ; Claud. *Ol.* 160 ; *4 cons.* 387 ; *Ruf.* 1,375-6 « *calcabitur* asper / Phasis equo pontemque pati cogetur *Araxes* » ; *Eutr.* 2,569 ; Sidon. *Carm.* 2,440-2, panégyrique d'Anthémius prononcé le 1er janvier 468, qui s'inspire à la fois de Virgile et Claudien), d'où le verbe *proculcet.* Le rapprochement avec Corn. Seu. *Carm. frg.* 13,19, à propos d'Antoine qui foule aux pieds la tête de Cicéron (« pedibus... superbis *proculcauit ouans* ») est sans doute fortuit.

Nostraeue... Susa : autre ennemi redoutable pour les Romains, et qui marque l'extrémité de leur Empire : les Perses, dont la capitale était Suse (cf. Lucan. 2,49). Claudien a retenu le détail descriptif traditionnel de l'équipement des Perses, célèbres archers : Verg. *Georg.* 4,290 *pharetratae... Persidis* ; Lucan. 2,55 *ad eoas... pharetras* ; Stat. *Silu.* 5,2,32 *Pharetratum... Araxen.* La mer Rouge (*rubris harenis*, v. 33), troisième limite orientale de l'Empire.

4. Le contraste frappant entre la grandeur passée (*ante*) et la misère présente (*nunc*) donne un ton pathétique à la prière de Rome (*precor*). La période des six vers qui précèdent, et qui, comme dans toute prière antique, rappelle les bienfaits passés, s'oppose aux petites phrases courtes et nerveuses des v. 34-35.

Pater optime, v. 35 : expression traditionnelle, à cette place de l'hexamètre, dans les invocations. Virgile l'emploie à propos d'Énée (*Aen.* 1,555 ; 5,358) et d'Anchise (3,710). À propos de Jupiter, on la trouve chez Ovide (*Met.* 7,627) et, à l'époque de Claudien, elle est passée dans la poésie chrétienne (Prud. *Cath.* 3,86). *Tuae gentis* : Jupiter est le père de Mars, lui-même père de Romulus. Les Romains sont donc le peuple élu de Jupiter.

5. Pour obtenir un effet pathétique, Claudien énumère la liste (traditionnelle) des ennemis les plus redoutables aux frontières de Rome, qui seraient émus de son malheur : Gètes et Suèves, associés à Suse au chant 2 de la *Pharsale* (les ennemis extérieurs les plus farouches, que les Romains préféreraient à la guerre civile : 2,51 *Sueuos* ; 54 *Getes*). Les deux textes opposent les ennemis extérieurs à la guerre civile. Claudien ajoute les Parthes (v. 38), ennemis célèbres s'il en fut, qui remplacent les Perses.

Hausimus, v. 38, à propos de malheurs, est à rapprocher de l'expression virgilienne *supplicia hausurum* (*Aen.* 4,383). Noter la place significative des verbes *satiauimus* (tête de phrase) et *hausimus* (fin de phrase, début de vers).

Page 125 :

1. Cette épidémie est-elle une conséquence de la famine ? L'enchaînement des idées semble indiquer que non ; mais apparemment la correspondance de Symmaque pour l'année 397 ne fait pas état d'une semblable épidémie. L'association *morbi luem* est traditionnelle : ThLL, s.u. *lues*, 1797,58 sqq. (Ou. *Met.* 15,626 ; Gratt. 369... et Claud. *Eutr.* 1,18).

Corrupto sidere, v. 40, est une *retractatio* originale des expressions traditionnelles pour désigner la corruption de l'air : *corruptus aer* (Colum. 1,4,9 ; Hil. *ad Const ;* 1,5,1 ; Veg. *Mulom.* 1,19,2 ; Vulg. *Deut.* 28,22 ; Aug. *Ciu.* 3,31) ; et de l'atmosphère : *caelum corruptum* (Lucr. 6,1135) ; *corrupto caeli tractu* (Verg. *Aen.* 3,139) ; *polluto caelo* (Sil. 14,582). *Sidus* remplace par métonymie *aer* ou *caelum*. Pour les anciens, ces corruptions sont responsables des épidémies.

2. Symmaque ne parle pas non plus d'une inondation de Rome par une crue du Tibre dans ses lettres de 397. Claudien rivalise ici avec une grande ode politique d'Horace (*Carm.* 1,2) qui rappelle les calamités qui ont accablé Rome après le meurtre de César : pluie, neige et grêle frappent le Capitole (*sacras arces* [cf. ici v. 30] : les deux cimes du Capitole, l'*arx* et le *Capitolium*) et le poète craint un retour du siècle de Pyrrha (v. 6 ; cf. ici v. 43 ; Pyrrha, fille d'Épiméthée et de Pandore, était la femme de Deucalion ; seul ce couple fut sauvé du déluge : Ou. *Met.* 1,244-415). Le Tibre erre sur sa rive gauche (v. 18-19 « *uagus* et sinistra / labitur ripa » ; cf. ici *uagum*, v. 41). Protée mène les animaux marins visiter les hautes collines (v. 7-8 « Proteus pecus egit *altos* / uisere *montis* » ; cf. ici v. 41-42 *summisque... collibus*). Enfin le contexte des deux passages est comparable : dans une situation de guerre civile (v. 21 sqq.), le poète s'adresse aux dieux (v. 25 sqq.), évoque le crime à expier (v. 29-30 ; cf. ici v. 36-37) et Horace fait même allusion aux guerres contre les Maures (v. 39). Mais Claudien, qui partage avec ses contemporains le goût alexandrin pour les prodiges, ajoute un trait au tableau d'Horace (v. 42-43) : les navires (*ingentes* : effet de grossissement épique) circulent dans Rome.

Remorumque sonos : emprunt métrique à Lucain (3,541, dans la description du combat naval au large de Marseille : « *remorumque sonus* premitur clamore »).

Vexi carinas inverse l'expression traditionnelle *(re)uehi, uectari carina* (Verg. *Aen.* 6,391 ; Ou. *Am.* 1,10,1 ; Sen. *Med.* 665...). *Carina*, la coquille de noix, désigne par métaphore la carène d'un navire, puis par métonymie le navire lui-même ; ici, on peut hésiter entre ces deux derniers sens.

3. Développement sur la décadence de Rome, et d'abord rappel de sa grandeur passée (v. 44-48). L'interjection *ei mihi* exprime la douleur ; fréquente dans la comédie, elle apparaît aussi dans la tragédie (Acc. *Trag.* 351), puis chez Virgile et dans la langue poé-

tique, le parallèle le plus proche étant Ou. *Met.* 9,520 où Byblis
s'écrie : *Ei mihi, quo labor ?* Mouvement rhétorique comparable
chez Sen. *Herc. f.* 268-9 : « Cadmea proles atque Ophionium genus
/ quo recidistis (var. *decidistis*) ? »

Vmbram, v. 45 (association 'baroque' avec *fluximus*) : Claudien
reprend le thème très lucanien de l'ombre qui remplace la
réalité : Lucain 1,135 *magni nominis umbra* (à propos de Pompée
qui n'est plus que l'ombre de lui-même) ; 8,449-50 *nominis umbram*
(à propos du pouvoir purement nominal de Ptolémée).

Les v. 46-48 évoquent la grandeur passée de Rome sous ses
deux aspects :

– son pouvoir militaire, son armée de citoyens, son peuple en
armes (*armatis quondam populis*, expression qui prend une résonance particulière en cette fin du IVe siècle, au moment où les
Romains évitent le service militaire et où l'empereur doit enrôler
des barbares). Dans le *quondam* il y a au moins un regret, sinon
une condamnation de l'égoïsme de certains. Le pluriel exprime la
répétition des interventions historiques du peuple.

– Le pouvoir de sa constitution, incarné par le Sénat. Cette
nostalgie républicaine arrive bien à propos au moment où Stilicon
restaure en apparence le Sénat dans son rôle : c'est lui qui a
déclaré la guerre à Gildon (voir intr., contexte historique). Claudien imite Virgile *Aen.* 2,88-89 (à propos de Palamède puissant
aux conseils des rois) : *regumque uigebat / conciliis* (var. *consiliis*).
Mais il n'y a pas lieu de retenir la leçon isolée de R *conciliis*, la tradition manuscrite de Virgile étant elle-même partagée.

Domui terras, v. 47 : même *iunctura* à propos de la puissance de
Rome qui s'étend sur le monde à la fin des *Métamorphoses* (15,877
« quaque patet *domitis* Romana potentia *terris* ») ; cf. aussi
Lucan. 9,1014 *terrarum domitor* ; Prop. 2,26b,52 (Borée) ; Ou.
Am. 1,2,47 (la terre du Gange) ; Curt. 6,3,5 (Alexandre) ; Ps.
Prosp. *Prom.* 2,34,1. L'expression reprend le thème de la domination militaire, alors que *reuinxi legibus* renvoie à la puissance des
lois. La conjecture de l'Aldine *orbem*, reprise par Olechowska (et
déjà attestée dans un ms. du XIVe s. : A$_2$) est inutile : *homines* donne
un sens satisfaisant.

4. Rome analyse les causes de sa décadence et tout d'abord la
confiscation des droits des citoyens par Auguste (v. 49-51). *Ferox
Caesar* désigne en effet Auguste, et non César, comme l'a montré
Cameron (1970, p. 336) en rapprochant notre passage de Tac.
ann. 1,2 : « *Caesar...* insurgere paulatim, munia senatus magistra-
tuum legum *in se trahere* ». *Ferox* qualifie César chez Florus (4,2,38
Caesar pro natura ferox) et Auguste chez Suétone (*Aug.* 65,1) ;
Cameron lui donne ici le sens de 'cruel' ; pour ma part, j'y vois
plutôt l'expression de la morgue du souverain qui méprise les
droits de ses sujets qu'il considère comme des esclaves.

Iura communia, v. 49, désigne les droits communs à tous les citoyens (cf. ThLL, s.u., 1970,68 sqq.). - *Elapsi mores* (cf. Cic. *Leg.* 2,38 ; Amm. 15,11,5 ; Capitol. *Aur.* 27,9), v. 50 : la décadence de Rome a des causes morales aussi bien que politiques. Salluste (*Catil.* 6-13) insiste sur l'importance du luxe, mais, à l'inverse de Claudien, place la décadence morale *avant* la décadence politique. Chez Tacite comme chez Claudien, la décadence des mœurs suit la décadence politique (*ann.* 1,4) : « igitur uerso ciuitatis statu nihil usquam *prisci* et integris *moris* » ; cf. aussi Lucan. 1,160-1 *ut... rebus mores cessere secundis.*

Le jugement péjoratif sur la paix qui s'en suivit se trouve déjà chez Tacite (*Ann.* 1,10) : *pacem sine dubio post haec, uero cruentam* ». Mais Claudien a infléchi le jugement de Tacite : une paix non pas sanglante, mais servile (v. 51, où *seruile* s'accorde grammaticalement avec *gremium*, mais pour le sens avec *pacis*) ; les citoyens ont chèrement payé (de l'abandon de leurs droits politiques et de leur liberté) la paix que leur a procurée l'Empire. L'alliance *gremium pacis* semble apparaître chez Ausone (288 [*Ordo* 6],3) à propos de Trèves « qui, toute proche du Rhin, se repose en toute sécurité *pacis ut in mediae gremio* » ; Claudien la reprendra en *Eutr.* 2,97.

Les Romains ont reçu en retour (*tot pro meritis*, v. 52) un approvisionnement assuré par deux sources complémentaires : l'Égypte et l'Afrique (*Nilum* et *Libya*, métonymies traditionnelles). Sur l'importance du blé africain, Lucain avait déjà écrit (3,56-7, avant un développement sur la richesse agricole de la Sicile, de la Sardaigne et de l'Afrique) : *namque adserit urbis / sola fames.* Ce que Lucain disait de la Sardaigne et de la Sicile (v. 67 « nec Romana magis *complerunt horrea* terrae »), Claudien l'applique à l'Égypte et à l'Afrique, d'où *uenti* (v. 55) qui remplace *terrae* (les vents régissent la navigation et donc le transport du blé).

Dominam plebem, v. 53 : toujours l'idéal vieux romain et républicain (cf. v. 46). *Domina* s'applique souvent à Rome (ThLL, 1937,24 sqq. et 1941,34 sqq.), mais la *iunctura* de Claudien semble originale, comme *bellator senatus*, qui souligne, comme nous l'avons vu plus haut, le retour de Stilicon aux usages républicains traditionnels ; le terme fait contraste avec *seruile* au v. 51 (dialectique du maître et de l'esclave).

Geminoque uicissim / litore, v. 54-55 : Claudien insiste sur le rôle complémentaire des deux sources d'approvisionnement qui pouvaient se substituer l'une à l'autre. Chez Ovide (*Met.* 14,6) et Sénèque (*Med.* 35), l'expression *gemino litore* désigne des rivages qui se font face : le détroit de Sicile et l'isthme de Corinthe.

Page 127 :

1. Les v. 76 à 95 rappellent toutes les guerres, et en particulier les guerres puniques, que Rome dut livrer pour soumettre

l'Afrique. Sur Régulus (v. 79), Liu. 28,43,17 ; 30,30,23 et *Per.* 18 ; Hor. *Carm.* 3,5 ; Gell. 7,4,1. *Damnis Cannensibus* (v. 79) : la défaite de Cannes en 216 av. J.C. (Liu. 22,44-50). Sur les batailles navales des guerres puniques (v. 80-81), Sil. 14,353-579 ; 15,180-250. Sur la traversée des Alpes par l'armée d'Hannibal (v. 82) : Polyb. 3,49 sqq. ; Liu. 21,32 sqq. Sur Annibal devant la Porte Colline (v. 83-86), Liu. 26,7-11 ; Plin. *Nat.* 15,76 ; Sil. 12,605-728 ; Iuu. 6,291 « et stantes *Collina turre* mariti ». Carthage fut vaincue trois fois (v. 87) : en 241, en 201 et en 146 av. J.C. Comme au v. 89, Silius associe dans le même vers et dans le même ordre les deux héros des guerres puniques Q. Fabius Maximus Cunctator et M. Claudius Marcellus (3,587) : « Hinc *Fabius* gratusque mihi *Marcellus* opimis ». Syphax (v. 91), roi de Numidie, rompit sur les conseils de sa femme Sophonisbe son alliance avec les Romains et passa du côté des Carthaginois : Liu. 24,48 sqq. ; 30,5-6 ; Sall. *Iug.* 5,4 ; Prop. 3,11,59 ; Ou. *Fast.* 6,769 ; Iuu. 6,169 ; Sil. 17,62-63. Tite-Live rapporte sa mort (30,45,4-5), mais ne parle pas de poison. Claudien semble être le seul à mentionner ce détail : sa mémoire aurait-elle confondu, comme le suggère Gesner, avec la mort de Sophonisbe (Liu. 30,15,4-5) ou avec celle d'Annibal, d'où la correction de Barth *Hannibalem* ? Contre Jugurtha (v. 91-92), Q. Caecilius Metellus Numidicus, consul en 109 av. J.C., commanda les armées romaines (Sall. *Iug.* 43-72) ; C. Marius lui succéda et triompha de Jugurtha. Alors que Salluste est plus objectif, Claudien suit l'opinion des *Optimates* (Liu. *Per.* 65 ; Vell. 2,11,1 ; Flor. *Epit.* 1,36,11 sqq. ; Eutr. 4,27,2 sqq.) ; voir Cameron 1970, p. 335. Bocchus (v. 94 ; cf. v. 342) : beau-père et allié de Jugurtha (Sall. *Iug.* 80 sqq.). Les deux Scipions (v. 95) : P. Cornelius Scipio Africanus Maior (263-184 av. J.C.), vainqueur à Zama en 202 ; P. Cornelius Scipio Aemilianus Numantinus Africanus (184-129 av. J.C.), vainqueur de la troisième guerre punique en 146.

Page 129 :

1. Les v. 105 à 112 montrent que le bonheur ne se trouve pas dans les richesses. L'humble Rome primitive, limitée et pauvre, était bien nourrie, heureuse et en sécurité : même thème de la sécurité liée à la pauvreté chez Lucain (5,523-31), à qui Claudien emprunte le début du v. 106 : « *angustos opibus* subitis inplere penates » (Lucan. 5,537) et la fin du v. 107 (Lucan. 8,242-3, même thème) : « quanto igitur mundi dominis *securius aeuum* / uerus pauper agit ». Les Sabins et les Véiens (v. 106-7) sont les voisins ennemis de Rome au début de la République. Les v. 108-12 s'inspirent d'un troisième passage de Lucain (10,151-3) : « pone duces *priscos* et nomina *pauperis aeui*, / Fabricios Curiosque graues, hic ille recumbat / sordidus *Etruscis* abductus consul aratris ». Mais le thème est un lieu commun de l'idéologie romaine traditionnelle :

la *moles* de Rome lui est funeste (Flor. *Epit.* 4,2 et 4,11,5 ; Tac. *Ann.* 1,11,3) ; sur *moles* au sens d'*imperium romanum* (cf. aussi Calp. *Ecl.* 1,84-85), voir J. Béranger, *Recherches sur l'aspect idéologique du principat*, Bâle 1953, p. 175-83. L'exemple traditionnel de Marius Curius Dentatus, quatre fois consul, censeur en 272 av. J.C. et vainqueur des Sabins et de Pyrrhus, idéalisé comme figure d'incorruptibilité (Enn. *Ann.* 220 ; Cic. *Cato* 55 ; Val. Max. 2,9,4 et 4,3,5) revient souvent chez Claudien : *Ruf.* 1,203 ; *4 cons.* 413 ; *Theod.* 8-9. Il est lié aux Coruncanii, Fabricii et dictateurs paysans dans le Panégyrique 12 (9,5-6). Le dictateur paysan (v. 112) est bien sûr L. Quinctius Cincinnatus, dictateur en 458 av. J.C. et vainqueur des Èques (Liu. 3,26,8-12 et 3,27,1-29,7). La variante *petenti*, généralement préférée par les éditeurs, donne un sens satisfaisant : Cincinnatus a répondu "à l'appel de la patrie". Mais j'ai préféré conserver la leçon la mieux attestée, et qui me semble plus riche de sens : bien que pauvre et géographiquement limitée, la petite Rome primitive était néanmoins puissante face à ses voisins grâce à la valeur de ses citoyens, alors qu'à la fin du IVᵉ siècle, Rome maîtresse du monde est vulnérable et faible, puisqu'elle dépend d'autrui pour son approvisionnement. À l'origine, la pauvreté des citoyens faisait la puissance de Rome, alors que maintenant elle est affaiblie par la richesse des citoyens et des provinces. Augustin développera ce thème, à partir de Salluste (*Catil.* 52,19-23) dans la *Cité de Dieu* (5,12).

Page 130 :

1. Sur le transfert de Cybèle à Rome, Liu. 29,14. Le v. 119 fait penser à Lucan. 1,600 « et lotam paruo reuocat *Almone Cybeben* » (cf. aussi Ambr. *Epist.* ser. 1,18,30 p. 885 Maur. : « quod currus suos simulato *Almonis* in flumine *lauat Cybele* »). Virgile (*Aen.* 9,80-92) avait déjà montré Cybèle intervenant auprès de son fils Jupiter en faveur de la flotte d'Énée construite avec ses pins, donc en faveur de la future Rome. Sur les formes *Cybele / Cybebe*, voir Hall 1969, p. 206 ; il n'y a pas de raison, comme le fait Jeep, de corriger la leçon des mss. en *Cybebe*.

2. Claudien énumère les difficultés que Rome, au cours de son histoire, a su surmonter. Porsenna (v. 123-4), roi étrusque de Clusium, fit la guerre à Rome pour rétablir les Tarquins en 508 av. J.C. (Liu. 2,9-13). Les Gaulois battirent les Romains sur l'Allia (v. 124) en 390 av. J.C. (Liu. 5,37-38 ; Plut. *Cam.* 18) ; Lucain emploie le même adjectif *feralis* à propos de l'Allia (et de Cannes) : « *feralia nomina.* Cannae / et damnata diu Romanis *Allia* fastis » (7,408-9). Pyrrhus (v. 125) remporta des victoires contre les Romains : Héraclée en 280 av. J.C. ; Asculum en 279 ; Bénévent (coûteuse victoire) en 275. Brennus (v. 126) est le chef des Sénons qui, après l'Allia, s'empara de la ville de Rome et l'incendia, avant

d'imposer aux Romains une rançon (Liu. 5,39-43 et 48 ; Plut. *Cam.* 28-29). Sur la fureur des Sénons, Stat. *Silu.* 5,3,198 *Senonum furias* (cf. aussi Lucan. 1,254-5).

Page 131 :

1. L'Afrique était traditionnellement représentée sous les traits d'une femme coiffée d'une tête d'éléphant avec ses défenses (cf. v. 137-8) et couronnée d'épis, signes de sa richesse céréalière (v. 136-7) : Daremberg-Saglio, s.u. (t. 1,1, p. 128). Mais ici, comme l'annoncent les v. 134-5 et comme le décrivent les v. 136-8, elle a l'allure d'une suppliante en deuil qui s'est meurtri le visage (v. 135, cf. Lucan. 2,335-6 *effusas laniata comas contusaque pectus uerberibus crebris* ; 9,105 *planctu contusa peribit* ; Sen. *Thy.* 1045-6...), a déchiré ses vêtements (v. 136) et s'est arraché la chevelure (v. 136-8 : cf. Iuu. 6,490 *laceratis... capillis*). Sidoine imitera Claudien dans sa présentation de l'Afrique venant supplier Majorien (*Carm.* 5,53-55) : « Subito flens Africa nigras / procubuit *lacerata genas* et cernua frontem / iam male fecundas in uertice *fregit aristas* ». V. 139 : expression analogue à propos de la première pythie Phémonoé chez Lucain (5,127 *fores irrumpere templi*) et surtout chez Stace, mais dans un contexte différent, à propos de la barrière qui fixe le but de la course dans les jeux funèbres (*Theb.* 6,641) : *inrumpit* (P *-rupit* cett.) *clamore foris* (emprunt métrique proche de la technique du centon). C'est encore chez Stace (*Theb.* 2,223), à propos des portes du palais d'Adraste, mais à partir de Virgile (*Aen.* 8,196 à propos de l'antre de Cacus), que l'épithète *superbus* qualifie *fores* : *foribus... superbis.*

2. Le discours de l'Afrique s'étend jusqu'au v. 200. Ses propos sont beaucoup plus violents que ceux de Rome : il s'agit d'une véritable invective contre Gildon. Mais Claudien prend bien soin de présenter Gildon comme seul responsable : tous les autres africains apparaissent comme victimes de ses vices et le rôle de la cour de Constantinople est passé sous silence. La révolte de Gildon est donc présentée, selon la ligne politique adoptée par Stilicon, comme l'insurrection d'un individu (même analyse chez Modéran 1989 [cité dans l'intr. n. 23] : il ne s'agit pas d'une révolte des Berbères, mais de la rébellion d'un arriviste) qui ne mérite pas le nom d'homme. L'Afrique déclare qu'elle préfère être engloutie ou brûlée plutôt que d'être féconde au seul profit du tyran Gildon (v. 139-153a). Puis elle décrit la tyrannie qu'elle subit depuis 12 ans (v. 153b-162a) : Gildon est animé par deux vices ordinairement contraires : la cupidité et la lubricité (v. 162b-188a). Mais ces atteintes à la pudeur ne lui suffisent pas : il impose aux Romaines les plus nobles (*clarissima*) d'épouser des Maures (v. 188b-193). Il s'appuie donc sur les rois africains pour dépouiller les Romains (v. 194-8). En conclusion (v. 199-200),

l'Afrique se présente comme exilée et dépouillée de sa citoyen-
neté.

3. La leçon unanime des manuscrits *praerupta* doit être conservée (litt. "un abrupt de mer") ; le parallèle avec Virgile
(*Aen.* 1,246) invoqué par Heinsius et repris par Olechowska
(p. 159-60) n'est pas probant car les traditions directes et indi-
rectes de Virgile y sont partagées entre *pro-* et *praeruptum mare*. La
fin du vers évoque par son vocabulaire les présages de guerre
civile décrits par Lucain (1,545 et 552-3) : « ora ferox Siculae
laxauit Mulciber Aetnae... cardine tellus / *subsedit* ».

Page 132 :

1. L'association des dipsades et des cérastes vient de Lucain
(9,850-1) : « pro Caesare pugnant / *dipsades* et peragunt ciuilia
bella *cerastae* » (même position métrique). Les dipsades, conformément à leur nom grec, sont des serpents dont la morsure provoque
la soif (ThLL, s.u., 1226,59-75). Les cérastes (autre nom grec) sont
des vipères cornues (ThLL, s.u., 854,53-83 ; Plin. *Nat.* 8,85).

2. Si l'on inclut l'hiver 397, Gildon, selon Claudien, a été
nommé comte d'Afrique avant l'hiver 386. Avec Cameron (1970,
p. 103-5) et Olechowska (p. 161-2), mais contre Oost (1962,
p. 27 sqq.), je pense qu'il faut retenir cette indication chronologique. Claudien a passé sous silence la trahison de Gildon lors de
l'usurpation de Maxime (387-8) pour ne pas attirer l'attention sur
le manque de perspicacité politique de Théodose en la circonstance, de même qu'il ne parle pas du mariage qui unissait Gildon
à la famille impériale : Théodose avait marié Nebridius, neveu de
sa femme Flacille, à la fille de Gildon. Dans une poésie politiquement engagée, on passe sous silence les détails gênants : Gildon
est devenu ennemi public, mais la mémoire de Théodose, dont
Stilicon prétend poursuivre la politique, ne saurait être entachée.

3. Comme Lucain (3,294-5 « quicquid ab *occiduis* Libye patet
arida Mauris / usque *Paraetonias* Eoa ad litora Syrtis » ; cf. aussi
4,670-2 et 9,413-4), Claudien évoque les limites géographiques
orientales et occidentales de l'Afrique : du Nil à l'est à l'Atlas à
l'ouest (v. 158), de Gadès (Cadix) à l'ouest à Barce ou Barca (Pto-
lémaïs) à l'est (v. 159), de Parétonium (ville proche d'Alexandrie)
à Tanger à l'ouest (v. 160). C'est en effet le nom de Tanger qu'il
faut rétablir derrière les leçons fautives *pinguis* et *ganges*. Mais plutôt que les formes *Tingi* (Birt, cf. Plin. *Nat.* 5,2 et Solin. 24,1) ou
Tinge (Hall, cf. Mela 1,5,26), j'ai préféré, après Jeep, rétablir la
graphie *Tingis*, qui a le mérite d'expliquer les fautes *pinguis* et
ganges (correction semi-savante). Pourquoi l'alexandrin Claudien
n'aurait-il pas préféré un décalque de la forme grecque
(Strab. 3,1,8 ; Ptol. 4,1,5) ? En outre, l'accusatif *Tingim* (Sil. 3,258)
peut renvoyer à un nominatif *Tingis* aussi bien que *Tingi*.

Page 134 :

1. Cette fois encore, je préfère la leçon attestée par trois branches de la tradition manuscrite. *Discolor* a été défendu par un rapprochement avec Iuu. 6,599-600 « esses / Aethiopis fortasse pater, mox *decolor* heres » ; dans le type de mariage imposé par Gildon, l'enfant d'un père maure n'a pas le teint blanc de sa mère. Mais *degener* donne un sens au moins aussi satisfaisant : pour Claudien, l'enfant d'un noir (*Aethiopem* et *Nasamona* au v. 192 ne désignent pas des peuples africains particuliers, mais sont des métonymies pour désigner des noirs) est totalement dégénéré (et non seulement son teint).

Page 135 :

1. Cette expression (cf. v. 508) rappelle Verg. *Ecl.* 9,4 *ueteres migrate coloni* (où *coloni* désigne de petits paysans). Contrairement à l'hypothèse de C. Courtois (*Les Vandales et l'Afrique*, Paris 1955, p. 146 ; cf. aussi F. Dessommes, *Notes sur l'histoire des Kabylies*, Fort National 1964, p. 90), ce vers n'implique pas nécessairement une véritable réforme agraire : Cameron 1970, p. 106-7 et T. Kotula, « Der Aufstand des Afrikaners Gildo », *Das Altertum* 18, 1972, p. 170.

Page 136 :

1. Cette comparaison, jugée *nimis frigida et exanguis* par certains (cf. Claverius *ad loc.*), est traditionnelle : sur la croyance antique en une intervention des lacédémoniens Castor et Pollux, fils de Léda (Mart. 1,36,2 *Ledaei... Lacones*), en faveur des marins, Sen. *Nat.* 1,1,13 ; Plin. *Nat.* 2,101 (textes cités par Olechowska *ad loc.*, p. 167-8) ; en poésie : Hor. *Carm.* 1,3,2... ; Val. Fl. 1,570-3 ; Stat. *Silu.* 3,2,8-12 ; Sil. 15,82-83. Dans le détail de l'expression, Claudien se rapproche de Lucan. 5,645-6 « *artis* opem *uicere* metus nescitque magister,/ quam frangat, cui cedat aquae » ; 3,665 « *nutaretque ratis* populo peritura recepto » (cf. aussi 1,141). En revanche, le rapprochement avec Stat. *Theb.* 3,57 (Birt) *descendente carina* me semble moins net.

2. Le cercle de la Lune marque la limite entre le monde d'en haut et le monde corruptible où vivent les humains : voir *Rapt.* 298 et n. compl. 7. Pour l'expression *secuere meatus diuersos,* comparer Quint. *Inst.* 3,1,14 *diuersae secari coeperunt uiae*. Sur l'intervention en songe des deux Théodose, Olechowska 1974 et Fo 1982, p. 249-62.

3. La rencontre entre le père et le fils ressemble aux retrouvailles d'Énée et Anchise dans l'*Énéide* (6,687-99) : « ... *da iungere dextram... sic memorans largo fletu simul ora rigabat* ». La clausule *gaudia fletu* vient de Stace *Silu.* 5,2,10 « quanto manarent *gaudia fletu* » ; 5,3,217 (*epicedion* de son père) « quali confusus *gaudia fletu* » ; mais on relève de nombreux points de contact avec d'autres

passages de l'*Énéide* : 8,388 *amplexu molli fouet* (cf. ici v. 229 ;
Lucan. 5,735 *fouet amplexu*) ; 2,282-3 « quibus Hector ab oris /
expectate uenis ? » (cf. ici v. 231 ; Lucan. 7,251 « *adest* totiens *optate*
copia pugnae ») ; cf. aussi 3,147-52 et 172-5 (voir Fo 1982, p. 252-
4).

Page 138 :
    1. Sur l'attitude de duplicité de Gildon durant l'usurpation
d'Eugène, cf. *6 cons.* 104-5 et 108-10. *Detecto* : cf. Lucan. 10,346
detecto Marte lacessit. Claudien a en tête le cas analogue de Mettius
Fufétius, roi d'Albe traître à Tullus Hostilius : Liu. 1,27,6 *fluc-
tuansque animo, ut tereret tempus, ordines explicat: consilium erat qua
Fortuna rem daret, ea inclinare uires.* Les v. 254-5 font allusion à son
châtiment : Liu. 1,28,10 « exinde duabus admotis *quadrigis,* in currus earum distentum inligat Mettium ; deinde *in diuersum* iter equi
concitati, lacerum... corpus, qua inhaeserant uinculis *membra,* por-
tantes » ; Verg. *Aen.* 8,642-5 « Mettum *in diuersa quadrigae* / distule-
rant... / raptabatque [d'où la variante *raptarem* au v. 255] uiri
mendacis uiscera *Tullus* / per siluam et sparsi rorabant sanguine
uepres ».

Page 139 :
    1. Grâce à l'or du Pangée, Philippe, originaire de Pella, frappa
les statères qui lui permirent d'acheter des complicités dans les
cités grecques, comme le dénonce souvent Démosthène. À cet or
'oriental', la morale vieille romaine oppose l'honnêteté et le désintéressement, incarnés par Fabricius, que Pyrrhus ne parvint pas à
acheter : voir Lucan. 3,158-64 *(praeda Philippi... quo te Fabricius regi
non uendidit auro)* ; et, pour la proposition d'empoisonnement faite
à Fabricius (v. 271-4), Cic. *Off.* 3,86 ; Liu. *Per.* 13 ; Flor. *Epit.*
1,18,21 ; Gell. 3,8 ; Ps. Vict. *Vir. ill.* 35,13.

Page 141 :
    1. La conjecture de Koch *patre remoto* (cf. *Stil.* 1,149-50), reprise
par Olechowska et Hall, ne semble pas nécessaire : *carcere moto* fait
écho à *libera* (v. 298) et exprime de façon imagée la licence révolu-
tionnaire qui peut se donner libre cours quand le chef capable
d'imposer le carcan de la discipline n'est plus là.

Page 142 :
    1. Sur l'importance de cette indication (cf. v. 326-8) pour la
chronologie du départ de la flotte romaine, voir intr. et Barnes
1978. Le "gage royal" est Marie, fille de Stilicon et Sérène. Pour la
clausule *obuius ire* (v. 311), voir *Nupt.* 288 et note e.

Page 144 :

1. Traditionnellement dans l'épopée, les morts qui s'adressent aux vivants disparaissent avant le lever du soleil (Claud. Don. *Aen.* 5,740 *non sinitur mortuis loqui cum sol fuerit exortus*). Ainsi Anchise (*Aen.* 5,738-9) : « ... "me saeuos equis *Oriens adflauit* anhelis." / *Dixerat* et tenuis *fugit* ceu fumus in auras ». Pour la formulation, cf. Stat. *Theb.* 10,328 *adflatusque fugit... Bootes*.

Page 145 :

1. Comme le remarque Fo (1982, p. 255-62 ; voir aussi Christiansen 1969, p. 90-91 et Olechowska 1974, p. 58), Claudien introduit ici une rupture et une nouveauté : dans la tradition épique (ainsi Agamemnon au début du chant 2 de l'*Iliade*), le chef rapporte à ses compagnons le songe qu'il a eu. Ici, Honorius n'évoquera la visite onirique de son père qu'aux v. 367-8 ; il raconte en fait aux soldats un autre rêve, de type allégorique prémonitoire, lié à son goût pour la chasse (cf. la théorie développée en *pr. 6 cons.* sur le lien entre l'activité diurne et le rêve). D'habitude, le lion est présenté comme un animal fier, le roi des animaux (sur la chasse au lion et sa symbolique, voir intr. *Fesc.* 1). L'inversion de l'image traditionnelle a ici une signification allégorique : elle annonce l'arrestation de Gildon, prédateur africain. Claudien met ainsi Honorius en avant : c'est lui qui a l'initiative (voir ci-dessus note b et v. 370-1). Stilicon étant considéré comme *hostis publicus* par la cour de Constantinople, il était politiquement préférable de faire prendre les décisions par Honorius lui-même.

Page 148 :

1. Aéropé, femme d'Atrée, avait Thyeste pour amant et lui avait donné secrètement la toison d'or découverte par Atrée dans son troupeau. Pour se venger, Atrée tua les trois fils de son frère et les lui fit manger : Sen. *Thy.* 220-241. Comparer Sen. *Thy.* 1035-6 « hoc est deos quod puduit, *hoc egit diem / auersum* in ortus » ; Lucan. 1,543-4 « qualem *fugiente* per ortus / sole Thyestae noctem duxere *Mycenae* » (cf. aussi 7,452 « subitis *damnauit* noctibus Argos »).

2. Après la mort d'Étéocle et Polynice, Créon interdit d'ensevelir les cadavres des Argiens. Leurs veuves (*Inachides* : les descendantes d'Inachus, premier roi d'Argos) se rendirent à Athènes sur l'autel de la Miséricorde et poussèrent les Athéniens à contraindre par la guerre les Thébains à laisser ensevelir les soldats argiens : Stat. *Theb.* 12,481 sqq. ; Plut. *Thes.* 29,4-5.

Page 149 :

1. R. Cagnat (*L'armée romaine d'Afrique et l'occupation militaire de l'Afrique sous les empereurs*, Paris 1912-3, p. 732-3) identifie ainsi les sept unités présentées par Claudien :

– *Herculea cohors* (v. 418) : les *Herculiani seniores* d'Italie (*Not. dign. occ.* 5,3 = 146 = 6,4) ;

– *Iouia cohors* (v. 418), fondée par Dioclétien : les *Iouiani seniores* d'Italie (*ibid.* 4,2 = 145 = 6,3) ou *Iouii seniores* d'Italie (*ibid.* 5,23 = 168 = 7,16) ou *Iouii iuniores* d'Illyrie (*ibid.* 5,36 = 184 = 7,42) ou *Iouii iuniores Gallicani* de Gaule (*ibid.* 5,64 = 212 = 7,76) ;

– *Neruius* (v. 421) : les *Neruii* de Belgique (*ibid.* 38,9) ou *Neruii Dictenses* de Bretagne (*ibid.* 40,23) ou *Sagittarii Neruii* d'Espagne (*ibid.* 5,25 = 170 = 7,121) ou *Sagittarii Neruii Gallicani* de Gaule (*ibid.* 5,63 = 211 = 7,75) ;

– *Felix* (v. 421) : les *Felices seniores* d'Espagne (*ibid.* 5,31 = 179 = 7,124) ou *Felices iuniores* d'Italie (*ibid.* 5,32 = 180 = 7,23) ou *Felices iuniores Gallicani* de Gaule (*ibid.* 5,69 = 217) ;

– *dicta ab Augusto legio* (v. 422) : la *legio II Augusta* de Bretagne (*ibid.* 28,19) ou *VIII Augusta* d'Italie (*ibid.* 5,10 = 153 = 7,28) ;

– *Inuicti* (v. 423) : les *Inuicti seniores* d'Espagne (*ibid.* 5,34 = 182 = 7,125) ou *Inuicti iuniores Britanniciani* d'Espagne (*ibid.* 5,57 = 206 = 7,127) ;

– *Leones* (v. 423) : les *Leones seniores* de Gaule (*ibid.* 5,26 = 171 = 7,65) ou *Leones seniores* d'Italie (*ibid.* 5,27 = 172 = 7,19).

La mise en scène épique requiert que les divinités éponymes Hercule (*Alcides*, v. 418) et Jupiter (*rex superum*, v. 419) se mettent à la tête de leurs troupes respectives... et au service d'Honorius !

Page 150 :

1. La leçon *agi*, adoptée notamment par Jeep, Birt, Olechowska et Hall, n'est donnée, d'après Hall, qu'en variante par le seul ms. A du XIVᵉ s. (mon sigle, voir intr. liste des mss. d'*Ol.*). Elle fournit une construction et un sens très faciles : il est temps d'accomplir promesses et menaces ; elle s'appuie sur des précédents de Virgile (*Aen.* 5,638 *iam tempus agi res*) et de Stace (*Theb.* 5,140 *dum tempus agi rem*) et probablement de Claudien lui-même (*Rapt.* 1,220 *rem peragi tempus*; voir t. I, p. 121 n. compl. 1). Mais, dans ce dernier passage, la leçon *agi* est mieux attestée qu'ici (et elle est suivie d'un mot commençant par *t*, ce qui explique la faute), et le parallèle avec Virgile et Stace est beaucoup plus précis (*agi res / rem*). C'est pourquoi j'ai préféré la leçon de tous les manuscrits antérieurs au XIVᵉ s. (pourquoi une forme aussi facile qu'*agi* aurait-elle disparu d'une tradition manuscrite aussi abondante ?), que je comprends comme le glossateur de R (l'un des meilleurs manuscrits : *exigit*; F₅ glose *erigit*) : le temps mène à terme, achève, parfait... Pour moi, l'expression renvoie au retard dans le départ de la flotte, qui n'a pas quitté l'Italie en novembre, quand fut connue la trahison de Gildon, mais seulement en février. Honorius suppose que les soldats ont souffert de cet affront fait à l'empereur et non immédiatement vengé (cf. la suite du v. 428). Mais ce délai a

permis de préparer et de *parfaire* la vengeance. De son côté, Barth a compris : *ac si dicat : Tempus ipsum jam præcipit* [le moment même nous prescrit, nous recommande...] *exsequi res promissas, occasionem ingerens, initium operis faciens. Tempus agere rem, opportunitatem summam notat.*

2. Il est important, après les défaites de Maxime (388) et Eugène (394) d'affirmer face à l'Orient (v. 430) la force militaire des Gaulois, qui constituaient l'essentiel des troupes de ces deux usurpateurs..., puis d'Honorius ! D'où l'explication de Claudien : les Gaulois n'ont été vaincus que parce qu'ils défendaient une mauvaise cause, celle des usurpateurs ; au service de l'empereur légitime, ils seront invincibles. Sur l'importance de la cause défendue dans le domaine militaire, Ou. *Ars* 1,201 *uincuntur causa Parthi* ; Lucan. 7,67 ; Tac. *Ann.* 13,37 ; 15,2. En outre, cette campagne militaire pouvait effacer les dernières cicatrices (et les "taches") de la guerre civile (v. 430).

3. Les v. 435-41 présentent une peinture traditionnelle des soldats africains qui ont mauvaise réputation chez les Romains : Sall. *Iug.* 18,12 ; 54,8 *quoius spes omnis in fuga sita erat* ; 74,3 *nam ferme Numidis in omnibus proeliis magis pedes quam arma tuta sunt* ; Veg. *Mil.* 1,20 *ita fit ut non de pugna sed de fuga cogitent, qui in acie nudi exponuntur ad uulnera.*

Page 151 :

1. Barth et Gesner pensent que Claudien fait ici allusion au pillage de l'Illyricum par Alaric. J'y vois une référence à la perte de l'Illyricum oriental (diocèses de Dacie et de Macédoine) "rendu" à Arcadius : voir intr. contexte historique.

Page 152 :

1. L'aigle porte les armes de Jupiter : Verg. *Aen.* 5,255 (à propos du rapt de Ganymède) *sublimem pedibus rapuit Iouis armiger uncis* ; 9,564 *sustulit alta petens pedibus Iouis armiger uncis* ; cf. Val. Fl. 1,156. Il symbolise donc l'empereur fondant sur sa proie (Gildon). Pour la couleur *fuluus* : Verg. *Aen.* 12,247 *fuluos Iouis ales in aethra* ; cf. Sil. 12,56. Tableau analogue d'un serpent saisi par l'oiseau de Jupiter chez Hom. *Il.* 12,200-7 (où la scène a valeur de présage ; mais le serpent, en mordant l'aigle, l'oblige à le lâcher) ; Verg. *Aen.* 11,751-6 « utque uolans alte raptum cum *fulua draconem* / fert *aquila implicuitque pedes atque unguibus haesit,* / saucius at *serpens* sinuosa uolumina uersat... illa haud minus urget *obunco* / *luctantem* rostro, simul *aethera* uerberat alis » ; cf. Ou. *Met.* 4,361-4.

2. La leçon la mieux attestée *ad* donne un sens satisfaisant. Il n'y a donc pas lieu de préférer *a*, à partir d'un parallèle avec Val. Fl. 1,156-7 *Iouis armiger aethra* / *aduenit* (en Verg. *Aen.* 12,247, on lit *Iouis ales in aethra,* et non *ab* comme l'indique Birt, probablement

d'après Heinsius). Gesner fait porter *ad l. aethram* sur *spectantibus* et glose : « ut dicitur *ad lumen candelae* ». Pour l'alliance *liquida aethra (Theod.* 116-7 *liquida... uidit ab aethra / Iustitia)*, Sil. 4,103.

Page 153 :
   1. Sur la guerre que les grues livrent aux Pygmées *(paruis colonis)*, comparaison épique traditionnelle, Hom. *Il.* 3,3-6 ; Verg. *Aen.* 10,264-6 (sans mention des pygmées) « quales sub nubibus atris / *Strymoniae* dant signa *grues* atque aethra tranant / cum sonitu fugiuntque Notos clamore secundo » ; Lucan. 5,711-2 (sans mention des Pygmées ; pour les v. 713-6, voir note suivante) *« Strymona* sic gelidum bruma pellente *relinquunt* / poturae te, *Nile, grues...* » ; 3,199-200 « deseritur *Strymon tepido* committere *Nilo* / Bistonias consuetus *aues* » ; Iuu. 13,167-70 *ad subitas Thracum uolucres nubemque sonoram / Pygmaeus paruis currit bellator in armis /... raptusque per aera curuis / unguibus a saeua fertur grue* ; Rut. Nam. 1,291-2 ; cf. Arist. *Hist. anim.* 8,12 597A ; Élien *Hist. anim.* 15,29 ; Plin. *Nat.* 7,26. Le Strymon est le fleuve qui sépare la Thrace de la Macédoine.
   2. Les anciens interprétaient la figure tracée au ciel par le vol des grues comme une lettre : Cic. *Nat. deor.* 2,49 ; Hyg. *Fab.* 277 *Parcae... inuenerunt litteras... ; alii dicunt Mercurium ex gruum uolatu, quae cum uolant litteras exprimunt* ; Lucan. 5,712-6 « *grues* primoque uolatu / effingunt *uarias* casu monstrante figuras... et turbata perit dispersis *littera pinnis* » (parallèle qui conforte la leçon quasi unanime *alis* : gêné par les deux abl. - qui ne sont pas sur le même plan -, Heinsius et de nombreux éditeurs préfèrent l'adjectif *ales*, à peine attesté ici) ; Mart. 9,12,7 ; 13,75 ; Nemes. *Auc.* 2,15 ; Symph. 93-95 ; Auson. 348,24-25.
   3. L'expression *uela legere* signifie normalement "carguer les voiles" (Verg. *Georg.* 1,373 ; *Aen.* 3,532 imité par Val. Fl. 2,13). Au sens propre, comme l'observe Olechowska (*ad loc.*, p. 198-9) en s'inspirant d'E. de Saint-Denis (*Le vocabulaire des manœuvres nautiques en latin*, Mâcon 1935, p. 78-79), elle ne convient pas aux manœuvres de départ qu'évoque Claudien : on cargue les voiles lorsque le vent est trop violent ou pour aborder à l'aviron. Aussi choisit-elle, comme Hall, une leçon beaucoup moins bien attestée (*ligant*), tout en reconnaissant que c'est « le seul exemple dans la littérature latine d'emploi de ce verbe dans le sens de fixer les voiles aux vergues avant de les hisser ». Avec Birt, je conserve *legunt*, en pensant que Claudien, qui n'est sans doute pas un marin (Olechowska : « il est pratiquement impossible de faire les manœuvres décrites par Claudien quand le bateau est encore dans le port ») a employé ce verbe par catachrèse pour signifier "attacher". *Ligant*, qui apparaît surtout comme variante, pourrait être une glose (justifiée) passée dans le texte.

4. Le texte retenu donne un sens très satisfaisant : par rapport à *soluite, rumpite* marque un renchérissement qui traduit l'impatience et la précipitation des soldats (voir E. de Saint-Denis, *op. cit.* n. 4, p. 102) : Verg. *Aen.* 3,639-40 « fugite atque ab litore *funem / rumpite* » ; Lucan. 5,422 « *rumpite* quae retinent felices uincula proras ». Mais la variante *uellite proclamant s. iam uellite f.* (qualitativement bien représentée en dehors de la vulgate [classe I]) pourrait représenter une autre rédaction de Claudien.

Page 154 :

1. Je prends *hiems* au sens propre, et non au sens de *procella* (Gesner). Comme il a été expliqué dans l'introduction (p. XXXI), le départ de la flotte eut lieu en février, juste avant le début du printemps pour les Romains (9 février) et les phénomènes météorologiques décrits aux v. 497-8 (cf. Germ. *Arat.* 169-80) indiquent seulement que la flotte n'a pas craint d'affronter les tempêtes hivernales et n'a pas attendu l'ouverture de la mer.

2. Présages considérés comme défavorables : Verg. *Georg.* 1,361 *reuolant ex aequore mergi* (cf. Lucan. 5,553 ; Plin. *Nat.* 18,361-2) ; 388-9 *cornix... spatiatur harena* (cf. Lucan. 5,556 *gressu metitur litora cornix*) ; 441 (sol) *maculis uariauerit ortum*; Lucan. 5,549-50 (luna) *uentorumque nota* (-am var.) *rubuit, tum lurida pallens / ora tulit* (cf. v. 495 et *4 cons.* 426-7) ; Verg. *Georg.* 1,365-7 *stellas uento inpendente uidebis / praecipites caelo labi noctisque per umbram / flammarum longos a tergo albescere tractus* et Lucan. 5,562 *dispersos traxere cadentia sulcos* (cf. v. 496).

INDEX NOMINVM

Arabs *3 cons.* 71 ; *4 cons.* 258

Arar, Araris *Ruf.* 2,111

Araxes *Ol.* 160 ; *Ruf.* 1,376 ;
4 cons. 387 ; *Gild.* 31

Arcadia *Ruf.* 1,286 ; 2,189

Arcadius [imp.] *3 cons.* 179 ;
Ruf. 2,143 ; *4 cons.* 653 ;
Gild. 226

Arcas *3 cons.* 165 ; *4 cons.* 471

Arctos *Ol.* 26 ; *Ruf.* 1,325 ;
4 cons. 51 ; *Gild.* 501 ; 511 ;

Arctous *3 cons.* 26 ; 170 ; *Ruf.*
2,501 ; *4 cons.* 24 ; 629

Arcturus *Ol.* 25

Arethusa *pr. Ruf.* 2,11

Argaeus *Ruf.* 2,31

Arion *4 cons.* 555

Armenius *3 cons.* 72 ; *Ruf.*
2,29 ; 108 ; 174 ; *4 cons.* 307 ;
531 ; *Nupt.* 222 ; *Gild.* 243

Arsacius *4 cons.* 216

Ascanius *4 cons.* 193

Asia *Ruf.* 1,175 ; 2,36

Assyrius *3 cons.* 36 ; *4 cons.* 308

Athamanteus *3 cons.* 81

Athenae *Gild.* 405

Athesis *Fesc.* 2,11

Athos *Ruf.* 1,336 ; *4 cons.* 475

Atlanteus *Ol.* 35 ; *Nupt.* 280

Atlas *3 cons.* 108 ; *4 cons.* 35 ;
Gild. 158 ; 316

Atreus *Gild.* 400

Atropos *Gild.* 203

Auaritia *Ruf.* 1,37

Auarities *3 cons.* 185

Auchenius *Ol.* 8 ; 21

Audacia *Ruf.* 1,34 ; *Nupt.* 81

Auernus *Ruf.* 2,502 ; *Gild.* 383

Augusta [legio] *Gild.* 422

Augustus [Octauianus] *4 cons.*
642

Augustus [= imperator] *Ol.*
74 ; 108 ; *pr. 3 cons.* 18 ;
3 cons. 109 ; *pr. Ruf.* 1,17 ;
Ruf. 1,245 ; 2,157 ; 366 ;
382 ; *4 cons.* 4 ; *pr. Nupt.*
inscr. ; *Nupt.* 2 ; *Fesc.* 3,8 ;
3,9 ; *Gild.* 504

Augustus [adi.] *4 cons.* 95 ;
189

Aulis *Gild.* 485

Aurora *3 cons.* 69 ; *Ruf.* 2,100 ;
4 cons. 130 ; 561 ; *Nupt.*
270 ; *Gild.* 61

Ausonius *Ol.* 130 ; *Ruf.* 2,82 ;
4 cons. 566

Auster *Ruf.* 1,90 ; 364 ; 2,348 ;
4 cons. 29 ; 339 ; 428 ; *Fesc.*
2,43 ; *Gild.* 1 ; 487 ; 515

Australis *3 cons.* 171 ; *Gild.* 279

Babylon *3 cons.* 201 ; *4 cons.*
653

Babylonius *4 cons.* 146

Baccha *Nupt.* 217

Bacchus *3 cons.* 208 ; *4 cons.*
604 ; *Nupt.* 271

Bactra *3 cons.* 202 ; *4 cons.* 656

Baetis *Fesc.* 2,31

Balearis *3 cons.* 50

Barce *Gild.* 159

Bastarnae *4 cons.* 450

Bellerophonteus *4 cons.* 560

Bellona *Ol.* 121 [bis] : *Ruf.*
1,342 ; 2,263 ; *4 cons.* 12

Bistonius *3 cons.* 111 ; *4 cons.*
54

Bocchus *4 cons.* 40 ; *Gild.* 94 ;
342

Bootes *3 cons.* 170 ; *4 cons.*
186 ; *Nupt.* 274 ; *Gild.* 501

Boreas *4 cons.* 29 ; 181

TABLE DES MATIÈRES

COLLECTION DES UNIVERSITÉS DE FRANCE
VOLUMES PARUS

Série grecque

dirigée par Jacques Jouanne
de l'Institut
professeur à l'Université de Paris Sorbonne

Règles et recommandations pour les éditions critiques (grec). (1 vol.).

ACHILLE TATIUS.
Le Roman de Leucippé et Clitophon. (1 vol.).

AELIUS THÉON.
Progymnasmata. (1 vol.).

ALCÉE.
Fragments. (2 vol.).

LES ALCHIMISTES GRECS.
(4 vol. parus).

ALCINOOS.
Les doctrines de Platon. (1 vol.).

ALEXANDRE D'APHRODISE.
Traité du destin. (1 vol.).

ANDOCIDE.
Discours. (1 vol.).

ANTHOLOGIE GRECQUE.
(12 vol. parus).

ANTIGONE DE CARYSTE.
Fragments. (1 vol.).

ANTIPHON.
Discours. (1 vol.).

ANTONINUS LIBERALIS.
Les Métamorphoses. (1 vol.).

APOLLONIOS DE RHODES.
Argonautiques. (3 vol.).

APPIEN.
Histoire romaine (2 vol. parus).

ARATOS.
Phénomènes. (2 vol.).

ARCHILOQUE.
Fragments. (1 vol.).

ARCHIMÈDE. (4 vol.).

ARGONAUTIQUES ORPHIQUES. (1 vol.).

ARISTÉNÈTE. (1 vol.).

ARISTOPHANE. (5 vol.).

ARISTOTE.
De l'âme. (1 vol.).
Constitution d'Athènes. (1 vol.).
Du ciel. (1 vol.).
Économique. (1 vol.).
De la génération des animaux. (1 vol.).
De la génération et de la corruption. (1 vol.).
Histoire des animaux. (3 vol.).
Marche des animaux - Mouvement des animaux. (1 vol.).
Météorologiques. (2 vol.).
Les parties des animaux. (1 vol.).
Petits traités d'histoire naturelle. (1 vol.).
Physique. (2 vol.).
Poétique. (1 vol.).
Politique. (5 vol.).
Problèmes. (3 vol.).
Rhétorique. (3 vol.).
Topiques. (1 vol. paru).

ARRIEN.
L'Inde. (1 vol.).
Périple du Pont-Euxin.
(1 vol.).
ASCLÉPIODOTE.
Traité de tactique. (1 vol.).
ATHÉNÉE.
Les Deipnosophistes. (1 vol.
paru).
ATTICUS.
Fragments. (1 vol.).
AUTOLYCOS DE PITANE.
Levers et couchers héliaques. -
La sphère en mouvement. -
Testimonia. (1 vol.).
BACCHYLIDE.
Dithyrambes. - Epinicies. -
Fragments. (1 vol.).
BASILE (Saint).
Aux jeunes gens. - Sur la
manière de tirer profit des
lettres helléniques. (1 vol.).
Correspondance. (3 vol.).
BUCOLIQUES GRECS.
Théocrite. (1 vol.).
Pseudo-Théocrite, Moschos,
Bion. (1 vol.).
CALLIMAQUE.
Hymnes. - Épigrammes. -
Fragments choisis. (1 vol.).
CHARITON.
Le roman de Chaireas et
Callirhoé. (1 vol.).
COLLOUTHOS.
L'enlèvement d'Hélène.
(1 vol.).
DAMASCIUS.
Traité des premiers principes.
(3 vol.).
Commentaire du Parménide
de Platon. (2 vol. parus).
DÉMÉTRIOS.
Du Style. (1 vol.).
DÉMOSTHÈNE.
Œuvres complètes. (13 vol.).

DENYS D'HALICARNASSE.
Opuscules rhétoriques.
(5 vol.).
Antiquités romaines.
(2 vol. parus).
DINARQUE.
Discours. (1 vol.).
DIODORE DE SICILE.
Bibliothèque historique.
(8 vol. parus).
DION CASSIUS.
Histoire romaine. (2 vol.
parus).
DIOPHANTE.
Arithmétique. (2 vol. parus).
DU SUBLIME. (1 vol.).
ÉNÉE LE TACTICIEN.
Poliorcétique. (1 vol.).
ÉPICTÈTE.
Entretiens. (4 vol.).
ESCHINE.
Discours. (2 vol.).
ESCHYLE.
Tragédies. (2 vol.).
ÉSOPE.
Fables. (1 vol.).
EURIPIDE.
Tragédies (8 vol. parus).
GÉMINOS.
Introduction aux phénomènes.
(1 vol.).
GRÉGOIRE DE NAZIANZE (le
Théologien) (Saint).
Correspondance. (2 vol.).
HÉLIODORE.
Les Éthiopiques. (3 vol.).
HÉRACLITE.
Allégories d'Homère. (1 vol.).
HERMÈS TRISMÉGISTE.
(4 vol.).
HÉRODOTE.
Histoires. (11 vol.).

HÉRONDAS.
Mimes. (1 vol.).

HÉSIODE.
Théogonie. - Les Travaux et les Jours. - Bouclier. (1 vol.).

HIPPOCRATE. (9 vol. parus).

HOMÈRE.
L'Iliade. (4 vol.).
L'Odyssée. (3 vol.).
Hymnes. (1 vol.).

HYPÉRIDE.
Discours. (1 vol.).

ISÉE.
Discours. (1 vol.).

ISOCRATE.
Discours. (4 vol.).

JAMBLIQUE.
Les mystères d'Égypte. (1 vol.).
Protreptique. (1 vol.).

JOSÈPHE (Flavius).
Autobiographie. (1 vol.).
Contre Apion. (1 vol.).
Guerre des Juifs. (3 vol. parus).

JULIEN (L'empereur).
Lettres. (2 vol.).
Discours. (2 vol.).

LAPIDAIRES GRECS.
Lapidaire orphique. - Kerygmes lapidaires d'Orphée. - Socrate et Denys. - Lapidaire nautique. - Damigéron. - Evax. (1 vol.).

LIBANIOS.
Discours. (2 vol. parus).

LONGUS.
Pastorales. (1 vol.).

LUCIEN. (2 vol. parus).

LYCURGUE.
Contre Léocrate. (1 vol.).

LYSIAS.
Discours. (2 vol.).

MARC-AURÈLE.
Écrits pour lui-même. (1 vol. paru).

MÉNANDRE. (3 vol. parus).

MUSÉE.
Héro et Léandre. (1 vol.).

NONNOS DE PANOPOLIS.
Les Dionysiaques. (12 vol. parus).

NUMÉNIUS. (1 vol.).

ORACLES CHALDAÏQUES. (1 vol.).

PAUSANIAS.
Description de la Grèce. (3 vol. parus).

PHOCYLIDE (Pseudo-). (1 vol.).

PHOTIUS.
Bibliothèque. (9 vol.).

PINDARE.
Œuvres complètes. (4 vol.).

PLATON.
Œuvres complètes. (26 vol.).

PLOTIN.
Ennéades. (7 vol.).

PLUTARQUE.
Œuvres morales. (18 vol. parus).
Vies parallèles. (16 vol.).

POLYBE.
Histoires. (11 vol. parus).

PORPHYRE.
De l'Abstinence. (3 vol.).
Vie de Pythagore. - Lettre à Marcella. (1 vol.).

PROCLUS.
Commentaires de Platon. Alcibiade. (2 vol.).
Théologie platonicienne. (6 vol.).
Trois études. (3 vol.).

PROLÉGOMÈNES A LA PHILOSOPHIE DE PLATON. (1 vol.).

QUINTUS DE SMYRNE.
La Suite d'Homère. (3 vol.).

SALOUSTIOS.
Des Dieux et du Monde. (1 vol.).

SAPHO-ALCÉE.
Fragments. (1 vol.).

SOPHOCLE.
Tragédies. (3 vol.).

SORANOS D'ÉPHÈSE.
Maladies des femmes. (3 vol. parus).

STRABON.
Géographie. (10 vol. parus).

SYNÉSIOS DE CYRÈNE.
Hymnes (1 vol.).
Correspondance (2 vol.).

THÉOGNIS.
Poèmes élégiaques. (1 vol.).

THÉOPHRASTE.
Caractères. (1 vol.).

Métaphysique. (1 vol.).
Recherches sur les plantes. (3 vol. parus).

THUCYDIDE.
Histoire de la guerre du Péloponnèse. (6 vol.).

TRIPHIODORE.
La Prise de Troie. (1 vol.).

XÉNOPHON.
Anabase. (2 vol.).
L'Art de la Chasse. (1 vol.).
Banquet. - Apologie de Socrate. (1 vol.).
Le Commandant de la Cavalerie. (1 vol.).
Cyropédie. (3 vol.).
De l'Art équestre. (1 vol.).
Économique. (1 vol.).
Helléniques. (2 vol.).

XÉNOPHON D'ÉPHÈSE.
Ephésiaques ou Le Roman d'Habrocomès et d'Anthia. (1 vol.).

ZOSIME.
Histoire nouvelle. (5 vol.).

Série latine
dirigée par Paul Jal

Règle et recommandations pour les éditions critiques (latin). (1 vol.).

ACCIUS.
Œuvres. Fragments. (1 vol.).

AMBROISE (Saint).
Les devoirs. (2 vol. parus).

AMMIEN MARCELLIN.
Histoires. (7 vol.).

L. AMPÉLIUS.
Aide-mémoire. (1 vol.).

ANONYME.
L'annalistique romaine. (2 vol. parus).

APICIUS.
Art culinaire. (1 vol.).

APULÉE.
Apologie. - Florides. (1 vol.).
Métamorphoses. (3 vol.).
Opuscules philosophiques. (*Du Dieu de Socrate - Platon et sa doctrine - Du monde*) et Fragments. (1 vol.).

ARNOBE.
Contre les Gentils. (1 vol.)

AUGUSTIN (Saint).
Confessions. (2 vol.).

RHÉTORIQUE
A HÉRENNIUS. (1 vol.).

RUTILIUS NAMATIANUS.
Sur son retour. (1 vol.).

SALLUSTE.
La Conjuration de Catilina. La Guerre de Jugurtha. Fragments des Histoires. (1 vol.).

SALLUSTE (Pseudo-).
Lettres à César. Invectives. (1 vol.).

SÉNÈQUE.
L'Apocoloquintose du divin Claude. (1 vol.).
Des Bienfaits. (2 vol.).
De la Clémence. (1 vol.).
Dialogues. (4 vol.).
Lettres à Lucilius. (5 vol.).
Questions naturelles. (2 vol.).
Théâtre. Nlle éd. (3 vol.).

SIDOINE APOLLINAIRE.
(3 vol.).

SILIUS ITALICUS.
La Guerre punique. (4 vol.).

STACE.
Achilléide. (1 vol.).
Les Silves. (2 vol.).
Thébaïde. (3 vol.).

SUÉTONE.
Vie des douze Césars. (3 vol.).
Grammairiens et rhéteurs. (1 vol.).

SYMMAQUE.
Lettres. (3 vol. parus).

TACITE.
Annales. (4 vol.).
Dialogue des Orateurs. (1 vol.).
La Germanie. (1 vol.).
Histoires. (3 vol.).
Vie d'Agricola. (1 vol.).

TÉRENCE.
Comédies. (3 vol.).

TERTULLIEN.
Apologétique. (1 vol.).

TIBULLE.
Élégies. (1 vol.).

TITE-LIVE.
Histoire romaine. (25 vol. parus).

VALÈRE MAXIME.
Faits et dits mémorables. (2 vols.).

VALERIUS FLACCUS.
Argonautiques. (1 vol. paru).

VARRON.
L'Économie rurale. (3 vol.).
La Langue latine. (1 vol. paru).

LA VEILLÉE DE VÉNUS
(Pervigilium Veneris). (1 vol.).

VELLEIUS PATERCULUS.
Histoire romaine. (2 vol.).

VIRGILE.
Bucoliques. (1 vol.).
Énéide. (3 vol.).
Géorgiques. (1 vol.).

VITRUVE.
De l'Architecture. (8 vol. parus).

Catalogue détaillé sur demande

CE VOLUME,
LE TROIS CENT
CINQUANTE-HUITIÈME
DE LA SÉRIE LATINE
DE LA COLLECTION
DES UNIVERSITÉS DE FRANCE
PUBLIÉ PAR LES ÉDITIONS
LES BELLES LETTRES,
A ÉTÉ ACHEVÉ D'IMPRIMER
EN JANVIER 2000
PAR CORLET IMPRIMEUR S.A.
14110 CONDÉ-SUR-NOIREAU
N° D'IMPRIMEUR : 40278
DÉPÔT LÉGAL : FÉVRIER 2000

IMPRIMÉ EN U.E.

N° ÉDITEUR : 3736

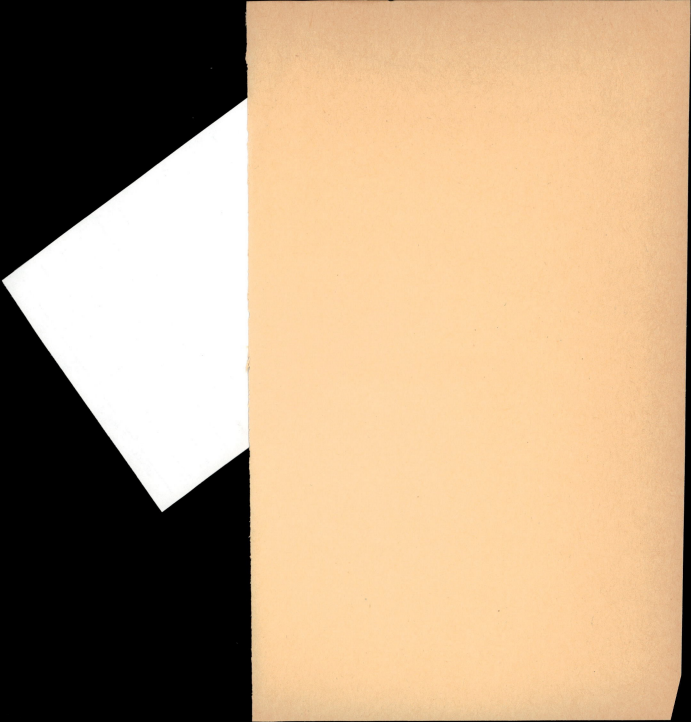

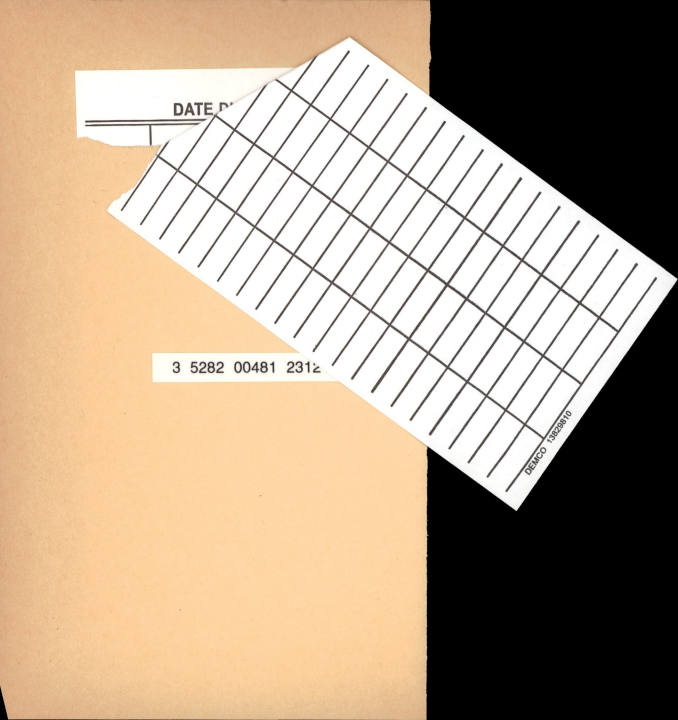

DATE D

3 5282 00481 2312

DEMCO 13829810